W0305436

EDITION

Directeurs de collection et auteurs : Dominique AUZIAS et Jean-Paul LABOURDETTE

Responsable d'édition : Pascale LEFORT

Avec la collaboration de Eric VOILLEQUIN

Auteurs : Morgane MACE, Nadège HUBERT, Garance MANIER, Mélanie BERCE-THOMAS, Valérie MAYINGILA, Marie-Elise TRAHAND-DURAND, Alice CHAPPAU, Emeline DURAND, Noémie SUISSE, Doriane CAILLET, Pierre-Maximilien JENOUDET, Aude MONREAL-TROSSAT, Antonin TABARD, Cynthia BENZIANE, Elsa MELENDEZ, Caroline CAUWE, Jean-Paul LABOURDETTE, Dominique AUZIAS et alter

Directeur Editorial : Stéphan SZEREMETA

Rédaction France : Briséis CREAC'H-MENUT, Mélanie COTTARD, Audrey VEDOVOTTO, Nicolas WODARCZAK

Rédaction Monde : Laure CHATAIGNON, Morgane VESLIN, Pierre-Yves SOUCHET, Natalia COLLIER

FABRICATION

Maquette et Montage : Romain AUDREN, Julie BORDES, Delphine PAGANO

Iconographie et Cartographie : Anne DIOT, Julien DOUCET

WEB ET NUMERIQUE

Directeur Web : Louis GENEAU DE LAMARLIERE

Développeurs : Guillaume BARBET, Adeline CAUX et Roland SPOUTIL

Intégrateur Web : Mickael LATTES, Antoine DION

Webdesigner : Caroline LAFFAITEUR

Community Traffic Manager : Alice BARBIER, Mariana BURLAMAQUI et Noémie LE SAUX

DIRECTION COMMERCIALE

Directeur commercial : Guillaume VORBURGER

Coordinatrice des Régies commerciales : Manon GUERIN assistée de Jonas HESOL

Account Manager Marketplace : Leila ROUGEOT assistée de Lola FAVRE-MOT

Responsable Régies locales : Michel GRANSEIGNE

Responsables Développement régie inter : Jean-Marc FARAGUET et Guillaume LABOUREUR et Camille ESMIEU

Chefs de Publicité Régie nationale : Caroline AUBRY, François BRIANCON-MARJOLLET, Perrine DE CARNE MARCEIN, Jonathan TOUTOUX et Amélie NOEL

DIFFUSION ET PROMOTION

Directrice des Ventes : Bénédicte MOULET assistée d'Aissatou DIOP

Responsable des ventes : Jean-Pierre GHEZ assisté de Nelly BRION

Relations Presse-Partenariats : Jean-Mary MARCHAL

ADMINISTRATION

Président : Jean-Paul LABOURDETTE

Directrice des Ressources Humaines : Dina DOURDEAU assistée de Sandra DOS REIS et Eva BAELEN

Directrice Administrative et Financière : Valérie DECOTTIGNIES

Comptabilité : Guillaume PETIT, Aminata BAGAYOKO, Jeannine DEMIRDJIAN

Recouvrement : Fabien BONNAN assisté de Sandra BRIJLAL

Responsable informatique : Elie NZUZI-LEBA

PETIT FUTÉ DIJON

LES NOUVELLES EDITIONS DE L'UNIVERSITE
18, rue des Volontaires - 75015 Paris.
✆ 01 53 69 70 00 - Fax 01 42 73 15 24
Internet : www.petitfute.com
SAS au capital de 1 000 000 € - RC PARIS B 309 769 966
Couverture : © Franck Teillard
Impression : IMPRIMERIE CHIRAT - 42540 Saint-Just-la-Pendue
Achevé d'imprimer : avril 2022
Dépôt légal : 09/05/2022
ISBN : 9782305073194

Pour nous contacter par email, indiquez le nom de famille en minuscule suivi de @petitfute.com
Pour le courrier des lecteurs : info@petitfute.com

IMPRIMÉ EN FRANCE

DIJON

HISTORIQUE ET RAYONNANTE

© VILLE DE DIJON

Dijon, ville historique et rayonnante, nous invite au voyage et à la decouverte gastronomique en cette année 2022. Une vie sociale sans restriction, où l'excitation et la joie de vivre se lisent sur les visages, vient doucement reprendre son cours. Nous pourrons de nouveau danser, manger, discuter autour d'un verre, libérés de toutes contraintes. Il faut dire que sur ce point, Dijon a de quoi satisfaire de nombreuses envies. En effet, notre ville, recommandée par la chaîne CNN comme destination française à découvrir en 2022, ne manque pas d'étendre son attractivité. Son musée des Beaux-Arts, dont les collections sont parmi les plus riches des musées français, accueillera une exposition de costumes de mai à août 2022 ; la richesse de son patrimoine architectural, naturel et culturel ; sa reconnaissance en tant que « Ville d'art et d'histoire » ; le nombre d'étudiants qui augmente chaque année, la construction de nouvelles grandes écoles ; la qualité et le développement de ses infrastructures ; sa large offre culturelle et sportive ; sa double reconnaissance Unesco « Climats du vignoble de Bourgogne » et « Repas gastronomique des Français » ; le transfert récent du siège de l'Organisation internationale de la vigne et du vin ; ainsi que l'ouverture tant attendue de la Cité internationale de la gastronomie et du vin, font de Dijon une ville ouverte sur le monde. Sa richesse est le fruit d'un travail collaboratif avec pour moteur la volonté d'être une ville du « bien recevoir » comme du « bien accueillir ». Je vous souhaite alors un beau voyage au cœur de notre capitale des ducs de Bourgogne, où je suis certain que vous trouverez de quoi nourrir aussi bien le corps que l'esprit.

François Rebsamen
Maire de Dijon, Président de Dijon Métropole, Ancien ministre.

PEFC
10-31-1895
Certifié PEFC
Ce produit est issu de forêts gérées durablement et de sources contrôlées.
pefc-france.org

SOMMAIRE

Mulot & Petitjean.

Essentiel.

Madeleine Café.

SOMMAIRE

© DR

Spa by La Cloche.

© ÉCHAPPÉE NATURE

Échappée Nature.

© DR

Patrice Langhi.

© CHRISTOPHE MEYER

© CHRISTOPHE MEYER

CHRISTOPHE MEYER

De la photographie sportive au portrait et aux scènes de rue, son éventail est large. « Mettre en lumière » ses sujets au propre comme au figuré est au centre de son travail. Il est inspiré par sa passion pour les gens et les lieux. « Avoir plusieurs cordes à son arc » est une expression qui le caractérise parfaitement. Quand il n'est pas en reportage photo, il fabrique des stylos dans son atelier de tourneur sur bois en Bourgogne.

→ www.photo3p.com

→ www.plume-de-bois.fr

© CHRISTOPHE MEYER

© CHRISTOPHE MEYER

© CHRISTOPHE MEYER

DE NOUVEAUX EMPLOIS DANS LA SANTÉ

Dijon renforce son positionnement dans la santé grâce à l'implantation de la start-up francilienne BioSerenity au sein du technopôle Santenov. Spécialiste des solutions de diagnostic et de monitoring des patients, elle emploie déjà 650 salariés et va créer une vingtaine d'emplois d'ici 2023 à Dijon. En installant un centre R&D et Service, BioSerenity collaborera avec les équipes de ReadapTIC.

UN NOUVEAU CAMPUS

En novembre dernier, les premiers étudiants ingénieurs de l'École spéciale des travaux publics, du bâtiment et de l'industrie, ESTP, et de l'École supérieure d'électronique de l'Ouest, ESEO, ont intégré un nouveau campus. Exemplaire en matière d'écoconception ainsi que sur le plan de la connectivité et du numérique, le bâtiment de 10 000 m² devrait accueillir plus de 500 étudiants chaque année.

© BÉRÉNICE BILLOUÉ / VILLE DE DIJON

CAPITALE MONDIALE DU VIN

Dijon a été retenue en octobre dernier pour devenir le nouveau siège de l'organisation internationale de la vigne et du vin, équivalent à l'ONU du vin. Les 48 membres ont voté à l'unanimité pour une installation dans l'hôtel Bouchu d'Esterno. Des bureaux et des salles de réunions accueilleront d'ici 2024 les membres dans les 1 700 m² disponibles de ce bâtiment du XVIIe siècle chargé d'histoire.

© JONAS JACQUEL / VILLE DE DIJON

A L'HEURE DU VIN ET DU FROMAGE

© OFFICE DE TOURISME DE DIJON MÉTROPOLE

En Bourgogne, vin et gastronomie véhiculent des traditions et une Histoire. Pour preuve, les moines de l'abbaye de Cîteaux ont fait prospérer un vignoble dès le XIIe siècle et élaboré un délicieux fromage. Au cours de ses ateliers vins et fromages, l'office de tourisme allie les producteurs locaux et une sélection de vins du territoire afin de mieux cerner cet aspect du terroir bourguignon.

HISTOIRE DE BIÈRE

L'office de tourisme propose des ateliers de zythologie autour des saveurs de la bière avec une dégustation à la clé. Pendant plus d'une heure, un maître-brasseur initie les amateurs, expérimentés ou néophytes, aux bases de la brasserie. Blé malté, orge et autres céréales embaument le lieu et le palais, car après la théorie, place à pratique. Associer les mets et les bières devient un jeu d'enfant.

© OFFICE DE TOURISME DE DIJON MÉTROPOLE

L'ART CONTEMPORAIN À L'HONNEUR

La première foire d'art contemporain de Dijon s'est déroulée en 2021 au Dijon Congrexpo, accueillant 2 500 visiteurs. La deuxième édition est déjà programmée du 30 septembre au 2 octobre 2022. 40 galeries nationales et internationales réunies par Art Fair Dijon entendent remettre en valeur l'art contemporain local et faire rayonner le territoire grâce à 500 exposants présentant des œuvres sur 2 800 m².

© AGENCE MILLENIUM

INTERVIEW

JEAN-PHILIPPE GIRARD

NOUVELLE STRATÉGIE POUR L'ATTRACTIVITÉ TERRITORIALE

© DR

En début d'année 2022, Jean-Philippe Girard, ex-président fondateur d'Eurogerm, a pris la présidence de la nouvelle agence pour l'attractivité du territoire métropolitain : Dijon Bourgogne Invest. Succédant à Dijon Développement, elle se fixe trois missions prioritaires : l'implantation de nouvelles entreprises, l'accompagnement de l'écosystème existant et la création d'un terreau favorable à séduire de futurs cadres, salariés et étudiants en alternance. Dijon Bourgogne Invest devient la nouvelle agence pour l'attractivité du territoire de Dijon Métropole. Présidée par le dynamique dirigeant retraité d'Eurogerm, Jean-Philippe Girard, elle va s'appuyer sur une nouvelle gouvernance et une nouvelle stratégie. « Sur les 15 à 18 membres du bureau exécutif, plus des deux tiers seront des dirigeants toujours en activité. » Ensemble, ils agiront pour répondre aux trois vocations que Dijon Bourgogne Invest se fixe. Pour encourager l'implantation de nouvelles entreprises, enjeu considérable pour l'emploi et l'écosystème local, le nouveau président veut s'appuyer sur le réseau des acteurs du territoire. « Nous comptons 30 à 50 très belles entreprises qui ont réussi comme Seb, Savoy, Protéor ou encore Urgo et bien d'autres qui devraient nous rejoindre. Plus que des ambassadrices, elles peuvent être actrices de l'attractivité en se mobilisant et en utilisant leur carnet d'adresses pour parler et promouvoir Dijon. » En concertation avec le maire de Dijon, l'agence choisira des projets d'implantation relevant prioritairement de la santé, l'alimentation, le numérique ou encore l'énergie et l'éco-construction.

Attirer et conserver

Un second pôle se consacrera à l'accompagnement des acteurs économiques locaux. « Une fois installées, les entreprises ne doivent pas juste figurer dans le paysage. Nous les aiderons à mener à bien leurs projets de développement ou de recrutement par exemple. » Là encore Jean-Philippe Girard mise sur les réseaux et les connaissances des dirigeants sur Dijon Métropole, mais aussi partout dans le monde pour faciliter les projets. Dernière mission, tout aussi importante, participer à la création d'un environnement favorable à l'emploi des cadres, mais aussi de leur famille. « Les entreprises sont parfois confrontées à ce frein. Quand ils ne connaissent pas Dijon, les cadres n'ont pas envie de venir, mais après y avoir passé un week-end de découverte, ils sont séduits. »

› **DIJON BOURGOGNE INVEST**
40, avenue du Drapeau
LinkedIn : Dijon Bourgogne Invest

INVESTIR DANS L'ARN MESSAGER

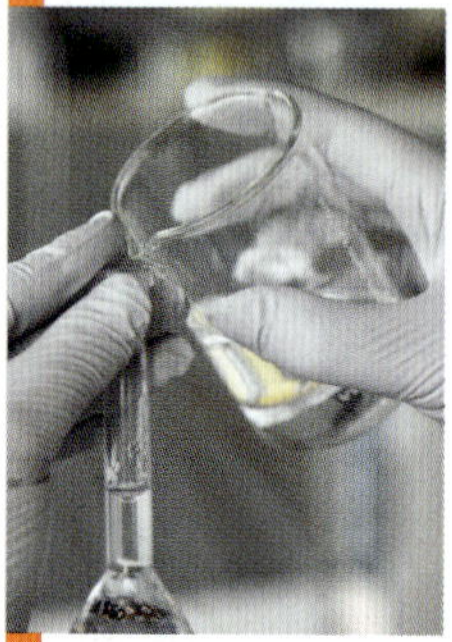

© CORDEN PHARMA

Corden Pharm, entreprise chimiste pour la pharmaceutique, investira près de 40 millions d'euros sur son site de Chenôve d'ici 2023. Le projet Licorne vise à augmenter les capacités industrielles en développant la production de lipides, nécessaires à la formulation des ARN messagers, utilisés pour les vaccins. Testée contre la Covid-19, cette technologie servira pour d'autres affections médicales.

UNE CONFITURE FORTE DE CAFÉ

Océane Café, torréfacteur à Bretenière depuis 2017, a imaginé une confiture de café qu'elle veut être l'une des rares à avoir imaginée. Cette création a été récompensée du Trophée de l'innovation 2022 du salon Rest'Hôtel, dédié aux professionnels de la restauration et de l'hôtellerie. D'ailleurs, à Dijon Métropole, plusieurs d'entre eux imaginent déjà de nouvelles recettes à partir de cette confiture.

© OCÉANE CAFÉ

© VILLE DE DIJON

DIJON DANS LES TOPS

La capitale des Ducs de Bourgogne figure dans le top 10 des destinations à découvrir en 2022 selon la chaîne d'information américaine CNN. À côté de destinations paradisiaques, la ville est valorisée pour sa gastronomie, son patrimoine, son musée des Beaux-Arts et sa future Cité internationale de la gastronomie et du vin. En parallèle, la Bourgogne fait également partie des 10 régions à visiter.

UNE CENTRALE D'UN AUTRE GENRE

© @EDF RENOUVELABLES

Un ancien site d'enfouissement de déchets, inutilisable pour d'autres activités, a cédé sa place à une centrale photovoltaïque. En partenariat avec EDF Renouvelables et Dijon Métropole, cette ferme étendue sur 16 hectares regroupant 43 000 panneaux, inaugurée en novembre dernier à Valmy, produira l'équivalent de la consommation électrique nécessaire à 8 000 Dijonnais, soit 5 % des besoins de la population.

EMPLOI ET LOGEMENT DE QUALITÉ

Le palmarès des villes associant le pouvoir d'achat immobilier aux opportunités d'emploi en CDI classe Dijon parmi les villes moyennes offrant le meilleur compromis selon Meilleurtaux et MeteoJob. La capitale des Ducs arrive ainsi à la troisième place. À proximité de Paris en train, le territoire montre son attractivité avec plus de 25 000 offres d'emploi en 2021 et un prix moyen de 2 670 euros/m².

LA CITÉ TANT ATTENDUE

La Cité internationale de la gastronomie et du vin accueillera le public à partir du 6 mai 2022. Avant cela, le 28 mars, l'école hôtelière Ferrandi Paris a ouvert son campus Dijon au cœur du site tandis que la première pierre du futur hôtel Curio Collection by Hilton a été posée à la Cité. L'établissement quatre étoiles attendra lui le premier trimestre 2023 pour recevoir ses premiers clients.

© EIFFAGE - AGENCE D'ARCHITECTURE ANTHONY BÉCHU

© FRANÇOIS WECKERLE / VILLE DE DIJON

INTERVIEW

TALANT
BIEN-VIVRE EN SÉCURITÉ

Maire de Talant depuis mai 2020, Fabian Ruinet veut mettre l'accent sur les spécificités de sa commune et met la notion de cadre de vie agréable et protégé au cœur de ses priorités.

Quels sont les objectifs du mandat d'ici 2026 ?

Membre de la métropole, à l'heure où certains veulent que toutes nos villes se ressemblent, Talant veut affirmer son histoire, ses spécificités. Riche de sa diversité, la commune porte une attention et agit pour chaque quartier et pour tous les publics. Nous avons passé un contrat de confiance avec les Talantais : pas d'augmentation d'impôts mais la garantie de profiter d'un cadre de vie préservé et d'offrir une alternative à la verticalité du logement.

Comment cela se traduit dans les faits ?

D'abord par la vie des quartiers avec leurs conseils grâce aux habitants. Il y en a quatre : Bourg-Logis, les Cerisiers, Chivalières-Montoillots-Arandes-Val Plein Air et enfin le Belvédère. Nous comptons notamment sur eux pour mettre en place les animations et les actions ponctuelles comme la fête des Voisins pour recréer du lien social, retrouver cet altruisme de proximité un peu perdu.

Y a-t-il d'autres axes ?

Oui, le second porte sur la politique culturelle dans les quartiers. Quand la salle l'Écrin a vocation à faire rayonner Talant sur la métropole, nous pensons aussi une politique culturelle hors les murs. Nous n'attendons plus que les gens aillent à sa rencontre, nous l'amenons dans les lieux publics, dans tous les quartiers. Pour ce faire, nous pouvons compter sur les artistes de la compagnie pluridisciplinaire Art'Go. Après avoir réalisé certaines créations sous les yeux des habitants, en 2022, ils les encouragent à participer. Enfin, le dernier axe est celui de la sécurité car chaque quartier a ses problématiques, de l'incivilité au cambriolage.

Comment avez-vous mis l'accent sur ce volet ?

Nous sommes partis d'un diagnostic des différents problèmes rencontrés par l'intermédiaire des conseils de quartier, des associations, des commerçants ou encore des bailleurs. Nous avons complété la présence légale du conseil local de sécurité et de prévention de la délinquance par une commission intégrant la municipalité, les conseils de quartier, les commerçants et les associations, ceux qui vivent le terrain. La tranquillité publique passe par la prévention mais aussi la coercition avec une police municipale renforcée passant de deux à cinq personnes, mais aussi équipée de gilets par-balles, de caméra piéton, d'armement létal et non létal. Cette police de proximité connaît le quartier mais renoue avec son rôle de primo-intervenant ou intervient aussi en appui de la police nationale.

› VILLE DE TALANT

1, place de la mairie - **TALANT**
✆ 03 80 44 60 00
www.talant.fr

© CHRISTOPHE MEYER

© CHRISTOPHE MEYER

© CHRISTOPHE MEYER

LES PERSONNALITÉS

Chacun à leur manière, ils font bouger les choses. Alors que la Cité internationale de la gastronomie et du vin ouvre ses portes, difficile de ne pas mettre en avant celles qui participent de la renommée locale que ce soit dans l'univers de la recherche pour une alimentation plus saine ou de la production avec des traditionnels qui s'inscrivent dans la durée. En économie, impossible d'énumérer les nombreux exemples qui, à Dijon Métropole, montrent qu'il faut compter sur la jeune génération qui ne manque pas de créativité pour innover et se faire une place. Enfin, cette année, l'accent est mis sur le sport avec deux femmes qui contribuent à inscrire le territoire dans les villes qui forment des champions grâce à une médaille ramenée de Tokyo ou une volonté sans borne de mener les sportifs vers les sommets.

© FOXAEP

NATHALIE VOISIN

PLUS QUE DU SPORT

Nathalie Voisin, directrice générale du groupe JDA, a porté le club jusqu'à son niveau actuel avec son frère Thierry Degorce, président. Depuis 2015, elle a contribué à assainir la situation et à développer le club de basket dijonnais pour le transformer en un groupe où se retrouvent le hand féminin professionnel ainsi que des activités viticoles, gastronomiques, événementielles ou encore immobilières.

© INRAE

SOPHIE NICKLAUS

L'ALIMENTATION SAINE RÉCOMPENSÉE

Sophie Nicklaus, directrice de recherche à l'Inrae au Centre des sciences du goût et de l'alimentation de Dijon, figure parmi les 547 personnalités de la promotion du 1er janvier 2022 de la Légion d'honneur. Spécialiste de la formation du comportement alimentaire de l'enfant, elle travaille notamment sur l'installation des habitudes et la façon d'amener une alimentation saine dans la durée.

© FABIEN BARDY

FABIEN BARDY

A L'HEURE DU PREMIUM

À 21 ans, le Talantais Fabien Bardy a imaginé et lancé sa première montre premium. Entrepreneur dans l'âme et passionné de montre, il a travaillé seul puis a profité du soutien et l'expérience de son beau-père pour avancer. Après une dizaine de prototypes, sa montre unisexe, noire et blanche avec son fond d'écran bleu, à la fois sobre et élégante, a vu le jour. Elle est commercialisée à 200 exemplaires.

© MULOT ET PETITJEAN

CATHERINE PETITJEAN

LA GOURMANDISE DANS LA DURÉE

Le 24 septembre 2021, la fabrique Mulot & Petitjean fêtait ses 225 ans. 9e génération à la tête de l'entreprise familiale, Catherine Petitjean la dirige depuis 1996 et a engagé des investissements pour que les nonnettes et pains d'épice se conçoivent entre tradition et modernité. En 2022, la modernisation tout comme les réductions de consommation d'énergie et la lutte contre le gaspillage se poursuivront.

© FFSA

LÉA FERNEY

UNE FEMME EN ARGENT

À 17 ans, Léa Ferney est rentrée des Jeux paralympiques de Tokyo, en août 2021, une médaille d'argent autour du cou. La pongiste licenciée du Dijon Tennis de table s'est démarquée pour sa première participation bien que son palmarès soit déjà bien rempli. Celle qui a découvert le tennis de table par hasard à l'âge de 7 ans partage sa vie entre le sport et les études en préparant un CAP Restauration.

LES RESTAURANTS

Pas besoin d'être implanté de longue date dans le paysage dijonnais pour faire office d'adresse incontournable. Certaines ont fait leurs preuves dans la durée, pouvant se targuer d'une réputation d'immanquable, quand d'autres affichent tout leur potentiel, véritable invitation à la découverte. Pour autant, tous ont en commun de mettre les produits frais à l'honneur. Que les saveurs relèvent d'une gastronomie française revisitée ou d'une cuisine aux parfums d'ailleurs, le savoir-faire de ces restaurateurs invitent à se laisser tenter par la gourmandise. Amoureux de leur métier, du beau produit, à la recherche constante de la qualité et de la satisfaction de leurs clients, ces restaurants ont en commun la passion de la gastronomie.

RESTAURANT WILLIAM FRACHOT

DES ÉTOILES DANS LES ASSIETTES

Les deux étoiles au guide Michelin rappellent qu'en vrai passionné des produits du terroir, William Frachot imagine une cuisine raffinée pour les mettre en lumière. Dans chaque assiette, il apporte une touche bien à lui qui révèle son parcours chez les plus grands en France et à l'étranger. L'intérieur à la décoration repensée en 2019, offre un écrin noble qui participe du plaisir de la dégustation. ▶▶ Page 46

© DR

© NOÉMIE LACARELLE

CIBO

UNE CUISINE NATURELLE ET DURABLE

La recherche d'artisans, de producteurs et d'éleveurs menée par l'équipe du Cibo n'a pas été vaine. Le restaurant propose des produits de qualité dont l'approvisionnement se fait dans un rayon de 200 kilomètres et qui, au gré des saisons, s'inscrivent dans une cuisine gastronomique. Aux fourneaux, Angelo Ferrigno, plus jeune chef étoilé de France 2016, compose une cuisine tendance qui séduit les Dijonnais. ▶▶ Page 46

© CÉCILE MORELLE 5 GRAMMES

© IMAGE&ASSOCIÉS

L'ESSENTIEL

QUAND LE LOCAL NOUS RÉGALE

Au fil des ans, le chef Richard Bernigaud s'est imposé dans le paysage gourmand local pour le talent qu'il met au service de sa cuisine raffinée. Il privilégie les produits locaux et s'impose de ne travailler qu'avec des produits frais. Le cadre, à la fois coloré et élégant, invite à se détendre pour profiter des plats, tandis qu'avant la dégustation, chaque plat est un délice pour le regard. ▶▶ Page 47

BRASSERIE DES BEAUX-ARTS

ENTRE HISTOIRE ET GASTRONOMIE

Le cadre historique encourage à lui seul à s'installer à l'une des tables de ce chic établissement, les deux terrasses dressées aux beaux jours accentuant cette invitation. Les produits du marché et de saison sont mis en valeur dans une cuisine traditionnelle de qualité. La carte ouvre l'appétit, du sucré au salé, tandis que la carte des vins ravit les amateurs. ▶▶ Page 51

© MARINE COLINET

© LE POURQUOI PAS

PARAPLUIE

UNE TOUCHE D'ASIE

En cuisine, le sourire de Chern Gan contribue au plaisir de s'attabler au Parapluie, d'ailleurs le chef n'hésite pas à venir échanger avec les gourmands. Malaisien, il est venu en France pour apprendre la cuisine française, réputée dans le monde. Amateur de vin, il s'est ensuite naturellement installé en Bourgogne. Ses assiettes associent sa culture culinaire à des produits traditionnels du marché. ▶▶ Page 51

POURQUOI PAS ?

QUESTIONNEMENT PERPÉTUEL

Au Pourquoi pas, tout est question. Quel menu choisir ? L'ardoise rassure les moins aventuriers tandis que le menu surprise invite à laisser la créativité du chef Julien Guiraud prendre les commandes. Le menu gourmand magnifie également les produits frais sélectionnés par le cuisinier. Le menu dégustation à la truffe associe le précieux champignon à une variété de mets. Dernière question, on y va quand ? ▶▶ Page 54

© CHRISTOPHEREMONDIÈRE

LES JARDINS BY LA CLOCHE

ENTRE ART ET GASTRONOMIE

Sous la verrière avec vue imprenable sur l'extérieur, le chef Aurélien Mauny propose une cuisine bistronomique qui met en avant les produits du terroir, revisités. Les assiettes lumineuses et colorées éveillent les papilles. De l'entrée au dessert, le régal du palais est au rendez-vous autant que celui des yeux qui profitent d'œuvres d'art. ▶▶ Page 46

© CLAUDIA AMSTUTZ

AZEROLE

LE PETIT NOUVEAU

Quand les assiettes arrivent à table, les mots élégants et raffinés sautent à l'esprit. L'Azerole a ouvert en juillet 2021. Xin Gan est aux commandes de cet établissement intime. Le travail des produits frais a déjà ravi les Dijonnais qui ont essayé cette nouvelle adresse tournée vers la cuisine française. Le trio d'entrées offre une bonne entrée en matière avant de se laisser tenter par un plat gourmand. ▶▶ Page 51

© ARNAUD DAUPHIN

L'AUBERGE DES TILLEULS

LA TRADITION DU BISTROT

A deux pas de Dijon, l'Auberge des Tilleuls régale avec sa cuisine de bistrot, gourmande, dans un cadre convivial. Les plats traditionnels sont à l'honneur, associant les souvenirs d'enfance du chef Nicolas Arnold, qui a conservé le goût des produits frais et du fait maison, et une touche de modernité. ▶▶ Page 90

© JIU

JIU

PLONGÉE EN ASIE

Le Jiu rentre dans la catégorie des restaurants chinois tout autant que dans celle des restaurants fusion puisqu'il associe la culture culinaire asiatique et les produits locaux. Les nouilles chinoises réalisées sur place, dans le respect du savoir-faire traditionnel, s'inscrivent déjà parmi les incontournables. Ouvert à l'été 2021, l'établissement affiche son potentiel et promet de beaux voyages gustatifs. ▶▶ Page 82

LE CHAT QUI PENSE

SE RÉGALER CHEZ L'HABITANT

Elle, psychologue clinicienne, lui, fleuriste. Ensemble, une même envie de partager leur goût de la gastronomie et de l'accueil à la bourguignonne. Du lundi au vendredi, Isabelle et Gilles Sonnet ouvrent la porte de leur domicile, à l'heure du déjeuner, pour régaler les amateurs de cuisine familiale et bistronomique. Bienvenue au *Chat qui pense*.

Le couple Sonnet pensait changer de carrière, plus tard, pour ouvrir une table et une maison d'hôte dans une belle bâtisse. Les circonstances de la vie les ont encouragés à repenser leur projet et à se lancer plus tôt que prévu. Psychologue clinicienne, Isabelle Sonnet a d'abord cherché à reprendre un restaurant à Dijon mais n'a pas trouvé la petite structure qui lui correspondait. « J'ai finalement pensé à la solution du restaurant chez l'habitant. » Peu à peu, elle abandonne son cabinet et se forme à la cuisine, obtenant son CAP en 2018. L'expérience de Gilles Sonnet dans l'univers de la restauration ; lui qui avait débuté en service et réception à l'école hôtelière avant d'enchainer 10 ans en tant que maître d'hôtel, a rassuré Isabelle au moment de se lancer. En avril 2019, le couple ouvre la porte de son logement et celle du *Chat qui Pense*, jusqu'en mars 2020, premier confinement. Ils profitent de cette période pour déménager et s'installer au 18, rue Monge à Dijon. *Le Chat qui Pense* reprend du service le 1er juillet 2021 dans un nouveau cadre. Isabelle s'affaire en cuisine, Gilles s'occupe du service.

Manger chez l'habitant

Du lundi au vendredi, de midi à 13h30, 20 personnes peuvent s'attabler dans le salon en pierres apparentes du couple Sonnet, profitant de la baie vitrée donnant sur le jardin ou du feu de cheminée, selon la météo. Chaque matin, Isabelle se rend au marché, chez les commerçants du centre-ville ou les maraîchers alentour pour s'approvisionner en produits frais. « Le menu se construit au gré de ce que je trouve. J'achète et cuisine en petite quantité. » Au menu du jour, deux entrées, deux plats et deux desserts tandis qu'une belle carte des vins invite à se laisser tenter, avec modération. Derrière les fourneaux, Isabelle apporte sa touche personnelle aux différents plats. « La cuisine permet une grande liberté » se réjouit-elle. Bien qu'elle n'ait pas de spécialités, la cheffe avoue une préférence pour les viandes à cuisson basse température comme le filet de veau ou encore les champignons sous toutes leurs formes. Pour profiter de cette table pas comme les autres dans un cadre pas comme les autres, il s'avère indispensable de réserver.

› LE CHAT QUI PENSE
18, rue Monge
✆ 06 80 84 79 62
www.lechatquipense.com

© CHRISTOPHE MEYER

© CHRISTOPE MEYER

© CHRISTOPHE MEYER

LES INSOLITES

Les insolites du *Petit Futé* 2022 misent sur le local et le durable. Conscient des enjeux environnementaux, nombreux sont ceux qui cherchent à réduire leur empreinte carbone ou à proposer des alternatives moins néfastes à la planète. Pour se régaler, s'habiller ou embellir son intérieur, les boutiques de Dijon Métropole rivalisent de créativité pour ne pas gaspiller et privilégier le savoir-faire et les produits locaux. En recherche constante de qualité, de naturel, mais aussi d'originalité, ces professionnels recherchent la satisfaction du client tout autant que le bien-être écologique. Pour autant, préserver la planète n'interdit pas de se détendre à deux pas de chez soi ou de laisser libre cours à son imagination. Là encore, le territoire accueille chaque année de nouvelles propositions.

LE DÉFI DES DUCS

UN HÔTEL OÙ S'ÉCHAPPER

L'Hôtel des Ducs a repensé sa salle de séminaire sous-exploitée et deux chambres problématiques pour créer quatre escape games et un jeu d'action. Entre la forêt enchantée, l'époque médiévale qui donne à voir un mur datant d'anciennes fortifications de la ville, la Seconde Guerre mondiale et le Nautilus, les amateurs de défis seront servis. 8 000 personnes ont déjà tenté de s'échapper de l'hôtel. ▶▶ Page 208

90 BPM

DES POTES ET DE LA BIÈRE

Léo et Victor, deux copains passionnés de bière, ont d'abord brassé dans un garage avant d'ouvrir leur brasserie artisanale à Ahuy. 90 BPM a vu le jour avec l'envie de proposer des produits de qualité appréciables tant par les novices que par les experts. Pour valoriser la région, les deux brasseurs font vieillir leurs bières faites à partir de fruits locaux dans des fûts ayant abrité des vins de Bourgogne. ▶▶ Page 131

© MAGALIE CONGRÉ

KANGOO-JUMP

POUR BIEN REBONDIR

Depuis quelques mois, le Kangoo-jump débarque à Dijon Métropole. MyFiit propose de découvrir cette activité inventée en Suisse qui promet de brûler jusqu'à 1 000 calories en une heure. Pour s'y adonner, il suffit d'enfiler des bottes équipées de semelles à ressorts. Entre danse et renforcement musculaire, ce sport ressemble à une séance de fitness, toujours en mouvement, où tous les muscles travaillent. ▶▶ *Page 184*

© FRANCK PUTIGNY

20 BY LA CLOCHE

UN NOUVEL ÉCRIN POUR LE VIN

Dans un écrin élégant où trône un bar conçu dans un bloc de calcaire, l'hôtel La Cloche a ouvert sa boutique consacrée au vin. Avec environ 150 références disponibles, le lieu fait la part belle à la Bourgogne sans s'interdire de proposer des vins d'ailleurs ainsi que des champagnes ou des spiritueux. Sur place, une carte interactive et les conseils du responsable garantissent une dégustation de qualité. ▶▶ *Page 127*

© NADÈGE HUBERT

LA RESSOURCERIE VÉGÉTALE

UNE SECONDE VIE POUR LES PLANTES

Chantale Thierry, passionnée par les végétaux, collecte les plantes pour leur donner une seconde vie. Particuliers, fleuristes, pépiniéristes ou encore les rayons jardinerie de la grande distribution peuvent confier leurs plantes en souffrance plutôt que de les jeter afin que cette main verte en prenne soin et leur trouve un nouveau foyer. ▶▶ *Page 220*

© UR BUBBLE

UR BUBBLE

L'HEURE DU THÉ

Le thé est à l'honneur chez Ur Bubble, un nouveau tea shop qui a ouvert en décembre 2021 à Dijon. La spécialité, le bubble tea, consiste en un mélange de thé vert ou noir et de saveurs fruitées, éventuellement mixé avec du lait, en fonction des envies. Créée à Taïwan dans les années 1980, cette boisson à base sucrée est particulièrement reconnue en Asie. Les clients peuvent composer leur thé. ▶▶ *Page 135*

© ENVIE DE PÂTES

© NADÈGE HUBERT

ENVIE DE PÂTES

LES PÂTES DE LA FAMILLE

A 80 ans, Henry Barabant réalise lui-même ses pâtes maison. Retraité, il a ramené de ses voyages en Italie le goût des pâtes fraiches qu'il a voulu reproduire dans sa cuisine. Entouré de sa fille et de son petit-fils, cuisinier, il a d'abord vendu ses produits via les ventes directes et a ouvert « Envie de pâtes » en janvier 2022 pour commercialiser ses pâtes fraîches et bio, du ravioli aux pennes. ▶▶ *Page 124*

LAMANDINE

DES FLEURS EN TOUT GENRE

Floricultrice, Amandine Deschamps ne se contente pas de fournir les fleuristes. Les fleurs comestibles de Lamandine rejoignent les tables dijonnaises tandis qu'elle produit une gamme de huit infusions à partir de 20 espèces de végétaux. Elle conçoit également, avec le soutien du laboratoire Cosminter de Fleurey-sur-Ouche, des cosmétiques tels que des crèmes pour le visage, les mains ou des baumes à lèvres. ▶▶ *Page 125*

© NADÈGE HUBERT

© DAVID CHEDOZ

L'ÉCHOPPE GALACTIQUE

COMME AU CINÉMA

Après avoir plongé les Dijonnais dans l'univers magique de *Harry Potter*, Maxime Michel récidive avec une nouvelle boutique, dédiée cette fois à *Star Wars*. L'Échoppe Galactique renvoie dans la galaxie lointaine avec des objets en tout genre sans oublier les célèbres sabres laser mais aussi des friandises rappelant la trilogie. ▶▶ *Page 176*

LA MIELLERIE

LE MIEL DANS TOUS SES ÉTATS

Apiculteur de génération en génération depuis 1890, la famille Perronneau continue son aventure avec la miellerie, sa boutique écoconçue installée sur le marché de l'agro à Dijon. Les circuits courts y sont privilégiés pour proposer 45 variétés monoflorales de miel. Les amateurs pourront opter pour les miels en pot ou en vrac mais aussi profiter des bonbons, pains d'épices ou encore moutardes au miel. ▶▶ *Page 126*

INTERVIEW

L'OPÉRA
AU-DELÀ DES CLICHÉS

A la tête de l'Opéra Dijon depuis janvier 2022, le duo Dominique Pitoiset, directeur général, et Bruno Hamard, directeur général délégué, affiche une parfaite complémentarité. Le premier, metteur en scène, a notamment dirigé le Théâtre National de Bordeaux tandis que les Dijonnais lui doivent la création de Théâtre en mai. Le second, administrateur hors pair, a fait ses gammes en dirigeant, entre autres, l'Orchestre de Paris. Ensemble, ils placent leurs programmations culturelles sous le signe de l'ouverture, la diversité et l'accessibilité.

Une belle programmation

Difficile de ne pas s'enthousiasmer de la programmation de l'Opéra de Dijon après avoir découvert la richesse de la palette d'expressions artistiques proposées au public. L'Opéra, tout d'abord du baroque au contemporain. « Nul besoin d'être un spécialiste pour apprécier les différentes émotions qu'offrent ces univers » détaille Bruno Hamard qui encourage à bénéficier de la gamme de tarifs accessibles au plus grand nombre pour se faire une idée. Le *Don Pasquale* de Gaetano Donizetti, du 10 au 15 mai 2022, s'avère une bonne entrée en matière pour les curieux. A côté de l'opéra, des grands orchestres venus d'Europe profitent de l'une des meilleures acoustiques du continent, selon les artistes eux-mêmes. L'auditorium résonne aussi au gré des récitals ou des musiques du monde, cycles initiés en 2022 avec la venue de Gilberto Gil tandis que d'autres grands noms enchanteront la saison 2022-2023. Le théâtre musical, la danse avec le *Lac des cygnes d'Angelin Preljocaj* prévu à Noël 2022, ou le cirque, fin et poétique, profiteront d'une scène aux dimensions proches de celles de l'opéra Bastille à Paris. A côté de ce bel outil qu'est l'auditorium, la programmation de l'Opéra de Dijon renoue, en 2022, avec les formes plus intimes au Grand Théâtre. Après avoir profité d'une première phase de travaux, il ne refermera ses portes qu'en septembre 2023 pour une deuxième phase.

Des spectacles pour tous

Derrière la scène, l'Opéra de Dijon prend en charge les enfants des spectateurs pendant qu'ils se divertissent. Il œuvre également au quotidien pour sensibiliser les jeunes avec des places qui leur sont réservées, des ateliers ou des spectacles imaginés pour eux. « En 2022, les élèves du collège des Grésilles seront les musiciens et danseurs d'un spectacle nécessitant trois mois de préparation. » Éclectique, ouvert à tous sans se ruiner, l'Opéra Dijon saura ravir ceux qui oseront s'installer dans ses fauteuils.

› OPÉRA DE DIJON
18, boulevard de Verdun
✆ 03 80 48 82 82
www.opera-dijon.fr

© MIRCO MAGLIOCCA

Dominique Pitoiset.

© MIRCO MAGLIOCCA

Bruno Hamard.

LES GRAINES DE VAINQUEUR

Certains continuent d'innover et de surprendre, se dépassant constamment comme il impute aux champions de le faire. D'autres arrivent sur le marché avec une idée ou un concept et se donnent les moyens de les faire grandir, prouvant qu'ils portent en eux les graines du succès. Chaque année, Dijon Métropole peut se targuer de compter de nouveaux talents dans ses rangs ou des acteurs bien implantés qui font preuve d'ingéniosité et de créativité. En cuisine, dans l'agroalimentaire ou les sciences mais aussi la décoration, la mode ou la beauté, en fonction des vocations, ils apportent leur pierre à l'édifice de la nouveauté. Difficile de tous les mettre en avant, encourageant à ouvrir l'œil pour ne manquer aucune des innovations qui germent partout dans la ville.

MERCERIE MIMOSA

DO IT YOURSELF VOS VÊTEMENTS

Virage à 360 degrés pour Cathy Bernardin, passée du journalisme à la Mercerie Mimosa, ouverte en 2021. La trentenaire se consacre à sa passion pour la couture et le tricot en répondant à la demande. Laine, tissu, accessoires mais aussi patrons et ateliers, tout y est pour se créer une garde-robe, à la fois moderne et confortable. L'image de la grand-mère qui tricote un pull qui gratte, ici, c'est fini.

▶▶ Page 164

© ANAIS NANINNI

© L'ABENFANT

L'ABENFANT

DU FRANÇAIS SANS DÉCHET

Florian Portanier en cuisine, Laëtitia Miguet en salle, le couple s'est rencontré dans l'hôtellerie restauration. Ensemble, ils ont ouvert le restaurant L'Abenfant. Aux fourneaux, le chef s'interdit les produits sortant de l'Hexagone et mise sur les producteurs locaux passionnés. Dans les recettes, rien ne se perd, tout se transforme pour réduire au maximum les déchets tout en restant gourmand.

▶▶ Page 70

© AMALIA PERIER

MARGUERITE ET JORGE

DES DOUDOUS BIEN DE CHEZ NOUS

Les doudous Marguerite et Jorge sont nés de l'imaginaire d'Amalia Perier, une jeune créatrice. Styliste de formation, elle passe notamment chez Sonia Rykiel, Céline ou Isabelle Marant avant de prendre son envol. Son inspiration la guide vers le monde de l'enfance avec un couple de souris qui évoluent au gré des saisons. ▶▶ Page 198

© VIREVOLTE

VIREVOLTE

UN PARFUM DE SUCCÈS

Forte d'une expérience au Petit Marseillais, la Dijonnaise Julie Desoomer décide de créer Virevolte. Des mois de travail avec un parfumeur de Grasse donneront naissance à quatre fragrances avec une formulation naturelle à 99,9 %. La jeune marque s'appuie sur 500 matières premières contre 5 000 pour la parfumerie conventionnelle. Disponibles en deux formats, les quatre parfums se font peu à peu leur place. ▶▶ Page 174

© LA QUÉQUETTERIE

LA QUÉQUETTERIE

DES GOURMANDISES OSÉES

La Quéquetterie a débarqué à Dijon en janvier 2022. Le concept a déjà ses amateurs de Paris à Montpellier, de Toulouse à Angers avec des milliers de quéquettes et foufounes sucrées vendues. Une tonne de pâte chaque mois est nécessaire pour répondre au succès de ces pancakes en forme de sexes, féminins ou masculins. « Ouvrez grand la bouche », le message de la Quéquetterie se veut drôle et provocateur. ▶▶ Page 122

© @VIEWFROMLUCAS

MONSIEUR VIRGULE

CHAUSSURE À SON PIED

Indémodables, intemporelles, même célèbres, les sneakers ne se contentent pas d'être des chaussures, il s'agit de véritables accessoires de mode. Au fil des ans, plusieurs modèles ont marqué l'histoire de la marque. Pour s'en procurer, il suffit désormais de rentrer chez Monsieur Virgule. La boutique spécialisée associe un choix impressionnant autour de cette chaussure mythique à la musique et l'art. ▶▶ Page 161

© CROSSJECT

CROSSJECT

A LA CONQUÊTE DE L'OUEST

Zeneo, système d'auto-injecteur à usage unique de Crossject, s'impose dans l'univers pharmaceutique. A l'automne 2021, le leader américain du traitement de l'insuffisance surrénale a accordé sa confiance au Dijonnais pour développer et commercialiser sa solution aux États-Unis. Avec Eton Pharmaceuticals, Crossject va intervenir sur une pathologie qui touche plus de 600 000 personnes dans le monde. ▶▶ Page 187

© COGITECH

COGITECH

LE DESIGN À LA DIJONNAISE

L'univers confidentiel du luxe fait confiance à Cogitech pour réaliser ses aménagements intérieurs aux designs innovants. L'entreprise imagine sans cesse de nouvelles solutions. Entre février et décembre 2022, elle propose une exposition afin de présenter Minero, une gamme destinée à concevoir du mobilier et des objets d'exception en matière minérale, produite localement et respectueuse de l'environnement. ▶▶ Page 216

© NADÈGE HUBERT

DOMAINE DU GOÛT

DÉGUSTATION À DOMICILE

Rien d'étonnant à trouver une start-up viticole en Bourgogne. Pour autant, le Domaine du Goût ne manque pas d'originalité avec des dégustations en distanciel en compagnie d'un sommelier ou encore des coffrets cadeaux 100 % premiers crus de Bourgogne intégrant 4 vinottes à déguster avant de recevoir une bouteille de son cru préféré. Le Domaine du Goût s'est ouvert aux dégustations de bières artisanales. ▶▶ Page 131

© GOOD VIE

GOOD VIE

PLUS SAINE LA VIE

À 29 ans, Louis Baqué a imaginé une boisson saine à partir de kéfir. Avec la marque Good Vie, il met le procédé naturel de fermentation et pétillant en bouteille afin de faire découvrir les bienfaits de cette boisson. La start-up produit 600 bouteilles par mois en partenariat avec le lycée agricole de Plombières-lès-Dijon. D'autres saveurs viendront bientôt renforcer la gamme de deux parfums existants. ▶▶ Page 125

INTERVIEW

MONCEAU FLEURS

LE POUVOIR DES FLEURS

Dijonnais d'adoption, M. et Mme Pelvey ont saisi l'opportunité de revenir dans le monde des fleurs en reprenant trois magasins Cœur de Fleurs à Dijon avenue Garibaldi, boulevard des Bourroches et à Talant boulevard de Troyes. Passionné, le couple met l'accent sur le travail de ses fleuristes et la qualité des produits.

Arrivé à Dijon en 2004, le couple Pelvey, séduit par la ville, décide d'y poser ses valises. En décembre 2021, ils enclenchent la transformation de leurs magasins sous l'enseigne Monceau Fleurs. Formé à l'horticulture ainsi qu'à la gestion et au management d'entreprise, Pascal Pelvey a multiplié les expériences professionnelles de direction dans la grande distribution et l'univers des fleurs. Conscient du potentiel des boutiques, le duo a remis le métier de fleuriste au cœur de l'activité, en ne recrutant que des collaborateurs experts.

Les jeunes en apprentissage, à l'affut des tendances, côtoient les salariés plus expérimentés, chacun apprenant de l'autre. Le dirigeant se réjouit d'avoir doublé ses effectifs, passant de six à douze collaborateurs, les nouveaux n'hésitant pas à chercher l'inspiration et à être force de proposition. « Il faut la technique pour savoir associer les fleurs mais ce métier demande aussi une âme artistique. Un bouquet n'est pas un fourres-y-tout. Nous sommes des artisans. »

Une fleur pour tous

Parce que Monceau fleurs sait que, pour ses clients, chaque détail compte, il recherche sans cesse le meilleur !

Le meilleur en offrant le plus précis des conseils, le meilleur en proposant le plus grand des choix de fleurs, le meilleur en exigeant la plus belle des qualités, le meilleur en cherchant la plus pointue des nouveautés, et tout cela au meilleur prix !

Parce que ses clients sont libres de choisir, mais qu'ils n'ont pas le droit de se tromper, Monceau Fleurs ne s'autorise pas l'à peu près !

« Nous ne sommes pas des vendeurs de fleurs, nous sommes des créateurs d'émotions, sachant tour à tour prendre un temps d'avance ou suspendre, selon les goûts, les humeurs et les occasions » insiste Pascal Pelvey en véritable amoureux du végétal. Attaché au sens de l'accueil, du service et de la qualité des produits, il privilégie les fleurs cultivées en France, dans la mesure du possible, pour que chacun puisse profiter pleinement de ces beautés.

› **MONCEAU FLEURS**
25, avenue Garibaldi
✆ 03 80 78 87 96
www.monceaufleurs.com

© CHRISTOPHE MEYER

© CHRISTOPHE MEYER

petit futé
2022
DIJON

JE VISITE MA VILLE

Même les habitants de longue date découvrent régulièrement de nouveaux lieux tant Dijon sait se renouveler. Si le cœur historique de la ville séduit par son patrimoine, ses hôtels particuliers et ses boutiques, toute la Métropole dispose de nombreux attraits. Entre une vie culturelle rythmée par les musées, les théâtres, les salles de concerts et de spectacles, et un cadre où la nature est omniprésente, avec son lac, son canal, ses rivières, ses vignes, ses parcs et jardins, difficile de ne pas succomber aux charmes de la belle. Que les amateurs de gastronomie et de bons vins se rassurent, ils n'ont pas été oubliés. La cité des ducs et toutes les communes environnantes régalent les gourmands et les gourmets grâce à une large offre de restaurants, pour tous les goûts et tous les budgets. Les bars animés invitent quant à eux à faire une pause pour déguster un premier cru ou siroter un kir. Pour prolonger le plaisir, il suffit de séjourner dans les hôtels de la ville pour comprendre en quoi consiste l'hospitalité bourguignonne. Visiteurs et locaux en redemandent !

NOUVEAU !

VOTRE GUIDE DEVIENT

INTERACTIF

TAPEZ **PETITFUTE.APP** DANS LE NAVIGATEUR DE VOTRE SMARTPHONE.

PRENEZ UNE PHOTO DE LA PAGE DÈS QU'ELLE A CE PICTO !

THÉÂTRE

À PAS CONTÉS-FESTIVAL INTERNATIONAL JEUNE ET TOUS PUBLICS

✆ 03 80 30 98 99 - www.apascontes.fr

En février. Entrée : 10 € (8 € pour les adhérents). Pass « À pas contés » : 24 € (3 spectacles au choix).

Le festival international jeune et tous publics À Pas Contés a lieu chaque année en février. Organisé par l'Association bourguignonne culturelle (ABC), ce festival qui prépare sa 23e édition, rassemble petits et grands autour d'une trentaine de spectacles, donnés dans différents lieux culturels à Dijon et aux alentours. Les spectacles sont variés : danse, récitations de contes, pièces de théâtre, marionnettes, clown, cirque, mais aussi des séances de cinéma, des projections en avant-première et des concerts. Un événement qui fait la part belle au jeune public !

LIVRE

CROCMILLIVRE

5, rue Devoges
crocmillivre.wordpress.com

En novembre. Entrée gratuite.

Cette année encore, les librairies Grangier et Autrement Dit s'unissent pour la 14e édition du salon Crocmillivre et vous proposent un week-end festif et familial autour du livre jeunesse. Depuis plus de dix ans, le salon permet aux lecteurs de rencontrer une trentaine d'auteurs sélectionnés par les libraires eux-même : la promesse d'un moment privilégié. Au programme, des rencontres, des dédicaces colorées, des animations et des ateliers créatifs ouverts à tous : sérigraphie, lectures de contes, ateliers d'écritures ou encore concours de dessins. De quoi célébrer joyeusement la vitalité du livre jeunesse en famille et éveiller les enfants de 1 à 14 ans au monde de la lecture.

FOIRE

ART FAIR

3, boulevard de Champagne
✆ 09 63 53 36 61
https://art-fair-dijon.fr/fr

Le 30 septembre et les 1er et 2 octobre 2022. Entrée 10 €.

Dijon accueille "la seconde édition d'Art Fair, foire d'art contemporain du 30 septembre au 2 octobre 2022. Durant ces 3 jours de manifestation la superficie occupée est augmentée et passe d'un espace de 2 800 m² à un espace de 5 800 m². Les visiteurs pourront découvrir plus de 40 galeries, éditeurs, institutions et collectifs, collectifs d'artistes et écoles d'art et près de 300 artistes représentés. Après la première édition qui mettait à l'honneur la Belgique, cette année son fondateur et directeur artistique Jean-Marc Bassand prend le néon pour fil conducteur de cette édition 2022. Il incarnera le thème majeur des animations OFF et des expositions organisées par la foire.

CINÉMA

FESTIVAL DES ÉCRANS DE L'AVENTURE

www.lesecransdelaventure.com

Du 13 au 16 octobre. 4,50 € par demi-journée, 6,50 € le pass soirée. Enfants de moins de 12 ans : 2,50 €.

Qui dit aventure dit aussi histoires à vous couper le souffle, rencontres inattendues, épreuves et découvertes. Cela fait maintenant 30 ans que le Festival des Ecrans de l'Aventure rassemble chaque automne les foules de baroudeurs dans l'âme. Emerveillés par la programmation, les spectateurs sont toujours plus nombreux à découvrir une sélection de documentaires exceptionnels qui retracent les périples des grands voyageurs. Un moment de convivialité et riche en émotions. C'est aussi l'occasion de participer à des rencontres en présence des réalisateurs.

LIVRE

CLAMEUR [S]

✆ 03 80 48 82 30
https://clameurs.dijon.fr

En juin. Dans la cour de Flore du palais des Ducs de Bourgogne, entre autres. Gratuit et libre d'entrée.

En 2022, les rencontres littéraires Clameur(s), initiées par la Ville de Dijon et confiées à la bibliothèque, fêteront leur 10 ans. Elles invitent chaque année le public à découvrir de nouveaux horizons de lecture autour d'un thème en particulier. L'édition de l'an passé mettait la nature à l'honneur, mais fut écourtée du fait de la crise sanitaire. Pas d'inquiétude, les clameurs n'ont pas dit leur dernier mot. Écrivains, historiens et essayistes se réuniront de nouveau au mois de juin pour échanger et débattre. Rendez-vous cour de Flore au Palais des Ducs et dans d'autres lieux du centre-ville pour des temps de rencontres et de lecture, ou encore au marché des éditeurs place François Rude.

MUSIQUE

FESTIVAL MV

✆ 03 80 48 86 03
www.festivalmv.com

Au mois de mai. Programmation sur la page Facebook de l'événement.

Le festival MV est un événement pluridisciplinaire porté par l'association Sabotage, la Vapeur, l'atheneum, le Consortium et Why Note. « M » pour « musique » et « V » pour visuel, il met à l'honneur la création indépendante et alternative, créant des ponts entre différentes formes artistiques. L'événement se déroule traditionnellement au mois de mai dans des lieux multiples : salles de concert, ateliers, bars, galeries et autres endroits insolites... Des concerts souvent accompagnés de spectacles graphiques, de cinéma ou d'arts plastiques à des prix très abordables, quand ils ne sont pas gratuits. Mention spéciale pour les affiches du festival signées par l'Atelier Tout va bien.

MUSIQUE

FESTIVAL VYV LES BEAUX JOURS SOLIDAIRES

Parc de la Combe à la Serpent
vyvfestival.org
Du 11 au 12 juin 2022. Tarifs complets en ligne.

Pour sa première édition en 2019, le festival VYV avait rassemblé 20 000 personnes. Annulé en 2020 – Covid oblige – il est revenu plus fort que jamais l'année dernière avec une programmation 4 étoiles, comme un coup de gueule à la frilosité, la morosité et le repli de l'individualisme. Cette année, le rendez-vous promet d'être tout aussi grandiose. Durant deux jours festifs, en pleine nature, dans le cadre verdoyant de la combe à la Serpent, retrouvez le plaisir voir les musiciens sur scène, rire, danser et chanter à tue-tête... Bref, faire la fête !

LIVRE

GRIMOIRE ET CHAUDRON

www.grimoireetchaudron.com/dijon
Décembre. Entrée : 15 € (pass journée). Étudiants et plus de 60 ans : 13 €. Enfant : 10 €. Moins cher sur réservation.

Et si vous deveniez un sorcier le temps d'un week-end ? Tous ceux qui ont déjà regardé ou lu Harry Potter en ont forcément rêvé. Le rêve devient réalité avec la magie de Noël et le salon Grimoire et Chaudron ! Au programme : marché fantastique, animations et expériences en tout genre. Entre combats de baguettes magiques, jeux de rôle, défis façon escape game, jeux de pistes pour petits et grands, jeux de plateau, cours de potions, divination ou encore cryptobiologie, l'apprenti sorcier qui sommeille en vous ne saura plus où donner de la tête ! Alors, munissez-vous de vos plus beaux costumes et venez découvrir un univers magique (et peut-être gagner le concours de cosplay) !

FÊTE

LES FÊTES DE LA VIGNE

✆ 03 80 30 37 95
www.fetesdelavigne.org
Du 8 au 14 juillet 2022.

Si l'événement est devenu biannuel depuis 2016, il est toujours aussi attractif et incontournable. Ces folkoriades internationales qui mêlent danses et musiques du monde, investissent les rues de Dijon, la place de la République et le Cellier de Clairvaux au mois de juillet, et s'exportent également jusque sur la côte viticole. C'est le plus important des festivals d'arts et de musiques de traditions populaires en France et probablement le plus ancien, car les premières Fêtes de la vigne furent organisées en 1946. Le festival propose des animations costumées et fait venir de nombreux groupes régionaux, nationaux et internationaux, pour un brassage culturel hors du commun.

RUNNIN'CITY

Cette appli permet de visiter une ville en courant, ou en marchant, sur des parcours de 10 à 15 km grâce à un audioguide intégré. Plusieurs parcours sont disponibles dans un grand nombre de villes de France. Voilà de quoi vous occuper pendant vos sorties en solo. Vous pourriez bien parcourir des kilomètres sans même vous en rendre compte ! Voilà de quoi avoir « un esprit sain dans un corps sain ».

FOIRE

FOIRE INTERNATIONALE ET GASTRONOMIQUE DE DIJON

✆ 03 80 77 39 00
www.foirededijon.com
Du 1er au 13 novembre 2022.

Avec près de 450 exposants et 113 000 visiteurs, la foire internationale et gastronomique de Dijon est la cinquième foire internationale de France et le premier évènement économique de Bourgogne. De nombreux secteurs sont représentés : la gastronomie bien sûr, mais aussi l'habitat, l'artisanat local et mondial, la santé, les loisirs. Venez rencontrer les acteurs majeurs de ces secteurs qui dynamisent la région. La Foire accueille tous les ans un pays en qualité d'hôte d'honneur. En 2021, la foire a fêté ses cent ans. Un rendez-vous gastronomique incontournable !

NEW

FOIRE

VÉLO & CO

3, boulevard de Champagne ✆ 03 80 77 39 00
www.veloandcodijon.com
Les 17, 18 et 19 septembre, hall 1 du parc des expositions. Tarif plein 6 € ; tarif jeunes (13-25 ans) 4,50 €.

C'est le tout premier salon du vélo organisé à Dijon. Un rendez-vous d'envergure pour les amoureux des deux-roues. Amateurs de cyclisme, en solo, en cargo, ou en tandem, à pédales, en VTT, ou à vélo électrique, découvrez le programme de cet événement qui a lieu en septembre. Plusieurs espaces sont dédiés aux équipement sportifs, au tourisme, à la santé ou encore à la mobilité urbaine. Shows, animations, conférences, ateliers et rencontres avec les cyclistes sont aussi prévus, qui vous donneront peut-être l'envie d'opter pour la circulation douce et d'aller plus loin, toujours en selle ! Que vous soyez novices, passionnés, pratiquants aguerris ou simples curieux, Vélo&Co est fait pour vous.

OFFICE DE TOURISME

VILLE DE LONGVIC

1, allée de la Mairie - **LONGVIC**
✆ 03 80 68 44 00
www.ville-longvic.fr
Ouvert du lundi au jeudi de 9h à 12h et de 14h à 18h ; le vendredi de 9h à 12h et de 13h30 à 17h.

Située au sud de Dijon, près du parc de la Colombière et accessible à vélo via le parcours de la Coulée verte qui longe la rivière de l'Ouche, la ville de Longvic offre un cadre dynamique et agréable à ses habitants. Découvrez son Arboretum pour apprendre à connaître les différentes variétés d'arbres, lors d'une promenade au vert. Culturellement, ça bouge aussi du côté de l'espace Jean Bouhey qui abrite deux salles de spectacles. Les installations sportives ne manquent pas non plus pour se dépenser, au gymnase Pecqueux-Rolland ou encore au stade Jean Bouhey. Avec plus de 8 000 habitants, une cinquantaine de commerces et une importante zone industrielle, l'activité de la ville bat son plein !

OFFICE DE TOURISME

BOURGOGNE TOURISME

5, avenue Garibaldi
✆ 03 81 25 08 00
www.bourgogne-tourisme.com

Voici LE site officiel du tourisme en Bourgogne ! Bourgogne Tourisme centralise toutes les informations relatives au tourisme et aux loisirs pour les quatre départements de l'ancienne région Bourgogne : Côte-d'Or, Nièvre, Saône-et-Loire et Yonne. Connectez-vous sur le site de Bourgogne Tourisme pour découvrir toutes les infos utiles afin de « composer » un séjour qui vous ressemble. Œnotourisme, gastronomie, patrimoine, sites naturels… Une véritable mine d'informations en tous genres ! Vous pouvez télécharger ou commander (gratuitement !) différentes brochures, ainsi que des applications pour smartphones très utiles. N'hésitez pas à consulter ce portail, belle vitrine de notre chère région !

OFFICE DE TOURISME

CÔTE-D'OR TOURISME - ADT

19, rue Ferdinand-de-Lesseps
✆ 03 80 63 69 49
www.cotedor-tourisme.com

L'Agence départementale du tourisme vous permet d'organiser votre séjour en vous donnant des informations précises sur l'ensemble des possibles. Solutions d'hébergements ou de restaurations, visites de caves et domaines, villes et villages, musées et sites sportifs, comment ne pas se perdre face à tant de curiosités ? Redécouvrez la Côte d'Or à travers l'itinéraire de la Voie Bleue à vélo, éveillez-vos sens avec un panel d'activités liées au vin et visitez ses beaux villages. En plus de ce site, les visiteurs ont la possibilité de télécharger l'application « Balade en Bourgogne », qui aussi ludique que fonctionnelle, devient un compagnon de voyage que l'on emmène partout.

OFFICE DE TOURISME

OFFICE DE TOURISME DE DIJON MÉTROPOLE

11, rue des Forges ✆ 03 80 44 11 44
www.destinationdijon.com
Basse saison : lun.-sam 9h-13h et 14h-18h, dim. 9h-13h et 14h-16h. Haute saison : lun.-sam. 9h-18h30, dim. 9h-17h30.

C'est ici que vous trouverez les informations et la documentation nécessaires pour vous guider dans la cité des ducs. Envie d'une sortie insolite ? Découvrez le parcours de la Chouette, Dijon By Night ou encore la Balade gourmande. Des activités variées et ludiques vous sont proposées comme la vue panoramique à 46 mètres de haut depuis la tour Philippe le Bon, l'excursion sur la route des Grands Crus, les dégustations de vins ou encore les ateliers pour apprendre à faire sa propre moutarde. Autant de moments à vivre et de visites thématiques, pour un séjour inoubliable !

MAIRIE - COLLECTIVITÉ LOCALE

VILLE DE MARSANNAY-LA-COTE

Place Jean-Bart - **MARSANNAY-LA-CÔTE**
✆ 03 80 54 09 00
www.ville-marsannay-la-cote.fr
La mairie vous accueille du lundi au vendredi de 8h30 à 12h et de 13h30 à 17h30.

© MAIRIE DE MARSANNAY-LA-CÔTE

© MAIRIE DE MARSANNAY-LA-CÔTE

Comptant parmi les 23 communes de la Métropole dijonnaise, Marsannay-la-Côte est une ville associative et culturelle qui brille par son appellation prestigieuse de vins, avec 186 ha de vignes AOC. Elle offre une grande qualité de vie à ses 5387 habitants. Dans un environnement à la fois urbain, proche de la nature, vignoble et sentiers de randonnée, c'est aussi la vie associative culturelle et sportive qui contribue à son attractivité. Forte de 68 associations, la ville est porteuse de nombreux projets, menés sous l'impulsion de son maire Jean-Michel Verpillot.

MUSÉE

LE CONSORTIUM MUSEUM - CENTRE D'ART CONTEMPORAIN

37, rue de Longvic ✆ 03 80 68 45 55
www.leconsortium.fr
Ouvert du mercredi au dimanche 14h-18h, vendredi 14h-20h. Gratuit -18 ans et le vendredi de 17h à 20h. Adulte : 5 €.

Ce bâtiment épuré, vaste et lumineux, n'est autre qu'un pôle d'art contemporain incontournable. 4 000 m² pour accueillir au mieux les visiteurs et les artistes, dans leur création comme dans la diffusion de leurs œuvres. Plusieurs espaces ont été aménagés : la plus grande partie de l'espace est dédiée aux expositions temporaires, une salle de spectacles où sont proposés des concerts organisés par Why Note, La Vapeur, Sabotage, etc. Sans oublier la librairie, un lieu de ressources où vous trouverez des informations spécifiques à l'art contemporain. À visiter absolument !

MUSÉE

LE JARDIN DE L'ARQUEBUSE

1, avenue Albert-Ier et 14, rue Jehan-de-Marville
✆ 03 80 48 82 00
En contrebas de la gare SNCF
www.dijon.fr
Jardin : 8h à la tombée de la nuit ; musée : 9h-12h30 / 14h-18h (fermé mardi et samedi / dimanche matin).

Véritable bulle d'oxygène et de verdure avec son jardin botanique, le planétarium et le muséum, le parc de l'Arquebuse compte près de 120 000 visiteurs à l'année. Avec plusieurs salles d'expositions et de projection, le planétarium vous fait voyager à travers la galaxie, quand le muséum aborde la biodiversité animale et végétale. Découvrez encore les 500 espèces végétales du jardin botanique. Au printemps, les visiteurs pourront découvrir le nouveau parcours végétal « Jardin des saveurs et des cépages, des origines à demain » pour une balade botanique et sensorielle.

MUSÉE

LA FABRIQUE DE PAIN D'ÉPICES MULOT & PETITJEAN

6, boulevard de l'Ouest ✆ 03 80 66 30 80
www.mulotpetitjean.fr
Ouvert du mardi au samedi de 10h à 12h30 et de 14h à 18h30. Gratuit jusqu'à 12 ans. Adulte : 8 €. Enfant : 6 €.

A Dijon le pain d'épices est un emblème local. Mulot & PetitJean, Entreprise du Patrimoine Vivant, perpétue la tradition depuis 1796 et se fait un plaisir de raconter son histoire aux amateurs. De fabrication artisanale, entrez dans les secrets de son succès dans cet espace de 450 m². Petits et grands apprécieront cette visite d'une heure qui se termine par une dégustation. Repartez avec les fameuses nonnettes fourrées à l'orange, au cassis, au chocolat ou nature. Ponctuellement des ateliers pour petits et grands sont organisés autour du pain d'épices. Une belle adresse !

MUSÉE

MAISON ÉCLUSIÈRE 61

21, rue Guynemer - **OUGES**
✆ 06 47 05 07 85
www.abtsf.fr
Ouvert le lundi et du mercredi au samedi de 13h à 17h.

Située à Ouges, au sud de Dijon, on s'y rend volontiers lors d'une balade à vélo le long du canal. La maison éclusière 61 est animée par un collectif d'artistes qui propose toute l'année, différentes expositions pluridisciplinaires. Membres de l'Association bourguignonne Talents Sans Frontières, sculpteurs, dessinateurs, peintres et graphistes, se sont regroupés dans cet atelier commun pour partager leur art. Artistes confirmés, débutants, petits et grands, n'hésitez pas à venir les rencontrer. La maison reçoit également les écoles de la région pour des ateliers et rencontres thématiques. Tout est possible pour fabriquer du commun et ce lieu peut aussi devenir le vôtre !

MUSÉE

FRAC BOURGOGNE

16, rue Quentin ✆ 03 80 67 18 18
www.frac-bourgogne.org
Ouvert du mercredi au vendredi et le dimanche de 14h30 à 18h ; le samedi de 11h à 13h et de 14h à 18h. Gratuit.

Le Fonds Régional, d'Art Contemporain de Bourgogne est une institution nationale, créée en 1983. Sa vocation première est d'aider au développement de l'art contemporain. L'espace d'exposition baptisé « Les Bains du Nord » est installé juste en face des Halles de Dijon et s'ouvre sur 500 m² servant aussi bien pour des débats et réflexions, des résidences d'artistes et des expositions. La collection s'enrichit régulièrement de nouvelles œuvres et tous les artistes qu'ils soient émergents ou confirmés peuvent proposer les leurs auprès de la directrice Astrid Handa-Gagnard. Inscrivez-vous pour une visite guidée, notamment lors des journées du patrimoine avec des visites nocturnes.

MUSÉE

MUSÉE ARCHÉOLOGIQUE

5, rue du Docteur Maret ✆ 03 80 48 83 70
www.dijon.fr
Basse saison, le mercredi et week end 9h30-12h30 et 14h-18h Haute saison, du mercredi au lundi 9h30-12h30 de 14h-18h.

Logé dans l'aile principale de l'ancienne abbaye bénédictine Saint-Bénigne, le musée s'intéresse aux témoignages matériels des cultures qui se sont succédé sur le territoire de la Bourgogne, de la Préhistoire au Moyen Âge. Au niveau 0, découvrez les ex-voto du sanctuaire gallo-romain des sources de la Seine, où fut pratiqué un culte guérisseur. Au niveau 1, les voûtes gothiques accueillent les collections médiévales. Le niveau 2 présente le trésor de Blanot, un ensemble de pièces en bronze datées entre 1000 et 900 av. J.-C. A voir aussi, la collection du médailler Bertrand, qui comprend 13 monnaies grecques, 479 celtiques, 471 romaines, et 128 médiévales et modernes.

MUSÉOPARC ALÉSIA

10

J'ai 10 ans !

CITÉ INTERNATIONALE DE LA GASTRONOMIE ET DU VIN

CITÉ INTERNATIONALE DE LA GASTRONOMIE ET DU VIN

www.citedelagastronomie-dijon.fr
www.dijon.fr

Evènement exceptionnel cette année, La Cité Internationale de la Gastronomie et du Vin va ouvrir ses portes début mai. Tel est le défi relevé par la ville de Dijon pour faire de la Métropole une destination majeure en Europe. Dijon représente en effet la gastronomie française et promeut l'histoire et les traditions du vin. La Cité va ouvrir à deux pas du centre-ville sur le site de l'ancien hôpital général, un patrimoine immobilier hors pair. A l'intérieur, un centre d'interprétation, un pôle culture et formation, un cinéma de 5000 fauteuils, un hôtel 4 étoiles et l'école de formation à la gastronomie Ferrandi, des boutiques, du prestige ! On a hâte ! Et nous en sommes fiers ! 70 000 m² de bonheur pour Dijon.

MUSÉE

PALAIS DES DUCS ET DES ÉTATS DE BOURGOGNE

Place de la Libération
✆ 03 80 74 52 71
Ouvert toute l'année. Gratuit. Visite libre ou guidée sur rdv. Restauration. Boutique.

Haut-lieu de la vie politique et culturelle dijonnaise, le Palais des Ducs et des États de Bourgogne est un des symboles de Dijon à ne surtout pas manquer ! Vous commencerez par gravir la Tour Philippe le Bon qui surplombe le palais du haut de ses 46 mètres. Après les 316 marches, vous pourrez contempler toute la ville et apercevoir les premiers contreforts du Jura et même, par beau temps, le Mont Blanc. A couper le souffle !

La tour domine la cour d'honneur du Palais qui s'ouvre sur la place de la Libération. Là, l'édifice date des XVIIe et XVIIIe siècles et accueille le bureau d'accueil de la ville et les bureaux du Maire de Dijon et de ses conseillers et adjoints. La seconde cour qui vous attend est la cour de Flore qui reste dans la partie classique du bâtiment. Sous le porche d'entrée de cette cour, vous découvrirez le magnifique escalier Gabriel qui conduit à la salle des États. Magnifique pièce à la gloire de la Bourgogne qui abritait les réunions des États de Bourgogne. Dans la même cour, siège également la salle de Flore qui accueille les conseils municipaux. Pour aller voir la troisième cour, à savoir la cour de Bar, passez par l'arrière du Palais des Ducs et des États de Bourgogne. Vous pourrez vous attabler à la Brasserie des Beaux-Arts où il fait bon déjeuner. Arrivés au niveau du Square des Ducs de Bourgogne, faites une halte et admirez la façade médiévale. Une fois arrivés dans la cour de Bar, entrez dans les cuisines ducales construites à la demande de Philippe le Bon au XVe siècle qui vous présentent six grands foyers de cheminées... En outre, c'est dans cette cour que se trouve l'entrée du Musée des Beaux-Arts, magnifiquement restauré en 2019. Prenez le temps de le visiter. Vous pourrez notamment y admirer les pleurants qui entourent les tombeaux des Ducs de Bourgogne dans l'ancienne salle des festins.

ART & CULTURE

LA PORCHERIE

22, route de Montbard - **MÉNÉTREUX-LE-PITOIS**
✆ 03 80 96 92 23 - https://laporcherie.com
Ouvert du vendredi au dimanche de 14h à 19h. La semaine sur rendez-vous.

Si c'est dans les vieux pots qu'on fait la meilleure confiture, c'est à La Porcherie que l'on donne à voir le meilleur de l'art contemporain. En pleine campagne bourguignonne, à quelques kilomètres de Dijon, ce lieu d'art entre urbanité et ruralité vaut le passage ! Si « l'âme des porcs flotte toujours » — *dixit* Rémi Tamain, maître des lieux — dans cet ancien lieu de transit de porcs, c'est pour mieux donner corps aux expressions de la création contemporaine. Ici, artistes novices et renommés se côtoient, expérimentent et exposent. Des œuvres audacieuses à découvrir du vendredi au dimanche ou sur rendez-vous. Une virée incontournable dans un lieu atypique au cœur de la Côte d'Or.

CÉLÉBRITÉ

MAISON MILLIÈRE

10, 12, 14, rue de la Chouette ✆ 03 80 30 99 99
www.maison-milliere.fr
Du mardi au dimanche de 10h à 19h. Restaurant ouvert de mercredi à dimanche le midi, les vendredis et samedis soirs.

Édifiée en 1483 par un marchand drapier, la maison Millière est une authentique construction médiévale de l'époque du Duc Charles le Téméraire. À la fois salon de thé, bar à vin, restaurant et boutique de produit régionaux, elle se situe juste derrière l'église Notre-Dame. Ses arcades en anse de panier et ses colombages en croix de Saint-André forment un parfait modèle architectural du XVe siècle. Un chat et un hibou grand-duc ont pris place sur le toit, en clin d'œil à la Chouette qui est toute proche. Entrer dans cette maison, c'est comme faire un retour dans le passé. On apprécie particulièrement le calme de son jardin intérieur en été, idéal pour lire un bon roman en toute tranquillité.

DEMEURE / HÔTEL PARTICULIER

HÔTEL DE VOGÜÉ

8, rue de la Chouette
Entrée libre toute l'année. Visite guidée pendant les Journées du patrimoine et sur rendez-vous.

Hôtel particulier du XVIIe siècle construit pour Étienne Bouhier, magistrat au Parlement de 1607 à 1635, et à l'origine de l'une des plus grandes lignées de parlementaires dijonnais. Le plan de l'édifice reprend le modèle parisien des hôtels bâtis entre cour et jardin, fermé de la rue par un mur aveugle percé d'un portail monumental. Son majestueux porche est sculpté d'un décor italianisant, constitué de trophées, de lions, de têtes de femmes... L'intérieur arbore de somptueux décors peints ainsi qu'une gigantesque cheminée sculptée et rehaussée de polychromie. Considéré comme le plus bel exemple d'hôtel particulier du XVIIe à Dijon, c'est aussi un lieu d'exposition tout au long de l'année.

MUSÉE

MUSÉE DE LA VIE BOURGUIGNONNE

17, rue Sainte-Anne ✆ 03 80 48 80 90
www.musees-bourgogne.org
Ouvert du mercredi au lundi de 9h30 à 12h30 et de 14h à 18h. Gratuit. Visites guidées pour les groupes sur rendez-vous.

Fondé en 1938 par le collectionneur Maurice Bonnefond Perrin de Puycousin, dans l'Hôtel Aubriot, il a été déplacé dans l'ancien monastère des Bernardines. Le musée s'ouvre sur un magnifique cloître. Au rez-de-chaussée sont présentées des collections d'instruments et d'objets d'art de la fin du XIXe siècle. Au premier étage, on découvre l'atmosphère bourguignonne avec la reconstitution de dix commerces. Le deuxième étage est consacré aux objets régionaux à travers la faïence, la cuisson des aliments... Une salle audiovisuelle et un salon de lecture complètent votre parcours.

MUSÉE

MUSÉE MAGNIN

4, rue des Bons-Enfants ✆ 03 80 67 11 10
www.musee-magnin.fr
Ouvert du mardi au dimanche de 10h à 12h30 et de 13h30 à 18h. Gratuit jusqu'à 26 ans. Adulte : 3,50 € (réduit : 2,50 €).

C'est dans l'hôtel Lantin, l'un des plus beaux hôtels particuliers du XVIIe siècle, que Maurice Magnin et sa sœur Jeanne, tous deux esthètes et passionnés d'art, ont créé ce musée intimiste et raffiné. En 1939, Maurice lègue à l'Etat l'intégralité de la collection ainsi que l'hôtel particulier. Découvrez au fil des pièces, des peintures flamandes, hollandaises, anglaises, italiennes et françaises. La demeure est par ailleurs agrémentée d'un superbe mobilier. Des travaux sont prévus en 2021-2022 pour y aménager un cabinet d'art graphique, une bibliothèque et trois nouveaux espaces situés en rez-de-chaussée. Un petit bijou à découvrir lors d'ateliers, de conférences ou de visites commentées.

MUSÉE

MUSÉE DES BEAUX-ARTS DE DIJON

Place de la Libération ✆ 03 80 74 52 09
beaux-arts.dijon.fr
Fermé le mardi. Du 1er octobre au 31 mai, ouvert de 9h30 à 18h. Du 1er juin au 30 septembre, de 10h à 18h30. Gratuit.

Depuis sa réouverture en mai 2019, visitez un musée entièrement métamorphosé, avec une surface d'exposition plus grande permettant la présentation de 1 500 œuvres. Le parcours de l'exposition permanente a été entièrement repensé. Chronologique et thématique, à travers cinquante salles retraçant huit périodes allant de l'Antiquité au XXe siècle. Accessible à tous les publics. De nouveaux outils offrant des contenus d'aide à la visite sont proposés comme les textes de salles, les cartels, les tables multimédia, Nomade (fourni par le musée), les dispositifs immersifs.

MUSÉE

MUSEUM D'HISTOIRE NATURELLE

1, avenue Albert-Ier ✆ 03 80 48 82 00
www.dijon.fr
Ouvert le lundi et du mercredi au vendredi de 9h à 12h30 et de 14h à 18h ; le week-end de 14h à 18h. Gratuit.

Le Muséum de Dijon est intégré dans un ensemble : le jardin des sciences de l'Arquebuse. Ainsi, lorsque vous vous rendez au musée, vous êtes sur un site complet avec un jardin botanique historique mais aussi le Pavillon du Raines (et son planétarium) et le muséum d'histoire naturelle. Un musée qui a été complètement rénové et repensé il y a quelques années. Il vous invite au cœur de l'histoire du vivant et de la biodiversité. Avec plus de 100 000 visites par an, il est très prisé des dijonnais, des adultes comme des enfants et des visiteurs de la ville.

MUSÉE

MUSÉE FRANÇOIS RUDE

8, rue Vaillant ✆ 03 80 74 52 09
musees.dijon.fr
Ouvert tous les jours sauf mardi de 10h à 18h30 (9h30-18h d'octobre à mai). Gratuit. Visite commentée 6 €.

Le musée Rude est abrité dans le transept de l'ancienne église Saint-Etienne, dont il reste les fondations du chœur, daté du XIe siècle, et une partie du castrum. C'est ici que vous pourrez admirer les magnifiques moulages du célèbre sculpteur dijonnais François Rude, dont la maison natale est située non loin de là, sur la place portant son nom. Parmi ses œuvres majeures, le monumental relief allégorique *Le Départ des volontaires,* dit *La Marseillaise*, daté de 1792 et visible sur l'Arc de Triomphe à Paris, impressionne toujours les curieux qui passent la porte du musée. D'autres œuvres notoires et des plus originales de cette figure du romantisme sont exposées, comme *Le Réveil de Napoléon*.

MUSÉE

MUSÉE D'ART SACRÉ

17, rue Sainte-Anne ✆ 03 80 48 80 90
www.dijon.fr
Ouvert du mercredi au lundi de 9h30 à 12h30 et 14h à18h. Gratuit. Visite commentée 6 € adulte et 3 € réduit.

C'est dans l'enceinte de l'église du monastère des Bernardines que siège le Musée d'Art sacré. Cette église consacrée en 1710 et classée monument historique est surprenante par sa rotonde ouvrant sur des chapelles, son vestibule et son chœur. Né de la volonté de préserver le patrimoine religieux des pillages, le musée rassemble des œuvres d'art et des objets de culte catholiques datés du XIIe au XXe siècle. Découvrez ses collections de peintures, sculptures, pièces d'orfèvrerie et tissus liturgiques, avec près de 500 pièces s'étalant du XIIe au XXe siècle. L'autel en marbre noir et bois polychrome du sculpteur dijonnais Jean Dubois datant de 1675, compte parmi ses pièces maîtresses.

MONUMENTS & ÉDIFICES

BIBLIOTHÈQUE PATRIMONIALE ET D'ÉTUDE

3, rue de l'Ecole de Droit
✆ 03 80 48 82 30
www.bm-dijon.fr
Ouvert toute l'année. Visites guidées gratuites sur rendez-vous.

De la fin du XVIe siècle à leur expulsion du royaume en 1763, les jésuites ont occupé cet ancien collège des Godrans où Rameau, Bossuet, Buffon et Piron furent formés. En 1708, un parlementaire cède sa bibliothèque aux jésuites. En contrepartie, les ouvrages doivent être mis à disposition du public. À la Révolution, les fonds sont enrichis de 25 000 volumes et parmi eux, les manuscrits des moines de Cîteaux. Depuis 1908, la salle de lecture est installée dans l'ancienne chapelle. Une merveille d'architecture et d'histoire qui mérite qu'on lui consacre une visite guidée.

TOUR

TOUR PHILIPPE LE BON

Place de la Libération
✆ 08 92 70 05 58
Visites tous les jours, à partir de 11h15 (10h30 mardi-dimanche d'avril à octobre). Adulte : 5 €.

Prêt à prendre de la hauteur ? Il faudra gravir 316 marches pour atteindre le sommet de la tour culminant à 46 m. Les visites de 45 minutes sont limitées à moins de vingt personnes en même temps par sécurité et toujours accompagnées d'un guide. Un escalier à vis mène à la terrasse qui surplombe la ville, décorée par un garde-corps de style gothique flamboyant. Au cours de l'ascension, on peut découvrir les emblèmes de Philippe le Bon, une frise sculptée et divers décors qui apparaissent à partir du troisième étage sous forme de motifs végétaux et d'animaux, ainsi que des emblèmes de corps de métier. Ne manquez pas les apéritifs de la Tour pour une soirée unique, de juin à octobre.

EDIFICE RELIGIEUX

CATHÉDRALE SAINT-BÉNIGNE

6, rue Danton ✆ 03 80 30 39 33
cathedrale-dijon.fr
Tous les jours de 9h à 12h et de 14h à 18h.

La cathédrale Saint-Bénigne fait partie des très beaux monuments à visiter sur Dijon, elle réunit un ensemble de plusieurs trésors architecturaux à découvrir. Le premier édifice de type roman est construit en 535 et dédié au martyr chrétien saint Bénigne. La rotonde autrefois sur trois étages, située dans la crypte, subit actuellement des travaux de restauration dont la fin est annoncée pour la saison estivale. Si cette dernière est ouverte à la visite d'avril à octobre, il serait dommage de vous priver de cette découverte. La cathédrale et sa crypte sont classées aux monuments historiques. À noter également que la cathédrale dispose d'un magnifique carillon composé de 63 cloches.

EDIFICE RELIGIEUX

ÉGLISE DU SACRÉ-CŒUR

Place du Général-Giraud
✆ 03 80 74 38 12
http://sacrecoeurdijon.free.fr
Ouvert tous les jours de 8h30 à 17h.

Édifiée dans les années 1930, l'église du Sacré-Cœur vient par sa construction apporter de la spiritualité dans le quartier de la Maladière et s'ajoute à la longue liste des clochers de la ville. Les travaux dirigés par l'architecte parisien Julien Barbier commencent en 1931 et l'église est ensuite consacrée le 10 mai 1938. Surprenante par son style néo-byzantin, ses bâtisseurs se sont en effet inspirés de la basilique de Paray-le-Monial. Longue de plus de 60 mètres, elle impressionne notamment par son volume et par la splendide mosaïque de 7 mètres de hauteur. Une architecture intéressante que les visiteurs peuvent librement découvrir sur place ou virtuellement.

EDIFICE RELIGIEUX

ÉGLISE NOTRE-DAME

2, place Notre-Dame ✆ 03 45 34 27 61
http://notre-dame-dijon.blogspot.com
Ouvert toute l'année. Tous les jours et les jours fériés de 8h à 18h. Messes en semaine et le week-end.

Doyenne des églises dijonnaises, l'église Notre-Dame est pour beaucoup un emblème ! L'intérieur étonne par ses proportions harmonieuses et l'élégance de son décor : délicates colonnettes fuselées, voûtes élancées, hauteur et luminosité de la tour-lanterne. Quant à l'extérieur, c'est également un enchantement. Arrêtez-vous face à Notre-Dame et admirez le Jacquemart sur le clocher de droite, prise de guerre de Philippe de Hardi. Puis, admirez la façade-écran unique en France avec ses trois rangées de gargouilles. Enfin, en passant à gauche de l'église, saurez-vous trouver la fameuse chouette sculptée dans la pierre ? Le rituel des dijonnais est de faire un vœu en la touchant.

EDIFICE RELIGIEUX

ÉGLISE SAINT-MICHEL

Place Saint-Michel
www.saint-michel-dijon.com
Ouvert tous les jours de 8h à 19h. Messes dominicales le samedi à 18h et le dimanche à 8h, 9h30 et 11h.

Bâtie sur une chapelle funéraire du VIe siècle, cette église spectaculaire est sans doute la plus belle de Dijon ! Son caractère composite, mêlant styles gothique, Renaissance et classique, s'explique par la durée des travaux de construction qui s'échelonnent de 1500 à 1667. Sa façade principale suit les codes de l'architecture classique avec ses colonnes doriques, ioniques et corinthiennes tandis que la nef et les portails latéraux sont d'un style gothique flamboyant. À l'intérieur, admirez la hauteur du chœur et les toiles du peintre allemand Franz Kraus. Saint-Michel a été la paroisse d'Elisabeth de La Trinité, canonisée en 2016. Ses reliques sont déposées dans la chapelle de l'église.

LA TÊTE
À L'ENDROIT
Aventures insolites en Bourgogne Franche-Comté
Le dimanche à 12.55
3 bourgogne franche-comté
Guillaume Pierre

VISITE GUIDÉE

L'ATELIER COCKTAIL

19, rue Berbisey ✆ 03 80 44 11 44
www.destinationdijon.com/visites/

De juillet à octobre. Réservation sur le site de l'office de tourisme. Adulte : 30 €.

La mixologie, ça vous parle ? Un nom un peu étrange pour désigner cet art de réaliser des cocktails ou mocktails. Cet atelier proposé par l'office de tourisme se déroule dans un endroit hors du temps : le bar Le 19. Guidé par le « bartender mixologue » (ou chef barman), vous aurez la chance de découvrir ce très beau lieu et surtout d'élaborer et déguster un élixir « so local ». Eh oui, le cocktail c'est tout un art ! Alors, munissez-vous de votre shaker et venez apprendre à marier les saveurs avec des techniques de pro. Vous aurez hâte de mettre vos nouvelles connaissances en pratique à la maison : de quoi épater vos amis ! Un atelier sympathique, réservé aux groupes de 10 personnes max.

VISITE GUIDÉE

DIJONARCHEO TOUR

Place Darcy
✆ 06 67 26 27 10

Forfait à 50 €, 10 € de plus par participant au-delà de 2 pers. Prestation culinaire possible. Départ : Place Darcy.

Envie de changer des visites traditionnelles de la ville ? Laissez-vous guider par Clément pour un tour de Dijon inédit. Féru d'archéologie, il pratique la cité des Ducs comme sa poche ou les yeux fermés ; à vous d'apprécier son savoir-faire. La ville et ses recoins – oubliés pour certains – n'ont pas de secret pour lui et c'est avec passion qu'il en parle. D'ailleurs, il en a écrit des livres (disponibles dans les librairies dijonnaises) dont sont directement inspirées les visites qu'il propose. Venez visiter avec lui les sites emblématiques de la ville, son histoire médiévale ou encore découvrir anecdotes sordides et autres légendes empreintes de magie avec le circuit Dijon by Night.

VISITE GUIDÉE

CENTRE PORSCHE DIJON

7, rue Paul Langevin - **CHENÔVE**
✆ 03 80 52 80 53

Ouvert du lundi au vendredi 8h à 12h30 et 13h45 à 17h. Location Porsche 718, 992, Macan, Taycan de 1 jour à 1 mois.

S'offrir un road trip touristique en Porsche, c'est possible avec les offres de location du Centre Porsche de Dijon, Porsche drive. Un service de location qui permet de partir en balade exclusive en Porsche 718, en 992 Carrera, en Taycan 4S Electrique ou en Macan. Le forfait journalier de 250 km permet de ne pas se priver quant aux destinations régionales. Parmi les clauses, attardez-vous à celle des cautions. Elles sont importantes compte tenu de la valeur des voitures. Mais l'expérience du voyage en Porsche rend encore plus mémorable et VIP votre road trip. Le site Internet Porsche Drive très précis permet de bien cerner son budget et même de réserver en direct.

VISITE GUIDÉE

LA MYTHIQUE NATIONALE 6

✆ 03 80 63 69 49

Virée gourmande sur la Nationale 6 : 90 km en voiture ; durée : 3h. Appli téléchargeable sur Appstore et Google Play.

Envie de s'évader le temps d'une demi-journée ? Optez pour une virée gourmande en voiture en téléchargeant l'application *Balades en Bourgogne*, offre mobile d'itinérance proposée par l'agence de développement touristique de la Côte-d'Or. 193 balades sont proposés : à pied, à vélo, en voiture et même en canoë, avec guidage audio, géolocalisation et fiches sur la faune et la flore environnantes. Parmi les circuits coup de cœur, prenez la poudre d'escampette sur la fameuse Nationale 6. Retrouvez l'ambiance des années 1960, époque où l'on ne prenait pas encore l'autoroute sur cet itinéraire en 12 étapes au départ de Rouvray ou de Chagny, axé sur les thématiques patrimoine et gastronomie.

VISITE GUIDÉE

DIJON DÉCOUVERTE

www.destinationdijon.com

Gratuit jusqu'à 6 ans. Adulte : 8 €.

Parce que la richesse historique de Dijon est colossale, il serait dommage de passer à côté si vous y faites étape. Quant aux Bourguignons résidents, bien souvent ils ne soupçonnent pas le trésor qu'ils possèdent. Entre les hôtels particuliers, le musée des Beaux-Arts, le palais médiéval, l'histoire des ducs et les nombreux édifices cultuels, il fallait bien un guide pour nous aider à comprendre toute l'histoire de la ville. C'est ce que propose l'office de tourisme avec des visites guidées à des tarifs très abordables. Des visites gourmandes, des visites insolites et ludiques, mais aussi des visites plus studieuses et thématiques : réservez celle qui convient.

COLLECTIVITÉ LOCALE

WWW.COTEDOR.FR

53 bis, rue de la Préfecture
✆ 03 80 63 66 00

Que vous soyez touriste ou Côte-d'Orien, senior ou collégien, rural ou urbain, le site www.cotedor.fr, qui dépend du Conseil départemental facilite votre accès à l'information et aux services pratiques du département. Moderne et interactif, il vous permet de repérer les offres d'emploi du département, de vérifier l'état des routes et l'info-trafic, de localiser les aires de covoiturage et de connaître tous les grands événements de l'agenda côte-d'orien. C'est là que vous trouverez des idées de sorties en plein air, la carte des véloroutes et les nombreux sentiers de randonnée. Faites également toutes vos démarches administratives en deux temps trois clics !

SITE ARCHÉOLOGIQUE

MUSÉOPARC ALÉSIA

1, route des Trois-Ormeaux - **ALISE-SAINTE-REINE**
✆ 03 80 96 96 23 - www.alesia.com
Du 15 février au 30 novembre 2022, pour les plus de 16 ans 8 € ; enfants de 7 à 16 ans 4 € 50, - de 7 ans gratuit.

Le MuséoParc Alésia fête ses dix ans et depuis son ouverture, 795 000 visiteurs sont venus le découvrir ! Un site archéologique unique, avec le musée, les vestiges gallo-romains et la statue de Vercingétorix. Une excellente idée de sortie en famille, pour une immersion dans le monde gaulois et romain tel qu'il était de 58 à 51 av. J.-C., à travers un parcours d'exposition ludique, où il n'est pas impossible de croiser Vercingétorix en hologramme ! Aux commandes d'une tablette, vous pourrez remonter le temps sur les traces de la célèbre bataille. Pour cette saison anniversaire, ne manquez pas la Guerre des flèches, la Nuit des musées, les Olympiades ou encore le Festival Image Sonore.

PARC / JARDIN

PARC DE LA COMBE À LA SERPENT

Chemin de la Combe-à-la-Serpent ✆ 03 80 74 51 54
Accès aussi par la Route de Corcelles (parking).
www.cotedor-tourisme.com
Ouvert toute l'année. Gratuit.

A quelques mètres du quartier Fontaine d'Ouche, ce poumon de plus de 330 ha offre de vastes possibilités de s'oxygéner. Véritable reflet de la nature bourguignonne, il présente toute la typicité de la région avec ses coteaux secs calcaires, ses fonds de vallées verdoyants et frais (les combes), ses forêts de feuillus ainsi que ses cadoles en pierres sèches entre reliefs et prairies. Ce parc permet de multiples activités sportives et ludiques, avec 10 km de sentiers de randonnée. C'est aussi l'endroit rêvé pour un pique-nique en famille dans les espaces aménagés.

PARC / JARDIN

PARC DES CARRIÈRES BACQUIN

Rue des Marmuzots
✆ 03 80 74 51 54
Ouvert toute l'année. De 8h à 18h. Gratuit.

Le parc des Carrières Bacquin est un espace vert situé dans le quartier Montchapet, qui s'étend sur 5 hectares. Construit sur une ancienne carrière de pierres, il présente de nombreux sentiers ponctués par une cascade rafraîchissante. C'est un endroit idéal pour les sportifs avec des équipements pour pratiquer différents exercices. Les enfants peuvent s'y amuser également du fait des nombreux jeux mis en place et de son toboggan. A noter : son mini-golf entièrement rénové et pour les amoureux de la nature, les nichoirs installés par la Ligue pour la protection des oiseaux.

SITE DE DÉCOUVERTE

LE PLATEAU DE CHENÔVE

CHENÔVE
Ouvert toute l'année.

Le plateau est le poumon vert de l'agglomération dijonnaise d'une richesse inestimable. Il s'étend sur 240 hectares et possède une diversité impressionnante de milieux et de paysages : fraîcheur et pentes escarpées des combes calcaires, lavières et pelouses sèches, landes, fruticées et bosquets, forêts de feuillus et résineux. On peut y observer une faune et une flore très riches. Il appartient en grande partie au réseau Natura 2000 qui regroupe, au niveau européen, les sites particulièrement remarquables dont il faut préserver la diversité biologique. Pour les amateurs de nature, le sentier Bonbis propose une marche d'une petite demi-journée et les parcours de VTT sont réputés !

SITE NATUREL

LES PRESSOIRS DES DUCS DE BOURGOGNE ET LE VIGNOBLE

Rue Roger Salengro
CHENÔVE
Ouverts en période estivale. Visite sur rendez-vous.

Les pressoirs des ducs de Bourgognes témoignent à eux seuls, avec leurs tailles impressionnantes, de la grandeur du vignoble. Construit autour de 1400 sous le règne de Jean Sans Peur, ils sont depuis 1934 inscrits à l'inventaire supplémentaire des Monuments historiques. Le vignoble, dont les premiers pieds de vigne ont été plantés au VIIe siècle, s'étend aujourd'hui sur 65 ha. Point de départ pour des randonnées sur la route des grands crus, il permet d'organiser des parcours au départ de Chenôve. Notez que parmi les 1 747 climats que compte la Bourgogne, 7 sont à Chenôve.

PARC / JARDIN

LE SITE DU PORT DU CANAL

Quai Nicolas Rolin
Animations.

Les lieux de balade en plein air ne manquent pas à Dijon et celui-ci est fort plaisant. Tout un site installé sur l'ancien port de commerce avec des faux airs de Riviera entre son port de plaisance, un bassin fluvial de 3 ha et un vaste jardin d'agrément ombragé. Dijonnais et visiteurs aiment s'y détendre, tout particulièrement en été. Vous êtes ici à la convergence entre tourisme fluvial, promenade et culture. La péniche Cancale, figure de proue de la vie culturelle dijonnaise est amarrée au port depuis 2009, et tout proche, la Minoterie et la future Cité internationale de la gastronomie et du vin. À faire : longer à vélo le canal de Bourgogne pour rejoindre la vallée de l'Ouche.

EN PISTE !

D'Ouges à Plombière-les-Dijon en passant par Dijon, au gré des pistes cyclables, le territoire dévoile sa capacité à associer urbanisme et nature en ville. Débutons ce parcours au fil de l'eau puisque le canal de Bourgogne, long de 242 kilomètres, traverse Dijon Métropole. Notre promenade commence à Ouges, au niveau de l'écluse 61 où l'on peut admirer deux statues monumentales représentant Neptune et une sirène. Au bout de quelques kilomètres, on quitte momentanément le canal pour rejoindre le parc de la mairie de Longvic puis s'élancer sur la promenade de l'Ouche au milieu des arbres. A deux pas de l'arboretum, le tracé arrive à l'entrée sud-est du parc de la Colombière du XVIIe siècle où l'on profite des 33 hectares qui abrite oiseaux et écureuils mais l'on y croise aussi des chèvres ou des ânes en plein désherbage. En roulant tout droit, on ressort du parc au sud-ouest pour emprunter la continuité de la promenade de l'Ouche, le long de la rivière. Après quelques coups de pédales en ville, on regagne le canal de Bourgogne. Avant de rejoindre le lac Kir, sa piste cyclable conduira les vélos au port du canal pour admirer les canards et les cygnes qui s'ébrouent sur l'eau. Les cyclistes longent ensuite le lac Kir et ses 37 hectares arborés. Entre le canal et le lac, les promeneurs rejoignent Plombières-lès-Dijon, bifurquent vers son centre historique avant de repartir en direction de Dijon par la piste cyclable longeant l'autre rive du lac Kir et leur donnant l'opportunité de faire une étape au parc de la Fontaine aux fées à l'entrée de Talant. Arrivée au barrage et au pont qui surplombe le lac, les cyclistes opteront pour la promenade de l'Ouche, ombragée, le long de la rivière. Quand le chantier de la future Cité internationale de la gastronomie se dressera devant eux, ils pourront alors emprunter la rue du Jardin des Plantes pour découvrir le charme du Jardin botanique de Dijon. En sortant de l'autre côté du parc, la piste cyclable conduira les amoureux de la petite reine jusqu'au jardin Darcy où, sous le regard de l'ours Pompon, les promeneurs apprécieront une pause bien méritée à l'ombre des arbres, bercés par le son de la fontaine. En suivant la piste jusqu'au cœur de la ville, la nature invite encore à profiter de ses bienfaits le long du parcours.

VISITE GUIDÉE

ÉCHAPPÉE NATURE

4, voie Creuse - **SAINT-JULIEN** ✆ 07 86 24 94 17
www.echappee-nature.fr
Esprit parc national. Ouvert tous les jours sur réservation. Formules accompagnées à partir de 40 €. Prêt VAE + casque

Echappée Nature nous invite à vivre une fabuleuse expérience pour découvrir les territoires et savourer d'originales balades thématiques aux alentours de Dijon et au sein du Parc national de forêts. Les formules sont multiples, de la balade de 2h à la randonnée itinérante de plusieurs étapes en vélo à assistance électrique. Enfourchez vos Moustache Bikes pour une mobilité douce et sans peine et suivez votre guide Jean-Michel qui a conçu des parcours insolites, rythmés de rencontres humaines, de visites et dégustations (patrimoines et producteurs locaux), dans le respect de notre environnement naturel. De quoi éveiller les sens et stimuler la curiosité des adultes comme des adolescents.

PARC / JARDIN

JARDIN PUBLIC DU CLOS DU ROY

5, rue Paul-Bert - **CHENÔVE**
✆ 03 80 59 96 27
Ouvert tous les jours, en été de 9h à 19h ; à l'automne et au printemps de 9h à 18h et en hiver de 9h à 17h. Gratuit.

C'est un grand jardin public aménagé avec soin, au pied du fameux Plateau et au cœur des vignes, à deux pas des Pressoirs des ducs. C'est vraiment l'endroit idéal pour des sorties en famille pour un pique-nique, un goûter ou un moment paisible où l'on profite du calme des lieux et de l'environnement verdoyant. Le jardin comprend un parc animalier avec « les animaux de la ferme » : 25 espèces différentes pour environ 140 animaux. Il comporte aussi des vignes, un verger, un espace pique-nique et de repos, des jeux, une mare, ainsi qu'un jardin éducatif.

PARC / JARDIN

JARDIN DARCY

Place Darcy
Ouvert toute l'année. Tous les jours et les jours fériés de 7h30 à 19h. Accès libre. Les animaux sont acceptés.

Créé en 1880, le jardin Darcy fut le premier jardin public réalisé. C'est à Henry Darcy, ingénieur, que l'on doit l'idée d'un réservoir d'eau potable installé au-dessous du jardin et qui avait pour vocation d'apporter l'eau courante à la ville. Cette eau aujourd'hui est utilisée pour arroser les plateformes herbeuses du tramway. On vient se détendre au son des cascades, on admire son bassin, ses balustrades et ses beaux escaliers. Idéal pour flâner dans les allées, pour s'asseoir sur un banc le temps d'une lecture, pour un rendez-vous romantique ou une promenade bucolique avec les enfants. La grande diversité de végétaux fait de ce parc un lieu riche et plaisant à parcourir.

PARC / JARDIN

LES JARDINS DE L'HÔTEL D'ESTERNO

Rue Brûlard

Voici un endroit charmant et bucolique, tout près de la place Emile Zola, entre la rue Monge et la rue Berbisey. C'est rue Brûlard que vous trouverez les jardins de l'hôtel Bouchu dit d'Esterno, dont l'architecture remonte au XVIIe siècle. Des jardins paisibles et romantiques cachés en plein centre-ville. Des bancs vous y attendent pour vous asseoir, lire ou mugueter ! De l'autre côté, admirez le superbe bâtiment ainsi qu'une très jolie maison recouverte de lierre. Un cadre propice au repos, au tête-à-tête, mais ne le dites pas trop fort, car vous risquez d'être dérangé !

PARC / JARDIN

LE JARDIN DE L'ARQUEBUSE

1, avenue Albert-Ier et 14, rue Jehan-de-Marville
✆ 03 80 48 82 00
En contrebas de la gare SNCF
www.dijon.fr
Jardin botanique entrée libre, toute l'année de 8h au coucher du soleil.

Une oasis de fraîcheur au cœur de la cité, tel est le Parc de l'Arquebuse, très prisé des habitants de la capitale des Ducs. Proche du centre-ville, c'est un havre de paix qui réunit plusieurs espaces pour se détendre, se promener ou se cultiver. 5 ha de superficie pour flâner au milieu d'espèces végétales venues du monde entier. Venez découvrir l'arboretum avec ses 170 essences et admirez la roseraie et ses 230 variétés de roses. Les platebandes, elles, ne présentent pas moins de 500 espèces. Ce joli parc abrite aussi le planétarium et le muséum d'histoire naturelle.

SITE URBAIN

LE M.U.R : UN MUSÉE EN PLEIN AIR

✆ 03 80 28 80 42
https://lemurdijon.com
Accès libre toute l'année.

Le M.U.R (Modulable, Urbain, Réactif) est une galerie ouverte à tous qui se métamorphose directement sous vos yeux. Tous les trois mois, un artiste invité réalise une œuvre éphémère et inédite. Un vecteur qui ouvre de nouveaux horizons, qui questionne et accroche le regard des promeneurs afin de les sensibiliser à cette forme d'expression. Les artistes sélectionnés viennent de divers horizons, avec pour point commun leur singularité, leur identité forte. Ils excellent dans diverses disciplines, du pochoir au graffiti, du figuratif à l'abstrait, du néo pop au pixelisme.

INTERVIEW

PATRICK JACQUIER

CHERCHER LE POSITIF ET GARDER LE SOURIRE

Alors que l'hôtellerie-restauration a payé le prix de la crise sanitaire, Patrick Jacquier, président de l'Union des Métiers et Industries de l'Hôtellerie, UMIH, veut retenir les évolutions positives et se tourner vers l'avenir.

Y a-t-il du bon à retenir de la crise sanitaire pour l'hôtellerie ?

Les professionnels ont fait preuve d'adaptation au quotidien. D'autre part, la communication a conduit à une compréhension mutuelle. La crise a montré un engagement des équipes sur le pont pour venir prêter main-forte et de belles solidarités entre les collaborateurs et l'entreprise. Enfin, je crois que l'hôtellerie a innové, en partenariat avec le comité régional du tourisme, pour encourager les habitants à découvrir leur territoire et fréquenter des hôtels plus proches le temps d'un week-end.

Quels sont les enjeux aujourd'hui ?

Nous espérons reprendre le bon rythme de travail pour consacrer moins de temps à la réglementation et l'adaptation afin de revenir à l'essentiel de nos métiers. Ce sont des professions que l'on exerce avec passion, dans de beaux endroits, avec convivialité et empathie. Ce sont des métiers de contact qui conviennent à ceux qui aiment l'humain et faire plaisir.

Le secteur a perdu de ses effectifs, comment y remédier ?

Nous avons peut-être de nouvelles évolutions à apporter sur les horaires ou l'organisation. Ça passe par l'écoute de chacun pour trouver une réponse dans l'intérêt réciproque. Pour autant, de nombreux collaborateurs reviennent car notre secteur a aussi ses avantages et s'exerce avec passion. Par ailleurs, une révision de la grille des salaires sera bientôt applicable.

Comment voyez-vous l'hôtellerie dans les prochaines années ?

J'espère que nous retrouverons une rentabilité pour continuer à investir en rénovant, en développant, en innovant et en enrichissant notre offre. L'erreur serait de retirer du service car la crise a révélé le besoin de contact. Ce sourire reste indispensable pour garder un souvenir d'un lieu. On oublie une viande froide ou trop cuite mais on se souvient de l'accueil. Je crois que le tourisme va croître et embellir mais différemment et partout. La clientèle recherche de plus en plus une émotion, une proximité, une expérience et ce sourire.

> UNION DES MÉTIERS ET INDUSTRIES DE L'HÔTELLERIE

www.umih21.fr

© CHRISTOPHE REMONDIÈRE

HÔTEL

GRAND HÔTEL LA CLOCHE MGALLERY*****

14, place Darcy ✆ 03 80 30 12 32
www.hotel-lacloche.fr
Chambre simple à partir de 155 €, double à partir de 169 €. Petit déjeuner 23 €. Parking 15 €. Animaux 25 €.

Dirigé par Antoine Muñoz, le Grand Hôtel La Cloche sublime la place Darcy. Passé le grand hall d'entrée, les clients peuvent découvrir le restaurant bistronomique pour y déguster un repas et un brunch sous la verrière, mais aussi un bar chic et contemporain, le spa, les espaces de réception et la nouvelle boutique de vins : 20 by La Cloche. Les couloirs desservent 83 chambres et 5 suites aux équipements ultra modernes. Entre la suite duplex de 50 m², la suite appartement et la suite présidentielle de 100 m² avec ses 2 chambres, les voyageurs seront comblés.

HÔTEL

HOSTELLERIE DU CHAPEAU ROUGE****

5, rue Michelet ✆ 03 80 50 88 88
www.chapeau-rouge.fr
Ouvert toute l'année. 28 chambres dont 3 juniors suites. Chambre double de 125 à 287 €. Suite de 225 à 327 €.

L'Hostellerie du Chapeau Rouge se situe aux côtés des plus beaux monuments de la Capitale des Ducs de Bourgognes. Dans cet ancien relais de poste du XIXe siècle, le luxe authentique et la modernité s'associent à merveille. Lumineuses, contemporaines et confortables, profitez de ses 28 chambres où l'on retrouve plusieurs clins d'œil à la région, qui sont déclinés dans tout l'établissement et surtout, dans la cuisine du chef William Frachot, doublement étoilé depuis 2013. Les clients peuvent également profiter de l'espace bien-être avec sauna, hammam et massages du corps.

HÔTEL

HÔTEL MERCURE DIJON CLEMENCEAU****

22, boulevard de la Marne ✆ 03 80 72 31 13
www.hotel-mercure-dijon.fr
123 chambres : Supérieure dès 99 €, Privilège dès 119 €, Junior Suite dès 139 €. Petit déjeuner : 20 €.

Luxe et modernité dans ce bel hôtel Mercure du centre dijonnais. À proximité du palais des congrès et du centre-ville, il dispose d'un accès privilégié. En plus de cet emplacement, l'hôtel propose 123 chambres spacieuses, d'un confort irréprochable. On aime la modernité du mobilier mis en valeur dans un esprit romantique. L'hôtel met à disposition des salles de conférence, des salons de réception, une piscine extérieure, un agréable jardin ainsi qu'un parking. Ce niveau de qualité se retrouve aussi dans le restaurant Le Château Bourgogne comme dans le bar lounge Le M21.

HÔTEL

HOLIDAY INN EXPRESS***

Rue de la Glacière - **SAINT-APOLLINAIRE** ✆ 03 80 46 70 30
Accès par le rond-point Jean Moulin à Dijon.
84 chambres à partir de 87 €. Petit déjeuner buffet (inclus). Hôtel non fumeur. Piscine. Salle de travail. Parking.

L'hôtel Holiday Inn Express dispose de 84 chambres modernes et bien décorées. Certaines chambres sont aménagées pour les personnes à mobilité réduite. Pour les familles, choisissez les chambres communicantes, pratiques ! Le petit plus ? Vous choisissez si vous préférez un oreiller ferme ou moelleux ! Côté services, à noter notamment, le petit déjeuner copieux offert, la superbe piscine extérieure et le parking gratuit et clos. Salle de séminaire pouvant accueillir jusqu'à 30 personnes. Enfin, ce trois-étoiles très confortable dirigé par Christophe Delbecque propose des tarifs vraiment attractifs. Une adresse idéalement située à retenir et pour nous une de nos préférées !

HÔTEL

HÔTEL IBIS CENTRE-CLEMENCEAU***

2, avenue Marbotte ✆ 03 80 74 67 30
www.hotel-ibisclemenceau-dijon.com
51 chambres Ibis Budget à partir de 59 € et 85 chambres Ibis Rouge à partir de 79 €.

Pour un séjour professionnel ou touristique à Dijon, l'hôtel Ibis a de quoi vous satisfaire ! Côté affaires ses 85 chambres « Sweet room » équipées en wifi et Ibis Music, vous invitent à allier business et détente. La literie y est d'excellente qualité et les équipements bienvenus (parquet, couette, TV à écran plat). Enfin, l'hôtel dispose d'un bar, parfait pour vous restaurer. Le plus ? La situation à côté de l'Auditorium, du palais des Congrès et d'une station de tram. Bénéficiez d'un parking gratuit dans la rue adjacente ou d'un accès au parking souterrain (payant).

HÔTEL

HÔTEL IBIS STYLES DIJON CENTRAL

3, place Grangier ✆ 03 80 30 44 00
www.hotel-ibiscentral-dijon.fr
Chambre double de 90 € à 155 €. Petit déj. inclus. Restauration (brasserie Le Petit Central et restaurant Le Central).

Situé en plein cœur de la ville, cet hôtel de la gamme Ibis Styles ne manque pas d'atouts. Idéalement placé, non loin des musées de la ville, il dispose aussi d'une brasserie, d'un restaurant, d'un service traiteur et d'un espace pour les réunions de travail. Les 89 chambres sont à la fois modernes et chaleureuses et confortables et vous plongent dans un univers design, vintage et coloré. Certaines sont même adaptées aux personnes à mobilité réduite. Les voyageurs pourront profiter du room service, tandis que les travailleurs trouveront le confort dans une salle de 35 m².

APPARTEMENT

DIJON LA BELLE ADRESSE

21, rue Monge ✆ 06 67 54 99 91
www.dijonlabelleadresse.com

4 appartements de 55 à 70 m². Jusqu'à 4 personnes. À partir de 120 € la nuit. Service VIP sur demande. Cuisine équipée.

Nichée en plein centre-ville, dans une rue vivante emplie de restaurants et de bars, la Belle Adresse peut être la vôtre le temps d'un séjour dans l'un des quatre appartements de standing, installés dans une belle maison bourgeoise. Un confort haut de gamme avec une parfaite insonorisation et un mobilier de grande qualité. Moutarde, cassis, pain d'épices : des mots évocateurs pour nommer et mettre en scène chacun des appartements de 70 m². Sous les combles, c'est notre préféré, le Chambertin, 55 m² et une terrasse avec vue sur les toits de Dijon. Pour être reçu comme un coq en pâte, vous pourrez choisir l'option VIP proposant de nombreux services personnalisés, dont une dégustation de vin.

CHAMBRE D'HÔTE

LA COUR BERBISEY

31, rue Berbisey ✆ 03 45 83 12 38
www.lacourberbisey.fr

Les Collectionneurs. 5 chambres. De 150 € à 290 €. Petit déjeuner inclus. Sauna.

Offrez-vous un magnifique séjour à la Cour Berbisey, hôtel particulier situé au centre-ville, aménagé en chambres d'hôtes d'exception. Dans cette demeure datée du XVIIe siècle, calme et tranquillité sont les maîtres-mots, avec quatre suites à disposition de la clientèle chacune équipée d'un dressing, d'un peignoir, d'une baignoire et d'un coffre fort. Pour compléter ce décor idyllique aux plafonds à la française, boiseries, parquets et mobiliers anciens, faites-vous plaisir en prenant un bain de jouvence dans la piscine intérieure chauffée ou encore au sauna. Un petit déjeuner continental et généreux vous sera servi le matin, par une hôtesse qui est aux petits soins.

HÔTEL

HÔTEL CAMPANILE DIJON CENTRE GARE***

15-17, avenue du Maréchal-Foch ✆ 03 80 43 40 01
www.campanile-dijon-centre.com

83 chambres à partir de 60 €. Petit déjeuner buffet 11,90 €. Parking 6 €. Animaux 5 €.

À proximité de la gare, à deux pas d'une station de tram et à deux minutes de la Place Darcy, vous passerez un bon séjour. Différents espaces cosy sont à votre disposition : un grand salon pour se réunir en famille ou entre amis, un salon TV mais aussi un bar-restaurant Le Comptoir qui vous propose de bons plats aux heures de repas mais aussi de bons en-cas lors de vos petites faims ! De quoi passer un bon moment autour d'une table ou en buvant un verre. Le tout dans un super rapport qualité-prix ! Enfin, un espace séminaire vous permet d'organiser vos réunions.

HÔTEL

HÔTEL B&B DIJON CENTRE**

5, rue du Château
✆ 08 92 70 75 06

Accueil 24h/24. 60 chambres : double dès 55 € ; triple dès 65 €. Petit déjeuner buffet : 6,85 € (enfant -10 ans : 3 €).

Non loin de la gare, des grands magasins, à proximité de restaurants, de bars, de musées,... Le B&B Dijon Centre a un emplacement idéal. En plus, la prestation est vraiment de qualité. En effet, les 60 chambres de l'hôtel sont confortables et bien équipées avec une literie de qualité, une connexion wifi gratuite, la télévision et la climatisation. Tout le confort d'un hôtel deux étoiles avec de nombreux petits plus agréables : grand nombre de prises électriques dans les chambres, chambres aux multiples configurations pour les familles et décoration sympa ! Enfin, le petit déjeuner est fort copieux. Et tout ça pour un prix ultra-raisonnable ! On dit oui au B&B Dijon Centre !

HÔTEL

HÔTEL LA RÔTISSERIE DU CHAMBERTIN****

6, rue du Chambertin - **GEVREY-CHAMBERTIN** ✆ 03 80 34 33 20
www.rotisserie-chambertin.com

Accueil jusqu'à 21h. 9 chambres. Chambre double de 150 € à 270 € ; suite de 360 € à 480 €. Petit déjeuner : 18 €.

Une grande maison en pierre du XVIIIe siècle qui rend hommage à l'activité viticole de ce coin renommé de Bourgogne. Les chambres et les suites d'une élégance incontestable, spacieuses, feutrées, reprennent quelques noms de grands Climats de Bourgogne et invitent à se laisser porter par le charme du lieu. Une décoration sobre et élégante avec un mobilier haut de gamme se mariant parfaitement avec les poutres apparentes. Vous allez adorer le petit déjeuner fait maison, bio de préférence. L'établissement dispose aussi de deux espaces pouvant accueillir des réceptions.

HÔTEL

HÔTEL IBIS DIJON GARE***

15 A, avenue Albert 1er ✆ 03 80 43 01 12
www.hotel-ibisgare-dijon.fr

128 chambres. Chambre double à partir de 65 €. Petit déjeuner : 11 €. Parking. Séminaires. Restauration.

Avec ses 128 chambres, son bar et son restaurant, cet établissement hôtelier 3-étoiles possède de nombreux atouts. Les chambres sont entièrement rénovées, dotées d'une literie confortable et d'équipements modernes pour ne manquer de rien pendant votre séjour. C'est l'endroit privilégié des professionnels pour l'organisation de réunions. L'hôtel est dirigé par Anthony Jacquier et propose un parc important d'espaces de travail avec plusieurs salles de séminaires. Conférences, séminaires, cocktails, tout est possible ! Un hôtel proche de la gare, du tram et des commerces du centre-ville qui est très fonctionnel. Et pour bien manger, rendez-vous dans son restaurant le Klub.

ET POUR DORMIR ?

HÔTEL

B&B HÔTEL DIJON NORD**

1, rue des Ardennes ✆ 08 92 70 75 24
www.hotel-bb.com
69 chambres. Chambre simple à partir de 42 € en réservant sur internet. Petit déjeuner 6,85 €. Parking fermé gratuit.

Le B&B hôtel Dijon Nord se trouve à quelques minutes du Zénith. Si vous vous rendez à Dijon pour voir un concert, c'est donc l'endroit où dormir ! Non seulement l'hôtel est confortable et les prix sont très compétitifs. Les chambres sont climatisées et disposent de matelas Bultex qui vous assurent un sommeil de qualité. Bien sûr, vous ne serez pas coupé du monde grâce à un accès wifi haut débit, gratuit et illimité et une télévision spécialement installée pour suivre le programme sportif (RMC sport) ou un film. Tous les matins, un buffet à volonté vous est proposé. Vous passerez assurément un agréable séjour, avec en plus la garantie « Remboursé et invité » en cas de souci.

HÔTEL

HÔTEL WILSON***

1, rue de Longvic ✆ 03 80 66 82 50
www.wilson-hotel.com
27 chambres : double de 89 € à 145 € ; triple de 135 € à 180 €. Soirée étape à partir de 120 €. Petit déjeuner 14 €.

L'hôtel Wilson « Les Collectionneurs » est un ancien relais de poste du XVIIe siècle qui a gardé ses nombreux charmes. Façade à colombages, typique de la région et du vieux Dijon en particulier, poutres et pierres apparentes, cheminée massive en pierres dans la salle du petit déjeuner, le décor est planté. Mais si l'histoire demeure, les 27 chambres ne souffrent pas d'un manque de confort, bien au contraire. Literie king size de qualité, connectivité et confort matériel à la pointe. L'hôtel Wilson est aussi à même de proposer une salle de séminaire et des séjours clés en main. C'est un accueil très agréable que nous offrent les gérantes ; cela vous aidera à vous sentir comme à la maison.

HÔTEL

HÔTEL VICTOR HUGO**

23, rue des Fleurs ✆ 03 80 43 63 45
www.hotelvictorhugo-dijon.fr
Accueil 24h/24. 23 chambres. Chambre simple à partir de 39 € ; chambre double à partir de 63 €. petit déj : 6,50 €.

L'Hôtel Victor Hugo est une adresse futée ! Et comment ! L'hôtel a un charme appréciable, loin des chaînes hôtelières, avec un petit côté auberge d'antan. En plus, les chambres, sobrement décorées, sont très confortables, parfaitement propres et proposent de bons équipements : climatisation, wifi, télévision et insonorisation. Pleines de charme, elles sont à des prix vraiment abordables ! Les gros points forts de l'hôtel outre ses chambres sont aussi son garage, son jardin sur lequel donne la plupart des chambres et qui vous font dormir au calme mais aussi l'accueil. 24 heures sur 24, 7 jours sur 7, vous serez accueilli par un personnel sympathique, chaleureux et professionnel !

HÔTEL

HÔTEL-RESTAURANT LA FLAMBÉE***

2, route de Chevigny - **SENNECEY-LÈS-DIJON**
✆ 03 80 47 35 35 - www.laflambee.fr
23 chambres : double de 69 € à 149 €. Petit déjeuner buffet ou en chambre : 13 €. Parking inclus.

L'hôtel-restaurant La Flambée, situé à quelques kilomètres du centre historique de Dijon, est tout autant indiqué pour un séjour touristique que professionnel. Le hall d'accueil jouxte un espace bar détente cosy et moderne. Spacieuses, les chambres, dont deux adaptées aux personnes à mobilité réduite, invitent au repos. De nombreux équipements comme la piscine sont autant d'atouts pour ce bel établissement niché dans un magnifique parc arboré. En salle comme en terrasse, le restaurant permet de prolonger le plaisir afin de goûter aux délices régionaux.

HÔTEL

HÔTEL LE THUROT**

6, passage Thurot ✆ 03 80 43 57 46
hotellethurot.fr
Chambre simple à partir de 60 €, double 66 €. Bar ouvert de 8h à 21h. Wifi et climatisation dans toutes les chambres.

Repris en janvier par Sophie Foglia et Charles Lecourieux, cet hôtel 2-étoiles se situe près de la gare et vous accueille dans l'une de ses 27 chambres entièrement rénovées, réparties en 6 catégories : simple, double, twin, triple ou quadruple, équipées d'une salle de bains ou d'une salle d'eau, du wifi, d'une télévision et de la climatisation. Et si vous avez besoin d'une pause en famille, de poser vos valises et fermer la porte à clé, l'un des deux appart'hôtels de l'établissement est fait pour vous ! Une atmosphère élégante, authentique et unique pour chaque chambre. La salle du petit déjeuner a elle aussi été rénovée pour encore mieux profiter du petit-déjeuner copieux et complet.

INSOLITE

HARRY POTTER THEMED-ROOM

50, rue Chaudronnerie ✆ 06 17 64 16 39
www.harrypotterthemedroom.com
Logement comprenant un lit double et un canapé-lit. A partir de 126 € la nuit.

Si vous espérez encore recevoir votre lettre d'admission au collège Poudlard, la célèbre école de sorcellerie, n'attendez plus et venez infiltrer la salle commune des Gryffondor en plein cœur de Dijon ! Un escalier en pierre vous mènera jusqu'à la voie 9 3/4 et l'entrée de ce petit appartement décoré avec soin par deux fans de Harry Potter. Avec ses murs de pierres et poutres apparentes, le lieu ne manque pas de charme et l'aménagement est réussi. Le souci du détail est partout. Fumseck, Hedwige et plein d'autres surprises vous attendent. Revêtez l'uniforme de sorcier et dégustez une bieraubeurre devant un des films de la saga. De quoi émerveiller les enfants, comme les parents !

JE ME RÉGALE

Difficile de penser à Dijon sans aussitôt associer la ville à la gastronomie. La ville confirme cette réputation grâce à une diversité d'adresses capable de répondre à tous les goûts. La découverte gourmande commence avec les immanquables spécialités locales et régionales et se poursuit avec des saveurs venues du monde. Au coin d'une rue, sur le pouce ou confortablement installé à la table d'un étoilé, le palais ne pourra que se régaler. Bistronomies, brasseries de quartier, restaurants végétariens, les chefs et cuisiniers misent sur la qualité des produits tout en privilégiant les circuits courts ou encore l'agriculture raisonnée ou biologique. Pour enrichir encore sa proposition culinaire, chaque année, Dijon accueille de nouvelles adresses qui rivalisent de talent et d'originalité pour satisfaire les appétits exigeants des touristes et des habitants.Ce n'est pas un hasard si Dijon s'apprête à ouvrir la Cité internationale de la gastronomie valorisant le repas gastronomique des Français. Les gourmets savent que la capitale des Ducs a de quoi les satisfaire.

GASTRONOMIQUE

LES JARDINS BY LA CLOCHE

14, place Darcy ✆ 03 80 30 12 32
www.hotel-lacloche.fr

Tous les jours 12h-14h et 19h-21h30, vendredi et samedi jusqu'à 22h. Menus de 30 à 55 €. Brunch le dimanche à 42 €.

© DR

© DR

Découvrez l'élégante verrière et le design contemporain du restaurant Les Jardins by la Cloche, une expérience unique et un véritable ravissement pour les yeux comme pour les papilles. Le chef Aurélien Mauny joue avec les saveurs et vous propose une cuisine tout en finesse, moderne et conviviale. Goûtez au savoureux filet de chapon pommes Duchesse aux morilles, accompagné de marrons confits, ou encore, aux gaufres de pomme de terre à l'aneth. Ici on va toujours de bonnes surprises en bonnes surprises, du côté des vins notamment qui sont sélectionnés avec passion. Le rapport qualité/prix est parfait, sans oublier le brunch du dimanche matin, pour finir votre week-end en beauté.

GASTRONOMIQUE

RESTAURANT WILLIAM FRACHOT

5, rue Michelet ✆ 03 80 50 88 88
www.chapeau-rouge.fr

Ouvert du mercredi au samedi midi et soir. Réservation recommandée. Menus de 105 € à 172 €. Formule du midi : 62 €.

Doublement étoilé Michelin, le restaurant de William Frachot est intimiste, avec décoration harmonieuse, à l'image de sa fabuleuse cuisine. Les mets sont divins et ne pourront que vous charmer. Venez découvrir le menu Esprit en 8 services ou le menu Emotions, dans lequel le chef revisite la cuisine bourguignonne en utilisant les produits locaux : sandre sauce au vin rouge et inoubliable soufflé à la cazette du Morvan. Plongez vos yeux dans le livre de cave et les coups de cœur du talentueux meilleur Sommelier de France, Maxime Brunet. Le Menu affaires est fort maîtrisé.

GASTRONOMIQUE

CIBO

24, rue Jeannin
✆ 03 80 28 80 76

Du mardi au vendredi 12h-14h et 19h30-22h. Midi 3 plats 34 € ou 4 plats 49 €. Soir, formule dégustation : 10 plats 90 €.

Cibo, c'est une étoile au Guide Michelin, pas moins de trois toques Gault et Millau et une réputation qui n'est plus à faire. Passez la porte, c'est être saisi par la beauté des lieux. À table, la cuisine ouverte laisse entrevoir la beauté du geste. Dans l'assiette, des produits simples, mais cuisinés avec raffinement dans le respect de leurs saveurs originelles. La carte propose un menu unique fait de produits locaux et rigoureusement sélectionnés dans un rayon de 200 km. Tartelette Cîteaux, escargot de Bourgogne et oignons caramélisés ou encore truite de Crisenon cuite sur la pierre de Bourgogne… Vous ne manquerez pas d'être séduit tant par le visuel de l'assiette que par ses saveurs.

GASTRONOMIQUE

L'ASPÉRULE

43, rue Jean-Jacques Rousseau ✆ 03 80 19 12 84
www.restaurant-asperule.fr

Du mardi au samedi. Menus du midi : deux plats 33 € et 3 plats 38 € ; menus du soir à partir de 80 €.

Au restaurant L'Aspérule situé près de la place de la République, la cuisine proposée associe tradition et innovation, avec un soupçon d'inspiration asiatique en plus. Le chef japonais Keigo Kimura, dont la première adresse du même nom située à Auxerre bénéficie d'un succès et d'une réputation comparables, a été formé par de grands noms tels que Marc Veyrat ou encore Joël Robuchon. L'adresse dijonnaise étoilée, avec ses deux toques dans le *Gault & Millau*, propose une cuisine exceptionnelle dans un décor épuré et élégant. Les amateurs de belles assiettes peuvent choisir des menus de 5 à 7 services. A découvrir aussi, sa troisième adresse située non loin de là au restaurant L'Arôme.

© CECILE MORELLE 5 GRAMMES

ALEXANDRE NIQUET

GASTRONOMIQUE

L'ESSENTIEL

12, rue Audra ✆ 03 80 30 14 52
www.lessentiel-dijon.com

Ouvert du mardi au samedi de 12h à 13h30 et de 19h30 à 21h30. Formules de 45 à 73 €. Menu du jour le midi à 26 et 32 €.

Au restaurant gastronomique l'Essentiel le chef Richard Bernigaud travaille des produits locaux et de qualité pour élaborer une cuisine pleine de créativité. Le menu du jour est quotidiennement renouvelé en plus de la carte et des différentes formules, en 3, 4... et 6 services ! Une expérience gustative pour laquelle vous succomberez sans résistance. Au menu, optez pour les escargots au beurre de persil, crémeux de panais et maïs soufflés au caramel d'ail en entrée, puis la pêche du jour à la plancha et son risotto de sarrasin et patates douces braisées en plat. Enfin pour une douce note d'arôme cacaoté en dessert, la crème chocolat Tulakalum poire pochée au gingembre est un délice.

© ALEXANDRE NIQUET

ORELLE 5 GRAMMES

© CECILE MORELLE 5 GRAMMES

© DAME D'AQUITAINE

© CHRISTOPHE MEYER

GASTRONOMIQUE

LA DAME D'AQUITAINE

23, place Bossuet
✆ 03 80 30 45 65
www.ladamedaquitaine.fr

Ouvert du lundi au mercredi le soir ; du jeudi au samedi le midi et le soir. Forfait d'accueil 31 € + choix à la carte.

Venez vous installer à l'une des tables du restaurant la Dame d'Aquitaine, tenu par Sabine et Laurent Perriguey. Dans la grande salle au sein d'une crypte du XIIIe siècle, vestige de l'église Saint-Jean, chaque détail est pensé pour passer un agréable moment. Un lieu de caractère où le service est assuré avec distinction par Sabine. L'expérience culinaire est elle aussi garantie, entre régionalisme et saisonnalité, par la carte gourmande du chef Laurent. Parmi ses suggestions, le dos de sandre à l'infusion de genièvre et maki de choucroute. Découvrez également en face, sur deux niveaux, le Bistrot de la Dame. En été, le couple vous accueille également en terrasse au Jardin de la Dame.

© CHRISTOPHE MEYER

© CHRISTOPHE MEYER

© CHRISTOPHE MEYER

GASTRONOMIQUE

ORIGINE PAR TOMOFUMI UCHIMURA

10, place Wilson ✆ 03 80 67 74 64
www.restaurantorigine.fr

1 étoile Michelin. Ouvert du mardi au samedi de 12h à 13h30 et de 19h30 à 21h30. Menus de 28 à 120 €.

Le chef japonais Tomofumi Uchimura et son épouse vous accueillent dans leur restaurant Origine pour une expérience culinaire remarquable. Dans la grande salle du restaurant de cet ancien relais de poste daté du XVIIe siècle, on apprécie un large choix de menus, proposés comme il se doit, selon les codes de la haute gastronomie. Le menu « Nature Gourmande » propose 3 à 4 plats avec amuse-bouche de saison et mignardises en extra. Une carte tout simplement époustouflante, avec pour les plus délicats, un menu végétal et local. Un moment suspendu vous attend !

GASTRONOMIQUE

LOISEAU DES DUCS

3, rue Vauban ✆ 03 80 30 28 09
www.bernard-loiseau.com

1 étoile Michelin. Ouvert du mardi au samedi midi et soir. Le déjeuner Vauban de 40 € à 60 €. Le diner Talmay à 120 €.

Loiseau des Ducs est l'un des 4 restaurants du Groupe Bernard Loiseau en Bourgogne et la première adresse dijonnaise de Dominique Loiseau, installée en 2013. Déjeuner ou dîner dans la magnifique salle voûtée à l'ambiance contemporaine et intimiste de cet hôtel particulier du XVIe siècle. L'accueil est à la hauteur de la réputation de la maison et le service irréprochable. Le chef Louis-Philippe Vigilant a obtenu une étoile Michelin dès l'ouverture du restaurant en 2014. La cheffe pâtissière Lucile Darosey est tout aussi talentueuse. Tous deux nous émerveillent de leurs plats ancrés dans la tradition française. Le déjeuner Vauban offre une belle entrée en matière pour un prix abordable.

GASTRONOMIQUE

LA MAISON DES CARIATIDES

28, rue Chaudronnerie
✆ 03 80 45 59 25

Assiette Michelin. Ouvert du mardi au samedi de 12h à 13h30 et de 19h30 à 21h. Menu à 55 € le soir. Menu du midi : 23 €.

Au cœur du quartier des antiquaires, la réputation de cette magnifique maison historique de 1603 n'est plus à faire. Les chefs de talent s'y succèdent et la qualité gustative demeure. Aux commandes des cuisines depuis 2020, le chef Sylvain Gauthey propose une cuisine du marché élégante et savoureuse aux finitions toujours justes. Au menu du midi, croque de volaille farcie aux escargots, puis noix de Saint-Jacques à la plancha, confit de paleron de bœuf à la bourguignonne, pressé de pomme de terre et en dessert, mousse yaourt-vanille, poire confite à l'huile de noisette, sorbet, crémeux dulcey et fine feuille croustillante. Un combo de saveurs à visiter et revisiter dans ce cadre splendide.

GASTRONOMIQUE

LE CHÂTEAU BOURGOGNE

22, boulevard de la Marne
✆ 03 80 72 31 13

Ouvert tous les jours midi et soir (fermé le samedi midi). Formule déjeuner à partir de 24 € ; dîner à partir de 31 €.

© MERCURE CHATEAU BOURGOGNE

© MERCURE CHATEAU BOURGOGNE

Dirigé par Alexander Krips et à quelques pas du palais des Congrès, le Château Bourgogne est un établissement de grande qualité. En cuisine, le chef Gonzalo Pineiro sait tirer parti des produits locaux et allier les saveurs avec des plats entièrement faits maison dont les rillettes de truite d'aube au combawa et le dos de cabillaud snacké à la crème au tandoori, mais aussi d'excellentes viandes et des plats végétariens pour satisfaire le plus grand nombre. La cave à vin conviendra aux amateurs les plus exigeants. Pour les amateurs de brunch, l'original et gourmand Spécial Sunday Buffet propose un thème différent chaque semaine. Un excellent rapport qualité-prix pour une vie de château !

GASTRONOMIQUE

RESTAURANT LE CENTRAL

3, place Grangier
✆ 03 80 30 44 00
Ouvert du lundi au samedi de 12h à 14h et de 19h à 23h. Ouvert jusqu'à minuit sur réservation. Menus de 24 € à 29 €.

© ALEXANDRE NIQUET

© PHILIPPE HIEST

L'hôtel Ibis Styles vous ouvre les portes de son restaurant Le Central situé dans un bel immeuble Art Déco de 1928. A la fois traditionnelle et moderne, bistrot rétro et restaurant gastronomique, l'ambiance offre un juste milieu entre passé et présent. Concoctées par le chef Ralf Mestre et sa brigade, les assiettes sont à la hauteur de nos attentes. Des huîtres en saison, ris de veau braisés au Noilly-Prat et girolles, sole meunière, ou encore suprême de poulet fermier de Bourgogne rappellent la chaleur des repas dominicaux. Le traditionnel « chariot des desserts » sonne comme un rituel immanquable, tandis qu'il est difficile de résister au folklore de la crêpe Suzette flambée devant nous.

GASTRONOMIQUE

L'ARÔME

2, rue Jean-Jacques Rousseau
✆ 03 80 31 12 46
Du mardi au samedi de 12h à 13h30 et de 19h30 à 21h. Midi : 2 services à 21 € ; 3 services à 25 €.

Le chef étoilé Keigo Kimura n'en finit pas de faire parler de lui dans la rue Jean-Jacques Rousseau. Entre le gastronomique Aspérule, le fast-food japonais Torikara San et le restaurant L'Arôme repris au printemps 2020 avec Yusuke Kadoguchi, on ne sait plus où donner de la tête ! Ambiance sobre et élégante pour ce dernier qui propose une cuisine 100 % maison. Beignets de gambas et champignons de Paris, crème de panais et œuf parfait, dos de cabillaud, sauce au safran, les assiettes sont soignées et travaillées, avec quelques touches japonisantes qui ne manqueront pas de rappeler la signature de L'Aspérule, à un prix toutefois bien plus abordable. Un vrai petit havre de gourmandise.

RESTAURANT

LE PRÉ AUX CLERCS

13, place de la Libération ✆ 03 80 38 05 05
www.lepreauxclercs.fr
Tous les jours le midi et le soir. Service continu. Menus à 26 € et 36 €. Formules du midi : de 20 à 24 €.

Le Pré aux Clercs s'inscrit dans le continuum de l'œuvre du chef étoilé Georges Blanc. À l'intérieur, de jolis mots d'esprit décorent les murs et font l'éloge de la gastronomie. On ne cachera pas son plaisir en allant découvrir cette brasserie chic, située juste en face du Palais des Ducs. La cuisine du chef Jean-Bruno Gosse s'inspire de ses différents passages sous les étoiles et offre des variations culinaires originales, aux accents exotiques. Découvrez le menu « Image de Saison » avec saumon fumé maison, tartare de bœuf charolais et pétales de patate douce aux épices cajun, et en dessert optez pour une touche acidulée avec le crémeux au citron, sureau et mandarine.

GASTRONOMIQUE

L'UN DES SENS

3, rue Jeannin ✆ 03 80 65 75 58
www.lundessens-dijon.fr
Ouvert du mardi au samedi de 12h15 à 13h30 et de 19h30 à 21h. Menu déjeuner à 24 €. Menus de 55 € à 74 €.

Niché dans une bâtisse où les pierres apparentes témoignent de son histoire, le restaurant se place aisément parmi les références gastronomiques du centre dijonnais. Atmosphère élégante et accueil agréable grâce au sourire de Vanina. Le « fait maison » est ici le credo du chef Sébastien Mortet et les paroles se joignent aux gestes dont on peut admirer la précision depuis la salle. Œuf bio frit, déclinaison autour des champignons de saison. Pêche du jour, choux en textures, pomme de terre confite émulsion haddock et pour le dessert, barre pomme-gingembre, sorbet au cidre. Si la salle est accueillante, la terrasse en cour intérieure l'est tout autant et permet des repas à l'écart de la ville.

BISTRONOMIE
LE PARAPLUIE

74, rue Monge ✆ 03 80 28 79 94
www.parapluie-dijon.com
Du lundi au vendredi de 12h à 14h et de 19h30 à 21h. Menus de 48 € à 70 €. Déjeuner : 25 € (30 € en formule complète).

Avec son cadre apaisant et une très bonne réputation, le restaurant du chef Chern Hwai Gan, très plébiscité par les Dijonnais, fait figure de référence. La salle, redécorée durant le confinement, apporte un peu de zénitude dans la rue Monge quand la carte fait le reste. Un esprit minimaliste sur une carte allégée. Le soir, laissez-vous guider autour d'un voyage gustatif en 5 étapes ou préférez un périple culinaire en 7 étapes. Menu unique au déjeuner ; on pourra toutefois choisir entre viande ou poisson. On se laisse ainsi porter par les envies et le talent du chef, dont les associations fleurent bon l'exotisme dans un style parfumé et unique. Alors, lâchez prise et, surtout, régalez-vous !

NEW BISTRONOMIE
MONIQUE, BOIRE ET MANGER

33, rue Amiral-Roussin ✆ 03 80 49 99 36
www.moniqueboireetmanger.fr
Ouvert du lundi au vendredi de 19h à 21h30 ; du mardi au samedi de 12h à 14h (15h samedi). Formule du midi : 21 €.

Décidément, la rue Amiral-Roussin n'en finit plus de se réinventer ! Après l'Abenfant, voilà que c'est au tour de Monique de pointer le bout de son nez. Aux commandes, on retrouve Clara Reydet, une cheffe de talent qui a déjà fait ses preuves dans les cuisines des Cariatides. Monique, c'est un hommage à la grand-mère de Clara et son sens de l'hospitalité. Et ça se ressent tant dans l'ambiance de la salle que dans l'assiette. Le soir, l'idée est à la convivialité avec plusieurs assiettes : sushis de bœuf et betterave, scones au comté, crème crue au cumin ou encore panais grillés farcis au sarrasin. Chacun peut piocher et goûter à tout. Une cuisine sincère, réjouissante et engagée.

BISTRONOMIE
L'AZEROLE

86, rue Berbisey
✆ 03 80 60 03 94
Ouvert du lundi au vendredi de 12h à 16h. Salon de thé/café jusqu'à 18h. Menu unique à 21 €.

La petite sœur du restaurant Le Parapluie vous ouvre ses portes ! Tenu par Xin Gan, la femme du chef Hwei Gan primé par le Gault et Millau, L'Azerole vous accueille dans une ambiance sobre et raffinée. Ici, pas de spécialité à tester. Un seul menu à la carte qui évolue au fil des semaines et s'accorde aux produits de saison. En guise d'entrée, la chef vous propose trois mises en bouche qui égaieront vos papilles. Entre techniques françaises, épices du monde et mélange de cuisson asiatique et française, moment gastronomique garanti. S'il vous reste de la place pour un dessert, n'hésitez pas, ils sont à l'image du reste de la cuisine : légers et élégants. Point bonus pour la carte des vins.

BISTRONOMIE
BRASSERIE DES BEAUX-ARTS

1, rue Rameau ✆ 03 80 66 45 36
www.brasserie-beaux-arts.com
Du mercredi au lundi de 9h à 19h. Restauration le midi uniquement. Lieu privatisable en soirée.

© IMAGE ASSOCIES

Entre la pierre minérale du musée et le square verdoyant des Ducs, la Brasserie des Beaux-Arts offre un cadre enchanteur pour prendre un café au soleil du matin. On aime l'ambiance feutrée et chic de l'intérieur, avec ses grandes baies vitrées, le temps d'un thé l'après-midi et surtout sa cuisine, fine et inspirée, à l'heure du déjeuner. La carte se décline au fil des saisons. En hiver, on s'ouvre l'appétit avec une panna cotta de petits pois et basilic, avant d'enchaîner avec le risotto aux palourdes et chorizo — assurément le meilleur de Dijon. Mi-cuit chocolat noir au yuzu pour la touche sucrée, sans oublier une carte des vins toujours appropriée et variée pour accompagner votre plat.

BISTRONOMIE
BRASSERIE LE PETIT CENTRAL

3, place Grangier
✆ 03 80 30 44 00
Lundi-samedi : 11h-23h. Service continu. Menu du jour à 19 €. Menu régional à 26 €.

Décoration chic et branchée pour la brasserie le Petit Central. Accueil chaleureux garanti par un personnel souriant et efficace. Du côté de la table, les classiques de la région et les incontournables continueront de vous faire plaisir avec le fameux club sandwich. Coup de cœur pour le steak tartare haché minute et assaisonné à la perfection. À l'heure du thé comme de l'apéritif, caler entre les coussins pour un moment de calme, on s'amuse à observer les passants flâner à leurs activités à travers les grandes baies vitrées. Un lieu agréable au cœur de la ville.

BISTRONOMIE

CHEZ TOQUE

NEW

19, rue de la Poste
✆ 03 80 54 30 83
www.toquedici.com
Salon de thé. Restaurant & pâtisserie maison. Terrasse.

© CHRISTOPHE MEYER

© CHRISTOPHE MEYER

Après avoir lancé le traiteur Toque d'Ici, des cours de cuisine à domicile et un foodtruck à Dijon, Stéphanie et Pierre-Alain ont ouvert l'été dernier leur restaurant et salon de thé Chez Toque rue de la poste. Un bel endroit, une décoration cosy avec des reproductions d'illustrations de Mucha sur les tables, un espace salon... Bref, le confort absolu pour apprécier une excellente cuisine écoresponsable qui valorise le circuit court. Les pâtisseries proposées à la carte ont été préparées le matin même et tout est fait maison. Optez pour un gaspacho de tomates en entrée et en plat, la salade de mesclun et copeaux de foie gras. Vous venez en famille ? un coin jeux est aménagé.

BISTRONOMIE

CARTE BLANCHE

1, boulevard de Champagne ✆ 03 80 28 97 58
www.carteblanche-dijon.com
Ouvert du mardi au samedi midi et soir. Menus de 30,50 € à 40 €. Formule du midi à 19 € et 23 €.

Carte Blanche, c'est une bonne adresse pour se faire plaisir à deux pas de l'Auditorium. On aime les envies de grandeur dans cette salle contemporaine et épurée où les fauteuils ne sont pas sans rappeler l'esprit Starck. Salle que l'on pourra d'ailleurs privatiser pour des réceptions très personnelles. Le chef Cyril Bigeard, aussi audacieux que talentueux, propose une cuisine aussi belle que bonne qui sent bon le voyage. Un savant mélange entre tradition et désir d'exotisme. Formule unique le midi, on a l'embarras du choix le soir. Ravioles de topinambour, filet de bar breton, saint-jacques Rossini... Et en dessert, la tartelette noisette caramel nous fait saliver rien que d'y penser !

BISTRONOMIE

LE MALTO

4, boulvard Georges Clemenceau ✆ 03 80 10 11 58
https://lemalto.fr
Ouvert du mardi au samedi de 12h à 13h30 et de 19h30 à 21h. Réservation recommandée. Menus de 22 € à 72 €.

Tenu par Isabelle et son fils Maxime, jeune chef cuisinier, le Malto vous accueille chaleureusement dans une ambiance lounge à la fois moderne, contemporaine et, surtout, conviviale. Tout juste certifié maître restaurateur, Maxime vous propose une cuisine gastronomique aux saveurs authentiques et locales, à base de produits frais. Le soir, laissez-vous surprendre par le menu dégustation qui éveillera votre palais en 7 services ou préférez le menu du mois. En décembre, on était d'abord séduit par le cabillaud nacré accompagné de topinambours au beurre ambré truffé, éclats de châtaignes et chips de topinambours ; avant d'être conquis par le sapin de Noël chocolaté et son caramel beurre salé.

BISTRONOMIE

L'ÉVIDENCE

53, rue Jeannin ✆ 03 80 67 69 37
restaurant-levidence-dijon.com
Ouvert du lundi au vendredi de 12h à 13h30 et de 19h15 à 21h30. Formules de 34 à 49 € ; Menu du marché à 23 ou 27 €.

Carine et Julien Burdin vous accueillent dans leur restaurant situé rue Jeannin, entièrement rénové avant ouverture en août 2020. En terrasse ou dans la très belle pièce voûtée aux pierres apparentes, c'est une véritable invitation au plaisir culinaire. Les produits de saison composent les plats sans que rien ne soit négligé du point de vue esthétique pour sublimer les saveurs. Suprême de volaille fermière de Bourgogne sauce vin jaune ou rumsteck de bœuf charolais, on est agréablement surpris par l'accompagnement des plats : purée de céleri rave, carotte glacée au miel, gnocchi et tombée d'épinard ou légumes d'hiver. Côté vins, la maison sélectionne avec soin le meilleur de nos régions.

CHEZ MES SŒURS

COMME À LA MAISON

Malgré des parcours initiaux différents, Anne-Sophie, Anne-Claire et Annabelle Grappin ont décidé d'avancer ensemble dans leur vie professionnelle. Elles ont associé leurs compétences pour se lancer dans la restauration rapide saine. Devant le succès de Chez mes sœurs, elles multiplient les adresses. L'aînée, Anne-Sophie, a en poche un BTS management d'unité commerciale. La cadette, Anne-Claire, est passée par une école de commerce alors que la benjamine, Annabelle, peut se targuer d'un diplôme en didactique du français et langues étrangères. Bien que ces trois parcours ne laissent pas présager une carrière dans la restauration, les trois sœurs Grappin se sont associées pour mener un projet commun. « Nous voulions quelque chose qui traduise notre goût pour la cuisine du monde, les tablées conviviales, le partage, la gourmandise que nos parents nous ont transmis » précise Anne-Sophie.

A table à la maison

En novembre 2017, elles ouvrent leur premier restaurant Chez mes sœurs avenue de la Concorde à Dijon. Le concept repose sur une restauration rapide mais saine, faite maison, qui valorise les cuisines du monde. Entre 8 heures et 18 heures, au petit-déjeuner, au déjeuner ou au goûter, elles proposent une carte qui change à chaque saison. En septembre 2021, une opportunité les encourage à ouvrir un nouveau restaurant. Chez mes sœurs, 3 rue Musette, les clients se régalent sur place ou à emporter et profitent d'une épicerie de produits secs. En parallèle, les trois entrepreneuses ont mis en place un service traiteur pour les particuliers et les professionnels, avec livraison possible, où la cuisine du monde se déguste en box déjeuner ou en mignardises, selon les circonstances. « On chine la vaisselle utilisée pour les évènements, ça apporte une originalité supplémentaire. » Aux deux adresses, la décoration plonge le client dans le salon de la famille, photos à l'appui et bibliothèque à disposition. « On veut recevoir comme chez nous avec l'envie de faire plaisir quand nous cuisinons pour eux. » Pour servir encore mieux sa clientèle, depuis le début d'année 2022, Chez mes sœurs s'appuie sur un nouveau laboratoire, plus grand, passant de 45 à 300 m². Elles y ont installé leurs bureaux, un point de vente, un point retrait des commandes traiteur et y louent une salle pour les séminaires jusqu'à 12 personnes, déjeuner inclus. Une troisième adresse (avec point de vente et retrait) est également à retrouver aux 7-9, rue d'Avau à Bretigny.

› CHEZ MES SOEURS
18, avenue de la Concorde
✆ 06 61 91 80 12
www.chezmessoeurs.fr

© FOXAEP

© CHRISTOPHE MEYER

© CHRISTOPHE MEYER

BISTRONOMIE

DZ'ENVIES

12, rue Odebert ✆ 03 80 50 09 26
www.dzenvies.com

Du lundi au samedi 12h-14h (14h30 samedi) et 19h-22h. Menus de 34 € à 42 €. Formule du midi 19 €.

Dz'envies c'est à la fois les initiales du chef et propriétaire des lieux : David Zuddas mais c'est également ce que nous inspire l'ardoise. Décoration simple et épurée, égayée par un mur orange vif, à l'image des assiettes et la farandole de couleurs des plats. La fusion entre la Bourgogne et les empreintes d'ailleurs offrent aux gourmets les délices d'une cuisine « bistrogastro » continuellement réinventée et honorée par le Gault et Millau. Plusieurs « Zenvies » possibles à travers des menus variés. Pour des saveurs 100% bourguignonnes, laissez-vous tenter par la formule « So Burgundy » : persillé de Bourgogne, gigotant de volaille et sauce crémée à l'aligoté et Panna cotta au pain d'épice

BISTRONOMIE

CHEZ MES SOEURS

3, rue Musette
✆ 03 80 44 19 13

Traiteur, petit déjeuner, restauration, librairie solidaire et cours d'anglais. Menus de 10,20 € à 12,20 €.

L'équipe de Chez mes sœurs a ouvert en septembre 2021 ce cocon de douceur situé au pied de l'église Notre-Dame qui vient compléter le restaurant traiteur de l'avenue de la Concorde. Dans une ambiance chaleureuse, on vient ici pour se restaurer ou prendre à emporter, savourer une cuisine maison et faite avec amour, par Anne-Sophie, Anne-Claire, Annabelle et Chloé, petite dernière arrivée pour s'occuper des pâtisseries. La cuisine du monde et les épices inspirent les plats qu'elles proposent. Venez découvrir ces recettes équilibrées de bowls, de soupes et de burgers, qui changent au fil des saisons. Un kiosque automatique existe aussi au centre commercial de la Toison d'Or.

BISTRONOMIE

JARDIN DE LA DAME

23, place Bossuet
✆ 03 80 30 45 65
http://ladamedaquitaine.fr

Ouvert du mardi au samedi de 11h à 21h. Plats de 12 à 15 €.

Sabine et Laurent Perriguey, propriétaires de l'excellent restaurant gastronomique La Dame d'Aquitaine, vous accueillent depuis un an à la terrasse du Jardin de la Dame. Situé au fond de la cour de l'hôtel particulier, l'endroit est charmant et calme, parfait pour la pause du déjeuner. Sabine vous accueille avec gentillesse et vous propose les suggestions légères et savoureuses du chef Laurent. En plat du jour, l'appétissant club sandwich et, au menu, des assiettes façon poke bowl vous sont proposées. On aime les bambous, les serviettes de table en forme de rose et les oiseaux qui décorent chaque table. Tous les produits cuisinés sont frais. En dessert, goûtez au sorbet artisanal !

BISTRONOMIE

LE BISTROT DE LA DAME

23, place Bossuet
ladamedaquitaine.fr

Ouvert du mardi au samedi de 11h30 à 15h. Entrée + plat ou plat + dessert à partir de 16 €.

La Dame d'Aquitaine a une petite sœur : le Bistrot de la Dame. Les équipes du restaurant gastronomique ont investi les lieux de l'ancienne cuisine de l'hôtel particulier du XVIIe siècle. L'endroit, un caveau voûté authentique, est charmant, la décoration est accentuée de touches de couleurs et l'ambiance se veut intimiste. Le service est efficace. Côté cuisine, des produits frais et des recettes traditionnelles de la gastronomie française… On a adoré les œufs en meurette traditionnels et le poisson du jour finement cuisiné et goûteux, moelleux ou île flottante en dessert, classique mais appréciable. Une cuisine de bistrot bien pensée pour un petit budget. Bonne, voire délicieuse adresse.

BISTRONOMIE

POURQUOI PAS ?

13, rue Monge ✆ 03 80 50 11 77
www.pourquoipas-dijon.com

Du mardi au vendredi 19h15-21h15 ; le samedi 12h-13h30 et 19h15-21h15. Réservation impérative. Menus de 33 € à 65 €.

Cette adresse précieuse est située près de la place Zola, le restaurant de Julien et Muriel est une pépite pour la qualité de la cuisine proposée. Les plats faits maison sont délicieux et surtout bien présentés. On aime particulièrement la cave voûtée et l'intérieur aussi lumineux que chaleureux. Les différents menus proposés conviennent à tous les appétits : entre brick de chèvre aux pruneaux ou velouté de patates douces et saumon fumé d'Ecosse en entrée, paleron de veau cuit et jus corsé aux trompettes de la mort ou joues de porc confites en plat, puis gaspacho de fruits frais ou financier aux amandes en dessert. Une carte inoubliable accompagnée d'un joli choix de vins !

BISTRONOMIE

LE BISTROT DES HALLES

10, rue Bannelier ✆ 03 80 35 45 07
www.lebistrotdeshalles.fr

Ouvert du mardi au samedi de 12h à 14h et de 19h à 22h30, sur place et à emporter. Menu Bourguignon 25 €.

Le Bistrot des Halles est la seconde table de La Charme Collection et l'adresse parfaite pour une pause gourmande autour du marché. Installez-vous confortablement en intérieur ou en terrasse pour déguster une cuisine de qualité, généreuse et sans complexes dans une ambiance décontractée. Ici, l'atmosphère est à la convivialité et à la bonne humeur, autour de plats bourguignons maisons aux savoureuses inspirations d'Asie et d'Orient. Entre les traditionnels œufs en meurette, le moutabal libanais, le pluma ibérique et le cabillaud en croûte de cèpes, le chef Mohamed Veroo sait nous régaler ! On aime la commande à emporter pour profiter à la fois d'un bon repas et du confort de la maison.

© CHRISTOPE MEYER

© CHRISTOPE MEYER

BISTRONOMIE

LE CHAT QUI PENSE

18, rue Monge
✆ 06 80 84 79 62
www.lechatquipense.com
Ouvert du lundi au vendredi de 12h à 14h. Réservation impérative. Menus à 24 et 29 €.

Rue Monge, derrière une jolie porte en bois ornée d'une tête de lion se cache un hôtel très particulier et le restaurant d'Isabelle et Gilles Sonnet, et de leur chat Marcel. On entre dans cette magnifique maison de ville tout de pierres et boiserie vêtue. On peut apercevoir Isabelle aux fourneaux pendant que Gilles se charge du service. Un lieu unique où l'on se sent comme des invités privilégiés, pour une cuisine voyageuse et d'inspirations diverses, au gré des trouvailles du marché. Le menu change tous les jours, mais ne déçoit jamais. On a adoré le filet de cabillaud et son émulsion au chorizo et on ne pouvait pas mieux finir le repas qu'avec la poire pochée au vin blanc épicé.

© CHRISTOPE MEYER

© CHRISTOPE MEYER

© CHRISTOPE MEYER

BISTRONOMIE

LE COIN CACHÉ

2, place Barbe
✆ 03 80 55 35 55
www.le-coin-cache.fr

Ouvert du lundi au vendredi de 12h à 14h ; le lundi, le mardi, le jeudi, le vendredi de 19h à 22h.

© PHILIPPEHIEST

© PHILIPPEHIEST

Cocon bucolique à deux pas du centre-ville, on aime s'installer en terrasse, sous la glycine du Coin Caché. Un accueil convivial assuré par Séverine. Du fait de la qualité de cette table, il faut impérativement réserver à l'avance. Le chef Gilles prépare ses plats à partir de produits frais : quenelles de volaille champignons, tarte ricotta rillettes de saumon au curry, dos de lieu noir lentilles vertes crème chorizo... En goûtant de tels plats, traditionnels, originaux et surtout savoureux, on ne peut être déçu ! Le midi une seule formule propose trois entrées, trois plats et trois desserts au choix et le soir, un menu classique, ainsi que les plats à la carte.

BISTRONOMIE

SPICA

48, rue de la Préfecture ✆ 06 26 85 87 17
www.restaurantspica.com

Ouvert du mardi au samedi de 12h à 14h et de 19h30 à 22h. Menus uniques de 3 plats : 22 € le midi et 34 € le soir.

Spica est une adresse gustative comme il y en a peu. À l'heure des réseaux sociaux et du m'as-tu vu, le restaurant dénote : devanture discrète, déco sobre, espace démesurément grand au regard du nombre de tables... et pourtant on s'y sent très bien ! On vous accueille avec courtoisie, on vous reconnaît, on fait attention à vous et ça fait chaud au cœur. À l'ardoise, un menu unique de 3 plats maîtrisé avec brio par le chef Takaya Uchida. Le velouté de potimarron est doux en bouche, le carré de porc sauce curry fondant à souhait et la mousse de cheesecake délicate et subtilement acidulée avec ses suprêmes d'orange. Assaisonnements irréprochables et carte des vins minutieuse, on recommande !

BISTRONOMIE

EN FACE LA CITÉ

8, rue Faubourg Raines
✆ 09 53 51 16 23

Ouvert lundi de 9h à 15h ; mardi-vendredi de 12h à 15h ; jeudi-vendredi de 16h à 17h. Formule déjeuner à 14,50 €.

Comme son nom l'indique, En face la Cité est un restaurant qui se trouve juste en face de la Cité Internationale de la Gastronomie. Situé à proximité du centre-ville et au bout de la rue Monge, l'établissement est à la fois tranquille et très accessible. Décoration moderne et géométrique avec de beaux tableaux qui se marie parfaitement avec la pierre des murs. À l'extérieur, le cadre est sympathique pour une pause déjeuner en terrasse. Ouvert en juin 2019 par la jeune cheffe Maya Bâ, dégustez une cuisine française revisitée par touches contemporaines. La carte vous met instantanément en appétit. Service prévenant et chaleureux garanti et, peut-être, une visite de la cheffe fin de repas !

BISTRONOMIE

LE DOUBLE V

5, route de Troyes - **DAIX** ✆ 03 80 36 44 09
www.ledoublev.com

Ouvert du lundi au samedi de 18h30 à 22h30 ; du mardi au vendredi de 12h à 14h30. Formule du midi : 16 €.

C'est dans une salle lumineuse faisant face à une grande terrasse que Chloé Winkleman nous reçoit gracieusement. Dynamisme est le mot qui nous vient immédiatement à l'esprit. Un service rondement mené, une formule déjeuner qui change toutes les semaines et une carte esprit bistrot, qui conviendra d'ailleurs aux plus pressés. On craque pour les escargots de Bourgogne marinés au chablis, le pavé de filet de bœuf et sa sauce aux morilles ou encore le magret de canard. Des assiettes généreuses, une viande délicieusement tendre, des frites croquantes... Un sans-faute sur tous les plans ! La petite carte des vins offre du choix parmi les principales régions viticoles du pays.

© LE NATIONAL

© LE NATIONAL

BISTRONOMIE

NEW

LE NATIONAL

42, rue Pasteur
✆ 03 73 73 95 47
www.lenational-dijon.fr

Ouvert du mardi au samedi de 11h45 à 14h et de 19h à 22h. Menus de 28 € à 42 €. Formule déjeuner : 19,90 €.

Passez les portes du restaurant Le National et entrez à la Belle Époque ! L'équipe vous reçoit avec le sourire dans un cadre d'inspiration Art déco, chic et intemporel. En cuisine, le chef Théo Fillon vous prépare des mets raffinés, imaginés avec passion. Laissez-vous surprendre par des mariages de saveurs étonnants, savoureux, à l'image des noix de Saint-Jacques en carpaccio, tartare de betterave, comté affiné, noix. Coup de cœur pour le bœuf bourguignon revisité et modernisé, qui conserve toute l'authenticité des saveurs traditionnelles. Pour la note sucrée, les fans de cacao ne pourront qu'être séduits par le dessert chocolat et praline. Adresse délicieuse gérée par Cécile et sa fille.

© LE NATIONAL

© LE NATIONAL

© LE NATIONAL

BISTROT COLOMBO

3, rue du Pré-Potet - **AHUY**
✆ 03 80 57 42 28
www.restaurantcolombo.fr
Ouvert du lundi au jeudi le midi ; le vendredi midi et soir. Formule à 17 ou 21 €. Terrasse. Traiteur.

© COLOMBO

Le chef Florent Colombo et toute son équipe vous accueillent pour une pause déjeuner bien méritée, dans ce restaurant situé près de la LINO dans la zone artisanale d'Ahuy. Installez-vous et faites confiance au chef qui privilégie le circuit court pour cuisiner des plats tels que le poulpe confit et grillé aux aromates, la quenelle de Brochet, ou encore le ris de veau. Une belle carte vous attend côté vins également. On ne peut que recommander cette adresse de qualité, avec en plus d'un service traiteur au top situé sur les halles centrales de Dijon, un tout nouveau concept : Florent Colombo vient cuisiner sur demande et sur mesure dans d'autres établissements pour différents événements.

LA MENUISERIE

28, rue des Godrans
✆ 03 80 30 46 07
www.lamenuiseriedijon.fr
Ouvert du mardi au samedi de 9h (10h le samedi) à 23h. Menu du jour le midi à 18 €. Terrasse.

Antoine et son équipe, composée de Nicolas, chef cuisinier, et d'Elodie au service, vous accueillent dans ce bistrot locavore, bio, écoresponsable, zéro déchet... et surtout convivial ! La cuisine est simple, savoureuse et engagée. Vous pourrez déguster les charcuteries maison, des plats préparés à partir de produits du marché, le tout accompagné d'une bière du coin, sans oublier les options végétariennes. Profitez du menu du jour le midi ou d'un assortiment de tapas et d'apéritifs en tout genre le soir. La carte change tous les mercredis, de quoi nous faire revenir toutes les semaines ! Ce qui nous plaît ici : la présentation des plats, très soignée, et les portions généreuses !

BRASSERIE L'ESCALE

Centre Commercial Carrefour
QUETIGNY
✆ 03 80 46 16 75
Ouvert du lundi au samedi de 9h à 20h. Plats entre 9,70 € et 14,50 €. Formule à emporter à 5 €.

Pour commencer la journée avec un petit-déjeuner, une pause gourmande entre deux boutiques, une pause déjeuner ou un repas pris sur le pouce, rendez-vous à l'Escale Café, situé au Centre Commercial Grand Quétigny. On y est très bien accueilli par Cyrille le gérant et toute son équipe. Une brasserie avec un étage, qui permet d'accueillir une clientèle plus nombreuse et sa partie sandwicherie, pour les plus pressés qui souhaitent une formule à emporter. À la carte, le choix est large avec des burgers sauce Epoisses ou à l'américaine et des plats plus traditionnels (tartare de bœuf, pavé de saumon à l'oseille). La carte des desserts laisse rêveur : mousse au chocolat, flan pâtissier, cookies...

AU BUFFON

28, rue Buffon
✆ 03 80 65 39 91
https://au-buffon-restaurant.metro.bar
7 j/7. Plat du jour 10 €, formule du midi 14 et 16 € ; formule carte entrée/plat/fromage ou dessert café inclus 44 €.

© BUFFON

Ouvert dès 8h du matin Au Buffon est un restaurant chaleureux du centre-ville, qui plus est bien situé. Tenu par le chef dijonnais Alexis Faussot, on apprécie sa terrasse en été et son intérieur cosy, avec poutres et pierres apparentes. Venez aussi bien pour prendre un thé en journée, qu'à l'heure du déjeuner. Attention à bien réserver, car le nombre de tables est limité. Les amateurs de cuisine bistronomique seront séduits par le menu de la semaine et les différentes formules proposées, dont la complète du midi pour goûter à tout : entre l'appétissante tartelette à l'oignon des Cévennes, le foie gras de canard des Landes au vin chaud et en dessert, la tartelette citron de Nice meringuée.

© LECLERC

© LECLERC

BISTROT - BRASSERIE

L'INSTANT RESTAURANT SAVEURS

7, rue de Cracovie ✆ 03 80 78 95 66
Ouvert le midi du lundi au samedi de 11h30 à 15h.
Deux Formules au choix à 16,90 € ou 19,90 €.

Un bon restaurant avec un grand parking et la possibilité de faire ses courses ? Prenez le temps d'une pause déjeuner au restaurant l'Instant, dans la galerie du CC Leclerc Dijon Nord. Découvrez sa décoration moderne et élégante. Deux formules du midi s'offrent à vous, avec au menu des plats de saison comme le velouté de butternut ou encore la cuisse de poulet basquaise sur fondue aux poireaux et pommes de terre grenailles. D'autres plats à la carte sont alléchants comme le burger maison à l'époisses ou le fish and chips du chef. Les coupes glacées de fabrication artisanale et locale « Duchesse de glaces » ainsi que les desserts maison sont exquis, spécialement la tarte aux citrons.

© LECLERC

© LECLERC

© LECLERC/CMEYE

L'ESCALE

21, route d'Ahuy - **FONTAINE-LÈS-DIJON**
✆ 03 80 55 55 07
www.lescalefontainelesdijon.fr
Ouvert du lundi au vendredi de 11H30 à 14H30.Évènements spéciaux Saint Patrick,St Valentin... Carte Bistro-Brasserie.

© CHRISTOPHE MEYER

© CHRISTOPHE MEYER

Donna et Fabrice vous accueillent à L'Escale avec convivialité. Côté terrasse, profitez d'un bel espace pour déjeuner. L'intérieur lui aussi est parfait pour passer un bon moment, décoré dans un esprit cocon, avec son large comptoir, un grand miroir qui agrandit la pièce, de jolies guirlandes et la musique folk qui réchauffe l'atmosphère. Chaque semaine, un nouveau menu est proposé par le chef anglais Joss, qui cuisine des plats traditionnels. Ce jour-là en formule du midi : buffet d'entrées, coq au vin ou langue de bœuf aux épices, puis fondant au chocolat ou panna cotta aux fruits rouges. L'Escale s'est aussi récemment agrandie, avec une salle de réception de 40 couverts.

LE BISTROT DES TRAMWAYS

34, rue de Mulhouse
✆ 09 81 30 12 41
bistrot-des-tramways.business.site
Ouvert lundi-vendredi de 11h à 14h ; mercredi et jeudi de 19h à 21h30 ; vendredi et samedi de 19h à 22h.

Avec ses trois années d'existence, le Bistrot des Tramways est encore tout jeune mais c'est déjà une table avec ses habitués. Sa très jolie salle chaleureuse et ultra tendance, dans son style industriel, propose plusieurs espaces pour s'attabler et se réunir en groupe. Les burgers font l'unanimité en réunissant les carnivores et les végétariens, et ils pourront, bien sûr, être dégustés avec les mains. Les mets de qualité se rappelle aux gourmands avec, à la carte, un éclair de foie gras, un burger à l'époisses ou encore un risotto crémeux aux champignons et gambas black tiger. C'est gourmand et c'est copieux. Simple et efficace, on n'en demande guère plus pour être comblé !

RESTAURANT

LE PRÉ AUX CLERCS

13, place de la Libération ✆ 03 80 38 05 05
www.lepreauxclercs.fr
Tous les jours le midi et le soir. Service continu. Menus à 26 € et 36 €. Formules du midi : de 19 à 26 €.

Le Pré aux Clercs s'inscrit dans le continuum de l'œuvre du chef étoilé Georges Blanc. À l'intérieur, de jolis mots d'esprit décorent les murs et font l'éloge de la gastronomie. On ne cachera pas son plaisir en allant découvrir cette brasserie chic, située juste en face du Palais des Ducs. La cuisine du chef Jean Bruno Gosse s'inspire de ses différents passages sous les étoiles et offre des variations culinaires originales, aux accents exotiques. Découvrez le menu « Image de Saison » avec saumon fumé maison, tartare de bœuf charolais et pétales de patate douce aux épices cajun, et en dessert optez pour une touche acidulée avec le crémeux au citron, sureau et mandarine.

VILLA VAUBAN

15, rue Vauban
✆ 03 45 83 07 76
www.restaurant-villavauban.com
Ouvert du mardi au samedi de 12h à 14h et de 19h30 à 22h. Menus de 32 € à 40 €. Formule déjeuner : 22 €.

C'est dans un cadre à la fois cosy, chic et intimiste avec ses lumières tamisées et tables rondes que l'équipe de la Villa Vauban vous accueille. Le chef Xavier Pernot vous propose une cuisine créative, sans cesse renouvelée, avec des produits ultra sélectionnés. Au déjeuner, découvrez les suggestions du jours selon l'arrivage du marché. Le soir, composez votre menu avec les plats de la carte. Mousseline de potimarron, souris d'agneau braisée au romarin ou burger de poulet au comté, il y en a pour tous les goûts. Testez les spécialités du chef : le foie gras maison et sa gelée pomme-cannelle et noix et le nougat glacé et son coulis de fruit rouge. Un lieu chaleureux à souhait.

LES FILS À MAMAN

38, rue de l'Amiral-Roussin
✆ 03 80 43 38 37
www.lesfilsamaman.com/dijon
Du mardi au jeudi de 19h à 22h ; midi et soir vendredi et samedi. Brunch le dimanche midi. Terrasse. Privatisable.

Ce restaurant est un hommage aux années 1980. Dans un univers de super-héros d'anciens dessins animés, d'émissions de télé dépassées et de stars *has been* l'ambiance est ici décalée. Dans l'assiette, tout est fait maison et à base de produits frais. Les affamés peuvent tester le Mégacheeseburger pommes grenailles, salade, comté AOP ou saint-marcellin ou encore le cordon bleu au camembert, avec tiramisu au Kinder en dessert. Le restaurant revisite des produits et des plats que l'on connaît bien pour en faire des recettes gourmandes. Original : la carte de fidélité qui, à terme, vous permet de tourner la roue des gourmands pour gagner un repas ou une danse entre autres.

LA FINE HEURE

34, rue Berbisey
✆ 03 80 58 83 47
www.lafineheure.fr
Du mardi au samedi 12h-13h30 et 19h-22h. Menus de 31 € à 39 €. Formule déjeuner à 18 €. Plat du jour à 11 €.

Changement de cap réussi pour Jonathan Mollion, qui donne à son restaurant une note gastronomique. En salle et en cuisine, l'équipe est jeune et dynamique, et propose des assiettes qui honorent les produits du terroir, à l'exemple des viandes bouchères et locavores de la Ferme de Clavisy, soigneusement cuisinées par le chef Clovis Buchadon. Au déjeuner, menu du jour ou menu Bistot'Heure qui revisite entre autre le Burg'Heure avec finesse et le Parmentier de canard à la patate douce. À la carte, que de belles (re) découvertes de plats traditionnels. Ici, on redonne ses lettres de noblesse à la cuisine de nos grand-mères. On craque aussi pour la carte des desserts fait maison. Un délice !

GRIL' LAURE

8, place Saint-Bénigne
✆ 03 80 41 86 76
www.grillaure.com
Ouvert tous les jours le midi et le soir. Réservation recommandée. Pizzas à emporter.

On y vient pour le décor authentique en pierres apparentes et poutres en bois, mais aussi pour le charme de la place Saint-Bénigne. On y retourne surtout pour la qualité de la cuisine ! Le gril et le feu de bois sont la spécialité de la maison : on le comprend dès qu'on pousse la belle porte en bois cloutée, saisi par la bonne odeur qui s'échappe de la cheminée. Le choix en pizzas est impressionnant, avec également plusieurs spécialités bourguignonnes, des salades et surtout les plats de viandes grillées. On retrouve avec plaisir les œufs pochés à la crème d'Epoisses, le riz de veau braisé aux morilles ou encore le demi-pigeon au porto. Une bonne table chaleureuse pour toutes les occasions.

L'ÉMILE BROCHETTES

16, place Émile Zola
✆ 03 80 49 81 04
www.lemilebrochettes-dijon.fr
Du dimanche au jeudi 12h-14h et 19h-22h ; vendredi et samedi 12h-14h et 19h-23h. Formule du midi : 12,90 €.

© CHRISTOPHE MEYER

© CHRISTOPHE MEYER

Amis de l'excellente viande, de bonnes grillades, l'Emile Brochettes est prêt à vous accueillir ! Venez déguster ses délicieuses grillades et la spécialité à partager : l'impressionnante potence ! Le tout accompagné de frites et d'un bon verre de vin à choisir parmi une sélection impressionnante. Les amateurs de poissons y trouvent aussi leur bonheur avec des brochettes de sandre mariné au safran ou encore des gambas flambées au cognac. La formule du midi est très abordable et le service souriant et irréprochable. Vous pourrez profiter de la terrasse de la place Emile Zola ou de l'intérieur fort sympathique, digne d'une grotte luxueuse, dans une ambiance famille Pierrafeu. On recommande !

LE RELAIS DE LA SANS FOND

33, route de Dijon - **FENAY**
✆ 03 80 36 61 35
www.lerelais-delasansfond.com
Ouvert du lundi au samedi de 12h à 14h et de 19h à 21h ; le dimanche de 12h à 14h. Prix à l'ardoise entre 8 et 19,90 €.

© PHILIPPE HIEST

© PHILIPPE HIEST

Le chef Éric Chauve vous accueille en famille tous les jours dans ce bel établissement situé à une dizaine de minutes de Dijon, doté d'une belle terrasse fleurie où il fait bon s'attabler. Le menu tient en une ardoise avec 8 entrées, 8 plats et 8 desserts, qui varient selon les saisons. La maîtresse des lieux Marie Chauve a élaboré une superbe carte des vins et les assiettes sont joliment préparées, tout comme les coupes glacées très réussies. Pour ceux qui souhaitent commander à emporter, des paniers repas sont disponibles chaque semaine, à des prix plus qu'abordables.

LA TABLE DU ROCHER

85, route de Beaune - **MARSANNAY-LA-CÔTE**
✆ 03 80 52 20 75
www.latabledurocher.fr
Mardi à samedi le midi et 1er dimanche du mois ; vendredi et samedi le soir. Menu du jour de 15 € à 19 €.

Rien que par sa façade donnant l'impression d'avoir été taillée dans la roche et sa fresque murale fraichement rénovée à l'intérieur, le restaurant vaut le coup d'œil. Côté cuisine, vous ne serez pas déçu non plus. Christophe Dumay, récompensé en 2020 par le Gault & Millau, s'affaire aux fourneaux pour proposer des recettes traditionnelles et gourmande, tandis que Michel Philippon se charge des accords mets et vins pour sublimer les plats. Leur maître-mot : la convivialité. Le midi, la cave du jour regorge de sympathiques références de nos régions à prix doux, tandis que le soir, des menus plus élaborés ou thématiques permettent d'apprécier tout le talent du chef et la richesse du terroir.

LE COQ EN PÂTE

132, route d'Ahuy
✆ 03 80 28 63 36
www.restaurant-lecoqenpate.fr
Ouvert du lundi au vendredi le midi. Formule complète : 18,50 €. Service traiteur.

Ce petit restaurant tenu par Christelle et James Diolot est un lieu convivial où les hôtes sont choyés ! On se sent comme chez soi dans cet intérieur joliment décoré qui vous propose des assiettes généreuses et à des prix très raisonnables. Le menu change chaque jour et vous offre toujours des mets de qualité qui vous régaleront, à l'image du magret de canard à la crème de truffes et ses pommes frites maison, de la terrine du chef aux noisettes et raisins au Marc de Bourgogne ou encore de la souris d'agneau confite, jus au thym. Voilà qui donne envie de s'attabler à deux, en famille ou entre amis. Pour un accord mets-vins réussi, demandez l'avis de Christelle, elle saura vous conseiller !

LE COIN REPAS

106, rue d'Auxonne
✆ 03 80 67 62 69
www.restaurant-coinrepas.com
Ouvert tous les jours le midi et le soir. Formule du midi : 13,90 € (formule complète 15,90 €). Vente à emporter.

Tradition et convivialité sont au rendez-vous dans cet établissement situé rue d'Auxonne, au niveau du pont. Marie-Thérèse et Gilbert Commerçon vous accueillent dans leur salle climatisée ou en terrasse. La spécialité de la maison ? La cuisse de grenouille. Gilbert la cuisine avec passion à toutes les sauces ! Persillée ou à la crème d'époisses, au roquefort ou aux girolles, noix de Saint-Jacques ou simplement au vin de Mâcon... Il peut même vous servir les cuisses désossées en cassolette. Pratique ! En dehors de la spécialité, vous pouvez venir ici pour déguster une cuisine traditionnelle simple mais de qualité. Salades, poissons, viandes et spécialités bourguignonnes... Bon et copieux.

CHEZ COPAINS

10, rue Quentin
✆ 03 80 40 20 10
Ouvert du mardi au samedi de 12h à 14h et de 19h à 22h30. Carte : 15 € environ.

Situé aux Halles de Dijon, comme son nom l'indique c'est le rendez-vous des bons amis et surtout des bons vivants. On aime son ambiance authentique et le style nappes à carreaux, que l'on voit de moins en moins. A l'intérieur, les fauteuils et les banquettes ainsi que la couleur rouge invitent à la détente. A la carte, des plats faits maison à partir des produits du marché et en fonction des arrivages : burger moelleux et gourmand, salades généreuses, pavé de colin crème persillée ou plat traditionnel comme les œufs en meurette ou le suprême de poulet sauce Gaston Gérard. On accompagne volontiers le tout d'un verre de vin en terminant par un pain perdu au caramel beurre salé en dessert.

BISTROT - BRASSERIE

AU JARDIN DES HALLES

20, rue Quentin
✆ 03 80 30 68 69
Tous les jours de 11h45 à 14h et de 18h45 à 22h. Menu servi midi et soir à 19,90 € ou 22,90 € en formule complète.

Situé place du Marché, le restaurant Au Jardin des Halles porte un nom évocateur... Un restaurant où l'on peut se prélasser toute l'année grâce aux claustras et aux chauffages sur la terrasse et où l'on mange à sa faim et à bon prix. Les plats proposés sont inspirés de la cuisine traditionnelle française et vous font découvrir les spécialités régionales avec par exemple, une tarte fine comtoise en entrée, une trilogie d'œufs pochés, sauces époisses, meurette et savagnin, et pommes frites maison et un mille-feuille aux agrumes en dessert. Au menu du jardin, testez la noix de joue de bœuf à la bourguignonne ou le burger jurassien avec saucisse de Morteau et cancoillotte. Un endroit agréable !

LE CRUSOÉ

168, rue de Longvic
✆ 03 80 67 40 40
www.lecrusoe.fr
Ouvert du lundi au samedi midi et soir ; le dimanche midi. Menus de 31 € à 34 €. Formule déjeuner : 18,50 €.

Découvrez ce lieu original situé à côté du parc de la Colombière, qui permet à la fois de se divertir devant un concert et de se restaurer. Dans une décoration sobre et moderne, de style « indus » en écho à la salle de spectacle, en groupe sur les banquettes, goûtez des plats familiaux et gourmands. Le soir, on apprécie la formule Crêpettes avec ses galettes de sarrasin gastronomiques. Coup de cœur pour la version meurette, garnie d'œufs, de lard grillé, d'oignons confits et d'une sauce au vin rouge. Et pour un déjeuner raffiné le dimanche, optez pour un filet de poulet gratiné façon Gaston Gérard ou un pavé de sandre et coulis d'écrevisses. Une très bonne adresse pour se réunir entre amis.

RESTAURANT LES BASTIDES

43, avenue de la République - **CHEVIGNY-SAINT-SAUVEUR**
✆ 03 80 65 01 11
http://restaurantlesbastides.fr
Du mardi au samedi midi de 11h45 à 13h45 ; le vendredi soir de 18h45 à 21h30. Formules du jour 15,50 et 19,90 €.

© BASTIDES

© BASTIDES

Depuis 2 ans, Julie et Vincent Muller vous accueillent dans leur restaurant Les Bastides à Chevigny-Saint-Sauveur. Au rez-de-chaussée, où l'on aperçoit le chef aux fourneaux, tout comme à l'étage, clair, lumineux et doté d'une terrasse spacieuse, l'espace pour déjeuner est confortable et le service toujours impeccable. Ce jour-là, la maison propose ses formules ou le menu du jour délicieusement accordé à la saisonnalité : brick bœuf et poivrons, pavé de saumon à l'estragon, fondue de poireaux aux carottes et crème brûlée en dessert. Bon rapport qualité prix pour un service rapide. Si le restaurant peut accueillir 60 couverts, songez toutefois à réserver avant de venir.

BISTROT - BRASSERIE

LE PATARA

69 rue de Mazy - **MARSANNAY-LA-CÔTE**
✆ 03 80 43 67 99
lepatara.eatbu.com
Ouvert du lundi au vendredi le midi ; du jeudi au samedi le soir. Formule déjeuner de 14 € à 16,50 €. Pizza dès 9 €.

© PL

Avec ses faux airs de taverne chaleureuse entre ses tables en bois et ses murs de pierres, le Patara situé à Marsannay-là-Côte est un établissement où il fait bon se retrouver entre amis. Une chaleur que Linda la propriétaire cultive avec sympathie à grand renfort de plats généreux et de bonne humeur. La formule déjeuner change quotidiennement, et les pizzas se consomment sur place ou à emporter. L'offre est généreuse et les prix très raisonnables permettent sans crainte, pour tous les budgets, de venir même en famille. La franche tendance Bourguignonne permet de découvrir des plats traditionnels : escargots, œufs en meurette, poulet Gaston-Gérard et plats à l'époisses pour les amateurs.

NEW

BISTROT - BRASSERIE

LES CORNICHONS

42, avenue de Stalingrad ✆ 06 71 42 42 79
www.lavapeur.com/brasserie
Ouvert du lundi au vendredi de 12h à 14h30. Formule : 14 € (17 € en formule complète).

La cantine de la Vapeur, jusqu'ici réservée aux artistes, s'ouvre désormais au public avec sa brasserie Les Cornichons ! Aurore, Simon et leur équipe de la Cuisine Flottante vous accueillent tous les midis du lundi au vendredi. Comme à la cantine, on partage sa table avec le voisin, convivialité garantie ! Venez profiter d'une cuisine locale, de saison et toute maison à base de produits sélectionnés sous Les Halles de Dijon. Au choix, deux entrées, deux plats et deux desserts qui changent plusieurs fois dans la semaine. Végétariens ou carnés, vous y serez comblés. On a adoré les gnocchis à la courge, légumes de saison rôtis, poireaux grillés, sauce langres, crème échalote et pleurotes.

BISTROT - BRASSERIE

LE DÉCLIC

2, place des Cordeliers
✆ 03 80 50 03 35
Ouvert du lundi au vendredi de 7h30 à 22h, le samedi de 8h30 à 22h et le premier dimanche du mois. Terrasse.

Le Déclic dirigé par Mickaël Olanda et son épouse est une adresse incontournable située sur la charmante place des Cordeliers. Intérieur baroque et coloré, on s'y installe volontiers en terrasse pour lire, après être passé à la librairie qui se trouve juste en face et qui s'appelle « La fleur qui pousse à l'intérieur ». Le lieu mérite d'être fréquenté, notamment chaque premier dimanche du mois, où un marché de produits locaux se tient sur la place. Pour ce qui est de la restauration, les assiettes sont fraîches et généreuses : des plats du jour, des salades XXL et des desserts maison, en plus de plats de brasserie traditionnels. Une bonne humeur appréciée au service !

BISTROT - BRASSERIE

LA BOURGOGNE

20, place de la République ✆ 03 80 74 12 08
Tram T1 et T2 station République. - www.brasserielabourgogne.com
Ouvert du mardi au samedi de 7h à 22h30. Service restauration non-stop de 11h30 à 22h. Menu à 30 €.

Lieu emblématique à Dijon depuis 1904, plongez dans l'ambiance début du siècle de cette brasserie, avec ses grands miroirs, ses larges banquettes et le portrait de Joséphine Baker à l'entrée. Vous apprécierez la carte avec ses plats de saison et faits maison qui sont joliment présentés et concoctés par le chef Rémi Maillard. Goûtez par exemple au tartare de thon agrémenté de perles de Yuzu qui explosent en bouche ou encore aux aiguillettes de cabillaud en Fish & Chips. Les spécialités bourguignonnes sont également à la carte dont les œufs en meurette bien sûr. Lorsque le temps le permet, installez-vous en terrasse d'où vous pourrez admirer la superbe place de la République et sa fontaine.

BISTROT - BRASSERIE

L'ÉCHAPPÉE BELLE

2, rue Jehly Bachelier - **FONTAINE-LÈS-DIJON**
✆ 03 80 28 69 17 - www.lechappeebelledijon.fr
Ouvert du mardi au vendredi de 11h à 14h et de 18h30 à 21h30 ; le samedi soir ; le dimanche midi. Menus de 23 € à 33 €.

Le café bistronome L'Echappée Belle vous reçoit dans sa jolie maison en plein cœur de Fontaine-les-Dijon. Ici, le service se fait, au déjeuner comme au dîner, avec le sourire. La cuisine est simple avec de bons produits, de belles proportions et, surtout, bien exécutée. Pour couronner le tout, le restaurant est agréé « Savoir-Faire 100% Côte d'Or » ! L'établissement propose également des menus de groupe à prix très abordables. Pour une soirée des plus festives, on vous conseille l'option « Apéro dînatoire » avec, par exemple, gougères, feuilleté époisses, gaspacho, bouchées d'escargots, verrines crème citron meringuée... Une très bonne adresse qui mérite de sortir du centre-ville de Dijon.

BISTROT - BRASSERIE

LES BISTROTTINES

170, avenue Victor-Hugo ✆ 03 80 57 15 19
www.restaurant-lesbistrottines.fr
Ouvert le midi du mercredi au vendredi et dimanche et tous les soirs sauf lundi et dimanche. Menu à partir de 14,90 €.

Ne vous fiez surtout pas à la façade, car le meilleur est à l'intérieur. Une décoration moderne qui nous plonge dans une atmosphère détendue et familiale. De la terre à l'assiette — la devise de la maison — Marion vous propose une cuisine originale, revigorante, colorée et savoureuse qui atteint le semi-gastronomique. On pourra choisir le tartare de saumon bio, beurre de mangue et légumes croquant, en plat le filet de charolais façon tataki, gaufre de pomme de terre au comté et sauce à la truffe blanche et, pour terminer sur une note sucrée, le dôme croquant en trois textures aux trois chocolats. Accueil charmant de ces dames et belle surprise : une adresse bistronomique à tester.

BISTROT - BRASSERIE

AU GRAND CAFÉ

5, rue du Château ✆ 03 80 52 79 49
www.augrandcafe.com
Ouvert du lundi au samedi de 12h à 14h30 et de 19h à 21h30. Menu à 27 €. Formule déjeuner : 14,50 €.

Le couple formé par Valérie et Eddy, anciennement gérant du Buffon, tient aujourd'hui les rênes du Grand Café. Situé face aux Galeries Lafayette, à quelques pas de la place Grangier, l'établissement entièrement rénové en 2020 ne désemplit pas. La réservation est donc vivement conseillée. Une formule du jour simple, abordable et généreuse, une vraie convivialité, un service efficace, on peut dire que ça fonctionne bien. Demi-coquelet rôti et sa sauce au vin jaune, accompagné d'une purée de butternut rôti, suivi d'une mousse au chocolat maison pour le déjeuner... C'est bon et au prix de la formule du midi, on ne saurait s'en priver. Au Grand Café est une adresse à noter et à tester.

BISTROT - BRASSERIE

LE JARDIN DE FAUSTINE

Route de Chevigny
✆ 09 83 29 18 50
Ouvert du lundi au jeudi de 9h30 à 14h ; le vendredi et le samedi de 9h30 à 14h et de 19h30 à 21h. Formule : 15,50 €.

© LE JARDIN DE FAUSTINE

A proximité du Super U de Sennecey-lès-Dijon, Le jardin de Faustine met de la couleur dans vos assiettes. A des prix raisonnables, Arnaud et sa compagne cheffe de cuisine vous proposent une cuisine maison pleine de fraicheur qui plaira aux gourmands. Le service est sympathique. Que demander de plus ? De la présentation à la saveur des plats, on se régale d'excellents hamburgers, de faux filets sauce maison pommes de terre délicieuses, le brownie fondant.Le menu du jour réserve de belles surprises, la carte est top. On pense au camembert chaud, réconfortant par temps froid. On aime les frites fraîches maison, aujourd'hui rares dans les brasseries ! Soirées à thème et belle terrasse !

BISTROT - BRASSERIE

BISTROT RÉPUBLIQUE

16, place de la République
✆ 03 80 60 86 45
Ouvert du lundi au samedi de 12h à 14h et de 19h à 22h.

D'inspiration bistrot parisien, la magnifique verrière de ce restaurant qui donne sur la place de la République est parfaite en hiver et la terrasse des plus agréable en été. A la carte, des classiques comme le carpaccio de boeuf, d'excellentes pizzas et, moins attendu dans la région de Bourgogne, la cervelle de Canut, du formage blanc frais aux fines herbes typiquement lyonnais. Les propositions du chef qui préparent tous ses plats à partir de produits de saison sont régulièrement renouvelées et les vins sont également très bien sélectionnés, entre rosé Erético, Bandol Moulin de Laroque, Meursault, Marsannay ou Saint Romain... De quoi varier les plaisirs sans être trop dépaysé !

BISTROT - BRASSERIE

AU BONNET D'ÂNE

12, boulevard Georges Clemenceau
✆ 03 80 65 43 75
www.au-bonnet-dane.fr
Ouvert en semaine de 8h à 17h. Réservation recommandée.

Retour sur les bancs de l'école chez Nono et Géraldine, une adresse qui plaira aux amateurs de burgers et de viandes bien préparées. Situé à deux pas de la place de la République, Au bonnet d'âne est un restaurant familial : Nono est en cuisine pendant que Géraldine s'affairent en salle. Goûtez les « hambourgeois » ou hamburgers traditionnels, avec pain brioché, steaks hachés faits maison, à l'époisses, au comté ou encore à la mozzarella. Sinon, tentez le bœuf à Nono, à commander en cuisson bleue de préférence, pour ménager l'humeur du chef ! Et si vous avez été sage, le « vraiment très beaucoup café gourmand » permet de finir le repas sur un bel assortiment de desserts.

BOURGOGNE

RESTAURANT LE KLUB - IBIS HOTEL DIJON GARE

15a, avenue Albert-Ier ✆ 03 80 43 01 12
www.hotel-ibisgare-dijon.fr/restaurant
Ouvert tous les jours de 12h à 14h et de 19h à 22h. Plats à la carte : environ 18 €. Terrasse.

L'hôtel Ibis Gare, intégralement rénové, fourmille de qualités, dont son restaurant Le Klub. Le chef Stéphane Fouillot vous propose de déguster plusieurs incontournables de la gastronomie bourguignonne, mais aussi des propositions qui varient en fonction des saisons et des inspirations. Fondant de veau sauce crémeuse aux champignons, tartare de bœuf haché au couteau pour les carnivores, dos de cabillaud snacké, coulis de poivron rouge ou encore ravioles de la mer pour les ichtyophiles. Les douceurs à la carte poussent à la gourmandise et varient elles aussi.

BOURGOGNE

HÔTEL-RESTAURANT LA FLAMBÉE

2, route de Chevigny
SENNECEY-LÈS-DIJON
✆ 03 80 47 35 35
www.laflambee.fr
Ouvert du lundi au vendredi le midi et le soir ; le samedi soir ; le dimanche midi. Menus de 30,90 € à 36,90 €.

© PASCALE LEFORT

Cette adresse tenue par Sophie et Jean-David est courue par ici, l'affluence en est la preuve, pensez à réserver ! La grande salle rustique aux faux airs de chalet annonce la couleur, ici on mange généreux ! Magret de canard et pièces de viande saisis au feu de bois côtoient les spécialités du terroir mitonnées par le chef Sébastien Petite et sa brigade. À deux ou en groupe, le lieu se prête à toutes les occasions dans un esprit familial et décontracté. À quelques pas de la ville et à 5 minutes de Quetigny, l'adresse est à retenir les soirs de ciné !

BOURGOGNE

MAISON MILLIÈRE

10, 12, 14, rue de la Chouette ✆ 03 80 30 99 99
www.maison-milliere.fr
Service du mercredi au dimanche de 12h à 14h (14h30 le week-end) le midi ainsi que le vendredi et le samedi soir.

C'est plein cœur historique de Dijon, à deux pas de la chouette que vous découvrirez la Maison Millière. Édifiée en 1483, cette Maison remarquable est non seulement la plus ancienne de la ville, mais elle vous propose également de découvrir la Bourgogne à travers de bons plats maison. Œufs parfaits au pinot noir, noix de joue de bœuf à la Bourguignonne, confite 8h ou encore filet de bar et pulpe de chou-fleur, la cuisine du chef Grégoire Lieutet regorge de mets fins et délicats. Faites confiance à la formule du jour, qui réserve toujours de bonnes surprises et qui fait la part belle aux herbes fraîches. Le jardin est à découvrir, tout comme la belle terrasse intérieure.

BOURGOGNE

LE CHANOINE

10, place de la Libération ✆ 09 81 68 93 83
www.lechanoine.fr
Ouvert tous les jours de 10h à 23h. Plats de 15,90 € à 17,90 €. Vin au verre. Terrasse.

Le Chanoine tenu par Max fait partie des incontournables de la place de la Libération, offrant une vue imprenable sur le palais des Ducs de Bourgogne et la place piétonne, avec ses fontaines. Le Chanoine vous accueille en terrasse pour un repas ou un verre. Pour une ambiance plus intime, rendez-vous à l'intérieur dans un espace qui respire l'authenticité de l'ancien. À la carte, on apprécie le choix de plats de terroir avec jambon persillé, poulet Gaston Gérard, et également des propositions végétariennes. Le soir, on aime aussi venir y prendre un verre autour d'une planche gourmande avec charcuterie et fromages. Soirées festives, karaoké : renseignez-vous sur la programmation !

BOURGOGNE

LE BOUCHON DU PALAIS

4, rue Bouhier ✆ 03 80 30 19 98
www.bouchondupalais.fr
Du lundi soir au samedi midi. Réservation recommandée. Menus de 23 € à 29 €. Formule du midi : 17 € à 19,50 €.

Le Bouchon du Palais, c'est d'abord une situation, en plein cœur de la ville, dans une jolie petite rue, tout à côté du palais de Justice de Dijon. Ensuite, la porte franchie, c'est une petite salle d'à peine une dizaine de tables, nappées de vichy qui nous invitent à prendre place. Une décoration délicieusement champêtre qui lui confère une vraie convivialité. Une bicyclette, des affiches et l'ardoise qui annonce la tendance. Une cuisine savoureuse faite de spécialités bourguignonnes et lyonnaises nous donne l'eau à la bouche. Entre les deux régions son cœur balance, ainsi le chef propose des escargots, des œufs en meurette, du poulet Gaston Gérard, de véritables quenelles lyonnaises...

© 17-45

© 17-45

BOURGOGNE

LE 17.45

48, rue Monge
✆ 03 45 42 80 58
www.le17-45.fr

Ouvert du lundi au samedi de 17h45 à 1h. Planches à composer soi-même. Fondues en hiver

Le Temple de l'apéro ! Un concept ludique et gourmand dont la « religion » est résumée par « Le Gras c'est la Vie « et dirigé sympathiquement par Clément Derepas. Dans un esprit délicieusement franchouillard, décoration bistro et une carte simplissime qui place le cochon au centre des propositions, le ton est donné ! L'établissement peut vous suggérer quelques idées telles que « la Planche des amis » « la Gourmet » ou même « la Veggie », l'idée amusante est vraiment de choisir ce qui vous fait envie. La charmante terrasse intérieure vient renforcer l'envie de s'attarder hiver comme été. En hiver, Clément promet des plats conviviaux comme la fondue.Carte des vins et équipe au top ! Futé !

© 17-45

© 17-45

© 17-45

BOURGOGNE

LA PETITE FLAMANDE

9, rue des Bons-Enfants ✆ 03 80 67 16 56
lapetiteflamande.wordpress.com
Du lundi au vendredi midi et soir ; le samedi midi. Formule du midi : 15,20 €. Menu bourguignon de 21,90 € à 29,90 €.

Situé à quelques mètres de la place de la Libération et de la place du théâtre, le restaurant a tout d'une bonne table bourguignonne. Simplicité et convivialité sont au rendez-vous dans un cadre soigné et authentique. La cuisine est dans cette même lignée, parfaitement maîtrisée et généreuse. Différentes spécialités et plats régionaux se déclinent dans le menu bourguignon en deux, trois et même quatre plats. Jambon persillé ou escargots en entrée, puis bœuf bourguignon, coq au vin ou filet de merlu poché à la graine de moutarde avant un sorbet au cassis en guise de point d'orgue, ne ratez pas ces grands classiques qui vous feront aimer Dijon. Un restaurant à recommander sans hésitation.

BOURGOGNE

DR. WINE

5, rue Musette ✆ 03 80 53 35 16
www.drwine.fr
Ouvert toute l'année. Du mardi au samedi de 10h à 2h. Réservation recommandée. Vin au verre. Terrasse.

Dr. Wine est le repère idéal des amateurs de vin et de gastronomie. Pour un apéritif entre amis, ou un délicieux repas à l'heure du déjeuner ou en soirée, c'est ici qu'il faut venir. L'équipe est toujours au top et vous conseille dans votre choix, spécialement pour le vin. N'oubliez pas de jeter un œil à la boutique ! Dans ce superbe hôtel particulier de la rue Musette, l'ensemble a été composé par deux tennismen, Arnaud Clément et Michaël Llodra : c'est le mélange du moderne et de l'ancien. La cour intérieure vaut le coup d'œil. Au menu, des assiettes froides ou chaudes, dont tempura de gambas, porc laqué aux épices douces ou tartines d'époisses et jambon cru. Une offre séduisante !

CRÊPERIE

LES GOURMANDS DISENT

36, rue de Fontaine-lès-Dijon
✆ 03 80 59 05 88
Ouvert du mardi au samedi de 9h30 à 15h et de 18h30 à 22h.

Pour les amateurs de bonnes crêpes, autant vous le dire tout de suite, c'est un régal ! Le lieu est sympathique avec sa décoration tout en rouge et noir, ses tableaux, ses banquettes et un poêle qui réchauffe la pièce. Si les crêpes et galettes sont la spécialité de la maison, Mylène et Joann proposent tous les jours divers plats cuisinés maison et travaillés avec des légumes frais. Coup de cœur pour le steak de thon juste saisi à la sauce thaïe. Le choix de galettes au sarrasin est varié et on peut même la composer à son goût, en choisissant parmi plusieurs ingrédients. Les plats sont copieux et surtout gourmands. Une adresse au top qui a de quoi rivaliser avec les crêperies bretonnes !

CRÊPERIE

LA LICORNE

1 bis, rue Musette
✆ 03 80 30 03 21
Ouvert tous les jours, sauf le mercredi, de 12h à 22h. Crêpes. Salades. Glaces. Vente à emporter.

La jolie devanture bleue de La Licorne se trouve rue Musette, au cœur de la rue piétonne qui mène à l'église Notre-Dame. Une terrasse vous permet de profiter du soleil tout en entendant le Jacquemart sonner les heures. Ici, vous pouvez déguster des crêpes maison, des galettes gourmandes et généreuses, des salades, quelques burgers occasionnels et de délicieuses glaces. Tout est préparé le jour-même y compris la pâte à crêpes. La crêperie vous invite aussi à profiter de son bar normand, avec des bières et différentes variétés de cidres. Idéal pour aller avec la dernière nouveauté, le burger de La Licorne, à base d'effiloché de bœuf et de cantal, accompagné de pomme de terre sautées maison.

AUBERGE DE L'AIGUILLON

Rue Croix des Moulins - **BINGES**
✆ 03 80 31 73 73
www.aubergedelaiguillon.com
Ouvert le vendredi et le samedi de 19h à 23h ; le samedi de 12h à 14h30 ; le dimanche de 12h à 16h30. Menu à 36 €.

Située à seulement 15 min de Dijon, l'Auberge de l'Aiguillon est vraiment le lieu idéal si l'on veut un vrai dépaysement. Cette halte gourmande installée dans une ancienne ferme en a complètement conservée l'authenticité. Depuis quelques années, c'est Samuel Ichtertz, en gastronome expérimenté, qui est à la tête de cette belle affaire. En pleine nature, il vous invite à venir profiter du bon air de la campagne et d'une cuisine pleine de charme. Installez-vous en terrasse ou à l'intérieur, près de la grande cheminée et détendez-vous ! La cuisine est authentique et généreuse. Venez déguster des spécialités bourguignonnes dans cette auberge conviviale, offrant un retour à la campagne.

CRÊPERIE

LES MOULINS BLEUS

4, rue Musette
✆ 03 80 30 81 02
Cuisine ouverte du mercredi au samedi de 12h à 17h. Cave/bar ouvert du mardi au samedi de 17h à 22h.

Bar à bières, cave... crêperie ? Bien connu des Dijonnais, ce lieu atypique est tout ça à la fois ! Pour un prix raisonnable, les galettes comme les crêpes y sont délicieuses et copieusement garnies. Depuis 2015, l'établissement a pris un tournant radicalement plus rock'n'roll en développant son concept de bar craft beer. À la carte, un large choix de bières artisanales locales et venues du monde entier. Vous pourrez déguster la fameuse Elixkir de Dijon ou voyager au Danemark avec la bière Solar Punk. Parmi les nouvelles références, goûtez la Double Minitel Rose de la brasserie d'Ahuy 90 BPM : une bière à la cerise noire avec une pointe de vanille et d'hibiscus pour réchauffer les cœurs.

VÉGÉTARIEN

BETTERAVE

17, rue Lamonnoye
✆ 09 51 13 30 48

Du mardi au samedi midi 12h-14h ; vendredi et samedi soir 19h30-21h30. Formule unique le midi, menu à l'aveugle le soir.

Le concept a beau être dans l'air du temps, ouvrir un restaurant d'inspiration gastronomique et végétarien est un pari audacieux. Betterave s'illustre brillamment dans ce parti pris. La cuisine ouverte accompagne votre repas et vous laisse présager du meilleur. Les assiettes sont délicates, à l'image de l'œuf parfait et mousse de topinambours fumée, étonnamment gourmand avec son lait de comté et ses pétales de tournesol et plus que surprenantes avec un sorbet oseille accompagné d'une ganache pomme et crème de Bresse. Une chose est sûre, nos papilles ont été bousculées ! Une formule unique le midi, qui a l'avantage de comprendre boisson et café et une formule dégustation surprise le soir.

VÉGÉTARIEN

LES MIJOTEUSES

29, rue de Chenôve
✆ 03 71 19 20 14

Ouvert du lundi au vendredi de 9h à 16h. Formule du midi à 15 € (entrée, plat et dessert).

Si les adresses végétariennes se font rares à Dijon, on peut toujours compter sur Les Mijoteuses pour nous proposer des recettes végétales pleines de fantaisie et délicatesse ! Aux commandes et en cuisine, Lucie Tardieu et Melody Bourdier concoctent des plats sains et généreux, avec un axe fort autour des plantes aromatiques. Les produits sont issus en grande partie de l'agriculture biologique et locale, et nous rabibochent avec les légumes de la terre, à l'exemple du velouté tout doux de panais et chou fleur aux baies roses. Des combinaisons astucieuses qui associent fleurs comestibles et herbes en tout genre pour des assiettes appétissantes et hautes en couleurs.

VÉGAN

LA CASA VEG

55, rue Condorcet ✆ 07 61 11 42 12
www.lacasaveg.com

En livraison ou à emporter du mardi au dimanche 11h30-14h30 ; 19h-22h (22h30 mardi-mercredi ; 23h30 week-end).

La Casa Veg vous propose une cuisine maison, saine, brute et végétale, sans viande et sans produits issus de l'exploitation animal. Oui, vous avez bien lu : il s'agit ici de la seule adresse 100 % végane de Dijon ! À la carte, soupe épicée à la marocaine, sheez burger au faux mage et buddha bowl aux légumes crus et cuits. En accompagnement, on raffole des chips de chou frisé kale aux épices. Et pour le dessert, on a aussi du choix avec une tarte au citron, un cheesecake à la mangue ou encore une salade rafraîchissante aux fruits frais. Les plats sont hauts en couleurs et en vitamines. On regrette seulement de ne pas pouvoir s'installer à une table... Il faudra se contenter de votre canapé !

CUISINE VISUELLE

Envie de faire vos propres sushis ou de devenir un pro du poulet yassa ? L'appli Cuisine visuelle devrait vous y aider ! Elle permet d'apprendre une multitude de recettes de cuisine du monde grâce à des cours vidéo. C'est assez simple et même les débutants aux fourneaux devraient s'y retrouver. Il suffit d'un peu de concentration et de rassembler tous les ingrédients, puis le tour est joué.

COFFEE SHOP ET SALON DE THÉ

LA CAUSERIE DES MONDES

16, rue Vauban
✆ 03 80 49 96 59

Ouvert du lundi au vendredi de 11h30 à 17h. Restauration le midi. Terrasse.

Une des plus jolies terrasses dijonnaises, avec compositions florales sur les tables aux beaux jours, La Causerie des Mondes est un salon de thé à la fois vintage et d'inspiration contemporaine, situé au croisement des ruelles piétonnes. Entre les vieilles cartes postales, les jouets en bois et une collection de théières, goûtez surtout à de bons produits. Que vous soyez thé, café, chocolat ou jus de fruits (bio et faits maison), vous trouverez de quoi passer un bon moment entre amis ! Si vous passez pour le déjeuner, n'hésitez pas à vous y arrêter. Tenue par Vanessa Laraque, c'est la même maison que le restaurant Le Nid, situé cour Bareuzai. Un endroit à découvrir !

LE NID

61, rue des Godrans
✆ 09 88 39 33 26

Du mardi au vendredi de 11h45 à 18h ; le samedi de 11h45 à 15h. Sans réservation. Formule du midi : 19 €.

Si de prime abord Le Nid peut paraître comme le dernier endroit à la mode où être vu, la carte mérite cependant qu'on s'y attarde. Restaurant végétarien à son ouverture, la cuisine s'ouvre doucement à la viande. Assiettes colorées et riches en goûts, pâtisseries sans gluten, ici la cuisine fait pleinement écho à la tendance *healthy*. Végétariens, végétaliens et flexitariens y trouvent chacun leur compte. Le coin idéal pour une pause saine et gourmande, dans un cadre cosy à souhait. L'été, on profite de la terrasse dans la très belle Cour Bareuzai. Attention, il faudra parfois jouer des coudes et faire preuve de patience, car la réservation n'est pas possible ici.

SPÉCIALITÉS

NEW

L'ALSACIEN

3, rue Mably
✆ 03 80 60 84 78
www.lalsacien.com

Ouvert du lundi au samedi de 12h à 14h et de 19h à 22h30 (23h le samedi). Menus de 9,90 € à 15 €.

© CHRISTOPHE MEYER

© CHRISTOPHE MEYER

Après Paris et Besançon, L'Alsacien vient de conquérir Dijon. Ici, ne vous attendez pas à trouver choucroutes ou autres spécialités alsaciennes, une seule est à l'honneur. En effet, le restaurant au concept original se définit comme un bar à flammekueches. À la carte, un bon choix de tartes flambées à partager s'offre à vous avec des recettes classiques et d'autres plus inédites, salées comme sucrées. On vous conseille tout de même la Traditionnelle, généreuse et crémeuse à souhait ou la Gratinée pour une touche de fromage en plus. La bonne ambiance est assurée grâce à l'équipe de Valentin au top : accueillante, sympathique et au petit soin. Tout est réuni pour passer une bonne soirée !

BIO

L'ABENFANT

32, rue Amiral Roussin
✆ 03 79 55 64 32

Ouvert du mardi au samedi de 12h à 14h et de 19h à 21h. Fermé tous les 1er mardis du mois. Menus de 23 € à 28 €.

Laëtitia, Florian et leur équipe vous accueillent dans leur nouveau restaurant locavore, L'Abenfant, soit « l'enfant de l'arrière-petit enfant » en vieux français. Un nom qui prend tout son sens dès qu'on passe le seuil de la porte. La décoration de récup et la jolie vaisselle ancienne donnent une ambiance familiale à la salle. La touche vintage arrive jusque dans les assiettes pour une cuisine, certes, de grand-mère, mais très loin d'être vieillotte. Le chef vous propose trois entrées, plats et desserts raffinés aux associations de saveurs subtiles et étonnantes, 100 % françaises. Pas de chocolat ou de café, tous les produits sont frais et locaux. Une adresse gourmande et engagée !

RESTO D'HÔTEL

RESTAURANT ET CAVEAU DE LA PORTE GUILLAUME HOTEL DARCY

2, rue de la liberté ✆ 03 80 50 80 50 - https://hotel-darcy.fr/

Ouvert tous les jours de 12h à 14h et de 19h à 22h30. Menus à partir de 26 €. Vin au verre.

Vous êtes ici à la table de l'un des plus anciens établissements de la ville, anciennement nommé l'Hôtel du Nord, trois étoiles et rebaptisé Hôtel Darcy. La carte propose une cuisine tantôt contemporaine tantôt authentique, dans un cadre reposant. Terrine de gibier aux châtaignes et baies roses, chutney de poires, filet de plie meunière ou encore plats végétaliens comme le velouté de butternut, crème légère aux noix, à cette table on est toujours satisfait ! Côté dessert, régalez-vous avec l'intemporel miroir aux fruits rouges. Une maison tout en élégance et courtoisie.

BOURGOGNE

LE BOUCHON DU PALAIS

4, rue Bouhier ✆ 03 80 30 19 98
www.bouchondupalais.fr

Du lundi soir au samedi midi. Réservation recommandée. Menus de 23 € à 29 €. Formule du midi : 17 € à 19,50 €.

Le Bouchon du Palais, c'est d'abord une situation, en plein cœur de la ville, dans une jolie petite rue, tout à côté du palais de Justice de Dijon. Ensuite, la porte franchie, c'est une petite salle d'à peine une dizaine de tables, nappées de vichy qui nous invitent à prendre place. Une décoration délicieusement champêtre qui lui confère une vraie convivialité. Une bicyclette, des affiches et l'ardoise qui annonce la tendance. Une cuisine savoureuse faite de spécialités bourguignonnes et lyonnaises nous donne l'eau à la bouche. Entre les deux régions son cœur balance, ainsi le chef propose des escargots, des œufs en meurette, du poulet Gaston Gérard, de véritables quenelles lyonnaises...

ZOOM

UN BRUNCH, SINON RIEN !

Les produits frais et de saison sont à l'honneur tout comme le fait maison pour toujours se régaler.

Les Jardins by La Cloche

Gargantuesque définit parfaitement le brunch de la Cloche, sous la verrière avec vue sur le jardin. Du sucré, du salé sous toutes ses formes et un choix si vaste qu'une seule réalité s'impose, il faudra revenir pour tout goûter.

La Biscuiterie

Dans ce salon de thé artisanal, on savoure d'abord avec les yeux avant de se régaler du plat salé du moment, d'une pâtisserie et d'un chocolat chaud, d'un matcha ou d'un cappuccino. Parmi les propositions, des solutions vegans et végétariennes mais aussi sans gluten ou sans lactose pour garantir à chacun de trouver saveur à son palais.

Morning glory café

L'adresse des puristes du café mais où le thé, les jus de fruits et le chocolat chaud ont leur place et côtoient, à l'heure du brunch, la cancoillotte avec sa saucisse de Morteau, la compote de fruits maison ou le crumble.

Monsieur Moutarde

Sans réservation et à volonté, dans ce bar à cocktails, le brunch s'apprécie dans un cadre cosy fait de fauteuils confortables ou dans la cour intérieure. Sucré d'un côté ; croissants, pancakes, tartes, gaufres et tartines ; salé de l'autre, charcuterie, œufs brouillés, saucisses, pâtes, salades et quiches, notamment.

Les fils à maman

Des jus de fruits, des œufs, des tartines, des pommes de terre, de la poitrine fumée, des viennoiseries, un pot de pâte à tartiner ou un tiramisu au Kinder... Difficile de choisir.

Chez mes sœurs

La nourriture saine reste le leitmotiv de cette adresse aux inspirations internationales et à l'accueil chaleureux.

Madeleine Café

Salon de thé, restaurant et corner de décoration, l'ambiance se veut conviviale faite de pierre et de bois. A table, difficile de choisir entre les proposition sucrées et salées.

Little Italy

Pour commencer la journée en Italie, c'est l'adresse incontournable. Charcuterie de la Botte, des pâtes en salade, de la pizza... Le voyage commence.

Pancake lovers

La spécialité ne fait ici aucun doute pourtant le plaisir de la découverte ne manque pas quand la dégustation commence, que l'on soit plutôt sucré ou salé.

Hôtel Mercure

Chaque dimanche, le brunch évoque un nouveau thème où les cuisiniers font la part belle aux viennoiseries, aux salades et soupes, aux fromages avec créativité et gourmandise.

BRUNCH

LE BRUNCH DES HALLES

Rue Claude-Ramey
www.bhd.otdijon.com
Ouvert le dimanche de juin à septembre de 11h à 15h. Réservation possible en ligne. 25 € par adulte et 12 € par enfant.

Le Brunch des Halles saison 7, c'est le rendez dominical qu'il ne faut pas manquer pour prolonger un week-end entre amis ou en amoureux en se faisant plaisir. C'est sous les halles que ça se passe ! Réservation indispensable si l'on veut avoir une place tant le succès est grand. Le Brunch, c'est un rendez-vous joyeux entre 11h et 15h, de juin à septembre, entre gastronomie et musique, avec un groupe qui vient jouer pour l'occasion. Chaque dimanche, un menu différent est élaboré par un grand chef dijonnais. Vous dégusterez des mets de qualité, faits maison, sous forme de buffet à volonté. Un moment de vraie convivialité à découvrir absolument avec un espace d'ateliers pour les enfants.

ECOLE

RESTAURANT D'APPLICATION LE SAINT-BÉ

99, rue de Talant ✆ 03 80 58 33 43
sb-hotellerie.fr
Ouvert en période scolaire uniquement, le midi et le soir. Réservation impérative. Menu à 18 €.

Avis aux gourmets, le restaurant d'application du lycée hôtelier Saint-Bénigne donne aux élèves l'occasion de se former à la cuisine et au service, tout en permettant aux clients de déguster des produits de qualité et découvrir les talents de demain. Une prestation digne d'un grand restaurant. Au menu du jour, potage savoyard, filet de fera braisé à la roussette du Bugey et crêpes flambées au génépi. Téléchargez l'almanach pour connaître tous les menus de l'année scolaire en cours. Une belle créativité ! Le restaurant est aussi partenaire de la Ruche qui dit oui.

RESTAURANT DE BURGER

CHEZ LES CASTORS

67, rue Jeannin
✆ 09 54 31 85 71
Ouvert du mardi au samedi de 10h à 14h et de 17h30 à 0h. Burgers à 10,90 €. Poutines de 10,90 à 12,90 €.

Situé rue Jeannin, non loin du restaurant gastronomique le Cibo, découvrez le repère des Castors, un tout nouveau restaurant de spécialités nord-américaines, pour les amoureux du Canada, avec des salades, des burgers ou encore la poutine, ce plat traditionnel de la cuisine québécoise composé dans sa forme la plus classique de trois éléments dont : des frites, du fromage en grains et de la sauce brune. Chez les Castors, la poutine se décline sous toutes ses formes pour satisfaire tous les gourmands : boulettes de bœuf, sauce bolognaise, poulet et crème de curry ou encore effiloché de porc mariné à la sauce BBQ. Des burgers préparés avec amour et des frites maison. À tester !

INDIEN

RESTAURANT JAÏPUR

19, rue d'Auxonne
✆ 03 80 66 12 40
Cuisine traditionnelle indienne. Formules déjeuner 12,50 €. Menus de 20 à 25 €. Menu enfant 7 €. Commandes à emporter.

Situé à deux pas de la place Wilson, des allées du Parc de la Colombière et proche du centre-historique de Dijon, ce restaurant a tous les atouts pour plaire et vous faire revenir. Pour un repas sur place ou à emporter, l'adresse vaut le détour, parmi les meilleures en cuisine traditionnelle indienne. Venez déguster de délicieux plats à la carte, en formule déjeuner le midi, ou au menu "Classique" ou "Jaïpur", épicés ++, ou plus doux, accompagnés d'un riz basmati cuit à la perfection et de nans tendres et fondants, nature ou au fromage. Poulet tikka, saumon curry, samosas de viande, ou caviar d'aubergines, il y en a pour toutes les faims. En dessert, optez pour les pâtisseries au miel.

INSOLITE

LE REFUGE DES PIRATES

10, rue Marguerite Yourcenar ✆ 03 80 56 55 08
www.refugedespirates.fr
Du mardi au samedi 11h30-15h et 18h30-23h ; dimanche et lundi uniquement le midi. De 10 à 20 €. Menu enfant : 9 €.

Venez passer un moment convivial entre amis ou en famille au Refuge des Pirates. Situé tout près de la Toison d'Or, dans un décor unique à Dijon sur cette thématique *Pirate des Caraïbes*, son propriétaire Romuald Ferrant qui possède également l'American Way Dijon Valmy et la marque Duchesse des Glaces se renouvelle constamment et propose des animations à couper le souffle des plus petits comme des grands : canons, vent, éclairs, cascades et combats d'épées sont au programme. Voilà de quoi se détendre tout en dégustant des plats exotiques comme le tartare de saumon à la mangue fait maison. Le petit plus : un service traiteur adapté aux demandes des personnes allergiques à certains aliments.

RESTAURANT DE BURGER

BISTROT BURGER

96, rue de la Liberté ✆ 03 80 30 25 30
https://bistrotburger.fr
Du mardi au dimanche de 10h30 à 23h. Burgers de 12,80 € à 16,80 € ; viandes de 10,50 € à 19 €.

Pari gagné pour les propriétaires de l'ancienne brasserie Le Temps des Ducs et leur nouveau concept Bistrot Burger ouvert en juin 2020 et aujourd'hui labellisé « savoir-faire 100 % Côte d'Or ». La carte vous propose burgers, viandes et salades à base de produits de la région. Installez-vous dans un cadre spacieux et confortable, sur des sièges recouverts de peaux de vaches. Vous serez surpris par le choix de burgers : testez la « Vache à Lait » au Brillat Savarin et crème de moutarde à l'ancienne, ou encore le « Pied de vigne » à l'effiloché de bœuf en Bourguignon. Pour éviter le gaspillage, la maison propose frites ou salade en supplément. Une chose est sûre, vous serez servi copieusement !

© CHRISTOPHE MEYER

BIO

LE POTIMARRON

4, avenue de l'Ouche
✆ 03 80 43 38 07

Du mardi au samedi de 9h à 18h. Dimanche 9h-12h. Restauration en terrasse uniquement, vente à emporter, épicerie.

Dans son restaurant, épicerie et boutique de diététique qui est situé à deux pas du port du Canal, Ghislaine vous accueille et vous renseigne sur ses produits 100 % bio et le plus possible locaux. Elle cuisine tout elle-même et la carte varie quotidiennement en fonction des arrivages. En plat du jour ce jour-là, une excellente tarte courgettes et oignons, avec légumes vapeur en accompagnement. Pour déjeuner, en terrasse exclusivement, pensez à bien réserver. Pour les plats à emporter, commandez la veille. La boutique propose également des produits de fabrication artisanale comme des fromages de chèvre frais et mi-frais régionaux, du saumon fumé bio d'Ecosse ou encore du jambon sec du Morvan.

© CHRISTOPHE MEYER

© CHRISTOPHE MEYER

© CHRISTOPHE MEYER

ITALIEN ET PIZZERIA

L'ATELIER FOCACCIA

2, place Emile Zola ✆ 09 84 11 53 50
www.atelierfocaccia.com
Du mardi au samedi de 11h à 14h30 et de 18h à 22h30 (jusqu'à 23h du jeudi au samedi). Menus de 7,50 € à 15,90 €.

Devanture vert olive, mobilier contemporain et décoration soignée, ça bouge au 2 place Emile Zola ! Un parfum d'Italie signé Marc Legendre, qui a ouvert depuis peu cette nouvelle adresse de street-food boulangère dédiée à la focaccia. Foca quoi ? Spécialité italienne ici cuisinée à base de farine, d'huile d'olive extra vierge, de levain naturel et de sel de Guérande, la focaccia est une pâte généreuse et aérée, cuite au four. Moelleux à l'intérieur et croustillant à l'extérieur, le pain est parfumé et généreusement agrémenté d'ingrédients frais, tout droit venus de la Botte (olives, fromages et charcuteries) ou de fournisseurs locaux (légumes et fruits). À consommer sur place ou à emporter.

ITALIEN ET PIZZERIA

CAFFÈ VERGNANO 1882

10, allée Gutenberg - **QUETIGNY** ✆ 03 80 33 22 73
www.caffevergnano.com
Ouvert du lundi au samedi 11h45-14h30 et le jeudi et vendredi de 18h30 à 21h. Menu dès 16 €.

Jeune et dynamique l'équipe du Caffè Vergnano va vous emmener aux confins de la Botte. Le Caffè Vergnano 1882 fait honneur aux produits *made in* Italie. Ainsi, que ce soit à table ou dans l'espace épicerie, on peut profiter d'une qualité authentique. Un espace lumineux qui sent bon le basilic, l'huile d'olive et les produits frais. Les plats se veulent colorés comme toute bonne cuisine méditerranéenne, la carte reste courte et les choix intéressants. *Insalata* en entrée ou repas, *pasta* ou tartare, vous avez le choix. Si vous avez une envie de pizza, c'est la porte d'à côté, chez Frantalia : même équipe et même amour ! Et on ne saurait achever un repas sans un excellent café...

ITALIEN ET PIZZERIA

L'ATELIER

11, rue Grandes-Varennes - **AHUY**
✆ 03 80 45 01 83
Ouvert du lundi au samedi le midi et du mercredi au samedi le soir. Carte : 16 € environ. Pizzas à partir de 11 €.

À l'Atelier, le mobilier brut et le métal sont omniprésents et le bar s'impose également. Des objets vintages, comme ces pots en fer blanc émaillé ou ces antiques postes de télévision, posés ici et là complètent la belle décoration. Le restaurant de Clément Parmentier ne désemplit pas d'habitués et de clientèle professionnelle. La proposition y est, en effet, variée : des pizzas, des salades copieuses, mais aussi des plats classiques comme l'excellente côte de bœuf sur le gril ou à l'époisses ou encore le tartare de dorade royale. Timing toujours respecté pour les déjeuners professionnels. Pendant les beaux jours, on profite de la nouvelle terrasse pour repas au soleil.

ITALIEN ET PIZZERIA

DA ADRIANO

7, rue Michelet
✆ 03 80 45 40 78
Ouvert du mardi au samedi de 12h à 14h et de 19h à 22h. Pizzas à partir de 10 €. Vente à emporter.

Un petit coin d'Italie au cœur du centre-ville de Dijon, Da Adriano a su conquérir son public en peu de temps avec une cuisine préparée à partir de produits exclusivement italiens et issus des meilleurs fournisseurs. La carte est très appétissante et les plats sont réussis. Après un spritz pour l'apéro, vous pourrez choisir entre des pâtes aux Saint-Jacques, aux gambas, à la truffe... ou bien opter pour l'une des pizzas proposées avec jambon cru, bufalina, mozzarella et basilic. Et parce qu'après tout l'Italie est le pays du plaisir, offrez-vous une des pizzas spéciales, comme la Tartufo, avec son huile de truffe, puis en dessert une panna cotta tout simplement divine.

ITALIEN ET PIZZERIA

ARP CAFFE

8, rue Vauban
✆ 0380543274
Ouvert du mardi au samedi de 12h à 14h30 et de 18h30 à 22h30. Environ 13,50 € la pizza.

Envie d'évasion ? L'ARP'Caffe vous accueille dans un (tout petit) coin d'Italie : on la hume, on la déguste et… on l'entend ! Originaires de Sestri Levante, Andrea et Rita sont venus poser leurs valises à Dijon en 2010 pour ouvrir leur restaurant. À la carte, une grande variété de pizzas saura satisfaire les palais les plus difficiles, mais aussi pâtes, piadines et crostones, le tout cuisiné avec des produits frais importés d'Italie. Coup de cœur pour le tiramisu, sûrement l'un des meilleurs de Dijon. Enfin, le soir, vous pouvez venir passer un bon moment grâce aux apéritifs gourmands que vous accompagnerez d'un très bon spritz ou d'un vin italien. Encore meilleur l'été, sur la terrasse !

ITALIEN ET PIZZERIA

IL CIRCO

4, place des Cordeliers
✆ 03 80 53 15 38
Ouvert du mardi au samedi de 11h30 à 14h30 et de 18h30 à 21h30 (22h vendredi et samedi). Pizzas et pâtes de 13 à 16 €.

Pour déjeuner en terrasse, rien de tel que la place des Cordeliers qui offre un très joli cadre. Rendez-vous au restaurant italien Il Circo, pour déguster une formule du midi : pasta ou pizza au choix, avec dessert. À la carte, des plats préparés à partir de produits frais, entre carbonara, pâtes crémeuses à la truffe ou encore risotto gamberri avec ses gambas et ses asperges. Goûtez à la pizza "Funambule" à base de ricotta, fior di latte, pecorino, guanciale et ciboulette. Et pour le dessert, faites votre choix entre le classique tiramisu, la mousse au chocolat noir et noisette, la tarte au citron et pignons de pin ou préférez la fraicheur d'une coupe de glace signée Grom !

ITALIEN ET PIZZERIA

LUCILLA - LE CLAN DES MAMMA

44, rue des Godrans ✆ 09 86 33 95 50
www.leclandesmamma.com/lucilla-dijon
Ouvert le lundi et le mardi de 19h à 22h ; du mercredi au samedi de 12h à 14h et de 19h à 22h (22h30 vendredi-samedi).

Le Clan des Mamma est une chaîne italienne de qualité. Vous y serez chaleureusement accueilli, confortablement installé sous la verrière, avec murs en pierre et mobilier chiné, le tout embelli par des plantes. Se sentir bien et se faire plaisir, c'est la règle de l'établissement ! Pour l'apéritif, de nombreux cocktails s'offrent à vous, notamment le fameux Spritz décliné sous toutes ses coutures ! N'oublions pas aussi les bières et les vins, *made in Italy*. On recommande sans hésiter les délicieuses pizzas faites sur place (la tullia est à tomber !). Un vrai coup de cœur !

ITALIEN ET PIZZERIA

MARCO POLO

4, rue Monge ✆ 03 80 50 13 04
www.marcopolodijon.com
Ouvert du mardi au jeudi de 12h à 14h et de 19h à 22h30 ; le vendredi et le samedi de 12h à 14h et de 19h à 23h30.

Situé à deux pas de la place Zola, le Marco Polo est un restaurant qui sait se réinventer, depuis plus de 10 ans de service, et qui propose des plats, pizzas, salades et spécialités fromagères à un bon rapport qualité-prix. Optez pour le menu du Parvis à midi, en clin d'œil au théâtre du Parvis Saint-Jean qui se trouve juste en face. En été, profitez de cette grande terrasse pour déguster une pizza au feu de bois, une salade géante ou encore des cannelloni aubergines et mozzarella. L'hiver, le restaurant prend des airs de chalet et vous propose ses spécialités fromagères. Camembert frit, boite chaude, tartiflette... Les saveurs de la montagne sans le coût du forfait !

ITALIEN ET PIZZERIA

PEPPUCCIO

10, rue Odebert ✆ 03 80 49 95 09
www.peppuccio.fr
Ouvert tous les jours midi et soir, service en continu le samedi à partir de midi. Formule du midi : 16 €.

Situé face aux halles, à côté de DZ'envies, Peppuccio est plus qu'une Trattoria, c'est aussi une boutique où les stars sont les *pastas*. Des pâtes fraiches faites sur place avec de l'eau de source, de la farine et des œufs bio. On vient indifféremment, prendre un café italien, un verre, se restaurer ou acheter des produits italiens. Bruschettas, beignets, planches de charcuteries, en formules tapas pour grignoter. Pâtes cuisinées ou plats traditionnels italiens, à chaque heure sa préférence. Et maintenant vous pouvez aussi déguster une sélection de pizzas maisons à base d'une pâte à fermentation lente et des ingrédients toujours d'excellente qualité. Le meilleur de l'Italie !

COUSCOUS

LE PALMIER

56, avenue du Drapeau
✆ 03 80 73 52 89
www.lepalmier.com
Ouvert tous les jours de 11h30 à 14h et de 19h à 23h. Menus à partir de 16 €. Terrasse. Vente à emporter et livraison.

© CHRISTOPHE MEYER

© CHRISTOPHE MEYER

Le Palmier est un restaurant et un traiteur spécialisé dans la gastronomie marocaine. Lorsque l'on veut manger léger (sur place ou à emporter), on s'oriente plutôt vers les salades, à base de légumes frais de la Méditerranée ou les bricks pour les petites faims. Du côté des plats plus conséquents, les couscous attirent notre œil, naturellement, servis accompagnés d'une fine semoule, garnis de raisins caramélisés. Nous jetons notre dévolu sur le couscous royal ! Vous avez aussi le choix parmi d'excellents tajines. Côté boissons, les vins gris accompagneront parfaitement votre plat. Enfin, n'hésitez pas à prendre un thé à la menthe ainsi que leurs délicieuses pâtisseries. Livraison à domicile.

SAVEURS MÉDITERRANÉENNES

ITALIEN ET PIZZERIA

LE SOMMATINO

7, rue d'Auxonne ✆ 03 80 67 69 14
https://le-sommatino.business.site
Ouvert du lundi au vendredi de 12h à 13h30 et de 19h à 22h30 ; le samedi de 19h à 22h30. Pizzas de 11 à 15 €.

À la recherche d'une pizza typiquement italienne ? Faites un détour par la place Wilson ! À seulement quelques pas de là est installé le Sommatino. Dans cette salle typiquement bourguignonne et cossue, avec murs en pierre et plafonds à la française, installez-vous pour un repas familial ou une grande tablée conviviale. À la belle saison, profitez de la belle cour intérieure arborée. Les pizzas sont bien garnies, et on apprécie particulièrement la pâte, croustillante et toujours parfaitement cuite. C'est encore ici que l'on trouve de délicieux arancini, spécialité sicilienne. Profitez de l'offre végétarienne et goûtez aux aubergines alla parmigiana ou préférez les fettuccini alla vongole !

ITALIEN ET PIZZERIA

THE LITTLE ITALY SHOP

25, rue Verrerie ✆ 03 80 30 58 37
thelittleitaly-shop.fr
Du mardi au vendredi de 10h30 à 22h ; le samedi de 10h30 à 22h30 ; le dimanche pour le brunch de 12h à 15h.

Pour un repas italien, rendez-vous au Little Italy, à midi comme en soirée. Situé rue Verrerie, en plein quartier des antiquaires, sa terrasse décorée d'oliviers est un brin romantique. Une valeur sûre côté cuisine, qu'il s'agisse des pizzas fraîches et faites maison, des pâtes servies de façon originale dans une casserole en cuivre, ou des salades agrémentées de verdure, artichauts, tomates, mozzarella et pignons de pin. Pour vous donner le temps de vivre, ne négligez pas les préliminaires et savourez l'*aperitivo* avec assortiment de charcuteries, focaccia au parmesan faite maison ou encore la burrata délicieusement crémeuse. Le choix de vins italiens est tentant lui aussi.

CUISINE MÉDITERRANÉENNE

FRANTALIA

10b, allée Gutenberg - **QUETIGNY**
✆ 03 80 36 04 53
Ouvert du lundi au samedi le midi ; le jeudi et le vendredi le soir. Formules à partir de 16 €.

Une salle spacieuse et moderne pour accueillir les amoureux de cuisine italienne : si la recette est simple, la bonne humeur de l'équipe fait la différence. Sur une carte restreinte qui varie au grès des envies du chef et permet de goûter cette cuisine qui sent bon le soleil et le basilic. Les formules permettent de se restaurer copieusement sans se ruiner. Les pizzas sont délicieuses et on aime particulièrement la petite nouvelle avec sa burrata à la truffe, si crémeuse… On ne boude pas son plaisir pour finir avec *un dolce*, comprenez dessert, en choisissant les *cannoli siciliani*. Ici, on mange bien, dans la bonne humeur ! Le café signé Caffè Vergnano 1882 n'a pas son pareil ! On adore !

PORTUGAIS

FADO A MESA - COMPTOIR PORTUGAIS

83, rue Jean-Jacques Rousseau ✆ 03 80 63 10 73
fadoamesa.fr
Ouvert le mercredi et le jeudi de 12h à 14h ; le vendredi et le samedi de 12h à 14h et de 19h à 21h.

Tenu avec chaleur par Victor et Céline, Fado a Mesa vous invite à découvrir le Portugal à travers sa cuisine moderne et pleine de saveurs. Un comptoir gourmet où vous trouverez également des produits d'épicerie choisis avec soin, pour leur qualité bien sûr, mais aussi pour l'éthique et le savoir-faire qu'ils promeuvent. Le traditionnel vin de Porto, les conserves ou bien encore les bières ne sont pas simplement estampillés « Portugal », ils ont aussi une origine que Victor saura vous raconter. Fado est un lieu où se retrouver, où prendre le temps de se sentir bien.

MAROCAIN

LE MÉDITERRANÉEN

53, rue Sambin ✆ 03 80 70 19 22
www.lemediterraneen.net
Ouvert du lundi au samedi de 11h30 à 14h et de 19h à 23h. Couscous de 18 à 26 €.

Le Méditerranéen, c'est un tout petit restaurant au décor coloré et typiquement marocain. C'est ici que vous dégusterez un généreux couscous ! Le patron vous accueille avec le sourire et vous passez une soirée dans une ambiance familiale et festive. En entrée, on aime le zaalouk, un caviar d'aubergines ou les bricks aux crevettes Pil Pil. En plat, le grand choix de couscous est appréciable, au poulet, à l'agneau, royal, avec merguez et boulettes, ou encore sucré-salé, avec oignons, raisins secs et amandes. Pour accompagner le tout, des vins du Maroc et d'Algérie sont proposés. Enfin, terminez le repas par un assortiment de pâtisseries orientales et le traditionnel thé à la menthe.

NEW

MAROCAIN

MUIMA

16, rue Musette
✆ 03 80 61 34 91
Ouvert lundi, mardi, jeudi, vendredi et samedi le midi et le soir. Mercredi et dimanche, le soir uniquement. Terrasse.

Installé en septembre dernier, en lieu et place de l'ancien magasin de chaussure Oscar, le nouveau bar à couscous de la rue Musette est tenu par Emmanuel Simonot et sa femme marocaine Leïla. Elle cuisine tout elle-même le matin et vous accueille avec un grand sourire. Si vous êtes pressé, le service est rapide, et plusieurs possibilités s'offrent à vous : petit, moyen et grand couscous, au bœuf, poulet, ou assortiment de légumes – carottes, navets et, plus original, chou et potimarron sans oublier les fruits secs et sucrés. A l'intérieur, la décoration rappelle le Sud, avec de jolis paniers accrochés aux murs et les carreaux au sol. Leïla fait aussi de délicieuses pâtisseries maison.

© TRAN

© TRAN

À EMPORTER

TRAN

Centre commercial Toison d'Or
✆ 03 80 70 10 25
www.traiteur-tran.com
Du lundi au vendredi de 9h30 à 20h ; samedi de 9h à 20h ; dimanche de 10h à 19h. Vente à emporter. Service traiteur.

Tran, c'est la force d'une union franco-asiatique, plus de 30 ans de réussite familiale avec Pheng et Dominique, et leurs fils Julien et Jimmy et des restaurants-traiteurs présents à Angers, à Rennes et Dijon. Jimmy vous accueille au niveau 0 de la Toison d'Or. Une grande variété de plats d'inspiration vietnamienne, thaïlandaise et chinoise vous est proposée. Entre matières première venues des pays d'Asie et reconnues pour leur qualité gustative — riz au jasmin, sauce soja fermentée... — et savoir-faire français en terme de produits frais, la qualité est au rendez-vous. Ravioli du chef, bouchée de crevettes, brochette japonaise, mee sauté, canard lychee... On a de quoi se régaler !

© ARNAUD DAUPHIN

© ARNAUD DAUPHIN

© PHILIPPE HIEST

SAVEURS D'ASIE

JAPONAIS

MASAMI

79, rue Jeannin ✆ 03 80 65 21 80
www.restaurantmasami.com

Du lundi au samedi midi et soir. Menus de 22 € à 48 € (menu végétarien 26 €). Formule du midi : 14,50 €. À emporter.

Si le restaurant en lui-même ne paie pas de mine avec sa façade discrète, la cuisine de Masami Akaogi vaut le détour ! Demandez aux amateurs de sushi et autres spécialités nippones : Masami est sans aucun doute le meilleur restaurant japonais de Dijon. Le chef a fait ses classes au pays du Soleil levant et propose ses meilleures créations. Le menu Unadon est une belle entrée en matière avec son anguille caramélisée. Le menu découverte se compose quant à lui de l'original chawanmushis aux noix de pétoncle et joue de lotte. Pas de doutes sur l'origine des saveurs donc, mais le chef tente également d'ajouter une touche française à sa cuisine avec un filet de bœuf charolais et foie gras.

À EMPORTER

MY WOK

3, boulevard de Sévigné ✆ 03 80 30 19 96
www.my-wok.com

Ouvert toute l'année. Du lundi au samedi de 11h30 à 22h30 ; le dimanche de 17h30 à 22h. Sur place ou à emporter.

Du frais et du sur-mesure, voilà qui résume en deux mots le concept de My Wok. Trois étapes incontournables : choisir une base (nouilles de blé, de riz ou hudon, légumes sautés ou riz thaï), y ajouter les garnitures (facturées à l'unité : bœuf, poulet, crevettes, tofu fumé, feta, poivrons, chou-fleur, shiitake...), demander une sauce (curry, aigre douce, citron vert...) et des toppings (oignons frits, cacahuètes, coriandre). Le tout est cuit instantanément devant nos yeux. À compléter avec une gourmandise ou un dessert fruité. On choisira volontiers d'emporter son plat, ce qui est facilité par l'appli, très pratique. Une bonne alternative au fast-food : nourriture goûteuse et saine.

JAPONAIS

MANGA ÉVASION

50, rue des Godrans ✆ 09 81 68 64 14
www.manga-evasion.fr

Du mardi au samedi 10h-19h. Repas uniquement le midi. Bento du jour ou ramen : 10 €. Formule du midi : 13 €.

Manga Evasion est un lieu atypique, dédié tout en entier à la culture japonaise. Mangas, livres, figurines, objets dérivés et même gastronomie s'y côtoient ! Au fond du magasin, vous trouverez l'espace restaurant, composé de quelques tables. Tous les jours, à l'heure du déjeuner, les habitués sont bien présents. Au menu, toujours un bento ! Selon l'humeur, on retrouve du riz (au thon par exemple), des croquettes de pommes de terre, des crevettes, des makis, des sushis, une petite salade composée, du bœuf sauté, des vermicelles sautés aux légumes, du poulet au sésame, une soupe miso… C'est simple et plutôt bien réalisé. À accompagner d'un bulbe tea, cette boisson étonnante et rafraîchissante.

CUISINE ASIATIQUE

LA PAILLOTTE

7, rue Jeannin ✆ 03 80 67 35 59
a-paillote-dijon.doomby.com

Ouvert le lundi de 19h à 22h et du mardi au dimanche de 12h à 13h30 et de 19h à 22h. Menus à partir de 19 €. Terrasse.

La Paillotte est le restaurant chinois par excellence. Son charme suranné, sa déco typique, son ambiance feutrée, ici vous ne risquez pas de vous tromper. L'accueil est chaleureux et efficace. La carte, quant à elle, est impressionnante tant il y a de choix. On y retrouve bien sûr tous les classiques de la cuisine asiatique, dont la célèbre fondue (crevettes, seiches, poulet et bœuf) pour deux personnes, ou encore, pour les adeptes, des plaques chauffantes de toutes sortes. Pour l'exotisme, choisissez le canard à l'ananas, le potage pékinois épicé ou encore les hak kao, des raviolis aux crevettes. Après un bon repas, vous adorerez la serviette chaude et parfumée en fin de service.

INDIEN

LE MAHARAJA

44, rue Monge ✆ 03 80 27 46 02
www.le-maharaja.fr

Ouvert tous les jours de 11h à 14h30 et de 19h à 23h. Menus de 15,90 € à 29,90 €. Formule déjeuner : 14,90 €.

Le Maharaja un restaurant indien, situé rue Monge, qui donne sur la place Emile Zola. Avec quelques tables en terrasse, ce très sympathique établissement répond à tous les codes du genre. Décor chatoyant, plats traditionnels et senteurs épicées qui invitent au voyage gustatif. L'accueil est agréable, le service très à l'écoute et la carte propose plusieurs formules abordables le midi comme le soir. Belle diversité de plats avec les traditionnels poulet Tikka ou tandoori, ou encore les crevettes pimentées vindaloo. Pour ceux qui ont du mal avec les plats relevés, demandez à les adoucir. Les amateurs de pain naan seront servis : fourré au fromage, poulet ou légumes... On a l'embarras du choix.

VIETNAMIEN

PHO BOBUN

77, rue Berbisey
✆ 03 45 43 44 44

Ouvert du mardi au dimanche de 11h30 à 14h30 et de 18h30 à 22h30.

Situé rue Berbisey, dans un quartier vivant du centre-ville dijonnais, Pho Bobun est une adresse qui convient aux amateurs de cuisine vietnamienne et asiatique en général. Parmi les entrées, quelques mets comme le poulet cuit dans des feuilles de pandanus, des potages asperges crevettes ou pékinois, et des nems faits maison. Optez pour un bo bun. Au choix : poulet, saucisse à la citronnelle, boeuf ou tofu grillé. Un repas qui alliera fraîcheur et saveurs agrémenté de concombres frais, cacahuètes pillées, de menthe et pousses de soja. Enfin, pour combler le tout, de délicieux desserts au lait de coco et perles de tapioca. Choisissez la formule qui vous convient, sur place ou à emporter.

TAHITIEN

POK & BOWL

94, rue des Godrans
✆ 03 80 41 93 18
Ouvert le lundi et le mardi de 11h à 22h30 ; le mercredi et le samedi de 11h à 23h ; le dimanche de 11h30 à 23h.

Pour un peu de fraîcheur, rien de tel que la carte du restaurant Pok & Bowl, situé au cœur du centre-ville rue des Godrans, juste en face de la très belle cour Bareuzai. Venez à toute heure pour déguster dans un lumineux espace intérieur ou en terrasse, ces spécialités hawaïennes qui mélangent les saveurs. A base de poke – poisson cru coupé en dés – choisissez parmi la carte un plat au saumon, au poulet ou aux crevettes marinées, ou encore le pok veggie au tofu. Des plats à composer soi-même sur place ou à emporter, accompagnés de salade d'algues ou de chou parfumé. Côté dessert l'exotisme est de mise avec ananas frais, mangue fraîche ou un délicieux cheesecake !

JAPONAIS

RAMEN BY ORIGINE

2, boulevard Clemenceau
✆ 06 95 16 77 65
Ouvert du mardi au samedi midi et soir. Ramen : 13 € environ.

Après son succès au sein du restaurant Origine, place Wilson, le chef Tomofumi Uchimura s'associe au chef Takayuki Nagahara pour renouer avec ses racines nippones. Ensemble, ils ont imaginé un nouveau restaurant de street food d'inspiration japonaise aux recettes savoureuses et authentiques. Les gyozas sont bien garnis, le karaage au poulet croustillant, sans oublier la star de la carte, les ramens. Cinq recettes originales, dont une végétarienne, sont proposées, toutes à base de produits frais et locaux. En dessert, goûtez au chou à la crème matcha. Une bonne adresse pour tous ceux qui souhaitent découvrir un plat emblématique de la cuisine japonaise sans faire des milliers de kilomètres…

JAPONAIS

SAKURA SUSHI

9, place du Théâtre ✆ 03 80 66 19 99
www.sakurasushi-dijon.com
Ouvert du mardi au dimanche de 11h30 à 14h15 et de 18h30 à 22h30. Menus à partir de 8,80 €. Terrasse.

Sakura Sushi se vante de proposer une cuisine japonaise « fraîche et authentique » grâce à un chef qui donne une pointe de créativité aux plats typiques.... Nous ne sommes pas convaincus ! Si l'amabilité de la serveuse sauve un peu la mise, la décoration et l'entretien de la salle laissent à désirer et les mets sont pour ainsi dire moyens, en termes de goût et de réalisation (le riz des sushis et california rolls est vraiment très collant, sinon gluant). La quantité non plus n'est pas au rendez-vous ! Le restaurant jouit pourtant d'un emplacement idéal dans le centre-ville. Autre avantage, les tarifs raisonnables et les 10 % de réduction sur les plats à emporter. Faites-vous votre avis...

TRAITEUR ASIATIQUE

LA PAPAYE VERTE

2, rue Marceau ✆ 03 80 33 92 48 - En tram : T1 et T2 arrêt République.
www.la-papaye-verte.fr
Ouvert du mardi au samedi de 11h à 20h30. Uniquement à emporter, formules midi à 5 €.

© CHRISTOPHE MEYER

© CHRISTOPHE MEYER

La Papaye Verte située rue Marceau dans le quartier République est tenue par Vanmany Tissier et son équipe qui proposent une cuisine asiatique excellente, faite maison, à partir de produits frais achetés le jour même ou la veille. A emporter, des plats traditionnels en deux formules froides au choix : deux rouleaux de printemps ou un bò bún avec un nem poulet ou porc. On aime cette adresse pour la qualité de la préparation et les prix abordables. Testez les soupes chaudes, sans oublier l'offre végétarienne avec les samoussas ou encore le vermicelle aux petits légumes très apprécié des clients. En dessert, goûtez aux billes de tapioca, lait de coco et fraise.

SAVEURS D'ASIE

JAPONAIS

SAMURAÏ SUSHIS

18, rue Chaudronnerie
✆ 03 80 58 00 90

Ouvert du mardi au dimanche 11h30-13h30 (14h vendredi-samedi) et 18h-21h30 (22h vendredi-samedi). Carte : 15 € environ.

Excellente adresse située au cœur de Dijon en plein quartier des Antiquaires, ceux qui aiment la cuisine japonaise seront ravis. Dans un décor élégant, japonisant par petites touches, avec une représentation de la Vague d'Hokusai au mur, les menus sont servis accompagnés de salade de chou, de salade de carotte à l'orange, de soupe miso ou de riz vinaigré au choix et à des prix abordables. Après le succès du Samuraï Sushis bisontin, en voici désormais la réplique à Dijon où l'équipe de Thibaut Guillermin tient à proposer des sushis préparés sur place, car les feuilles de nori préparées plus de 30 minutes avant d'être servies perdent leur saveur. Les ramens y sont particulièrement délicieux.

THAÏLANDAIS

THAÏ & DIJON

29, rue Jean-Jacques-Rousseau
✆ 09 84 33 31 39

Ouvert du lundi au samedi de 12h à 14h et de 19h à 22h30. Suggestion du jour : 12,90 €.

Sans réserve le meilleur restaurant Thaï de Dijon. Si vous en doutez, jugez par vous-même ; la collection de Post-its colorés épinglés aux murs en témoigne. Des petits « mots doux » et autres odes aux plats tout aussi chatoyants qui se dégustent ici. Si le Bò Bún (vermicelles de riz au bœuf sauté, nems et sauce nuoc-mâm) est une référence, on se délecte des autres plats fameux et épicés. Vous êtes plus Tom Yum Koung ou Pad Tai Koung ? Les deux sont faits maison, à la minute, comme en Thaïlande. L'hiver, les soupes relevées au curry rouge et lait de coco vous donneront un sacré coup de fouet. Arrosez le tout d'une bière thaïlandaise ou d'une eau de coco désaltérante. Evasion garantie.

JAPONAIS

SUSHI SHOP

25, rue Bossuet ✆ 08 26 82 66 28
www.sushishop.eu

Ouvert tous les jours de 11h à 22h30. Carte : 20 € environ. Accueil des groupes. Vente à emporter.

Situé tout près de la rue de la Liberté, Sushi Shop est un établissement design qui vous propose une cuisine japonaise rapide, bonne et esthétique. On y trouve les classiques sushis, makis, california et spring rolls, mais aussi poke bowl, yakitori, gyozas et sando, le sandwich japonais ! Composez l'assortiment qui vous fait plaisir, ou choisissez parmi les nombreuses boxes à partager. On vous conseille l'indémodable sushi au saumon teriyaki et le california Rock n Roll, une recette signature originale délicieusement épicée, à base de saumon et de thon. La carte est régulièrement renouvelée en fonction des fêtes, des saisons et des collaborations avec des chefs français tel que Paul Pairet.

CUISINE ASIATIQUE

TRAN EXPRESS

Centre Commercial Toison d'Or
✆ 03 80 30 51 23
www.traiteur-tran.com

Ouvert du lundi au vendredi de 10h à 21h ; le samedi de 9h à 21h.

Dans la famille Tran, demandez le fils, aux commandes de ce restaurant au niveau 1 de la Toison d'Or. Offrez-vous un repas asiatique de qualité, sur place dans un cadre moderne et lumineux ou à emporter, grâce à Tran Express. L'accueil y est toujours agréable et le service très rapide, pour un voyage express riche en saveurs à la fois thaïlandaises, cambodgiennes et vietnamiennes. Retrouvez de délicieux plats comme le poulet au curry rouge, le canard aux lychees, les bouchées de poulet ou encore le traditionnel bo bun. Le tout est préparé avec soin et les meilleurs ingrédients importés des pays d'Asie : riz au jasmin de Thaïlande, poivre du Cambodge, sauce soja naturellement fermentée...

SUR LE POUCE

T WOK

5, place Bossuet ✆ 03 80 50 17 36
twok.fr

Du lundi au vendredi 11h30-14h30 et 18h-22h ; samedi 11h30-22h ; dimanche 18h-22h. Formule : 8,99 €.

T-Wok est un restaurant de cuisine asiatique situé place Bossuet, au cœur du centre-ville. Venez découvrir de délicieuses saveurs thaïes dans ce restaurant où l'on peut également commander à emporter. Un lieu spacieux qui donne sur l'extérieur avec ses murs vitrés et une décoration moderne qui conviendra à ceux qui voudront faire une courte pause déjeuner avant de reprendre le travail, car le service y est assez rapide. La terrasse y est encore très agréable pour déjeuner ou dîner en période estivale. Au choix des woks et des bo bun au poulet, au bœuf ou au tofu, avec des recettes du moment, ou encore le fameux pad thaï agrémenté de coriandre, de pousses de soja et de cacahuètes pilées.

THAÏLANDAIS

LA VILLA

5, rue Parmentier ✆ 03 45 83 59 79
restaurant-lavilla-dijon.fr

Ouvert du mercredi au samedi de 11h45 à 14h et de 18h30 à 22h. Menus de 15,90 € à 18,90 € (midi du mardi au vendredi).

Exit le monde de la nuit, la Villa Messner devient le restaurant La Villa ! A deux pas de la place de la République, ce lieu atypique de style néoclassique — classé monument historique depuis 1983 — vous accueille dorénavant pour vous faire découvrir une cuisine haut de gamme d'inspiration thaïlandaise. On est d'abord charmé par la décoration baroque et son mélange des genres, avant d'être conquis par la présentation et la saveur des plats. La chef Nisa Sirimongkol nous propose une cuisine épicée, aux parfums d'ailleurs, mais pas trop forte pour nos délicats palais européens. Nems croustillants, émincés de bœuf — saignant ! — sautés au basilic thaï, gambas à la crème de coco... Un délice !

INDIEN

LE TAJ MAHAL

8, rue Bouhier
✆ 03 80 30 54 61

Du mardi au samedi midi et soir, lundi et dimanche soir uniquement. Formule du midi : 14 et 15 €.

Ouvert depuis 1986, le restaurant dont la déco vient d'être refaite, est à conseiller aux amateurs de spécialités indiennes. Incontournable, on apprécie sa terrasse en été, située derrière la place de la Libération, tout comme la salle intérieure, de taille modeste, mais intimiste. Ici, dégustez des plats riches en saveurs et épicés à votre convenance. Le riz, délicieusement cuit et préparé, accompagne viandes et poissons avec une sauce curry, ou poulet tandoori, agneau madras et autres crevettes malaï. Du côté des galettes, les gourmands opteront pour le naan au fromage, seul ou accompagné d'un raita bien frais. En dessert le halwa ou la glace à la pistache. Bravo Chazade !

VIETNAMIEN

AÏDA

4, rue de la Chouette
✆ 06 49 31 55 54
Ouvert du lundi au samedi de 11h30 à 14h30 et de 18h30 à 22h. Menus de 8 € à 13,50 €. Terrasse. Vente à emporter.

Si les restaurants asiatiques ne sont pas rares, chez Aïda Dijon Healthy Noodles, en plein cœur du quartier des Antiquaires, manger chinois prend un tout autre caractère. Les atouts : déco et ambiance zen, playlist tonique à l'intérieur, petite terrasse et surtout l'accueil des plus sympathiques. Tout ici vous invite à rester savourer des plats maison de « noodles » asiatiques, sur place ou à emporter. Entre le wok udon carottes, champignons noirs et crevettes, les nems ou encore le Bo bun vietnamien. Ce qui est sûr, c'est qu'il faudra revenir ! Les prix sont abordables et Aïda cuisine toutes ces recettes traditionnelles elle-même. Goûtez également ses cocktails maison, livrés en bouteille.

TRAITEUR ASIATIQUE

AU COMPTOIR DE SAÏGON

10, boulevard de Strasbourg
✆ 03 80 31 80 45
Ouvert du lundi au samedi de 11h à 14h et à partir de 17h30. Formules sandwich, nems, dessert et boisson à 7 €.

Situé près de la place du 30 octobre, le Comptoir de Saïgon, installé depuis les années 2000 à Dijon, est une adresse vietnamienne, à emporter, qu'il est bon de connaître. D'une part, car tout y est préparé maison : nems au porc, poulet ou crevettes ; rouleaux de printemps ou encore les excellents bánh mì (sandwichs vietnamiens) assaisonnés à la coriandre. D'autre part, car les gérants sont eux-mêmes originaires du Vietnam et vous accueillent toujours chaleureusement, proposant des formules avec nouilles sautées ou riz au choix, trois nems vietnamiens et dessert (beignet aux pommes ou boule coco), ou encore la formule avec sandwich, deux nems, un dessert et une boisson.

JAPONAIS

AKATSUKI

8, rue Coupée-de-Longvic ✆ 03 80 79 46 87
www.restaurant-akatsuki.fr
Ouvert du lundi au vendredi de 11h30 à 14h30 et de 18h30 à 23h (23h45 le vendredi) et le samedi de 18h30 à 23h45.

Le restaurant Akatsuki est ce que l'on appelle au Japon un *izakaya :* un lieu de vie où toutes les classes de la société viennent se restaurer. Découvrez de nombreuses spécialités japonaises dont les sushis, makis et sashimis mais aussi donburis, gyozas (raviolis japonais), nouilles et bien d'autres plats servis accompagnés d'une soupe, de riz et de légumes marinés. Tous ces plats sont faits maison par le chef Pascal Sivilay, natif du Laos, qui est dans la restauration depuis plus de 20 ans. En boisson goûtez au whisky japonais Hatozaki, au saké au yuzu ou à la bière au poivre Kagua Rouge. Sans oublier le choix sans alcool avec les thés à déguster chauds ou glacés : matcha, oolong, hochija...

TAÏWANNAIS

AU GRÉ DE MES ENVIES

15, rue Berbisey ✆ 03 80 41 15 42
www.augredemesenvies-dijon.fr
Du mercredi au vendredi de 19h à 21h45 et le samedi de 12h à 13h45 et de 19h à 21h45. Menus de 27 € à 35 €.

Au gré de mes envies, je m'attablerais dans ce petit restaurant, écrin de quiétude à l'ambiance intimiste. Au gré de mes envies, je découvrirais la carte, simple et minimaliste. Au gré de mes envies, je m'aventurerais dans les contrées de la cuisine taïwanaise, à l'exploration de saveurs délicates et parfumées. Le restaurant Au gré de mes envies, c'est tout cela à la fois. Une chance qui vous est donnée de déguster une cuisine asiatique inédite à Dijon. Tout est cuisiné frais et maison. Des noix de Saint-Jacques sauce teriyaki qui fondent dans la bouche aux raviolis grillés et farcis au porc et kimchi, tous les plats sont à tomber. Une cuisine délicate à n'en pas douter.

JAPONAIS

AKI

13, place Emile Zola
✆ 03 80 50 03 17
https://www.aki2010.com
Ouvert du mardi au samedi midi et soir. Menus à partir de 9,50 €.

Le restaurant japonais Aki a déménagé non loin de son emplacement initial, pour ouvrir place Emile Zola, à l'ancienne adresse du restaurant les Treize lucioles. L'accueil est ici souriant et convivial. Du côté de la carte, d'excellentes soupes miso, nouilles udon aux classiques sushis, makis et gyozas grillés au poulet et aux légumes vous mettront en appétit, sans oublier les okonomiyaki, ces crêpes épaisses japonaises très populaires au Japon, au porc, aux crevettes ou aux légumes marinés, parmi les meilleurs de la ville. Ne passez pas à côté des Daifuku en dessert, un grand délice ! Pensez à réserver car l'adresse est bien connue et fait souvent salle comble.

CHINOIS

JIU

18, place Emile Zola
✆ 03 80 41 35 50
Noodles et bar à vin. Spécialités chinoises. Planches de 6 à 15 €. Terrasse. A emporter.

Ouvert en juin 2021, le bar à noodles Jiu, situé place Emile Zola, offre un cadre charmant, avec terrasse. Si l'espace est restreint à l'intérieur, un étage permet d'accueillir la clientèle. L'accueil est convivial et le chef Chern Hwei Gan, qui a auparavant ouvert le Parapluie non loin d'ici rue Monge, propose une carte qui change chaque semaine. Un vrai voyage gustatif : bœuf charolais bouillon nouilles et radis blanc, courgettes et fritures de mini crevettes et poissons d'argent, canard aux herbes médicinales, poulpe mariné poivrons vinaigre de riz... Le matin, le chef prépare lui-même ses pâtes maison et se fournit en produits bio du potager des Ducs. A découvrir sans plus attendre !

INTERVIEW

FAUVERNEY LODGE

L'INDE AUX PORTES DE DIJON

Pas besoin de sauter dans un avion pour vivre le dépaysement du voyage, il commence au Fauverney Lodge. Entre les saveurs du restaurant, la décoration de l'hôtel et les principes de l'ayurveda, il plonge chacun dans la culture indienne. Avec le Bolly'Truck, la destination se rapproche encore de Dijon Métropole avec une cuisine authentique à portée de pied.

24 heures pour préparer les sauces dans le respect des traditions indiennes, des produits frais, des recettes faites maison… Le Fauverney Lodge s'appuie sur la passion de Suresh, le chef sri-lankais aux fourneaux, pour transmettre une cuisine de saveurs qui embaume l'établissement, initiant le voyage. Les connaisseurs ne s'y trompent pas et reviennent pour profiter d'une table, d'un plat à emporter ou faire appel au service traiteur pour régaler leurs invités. « Notre cuisine est épicée mais pas forcément pimentée, elle reste accessible à tous les palais tandis que chacun peut profiter de ses vertus pour la santé » sourit Chantal Jacquard, véritable passionnée de la culture indienne, qui a ouvert le lieu en 2014.

Bien-être gourmand

Rompue à l'ayurveda, médecine traditionnelle non conventionnelle venue d'Inde qui associe des soins corporels à une alimentation équilibrée, la dirigeante met ses plats au service d'un hôtel spa étoilé à Beaune. Dans le cadre de ses soins ayurvédiques, cet étoilé s'entoure de l'équipe du Fauverney Lodge pour établir des menus personnalisés en fonction des profils. « Nous partageons aussi cette connaissance de l'ayurveda avec notre clientèle, c'est une philosophie, un art de vivre. » Chantal Jacquard s'est également entourée des compétences d'une masseuse qui se met notamment au service des clients de l'hôtel voisin, à la décoration associant avec goût l'Inde et la Bourgogne, pour profiter encore du dépaysement et de la culture indienne.

Ici l'Inde

Pour rapprocher encore les habitants de la Métropole de cette contrée lointaine, Chantal Jacquard a imaginé le Bolly'Truck. Avec son tandoor, four traditionnel indien, cette cuisine mobile propose la même carte qu'au restaurant, avec la même qualité de produit et des recettes tout aussi authentiques mais au prix d'un food truck. Installé midis et soirs à Dijon et dans ses environs, le camion invite à goûter les naans et les grillades à peine sortis du four pour un dîner ou à l'occasion d'un évènement. Grâce au Bolly'Truck, chacun profite d'un voyage exotique sans souffrir du décalage horaire.

› LUXXMY RESTAURANT DU FAUVERNEY LODGE

3, rue de Chassagne
FAUVERNEY
✆ 03 80 55 60 62
www.luxxmy.fr

© FAUVERNEY LODGE

© FAUVERNEY LODGE

© FAUVERNEY LODGE

AMÉRICAIN

AMERICAN WAY

44, avenue Françoise-Giroud ✆ 03 80 70 11 37
www.american-way-dijon.fr
Ouvert le lundi midi de 11h30 à 14h30 ; du mardi au samedi de 11h30 à 14h30 et de 18h30 à 22h45.

American Way, c'est un peu le décor sixties façon *Retour vers le futur* : Marty McFly ne devrait plus tarder ! Envie de prendre la route 66 direction le Missouri, en dégustant un hot-dog ? Vous êtes à la bonne adresse. Au programme, burgers, tex-mex, chili con carne, bières artisanales et bien sûr milk-shake artisanal. Nouveauté cette année, la construction d'une scène pour recevoir des groupes en live. De quoi mettre en lumière les jeunes – et moins jeunes – artistes, dijonnais pour la plupart, programmés tout au long de l'année. Et quand la scène est libre, les enceintes prennent le relais pour diffuser les meilleurs sons rock des années 1960 à 2000. Les nostalgiques du genre vont adorer !

RESTAURANT DE BURGER

KING MARCEL

5 bis, avenue Garibaldi
✆ 03 80 38 14 05
kingmarcel.fr
Ouvert tous les jours de 11h30 à 22h. Menus de 9 € à 17 €.

Amoureux du burger, ce restaurant est fait pour vous ! Ici, tout est français et fait maison : frites, sauces et burgers aux noms évocateurs de tradition et de qualité française tel le Marcel Michelin avec son bœuf de race Limousine, son Saint-Nectaire AOP et sa sauce à la crème de moutarde... Et pas de jaloux, tous les burgers sont aussi disponibles en version Végétarien avec une très bonne galette de légumes ! On préfère la citronnade maison aux sodas, mais vous trouverez aussi du vin, des bières pression et des jus de fruits bio. Un restaurant très grand à deux pas de la place de la République avec une bonne ambiance et un accueil fort aimable. On recommande !

CUISINE ORIENTALE

LUXXMY RESTAURANT DU FAUVERNEY LODGE

3, rue de Chassagne - **FAUVERNEY** ✆ 03 80 55 60 62
www.luxxmy.fr
Ouvert tous les jours le midi et le soir. Traiteur, Plats à emporter et à livrer, Soirées à thème, Bar à cocktails

LUXXMY est un restaurant aux influences sri-lankaises et indiennes que Chantal Jacquard et sa brigade de chefs sri-lankais et indiens ont créé dans sa ferme, Le Fauverney Lodge. La cuisine bourguignonne n'est pas oubliée, mais c'est bien pour cette cuisine du monde, voire végétarienne et même végane qu'il faut venir. On savoure des plats raffinés qui nous transportent dans un voyage gustatif et culturel bienfaisant. On se régale de subtils mariages d'épices qui assaisonnent viandes, gambas, saumon grillé, légumes et riz, aux vertus ayurvédiques, c'est-à-dire thérapeutiques.

EGYPTIEN

LE PHARAON

116, rue Berbisey
✆ 03 80 30 11 36
Ouvert du mardi au samedi le midi de 12h à 13h30 et le soir de 19h à 22h30. Menus de 22 € à 30 €. Terrasse.

Ce restaurant est installé rue Berbisey depuis des années et gagne à être connu. Il cache en effet des trésors culinaires venus d'ailleurs. En passant la porte d'entrée, tout vous transporte au pays des pyramides. Testez une assiette de variétés égyptiennes pour goûter salade de feta, feuilleté au fromage, houmous, fèves d'Egypte et autres délices à base d'huile d'olive, aromatisés à l'Orient. Du côté des spécialités libanaises aussi la qualité est au rendez-vous : rakakat, fattouche, foul beyrouth, moutabal. Choisissez un menu avec entrée, plat, dessert ou bien un plat à la carte, comme les falafels tamya ou l'assiette de légumes farcis. Les prix heureusement ne sont pas pharaoniques !

TEX-MEX

TEX A WAY

19, rue Bossuet ✆ 09 52 21 50 68
http://texaway.com
Ouvert le lundi et du mercredi au samedi de 12h à 14h30 et de 18h30 à 22h30 ; le dimanche de 18h30 à 22h30.

Tex A Way, c'est une proposition de restauration rapide 100 % mexicaine, faite maison à partir de produits bruts. Situé à l'entrée du Centre Dauphine, l'établissement est décoré avec soin dans les tons rouges qui rappellent le piment mexicain. Vous pouvez vous installer au rez-de-chaussée, à l'étage, ou en terrasse sur les quelques tables installées. Au menu : des burritos, des muchitos et des tacos. Pour les garnir, plusieurs propositions : bœuf, crevettes, poulet ou végétarien. Et pour relever le tout, des sauces maison dont certaines très pimentées ! Laissez-vous tenter par les accompagnements salés (quesadilla, soupe mexicaine, tortillas chips...) et/ou sucrés (muffins, torti-choc...).

CANADIEN

LE TRAPPEUR

18, rue Pasteur ✆ 09 51 12 69 68
www.letrappeur-dijon.net
Ouvert du mardi au samedi de 12h à 14h ; du mardi au jeudi de 18h30 à 22h ; le vendredi et le samedi de 18h30 à 23h.

Bienvenue dans le premier restaurant québécois de Dijon ! Situé juste au milieu de la rue Pasteur, Le Trappeur vous ouvre les portes de son restaurant où la bonne humeur et la convivialité sont reines. Dans un décor rustique façon chalet de bûcheron, venez déguster la célèbre poutine, ce plat à base de frites, de cheddar en grains et d'une mystérieuse sauce brune ou préférez le smoked meat, cette spécialité de poitrine de bœuf originaire de Montréal. En boisson, testez le cidre de glace Neige. L'accent du patron ne laisse pas de doute quant à l'authenticité des recettes. Et comme il n'y a pas qu'en Amérique qu'on voit les choses en grand, attendez-vous à des portions bien copieuses.

SUR LE POUCE

CHEZ MES SŒURS

18, avenue de la Concorde ✆ 06 61 91 80 12
www.chezmessoeurs.fr
Ouvert du lundi au jeudi de 8h à 18h ; vendredi de 8h à 17h. Menus de 10,20 € à 14,10 €. Boxes à commander.

Pour une pause déjeuner dans une atmosphère chaleureuse, soyez sûrs d'être bien accueillis par les 3 sœurs Annabelle, Anne-Claire et Anne-Sophie dans leur restaurant-traiteur 100 % maison, sur place ou à emporter. Venez à l'heure du petit déjeuner, pour savourer de délicieux pancakes ou pour midi avec à la carte : des bowls chauds ou froids, mais aussi les soupes de la semaine, et d'excellents burgers à base de pain pita, brioché ou viennois. Elles innovent en permanence. Vous venez seul ? cela ne vous empêchera pas d'être bien accompagné par un livre, car les filles ont aussi mis en place une librairie solidaire. Une adresse géniale recommandée pour se restaurer et se détendre.

SUR LE POUCE

CRÊPERIE DES BEAUX-ARTS

16, rue Rameau
✆ 06 15 04 36 82
Ouvert tous les jours sauf mardi de 11h à 23h (jusqu'à 1h vendredi et samedi). Carte : 7 € environ. Vente à emporter.

Située entre le Musée des Beaux-Arts et la place du Théâtre, la Crêperie des Beaux-Arts répond à vos envies de sucré/salé à toute heure. Après 10 ans passés dans la restauration en région parisienne, Philippe s'est installé à Dijon pour ouvrir une crêperie de restauration rapide. Cuisinées maison, une vingtaine de galettes vous y attendent, garnies de salade, tomates et oignons : optez pour une fromagère (chèvre, miel et bacon) ou encore la dijonnaise (saucisse de Morteau, moutarde et emmental). En dessert ou pour le goûter, savourez une crêpe classique (sucre, confiture, chocolat ou nutella) ou bien tentez l'originalité avec une crêpe poire, chocolat et noix de coco.

FOOD TRUCKS

FOOD'CHARME

6, allée André Bourland ✆ 06 72 02 95 37
https://foodcharme.fr
Ouvert tous les jours le midi et le soir. Carte : 14,50 € environ. Formule du midi : 16 €.

Les chefs étoilés David Le Comte et Nicolas Isnard sillonnent Dijon et ses alentours aux commandes de leurs deux food trucks pour vous faire découvrir la cuisine de la Charme Collection. A bord de ces véhicules, un étalage de plats plus appétissants les uns que les autres à déguster entre midi et deux ou à savourer à la maison. Retrouvez les recettes iconiques comme le Wok de gambas ou le Bœuf Bourguignon, mais aussi des plats « Street Food » imaginés par les chefs et influencés par les pays du Moyen-Orient et d'Asie. Rendez-vous sur le compte Instagram food.charme pour connaître les emplacements du mois. Futé : pour vos événements, les Food'Charme se privatisent.

FOOD TRUCKS

PLATEAUX AND CO

9, rue Charles de Montalembert
✆ 06 62 84 07 72
www.plateauxandco.fr
Foodtruck, pizzas, burgers. Plateaux repas à partir de 15,90 € et formule sandwich + boisson à 5,90 €.

© PL

Plateaux and Co est un service traiteur de qualité créé en 2019 par Hafid Aamara, qui gère également le foodtruck Au goût du jour, situé sur le parking des Comptoirs de la Bio à Ahuy, présent aussi au rond-point Valmy. Le petit plus, c'est un service qui se déplace jusque chez vous pour les livraisons, à 6 kilomètres aux alentours de Dijon. Pour les petites comme les grandes faims, vous vous régalerez entre la formule sandwich et les plateaux repas qui vous proposent moules-frites, salades, burgers, et un large choix de pizzas. Pizzas que vous pouvez aussi réaliser vous-même en commandant un pâton pour 1 euro seulement. L'occasion de mettre la main à la pâte !

SANDWICHERIE

BAGEL ZÉE

9, rue du Chapeau Rouge ✆ 09 86 73 48 19
bagelzee.eatbu.com
Ouvert lundi, mardi et jeudi 9h-20h ; mercredi 9h-21h30 ; vendredi et samedi 9h-19h30. Menus à partir de 9 €.

Bagel Zée est installé passage Bossuet. Si la Galerie commerçante est calme, elle ne fait pas rêver pour manger. Mieux vaudra préférer le « à emporter » car, une fois chez soi devant un match ou un bon film, on a une vraie impression d'USA ! Et pour cause, Bagel Zée propose de succulents bagels, wraps et hot-dogs maison. Les bagels se composent de cream cheese, pastrami, cheddar, bacon... Le tout bien fourni dans le pain de votre choix (sésame, fromage, oignons...). L'après-midi, les bagels vous régalent en version sucrée. On adore particulièrement l'option beurre de cacahuètes combinée avec un pain aux myrtilles pour un petit effet *peanut butter & Jelly*, le sandwich préféré des Américains !

TRAITEUR

LA DAME D'AQUITAINE

23, place Bossuet
✆ 03 80 30 45 65
www.ladamedaquitaine.fr
Livraison possible. Service traiteur sur devis.

En plus de disposer d'un excellent restaurant installé dans une somptueuse crypte du XIIIe siècle, la Dame d'Aquitaine propose un ensemble de prestations de service traiteur et d'accueil de groupes. Pour ce faire, elle possède à la fois le cadre, les structures et des compétences reconnues. Qu'il s'agisse de salle de travail, dégustations de vin ou moments gourmands plus festifs comme les galas ou soirées à thème, ce lieu est sans nul doute un écrin privilégié. Pour la partie gastronomie c'est au chef Laurent Perriguey que revient la tâche de vous surprendre. Le service traiteur, sur place ou à emporter, réunit à la fois fonctionnalité et créativité en s'adaptant parfaitement à vos envies.

À EMPORTER

ALOHA THE POKÉ BAR

31, rue Auguste Comte ✆ 03 80 45 98 73
www.aloha-dijon.fr
Ouvert du lundi au samedi de 11h30 à 14h et de 18h30 à 22h. Menus de 14,90 € à 16,90 €.

À mi-chemin entre le chirashi japonais et le ceviche péruvien, le poké bowl est une véritable explosion gustative originaire d'Hawaï. Chez Aloha, vous trouverez toute une gamme de poké bowls le midi et le soir, à consommer sur place ou à emporter. Au choix, différents bowls, avec riz vinaigré, quinoa ou vermicelles de riz, viande, poisson, fruits, légumes et herbes aromatiques. Il y a même une option végétarienne. Vous pouvez aussi le composer à votre goût. À accompagner avec un thé ou un bon café. On vous prépare votre poké bowl devant vous avec des produits frais et *made in France*. Il n'y a plus qu'à vous installer confortablement dans ce joli petit bar cosy aux couleurs des îles !

À DOMICILE

LE CAFÉ GOURMAND

9, place de la Libération ✆ 03 80 36 87 51
www.allocafegourmand.com
Service de livraison le midi du lundi au samedi et le soir du jeudi au samedi. Menus de 24 € à 32 €.

Le beau Café Gourmand propose, en plus de son offre sur place, un service de commande/livraison de votre repas. Vous pouvez passez commande jusqu'à 12h pour le déjeuner et jusqu'à 20h pour le dîner. Le service « Allô Café Gourmand », c'est une cuisine haut de gamme pour tous, allant d'un couvert à une tablée. Outre le choix appétissant, on vous livre aussi le pain, la boisson et sur demande les couverts. Et petit passage au chaud, et c'est prêt ! Plus d'excuses pour bien manger, même au travail. La carte est renouvelée tous les mois et s'adapte à toutes les envies et tous les estomacs ! Ne laissez pas passer le pain d'épices perdu et sa glace au chocolat blanc : une tuerie. On recommande !

SUR LE POUCE

MORNING GLORY CAFÉ

25, rue des Godrans ✆ 03 45 43 46 88
www.morninggloryсafe.fr
Ouvert du mardi au samedi de 8h à 19h. Petit déjeuner, déjeuner, goûter. Plat unique 10 €.

Tenu par Julien, cuisinier et Thibault serveur, on peut venir au Morning Glory, aussi bien pour boire un verre que pour partager un encas. La maison décline sa carte à toute heure du jour, avec cafés de spécialité, petite restauration de saison et des pâtisseries en folie. Chocolat chaud au piment, sirops à l'eau de la ferme Fruirouge, limonade Elixia, jus de fruits artisanal et thé glacé maison, vous trouverez assurément de quoi vous désaltérer ! Pour le petit déjeuner, goûtez les classiques comme la brioche maison, les viennoiseries ou les œufs à la coque et leurs mouillettes, ou bien le petit déj *so british*, avec les œufs brouillés au bacon. Le samedi, on pense à réserver pour le brunch !

FOOD TRUCKS

FOODIES

Dijon, Fontaine-Les-Dijon, Auxonne ✆ 06 79 94 85 18
www.foodiestruck.fr
Fermé le lundi. Pour les autres jours, voir le site Internet. Menus de 8,50 € à 15,50 €. Vente à emporter.

Les deux hommes à la tête des deux camions de ce food-truck sont un chef cuisinier et un chef pâtissier, passés dans de grandes maisons. Les burgers sont tous excellents, à l'image de l'original Foodies au bœuf haché maison, cheddar affiné, lard fumé, beignets et pickles d'oignons et sauce barbecue au Jack Daniel's. Ici, les cromesquis deviennent des crom'exquis à l'époisses ou encore à la cancoillotte, et les nuggets sont composés de poulet français cuit à basse température. Les desserts, réalisés chaque jour par le chef pâtissier, sont à tester absolument. Pensez à réserver pour être sûr d'y goûter ! L'enseigne a aussi un restaurant vers la place François Rude, vous serez séduit !

TRAITEUR

LE COQ EN PÂTE

132, route d'Ahuy
✆ 03 80 28 63 36
www.restaurant-lecoqenpate.fr
Commande de plateaux-repas. Service de chef à domicile.

Au sein de son restaurant le Coq en Pâte, le chef propose un service traiteur. Vous pouvez commander et emporter tous les plats gourmands, plateaux-repas, bocaux ou terrines maison que vous avez appréciés au restaurant ou que vous souhaitez déguster chez vous. Vous recevez et vous n'avez ni l'envie ni le temps de cuisiner ? Le Coq en Pâte réalise vos plats sur mesure pour régaler vos convives. Et pour les épater encore davantage, James Diolot vous propose ses services de chef à domicile, chez vous ou dans le lieu de votre choix ! Attention, la maison ne livre que les commandes groupées d'entreprises, les repas nombreux, et n'accepte pas les commandes individuelles.

TRAITEUR ASIATIQUE

LA PAPAYE VERTE

2, rue Marceau ✆ 03 80 33 92 48
En tram : T1 et T2 arrêt République.
www.la-papaye-verte.fr

Ouvert du mardi au samedi de 11h à 20h30. Uniquement à emporter, formules midi à 5 €.

La Papaye Verte située rue Marceau dans le quartier République est tenue par Vanmany Tissier et son équipe qui proposent une cuisine asiatique excellente, faite maison, à partir de produits frais achetés le jour même ou la veille. A emporter, des plats traditionnels en deux formules froides au choix : deux rouleaux de printemps ou un bò bún avec un nem poulet ou porc. On aime cette adresse pour la qualité de la préparation et les prix abordables. Testez les soupes chaudes, sans oublier l'offre végétarienne avec les samoussas ou encore le vermicelle aux petits légumes très apprécié des clients. En dessert, goûtez aux billes de tapioca, lait de coco et fraise.

NEW À EMPORTER

TARTERIE FINE

4, rue François Rude
✆ 03 80 43 91 08
tarteriefine.com

Ouvert du mardi au samedi de 8h (8h30 mercredi et jeudi) à 19h.

La pâtisserie-chocolaterie Vannier de la rue François Rude tire sa révérence et fait place à un tout nouveau concept ! Pas de surprise, le nom de l'enseigne vous dit tout : il s'agit bien de tartes. Mais, loin des tartes de nos grand-mères, la qualité est ici au rendez-vous ! Rien d'étonnant quand on sait qui est aux commandes : Arnaud Collardot, pâtissier de prestige. A la Tarterie fine, vous trouverez des tartes salées et sucrées de toutes sortes, mais aussi des sandwichs bien garnis, des viennoiseries appétissantes et des pâtisseries délicates. Côté tartes, goûtez à la Maraîchère, très colorée avec ses légumes du marché, ou encore à la Fromagère au bon goût de comté et d'époisses.

HALLE COUVERTE

CÔTÉ COLOMBO

1, rue Bannelier
www.cotecolombo.fr

Traiteur et épicerie sous les halles. Produits frais, locaux et faits maison.

Voilà un peu plus d'un an que le chef cuisinier Florent Colombo propose sa cuisine en service traiteur, dans son nouveau corner situé sous les halles de Dijon. On connaissait déjà son restaurant Colombo à Ahuy, dont l'enseigne et l'intérieur ont été entièrement refaits, et pour plus de proximité avec les Dijonnais, il propose cette gamme de plats à emporter, composés à partir de produits locaux, frais et maison. Tout est sous vos yeux : pot-au-feu de paleron de veau, salades, mais également différents miels et bien sûr ses célèbres sauces pour les œufs en meurette. En nouveauté, testez la terrine d'aubergines Tataki de thon. Un très beau stand où l'on peut aussi trouver d'excellents vins.

FOOD TRUCKS

THE CALIFORNIAN

✆ 07 61 19 76 40
www.the-californian.fr

Ouvert 7j/7 de 10h à 22h au kiosque place de la République. Privatisation du food-truck. Formule burger 10 €.

Deux Dijonnais, amateurs de cuisine et de glisse, ont importé un peu de Californie à Dijon à travers leur kiosque situé sur la place de la République. Notre coup de cœur va pour l'incontournable Californian Burger : pain bun doré, filet de poulet pané, bacon grillé, cheddar fondu, tomate, salade, oignon et guacamole. Les wraps sont tout aussi tentants, le French par exemple avec du chèvre pané, des oignons crispy et des tomates cerises. Les desserts varient au gré des inspirations. Équipe jeune et dynamique aux commandes. Vous pouvez également privatiser leur food-truck pour vos événements. Installé dans un Peugeot J7 de 1975 de collection surmonté d'une planche de surf, il fera sensation !

JAPONAIS

TORIKARA SAN

45, rue Jean-Jacques Rousseau
✆ 03 80 41 79 79

Ouvert du mardi au samedi midi et soir. Sur place ou à emporter.

Le chef étoilé du restaurant l'Aspérule, Keigo Kimura, a ouvert son restaurant japonais en janvier 2021 en pleine crise sanitaire. En passant devant l'enseigne de ce fast-food situé rue-Jean-Jacques Rousseau, où est proposé la spécialité du Karaagé, on reconnait aussitôt l'odeur du poulet pané et frit. Pour passer votre commande prononcez "Ka-ra-ha-gué" ! On aime les délicieuses croquettes végétariennes ou encore les Onigiri (boules de riz). Le jeune chef cuisinier réussit le pari de varier la gastronomie japonaise à des prix très accessibles. Même si quelques tables permettent de déjeuner ou de dîner à l'intérieur et que l'accueil est au top, il vaut mieux passer sa commande à emporter.

TARTINERIE

TARTIN'ART

8, rue Musette ✆ 03 80 30 97 31
www.tartinart.com

Ouvert du mardi au samedi de 7h à 19h15 ; le dimanche de 7h à 16h. Menus de 8,50 € à 9 €. Vente à emporter.

Au cœur de la charmante rue Musette, une boulangerie pas comme les autres ! Là, l'équipe pétrit et cuit du pain trois fois par jour pour notre plus grand plaisir et pour le plaisir de tous les gourmands. Mais ce n'est pas la seule chose que propose l'établissement… bien au contraire ! Tartin'art a fait des tartines sa spécialité. Attention, pas de simples tartines que chacun peut faire chez soi mais des tartines composées sur place, avec des recettes authentiques et inédites du chef dijonnais David Zuddas. C'est original mais c'est surtout bon ! Bref, voilà un endroit qui est parfait pour faire une pause déjeuner bien méritée. Quelle que soit l'heure de la journée, vous serez comblé !

BOURGOGNE

L'AUBERGE DU MOULIN THIBEL

80, rue Moulin-Thibel - **GISSEY-SUR-OUCHE**
✆ 03 80 40 07 52
www.laubergedumoulinthibel.fr
Vendredi samedi dimanche journée continue. Suggestions à l'ardoise. Terrasse. Vins à emporter côté caviste

© ERIC VOILLEQUIN

© ERIC VOILLEQUIN

L'Auberge du Moulin Thibel, entre terrasse et vigne vierge, sa salle bistrot et son caveau, est une invitation à passer un excellent moment de convivialité. Karelle à l'accueil, François, le chef, qui prépare une cuisine créative et généreuse et Pat, au service et sommelier qui vous accompagne pour l'accord met et vin, font de cette auberge une adresse aux charmes multiples. L'ardoise regorge de tentations, œufs meurette, pied de cochon farci aux ris de veau, filet de bœuf Simmental Rossini, queue de lotte en croûte de chorizo…. Les vins sont à emporter côté caviste !

BISTROT - BRASSERIE

LE BISTROT DES MOINES / ABBAYE DE LA BUSSIÈRE

RD 33 - **LA BUSSIÈRE-SUR-OUCHE** ✆ 03 80 49 02 29
www.abbayedelabussiere.fr
Ouvert du lundi au dimanche, midi et soir. Horaires variables en basse ou haute saison. Terrasse.

Bijou de raffinement, l'Abbaye de la Bussière se trouve au cœur de la très jolie vallée de l'Ouche. Pour déjeuner, l'établissement propose deux options avec le restaurant gastronomique étoilé le 1131, ou encore le Bistrot des moines. À la table de ce dernier, le chef vous propose une cuisine bistronomique, véritable ode à la cuisine bourguignonne, où les plats sont préparés à partir de produits sélectionnés avec soin. L'adresse idéale pour un repas d'affaire ou en amoureux. Et pour une belle surprise, pensez au coffret déjeuner Bistrot "Le père caviste".

GASTRONOMIQUE

L'AUBERGE DE LA CHARME

12, rue de la Charme - **PRENOIS** ✆ 03 80 35 32 84
www.aubergedelacharme.com
1 étoile au guide Michelin. Ouvert du jeudi au dimanche midi et soir ; le dimanche midi. A emporter.

Cette auberge étoilée Michelin est une halte obligatoire ! La gastronomie s'exprime avec brio. Une belle réputation née à la fois du talent, de l'audace, venant s'ajouter à une cuisine divine orchestrée par des passionnés. L'équipe de chefs talentueux aux parcours honorifiques ne pouvait très logiquement que produire des merveilles, formée de Nicolas Isnard, David Le Comte et Cécile Sagory et du chef Anthony Lamome. Le maître pâtissier au talent indéniable vous promet un voyage sensoriel qui s'annonce mémorable. A noter que le restaurant propose des plats à emporter, la formule s'applique aussi pour un brunch le dimanche matin et leur food truck est à fréquenter d'urgence.

GASTRONOMIQUE

BISTROT LOISEAU DES SENS

4, avenue de la Gare - **SAULIEU** ✆ 03 45 44 70 00
www.bernard-loiseau.com
Ouvert mercredi soir ; du jeudi au dimanche midi et soir. Menu du Marché de 28 à 48 € (midi et soir sauf jours fériés).

Loiseau des Sens est le deuxième restaurant Bernard Loiseau à Saulieu. Sa vocation est de proposer une cuisine bistronomique qui vient compléter celle du Relais étoilé voisin. Depuis juin 2020, c'est la cheffe Virginie Jacquet, qui connaît déjà les standards de la maison pour avoir officié à La Côte d'Or de 2007 à 2009 mais aussi dans de fameuses tables étoilées, qui dirige la cuisine. Les plats sont préparés avec des produits locaux et bio, une cuisine plaisir superbement présentée. Au rez-de-chaussée se trouve le spa qu'il faut absolument réserver avant ou après votre repas. La salle comme les terrasses à l'étage sont orientées vers le parc de l'hôtel. Un incontournable !

© ABBAYE DE LA BUSSIÈRE

© ABBAYE DE LA BUSSIÈRE

GASTRONOMIQUE

ABBAYE DE LA BUSSIÈRE-SUR-OUCHE

RD 33 - **LA BUSSIÈRE-SUR-OUCHE**
✆ 03 80 49 02 29 - www.abbayedelabussiere.fr
Une étoile au Michelin. Ouvert le soir du mercredi au dimanche, sauf dates brunchs du dimanche. Menus dès 98 €.

L'ancienne abbaye fondée par les moines cisterciens au XIIe siècle appartient à la famille Cummings, qui a su préserver l'atmosphère de paix et de sérénité de ce lieu, tout en restaurant et en magnifiant l'établissement. Ici les visiteurs peuvent venir passer un séjour de rêve et découvrir le 1131 (date de fondation), restaurant étoilé Michelin depuis 2007, où le nouveau et talentueux chef François Pelletier officie. Fort de 20 ans de métier, il est passé par des tables prestigieuses telles L'Espadon au Ritz à Paris et a même cuisiné pour la Présidence de la République. La carte propose des mets à l'image de la réputation bourguignonne. Une de nos adresses favorites !

© ABBAYE DE LA BUSSIÈRE

© ABBAYE DE LA BUSSIÈRE

© ABBAYE DE LA BUSSIÈRE

AUBERGE LE RENARD'EAU

10, rue des Deux Ponts - **BÈZE**
✆ 03 80 75 30 13
https://auberge-renardeau.fr
Restauration (carte et menu à 25 €, menu à 40 €). Chambre double à partir de 70 €. Suites.

© LE RENARDEAU

Voilà trois ans que Laurent De Geest est propriétaire de l'Auberge du Renard'eau, anciennement La Quatr'heurie. Lui et son épouse Jennifer vous accueillent dans cet établissement avec sa jolie glycine à l'entrée, dans un village classé parmi les plus beaux de France. Le chef cuisinier Olivier Raux vous réserve des plats faits maison composés à partir de produits frais, locaux et de saison. Des viandes racées, bien préparées avec cuisson au feu de bois ! L'Auberge du Renard'eau organise des soirées à thèmes, de quoi passer un très bon moment. Côté logement, laissez-vous séduire par le charme rustique des chambres avec poutraison, parquet, pierres apparentes... Authentique !

GASTRONOMIQUE

CHÂTEAU SAINTE SABINE

8, route de Semur - **SAINTE-SABINE** ✆ 03 80 49 22 01
www.saintesabine.com
Ouvert tous les jours midi et soir, sauf le mercredi midi. De novembre à fin mars, fermé les lundis et mardis.

Pour découvrir au mieux l'Auxois, faites un tour au château de Sainte-Sabine. Magnifique édifice du XVIe siècle, vous découvrirez un restaurant de grande qualité : Le Lassey ! Le chef Benjamin Linard vous propose de déguster une cuisine revisitée composée de spécialités de la région, avec des produits frais et locaux ! Le menu déjeuner évolue au fil des saisons et arrivages du marché et vient compléter une carte créative. Le carpaccio de Saint-Jacques aux truffes de Bourgogne est une belle entrée en matière, suivi du dos de chevreuil cuit au sautoir pour la touche retour de chasse, et on termine par le sablé poire, crémeux tonka et coulis de cassis pour la gourmandise. Une adresse unique.

GASTRONOMIQUE

LA CUISINE DE LA FONTAIGNOTTE

4, rue de la Fontaignotte - **SEMUR-EN-AUXOIS** ✆ 03 80 96 91 69
www.lacuisinedelafontaignotte.com
Ouvert du mardi midi au dimanche midi. Menu Déjeuner en semaine 30 €. Dîner 60 € + carte. Superbe terrasse panoramique.

Le restaurant de la Fontaignotte est un lieu unique. Le chef Martin Vial et Laura Rulens ont redonné vie à ce magnifique restaurant installé dans un hôtel particulier accroché aux sommets des remparts. Martin, armé d'une expérience sérieuse en cuisine gastronomique, travaille résolument les produits de saison et les plus locaux possible pour revisiter les classiques avec talent. Si l'assiette tutoie la perfection, le cadre est lui, enchanteur. Ambiance bistrot chic décontractée dans les salles, la terrasse est tout aussi extraordinaire, la vue qu'elle procure est sublime.

L'AUBERGE DES TILLEULS

8, place de l'Eglise - **MESSIGNY-ET-VANTOUX**
✆ 03 80 35 45 22
www.restaurant-tilleuls.fr
Ouvert tous les jours sauf lundi de 12h à 13h30 ; le vendredi et le samedi de 19h30 à 21h30. Menus de 22 € à 34 €.

Loin de l'agitation dijonnaise, l'Auberge des tilleuls vous promet un moment convivial et chaleureux. Anne-Claire et son équipe vous accueillent avec le sourire et vous installent sur l'une des tables nappées de carreaux Vichy : ambiance rétro campagnarde ! Côté cuisine, modernité et tradition font bon ménage. Le chef Nicolas Arnold ne laisse rien au hasard : du choix des produits nobles au juste équilibre des assaisonnements, sans oublier la finesse dans le dressage des assiettes. Venez apprécier tout le talent du chef autour d'un bon plat du terroir comme la choucroute d'Alsace ou encore la daube de gibier à poils façon bourguignonne. Des plats simples, mais de la grande cuisine.

AUBERGE DU VIEUX PRESSOIR

2, place Anne Laprévoté
CHENÔVE
✆ 03 80 27 17 39
www.aubergeduvieuxpressoir.com
Ouvert du lundi au samedi de 12h à 13h30 ; le vendredi et le samedi de 19h à 21h. Formule déjeuner : 17 €. Menu à 33 €.

Sur la route des vins, l'Auberge du Vieux Pressoir est le lieu idéal pour une cuisine de terroir. Avec sa façade en pierres et sa devanture couleur grands crus, elle ne passe pas inaperçue. Rondement menée par le couple Simon, épaulé par leur fille au service, l'ambiance familiale se retrouve jusqu'en salle, mais n'enlève en rien à l'efficacité. Ici, on travaille les produits frais dans la pure tradition de la cuisine française. La table est simplement dressée et les assiettes sont jolies et généreuses. La proximité de Marsannay-la-Côte se retrouve dans la carte des vins.

GASTRONOMIQUE

RELAIS DE LA SOURCE

17, rue Carnot - **SAINT-SEINE-L'ABBAYE**
✆ 03 80 35 00 35
Ouvert du mardi soir au dimanche midi. Menus de 2 à 6 services de 29 à 75 €. Terrasse. Hôtel 3. Piscine ext chauffée.*

Le Relais de la Source, né durant l'été 2021, est une référence à celle de la Seine toute proche et l'univers gastronomique de la région. Yann Zwysig, votre chef, prépare une cuisine gastronomique abordable, écoresponsable privilégiant les circuits courts, les légumes de saison dans l'expression de ses talents développés dans des établissements souvent étoilés, en France, Corse, Bretagne ou Paris. Les desserts de la Cheffe Pâtissière Cannelle Lefebvre sont tout simplement magnifiques. Vous allez apprécier la déco très zen de la salle de ce restaurant, qui fut l'hôtel de la Poste de Saint-Seine-l'Abbaye totalement rénové, qui ne cache pas ses ambitions de tutoyer l'excellence.

BOURGOGNE

AU CLOS NAPOLÉON

4, rue de la Perrière - **FIXIN** ✆ 03 80 52 45 63
www.clos-napoleon.com
Vignobles & Découvertes. Ouvert tous les jours le midi et le soir. Réservation recommandée. Menu de la semaine 19,90 €.

Haut perché dans le village de Fixin, on vient au Clos Napoléon comme on va chez un ami. Un esprit bistrot qui ravit tout le monde à en croire les salles toujours pleines, c'est pourquoi la réservation est vivement recommandée. Ici la cuisine fleure le bien-manger, l'authentique, la belle humeur et le très bon vin. Une formule que José Gonzalez et Gérald Ulmann maîtrisent à la perfection, depuis plus de 12 ans déjà. La pierre tutoie quelques tableaux contemporains dans les quatre salles, dont l'une se prête spécialement au groupe. Quant à la coquette terrasse ombragée, elle fait de l'œil au célèbre vignoble du même nom. Côté carte des vins, le plus difficile sera de choisir !

CASTEL DE TRÈS GIRARD

7, rue de Très-Girard - **MOREY-SAINT-DENIS**
✆ 03 80 34 33 09
www.castel-tres-girard.com
Ouvert tous les jours midi et soir. Formule du midi : 26 et 30 €. Soir 30 €. Menu gastronomique 80 €. Terrasse.

La table du chef Olivier Perraut au Castel de Castel de Très-Girard régale les gourmets, qu'ils soient résidents ou non de l'hôtel. L'imposante bâtisse en pierres est logée dans un ancien pressoir du XVIIe siècle, et ne manque ni de charme ni de calme pour qui souhaite s'accorder une parenthèse gourmande. Hommage rendu au fait maison, au circuit court et à la tradition culinaire, d'ailleurs récompensés par le label maître restaurateur. Si l'esprit se veut bistronomique, les plats signatures et inspirés de voyage invitent à la découverte. Une mention spéciale pour la carte des vins où figurent plus de 1 500 crus parmi les meilleures références de Bourgogne et d'ailleurs.

BOURGOGNE

LE BOURGUIGNON

Rue Porte de Bessey - **BÈZE** ✆ 03 80 75 34 51
www.le-bourguignon.com
Du dimanche au jeudi 12h-13h45 et 19h-20h45, samedi 19h-20h45. Menus de 33 € à 43 €. Formule du midi 20 €. Traiteur.

L'hôtel restaurant Le Bourguignon annonce la couleur et c'est le couple formé par Jacques et Audrey qui seront vos hôtes. Ici, la cuisine fait honneur à la région et c'est le chef Olivier Rouhier qui s'y applique avec brio.

Le restaurant propose des assiettes créatives et généreuses qui vous permettent d'élaborer vous-même votre menu : optez alors pour les assiettes de votre choix, selon vos envies du moment. Médaillon de lotte terre et mer, œufs pochés en meurette ou à l'époisses, croûte aux morilles et vin jaune... La cuisine d'Olivier Rouhier vous invite à un voyage gustatif au cœur du terroir bourguignon. Côté vin, la carte présente un large choix de vins de viticulteurs locaux.

BOURGOGNE

LA TABLE DE PIERRE BOURÉE

40, route de Beaune
GEVREY-CHAMBERTIN
✆ 03 80 34 13 97
www.pierre-bouree-fils.com
Sur réservation à midi en semaine. Menus de 35 € à 80 € (avec de 4 à 8 vins, menu sans vin à 21 €, vins au verre).

Chaque printemps, la Table de dégustation du Domaine Pierre Bourée Fils rouvre le week-end de la vente des Hospices de Nuits jusqu'à celui de la vente des Hospices de Beaune. La dégustation des vins prend ici tout son sens lorsqu'on les apprécie autour de bons plats et en présence des propriétaires, Jean-Christophe et son fils Vincent Vallet. L'ambiance est conviviale autour d'un unique menu bourguignon en accord avec les vins du domaine. Suite à ce merveilleux moment, vous pouvez descendre à la cave afin de confirmer vos coups de cœur par un achat de bouteilles.

BOURGOGNE

LE MÉDIÉVAL

Place de la Halle - **MONT-SAINT-JEAN** ✆ 03 80 64 35 54
www.lemedievalrestaurant.com
Artisan cuisinier Euro-Toques. Ouvert du mardi au dimanche de 12h à 14h et de 19h à 21h. Menus de 29,50 € à 56 €.

Le Médiéval offre un cadre unique en Côte-d'Or sur la place centrale du village historique de Mont-Saint-Jean. Sa terrasse ombragée est un must en été. La cuisine de Franck Wittman, chef passionné et épicurien avant tout, est précise et audacieuse, à l'image d'une de ses spécialités : les Œufs parfaits 63 °C au chaource fermier et à la truffe. Exigeant sur les produits, persévérant et inventif dans ses recettes, sa cuisine monte en gamme. Trois menus vous sont proposés pour satisfaire tous les palais. On aime le menu « Gourmand » avec son saumon en gravlax de betterave rouge, son risotto au moliterno et à la truffe et sa poire pochée au chardonay et coulis de Grand Marnier.

LA TABLE DU ROCHER

85, route de Beaune - **MARSANNAY-LA-CÔTE**
✆ 03 80 52 20 75
www.latabledurocher.fr
Mardi à samedi le midi et 1er dimanche du mois ; vendredi et samedi le soir. Menu du jour de 15 € à 19 €.

Rien que par sa façade donnant l'impression d'avoir été taillée dans la roche et sa fresque murale fraichement rénovée à l'intérieur, le restaurant vaut le coup d'œil. Côté cuisine, vous ne serez pas déçu non plus. Christophe Dumay, récompensé en 2020 par le Gault & Millau, s'affaire aux fourneaux pour proposer des recettes traditionnelles et gourmande, tandis que Michel Philippon se charge des accords mets et vins pour sublimer les plats. Leur maître-mot : la convivialité. Le midi, la cave du jour regorge de sympathiques références de nos régions à prix doux, tandis que le soir, des menus plus élaborés ou thématiques permettent d'apprécier tout le talent du chef et la richesse du terroir.

© DOMAINE DES PRÉS VERTS

BISTRONOMIE

LE BISTROT DES PRÉS VERTS

Rue de la Porte Huillier
CHÂTEAUNEUF
✆ 03 62 02 21 21
www.lebistrotdespresverts.com
Ouvert tous les jours de 10h à 22h. Bistrot. Cave à vins. Boutique.

Le Bistrot des Prés Verts est le restaurant du domaine éponyme installé dans le cadre chic et cosy du salon d'une bâtisse authentique de Châteauneuf-en Auxois, l'un des plus beaux villages de France ! On y retrouve l'âme VIP des chambres et des spas que Jérémy Leleu développe depuis plus de 10 ans. Outre le service très attentionné on apprécie la belle sélection de vins au verre pour accompagner un repas raffiné composé de planches et bocaux gourmands Bio & Terroir. La boutique des Près Verts du Bistrot offre un choix remarquable de produits exclusifs.

© DOMAINE DES PRÉS VERTS

© DOMAINE DES PRÉS VERTS

LE RELAIS DE LA SANS FOND

33, route de Dijon
FENAY
✆ 03 80 36 61 35
www.lerelais-delasansfond.com
Ouvert du lundi au samedi de 12h à 14h et de 19h à 21h ; le dimanche de 12h à 14h. Prix à l'ardoise entre 8 et 19,90 €.

Le chef Éric Chauve vous accueille en famille tous les jours dans ce bel établissement situé à une dizaine de minutes de Dijon, doté d'une belle terrasse fleurie où il fait bon s'attabler. Le menu tient en une ardoise avec 8 entrées, 8 plats et 8 desserts, qui varient selon les saisons. La maîtresse des lieux Marie Chauve a élaboré une superbe carte des vins et les assiettes sont joliment préparées, tout comme les coupes glacées très réussies. Pour ceux qui souhaitent commander à emporter, des paniers repas sont disponibles chaque semaine, à des prix plus qu'abordables.

SAUCONNA

9, quai National - **SAINT-JEAN-DE-LOSNE**
✆ 03 80 71 50 31
www.hotel-restaurant-sauconna.fr
BS du mardi au samedi midi et soir + dimanche midi. HS ts les jours midi et soir. Menus 25 € à 40 €. Terrasse vue Saône.

Jonathan Oudot et Adeline Barthod-Malat qui ont repris le Sauconna en 2019 vont faire valoir les atouts de leur établissement. Le premier n'est pas sa vue sur la Saône, non, c'est Jonathan le chef de cuisine. Quand on connaît son parcours, on comprend bien qu'il a les moyens de ses ambitions. La totalité de la carte est cuisinée du jour, jusqu'aux meilleures charcuteries coupées minute. C'est lui qui maîtrise la recette de son persillé. Sa pochouse est elle aussi déjà une référence du Sauconna, elle est préparée avec des poissons et anguilles livrés vivants. Vous préférez la viande ? L'ardoise suggère une entrecôte de veau crème de truffes ! Et pour finir crème brûlée au pain d'épices.

GASTRONOMIQUE

RESTAURANT DEUX RIVIÈRES

67, route de Dijon - **SAULON-LA-RUE** ✆ 03 80 79 25 25
www.chateau-saulon.com
Ouvert tous les jours midi et soir. Menu du midi 29 €. Menus de 48 € à 65 €. Réservation très recommandée.

C'est désormais au chef Thomas Brasleret que sont confiées les clés de la belle cuisine du Deux Rivières, le restaurant du Château de Saulon. Après La Cape dans le Bordemais, le voici en Bourgogne et c'est une affaire sérieuse pour un cuisinier hors pairs qui partage son amour pour la cuisine traditionnelle, éclairée du raffinement d'une étoile. La salle est à l'image de la carte, élégante sans être guindée ; quant au dressage de jolies faïences, il laisse l'honneur aux belles assiettes. Les plats raffinés se marient à merveille aux grands crus de la carte. Une ravissante virée gourmande à quelques lieues de Dijon pour être reçu comme un roi et vivre quelques heures la vie de château.

BOURGOGNE

HÔTEL-RESTAURANT LA FLAMBÉE

2, route de Chevigny - **SENNECEY-LÈS-DIJON**
✆ 03 80 47 35 35
www.laflambee.fr
Ouvert du lundi au vendredi le midi et le soir ; le samedi soir ; le dimanche midi. Menus de 30,90 € à 36,90 €.

Cette adresse tenue par Sophie et Jean-David est courue par ici, l'affluence en est la preuve, pensez à réserver ! La grande salle rustique aux faux airs de chalet annonce la couleur, ici on mange généreux ! Magret de canard et pièces de viande saisis au feu de bois côtoient les spécialités du terroir mitonnées par le chef Sébastien Petite et sa brigade. À deux ou en groupe, le lieu se prête à toutes les occasions dans un esprit familial et décontracté. À quelques pas de la ville et à 5 minutes de Quetigny, l'adresse est à retenir les soirs de ciné !

BISTROT - BRASSERIE

LE PATARA

69 rue de Mazy - **MARSANNAY-LA-CÔTE** ✆ 03 80 43 67 99
lepatara.eatbu.com
Ouvert du lundi au vendredi le midi ; du jeudi au samedi le soir. Formule déjeuner de 14 € à 16,50 €. Pizza dès 9 €.

Avec ses faux airs de taverne chaleureuse entre ses tables en bois et ses murs de pierres, le Patara situé à Marsannay-là-Côte est un établissement où il fait bon se retrouver entre amis. Une chaleur que Linda la propriétaire cultive avec sympathie à grand renfort de plats généreux et de bonne humeur. La formule déjeuner change quotidiennement, et les pizzas se consomment sur place ou à emporter. L'offre est généreuse et les prix très raisonnables permettent sans crainte, pour tous les budgets, de venir même en famille. La franche tendance Bourguignonne permet de découvrir des plats traditionnels : escargots, œufs en meurette, poulet Gaston-Gérard et plats à l'époisses pour les amateurs.

GASTRONOMIQUE

LE CHARLEMAGNE

1, route des Vergelesses - **PERNAND-VERGELESSES**
✆ 03 80 21 51 45 - www.lecharlemagne.fr
Étoilé Michelin. Ouvert du jeudi au lundi de 19h à 21h30 ; le week-end de 12h à 13h30. Menus de 70 € à 100 €.

Comment rêver de plus bel écrin pour une si bonne table ? L'esprit zen qui se dégage de ce restaurant étoilé Michelin, n'est pas simplement le fait de sa décoration, mais aussi de son propriétaire Laurent Peugeot, qui s'est inspiré de ses voyages en Asie. Au restaurant le Charlemagne, les influences japonisantes se retrouvent dans l'assiette à travers des présentations épurées aux senteurs exotiques. Les propositions mélangent avec brio les saveurs avec des produits et des vins issus prioritairement de producteurs locaux. Bar de ligne écailles soufflées, citron caviar ou ris de veau, risotto céleri rave, marsala miso... Une expérience à vivre et même à offrir pour tous les gastronomes !

© L'ENGRENAGE

© L'ENGRENAGE

BISTROT - BRASSERIE

L'ENGRENAGE

29, rue Marcelin Berthelot
VENAREY - LES LAUMES
✆ 03 45 33 94 30

Ouvert 7j/7 midi et soir. Tout à la carte. Menu enfant 9 €. Concerts - produits locaux + vins bio et naturels. Terrasse.

L'Engrenage né en 2020 est un très beau restaurant qui n'arrête pas de progresser. Si la formule crêperie demeure, la cuisine du nouveau Chef Pierre Varailles élargit remarquablement l'offre de la carte. On aime sa créativité qui nous emmène sur des plats de la mer, huitres, lotte et même homard à des prix très raisonnables. La déco plutôt baroque est chaleureuse et plaisante, elle fait une belle place aux artiste locaux. Le concept est poussé jusqu'au chariot à flamber le Homard Bleu ou les crêpes Suzette. L'équipe est aux petits soins pour sa clientèle et la terrasse façon tonnelle du Sud-Est fort agréable, tout comme le quartier qui conserve le charme du Venarey d'antan.

© L'ENGRENAGE

© L'ENGRENAGE

© L'ENGRENAGE

BISTRONOMIE

M7 RESTAURANT BY MERCURE

7, avenue Charles-de-Gaulle - **BEAUNE** ✆ 03 80 22 22 00
www.m7-restaurant.com

Ouvert tous les jours midi et soir. Menu déjeuner de 18 € à 25 € ; dîner de 15 à 54 €. Terrasse vue piscine. Bar à vin.

Pour accéder au Restaurant M7 on doit traverser le superbe nouvel espace d'accueil de l'hôtel Mercure de Beaune, son jardin d'hiver, sa cave et son bar à vin à l'ambiance luxueuse. On accède ainsi à la salle lumineuse du M7 aux tonalités gris, vert canard et or dans un agencement moderne et minimaliste. Une vue agréable sur la piscine à côté de laquelle on peut déjeuner en terrasse aux beaux jours. Des formules bistronomiques aux accents bourguignons sont proposées au déjeuner à travers le menu du jour ou au dîner avec des menus plus élaborés. Pour un en-cas à toute heure, vous disposez de la carte des petites faims de ce bel hôtel moderne de plus de 100 chambres et suites.

BISTROT - BRASSERIE

RESTAURANT DU CIRCUIT DIJON-PRENOIS®

Circuit Automobile - **PRENOIS**
✆ 03 80 35 32 22

Ouvert 7j/7 à midi, réservation la veille. Soir sur réservation groupes 5 à 7 jours à l'avance. Fermé du 15/11 au 01/03.

A l'occasion de la reconstruction des structures d'accueil le Circuit Dijon-Prenois® s'est doté, d'un restaurant dont la salle peut accueillir jusqu'à 150 couverts en version self, et de lodges avec tables nappées pour des repas gastronomiques. Le restaurant géré par Philippe Fernet, propriétaire de l'Hôtel restaurant du Parc à Dijon, est accessible à tous, il faut juste réserver au préalable pour disposer des codes d'accès au circuit dont l'entrée est strictement sécurisée. Unique pour sa vue panoramique sur la piste et le dépaysement qu'il procure !

GASTRONOMIQUE

LE MILLÉSIME

1, rue Traversière - **CHAMBOLLE-MUSIGNY** ✆ 03 80 62 80 37
www.restaurant-le-millesime.com

Ouvert du mardi au samedi de 12h à 13h30 et de 19h à 20h30. Menus de 35 € à 75 €. Formule du midi : 19,90 €.

Il est beau ce Millésime, installé dans une élégante maison en pierres de Bourgogne. Sa salle lumineuse et ses tables élégamment dressées présagent un bon moment. Dynamique et créative, la carte de Mathieu Mazoyer propose une cuisine de saison sans cesse renouvelée, avec pour se faire plaisir quotidiennement un menu du jour et des menus plus élaborés pour les dîners. Les plats sont mis en valeur par une présentation soignée, moderne et colorée. Pour accompagner vos mets, 500 références de vins sont à la carte, dont de nombreux crus conservés à la juste température dans la cave vitrine située derrière le bar. Nous, on craque tout simplement pour ce Millésime qui nous séduit à tous les coups.

GASTRONOMIQUE

CHEZ JEANNETTE

7, rue Noisot - **FIXIN** ✆ 03 80 52 45 49 - bus ligne 114 mobigo et de la gare ligne 113 mobigo.
www.chez-jeannette.fr

Logis. Ouvert le midi du vendredi au dimanche. Le soir du mardi au samedi. Menus de 20 à 38 €. Terrasse.

Chez Jeannette, le restaurant de Fabrice et Alexandra Bigolet tient on ne peut plus sa réputation d'excellente adresse. Les plats créatifs de Fabrice sont inspirés de la cuisine bourguignonne. Ils sont résolument gastronomiques sans tomber dans les travers de menus exorbitants. Déclinaisons d'escargots, cromesquis, veloutés, crémeux et mariages subtils de saveurs, tout y est. Le style bourguignon et feutré de la salle aux poutres apparentes est relevé de tables nappées de blanc et le service est à la cloche ! La carte des vins est 100 % Bourgogne tout en restant accessible. En été, pensez à réserver votre table sur la terrasse ombragée au calme de la cour intérieure.

GASTRONOMIQUE

LE CHEVAL NOIR

17, boulevard Saint-Jacques - **BEAUNE** ✆ 03 80 22 07 37
www.restaurant-lechevalnoir.fr

Ouvert du jeudi au lundi midi et soir. Menus de 25 € à 89 €. Formule du midi : 22 € (du lundi au jeudi).

Labellisé depuis 2019 « Vallée de la gastronomie », ce restaurant a le vent en poupe. Benoît Deval, maître restaurateur, capitalise son expérience au sein de bonnes adresses en signant une cuisine esthétique, audacieuse et précise de la mise en bouche au dessert en passant par les poissons et les viandes, garantissant à chaque étape du repas une expérience gourmande nouvelle. Le menu Tendance Bourguignonne met l'eau à la bouche : Œufs cuits à 65 °C sauce meurette, finger à l'ail ou Croquilles d'escargots, puis Bourguignon de paleron de Bœuf cuit 12 heures et ses pommes de terre Amandine, Crème brûlée caramélisée aux Anis de Flavigny, le tout servi en salle ou en terrasse aux beaux jours.

ITALIEN ET PIZZERIA

LA TABLE MAGAZZINO

ZAC des Maladières - **BEAUNE** ✆ 03 80 22 92 22
http://www.latablemagazzino.fr

Lundi à jeudi 11h45-14h et 18h45-22h ; vendredi et samedi 11h45-14h et 18h45-22h30. Plat du jour : 9,90 €.

C'est à l'étage de ce bâtiment neuf et lumineux situé aux côtés du magasin Leclerc de Beaune que se trouve La Table Magazzino. Dans cet espace de 750 m², Joël et Christine Bertrand ont créé une épicerie italienne et un bar-restaurant rapide au rez-de-chaussée, ainsi qu'un vaste restaurant à l'étage. Ce dernier propose une cuisine maison qui sent bon l'huile d'olive et la Méditerranée avec un seul menu à la carte, car chacun compose son repas à l'envi. Tous les produits sont italiens : *Pasta fresca*, escalopes milanaises, tiramisù, croustini de panettone, mascarpone citron et fruits de saison. La cave regorge de vins italiens, mais aussi bourguignons, pour satisfaire le plus grand nombre !

RESTAURANT CIRCUIT DE PRENOIS

UN NOUVEAU RESTAURATEUR AU CIRCUIT DIJON-PRENOIS !

Pour la saison 2022, qui marquera les 50 ans du Circuit Dijon-Prenois, un nouveau restaurateur prend les commandes du restaurant.

Après deux décennies passées à diriger des centres de santé et en particulier des cliniques privées, Philippe Fernet se réoriente vers le secteur du tourisme et de l'hébergement. Tout d'abord en 2013, reprenant L'Urée des Charmes, un petit établissement hôtelier en Haute Côte-d'Or en association avec un Chef cuisinier, puis avec son épouse Anne-Sylvie en rachetant l'Hôtel Restaurant du Parc à Dijon en 2015.

La restauration au Circuit Dijon-Prenois doit répondre à un double enjeu, proposer des produits qualitatifs et bien cuisinés dans un contexte de temps court d'un self-service les jours d'affluence. La ligne de conduite du restaurant est de permettre aux utilisateurs du circuit de se restaurer rapidement avec de la cuisine faite sur place, en travaillant des produits issus principalement de la Côte-d'Or, en proposant une cuisine diversifiée et ajustée aux demandes des convives.

Un lieu différent et insolite

C'est dans le cadre exceptionnel et totalement rénové du mythique Circuit Dijon Prenois que le restaurant est situé juste au-dessus des paddocks offrant une vue unique et panoramique sur la ligne droite. Par ses baies vitrées on peut admirer les bolides qui défilent à plus de 250km/h, tout en dégustant son repas.

Un accueil professionnel et des possibilités multiples

L'équipe dirigée par Philippe Fernet avec son chef de cuisine et Chantal, la responsable clientèle, sont totalement à votre service. Ils vous guideront vers les différentes offres, du petit déjeuner à votre repas de midi, en passant par les offres individualisées et privatives que vous pouvez organiser dans le cadre des manifestations.

Le Restaurant du Circuit Dijon-Prenois est ouvert 7 jours sur 7 de mars à novembre. Entrée par l'escalier B situé au milieu des paddocks. Accessibilité aux personnes à mobilité réduite ou poussettes par l'ascenseur situé escalier A.

Contact et réservations obligatoires à restaurant@circuit-dijon-prenois.com

Retrouvez toutes les informations du circuit sur www.circuit-dijon-prenois.com, Facebook, Instagram, Linkedin ou sur l'application mobile et gratuite Dijon-Prenois.

› RESTAURANT DU CIRCUIT DIJON-PRENOIS®
Circuit Automobile - **PRENOIS**
✆ 03 80 35 32 22

© CIRCUIT DIJON PRENOIS

© CIRCUIT DIJON PRENOIS

© CIRCUIT DIJON PRENOIS

ITALIEN ET PIZZERIA

I BRAVI RAGAZZI

34, Grande Rue
NUITS-SAINT-GEORGES
✆ 03 45 83 01 44

Ouvert le mardi soir ; du mercredi au samedi midi et soir. Réservation recommandée. Pizzas, salades et pâtes. Terrasse.

© PROPULSE

© PROPULSE

I Bravi Ragazzi est un adorable petit ilot de restauration italienne au cœur de Nuits-Saint-Georges. Un voyage proposé par Eva et Francesco originaires du lac Majeur et formés dans le berceau de la pizza à Naples. A leur expérience de la restauration, ils ajoutent leur exigence d'authenticité dans leurs préparations à base de produits bio et un amour des belles choses jusque dans la déco de leur coquet et chaleureux restaurant. Le repas est exquis entre les pizzas traditionnelles napolitaines et les recettes de pâtes fraiches. Les produits laitiers sont en arrivage direct de Calabre, les légumes, tomates et salades sont de la région. Terminez avec la petite panna cotta du jour !

GASTRONOMIQUE

LA TABLE D'HÔTES DE LA RÔTISSERIE DU CHAMBERTIN

6, rue du Chambertin - **GEVREY-CHAMBERTIN** ✆ 03 80 34 33 20
www.rotisserie-chambertin.com

Ouvert du jeudi au samedi le midi et le soir. Réservation impérative. Menus de 55 € (midi) à 85 € (soir).

La Table d'Hôtes de la Rôtisserie du Chambertin, étoilée au guide Michelin et labellisée Green Food, vous offre un moment unique dans une atmosphère calme et raffinée. Un restaurant de haut vol, tenu par Lucie et Thomas Collomb, qui propose une cuisine gastronomique de qualité, issue de produits locaux et biologiques. Au déjeuner comme au dîner laissez-vous surprendre par le menu surprise, unique et omnivore. Émotion garantie à chaque coup de fourchette : la promesse d'un merveilleux moment de gastronomie ! Pour passer une douce nuit, les chambres ici sont sublimes.

BISTROT - BRASSERIE

LA PLAGE

Route de Saulon - **GEVREY-CHAMBERTIN** ✆ 03 80 51 83 48
www.laplagedesathenay.fr

Menu du soir 28 €. Formule du midi 14 € (2 plats, 17 € 3 plats). Vendredi et samedi soir : soirée DJ ou concert.

Le restaurant de la Plage du lac de Sathenay est une pépite située à proximité de Dijon et créée en juin 2020. Sa terrasse à l'esprit méditerranéen, plutôt que bourguignon, est tournée vers le lac, la bande-son en fond est ultra lounge, comme le mobilier où le turquoise domine. Pierre-Olivier Cadoz, chef de cuisine, connaît bien sa partie, sa carte est complète, entre plats traditionnels, risottos et planches à tapas préparés maison. La Plage est idéale pour un afterwork ou un apéritif prolongé, un goûter même, le chef est fier de sa carte de cocktails, les amateurs de bières et surtout de bons vins trouvent aussi leur bonheur ici. Bonheur, un bel adjectif pour ce que procure ce lieu.

VIANDE

LE GORET

10, place Notre Dame - **BEAUNE**
✆ 03 80 22 05 94

Ouvert mardi soir, mercredi soir, vendredi et samedi midi et soir. Suggestions à l'ardoise. Menu : 25 €.

Quel est le secret de José, personnage chaleureux, pour recevoir autant de compliments sur sa cuisine ? Le Goret ne cède à aucune mode, depuis 15 ans, on sert ici une cuisine française authentique et sans chichis. L'amateur est ravi : travers de porc, tête de veau à l'ancienne, pieds de porc aux escargots, jambonneau à la crème d'époisses. Les plats sont généreux, le vin est gouleyant. Au Goret, on mange, on festoie dans la bonne humeur et la joie de vivre. José travaille avec Délicave, caviste beaunois. Le vin à emporter est au prix caviste, un peu plus cher si consommé sur place. Nouveauté, les vendredis et samedis soir, vous pouvez prendre l'apéritif au caveau, réservation obligatoire.

© RÔTISSERIE DU CHAMBERTIN

© RÔTISSERIE DU CHAMBERTIN

BISTRONOMIE

LE BISTROT LUCIEN - LA RÔTISSERIE DU CHAMBERTIN

6, rue du Chambertin
GEVREY-CHAMBERTIN
✆ 03 80 34 33 20
www.rotisserie-chambertin.com
Ouvert du mardi au samedi le midi et le soir ; le dimanche midi. Accueil des groupes. Terrasse.

La Rôtisserie Chambertin, tenue par Lucie et Thomas Collomb, est un somptueux hôtel qui réunit une table d'hôtes étoilée Michelin, neuf chambres et le fameux bistrot Lucien, labellisé Green Food. Ici, Thomas et son équipe vous proposent une cuisine de tradition, selon les produits du marché. Que de belles promesses à la carte : maquereaux de ligne de Noirmoutier, épaule d'agneau du Bourbonnais confit au citron sel ou encore panne cotta à la brebis de Saunière et crémeux de citron de Nice... Le fait maison est à l'honneur et la carte se renouvelle régulièrement.

© RÔTISSERIE DU CHAMBERTIN

CHAMBERTIN

© RÔTISSERIE DU CHAMBERTIN

LE MONTRACHET

10, place Pasquier de la Fontaine
PULIGNY-MONTRACHET ✆ 03 80 21 30 06
www.le-montrachet.com
Fermé de fin novembre à début janvier. Ouvert tous les jours le midi et le soir. Formule à 34 €. Menus de 34 à 110 €.

© MONTRACHET

Au cœur d'un charmant village bourguignon siège le Montrachet, à 12 km de Beaune. A la direction Florian Bonnin accompagné de son chef Romain Versino. Le restaurant gastronomique au service impeccable, dans un intérieur redécoré et lumineux, vous permettra de découvrir une cuisine raffinée. Dégustez un homard bleu au court-bouillon, carpaccio de courgettes et espuma de crustacés, puis en dessert, les délicieuses framboises en texture avec émulsion fleur de sureau du chef pâtissier. Le Montrachet c'est aussi plus de 1 000 références de vin, dont 200 Grands Crus. L'établissement ouvrira prochainement un Spa avec piscine intérieure. Une très belle adresse, à découvrir absolument !

GASTRONOMIQUE

LE GLOBE

15, rue de Lattre-de-Tassigny - **MEURSAULT** ✆ 03 80 21 64 90
www.hotel-globe.fr
Ouvert du jeudi au lundi le midi et le soir. Menus du soir à partir de 36 €. Formule du midi à partir de 23 €

Le Globe est très bel établissement du centre de Meursault ouvert en 2020 suite à une totale rénovation. Le cadre de l'établissement est vraiment très agréable avec une salle cosy aux tendances Art déco très intimiste. L'élégance se poursuit jusque dans l'assiette avec une cuisine gastronomique et inventive préparée par le chef Nicolas Marchant, les mélanges de textures et de saveurs sont magnifiés dans la présentation des plats. En deux mots : c'est beau et c'est bon ! De belles proportions, un service impeccable et les conseils œnologiques du sommelier qui se charge de faire évoluer une carte des vins déjà très intéressante font du Globe une adresse incontournable.

CUISINE RÉGIONALE

LE BOUCHON

1, place de l'Hôtel de Ville - **MEURSAULT** ✆ 03 80 21 29 56
www.restaurant-le-bouchon.com
Ouvert du mardi au samedi midi et soir en saison, hors saison du mardi au samedi midi et vendredi et samedi soir.

Le bouchon c'est une salle contemporaine et une cuisine traditionnelle dans un esprit bouchon lyonnais… mais en Bourgogne ! Les grandes ardoises aux murs affichent les délicieuses propositions toutes cuisinées sur place ; hormis le jambon persillé provenant d'un artisan boucher du village et les escargots qui sont surgelés (à éviter donc...). Du côté des irremplaçables : le bœuf charolais mijoté façon bourguignon, les œufs pochés sauce meurette au vin blanc et rouge ou encore le burger 100% local avec pain à l'emmental, bœuf charolais, moutarde à l'ancienne et époisses. Pour un déjeuner d'affaires comme pour un moment en tête à tête, le lieu se prête à toutes les occasions.

GASTRONOMIQUE

LOISEAU DES VIGNES

31, rue Maufoux - **BEAUNE** ✆ 03 80 24 12 06
www.bernard-loiseau.com
Ouvert du mardi au samedi 12h-14h et 19h-21h. Menu carte, prix moyen 65 €. Formule déjeuner de 28 € à 48 €.

Loiseau des Vignes à Beaune est l'un des quatre restaurants du Groupe Bernard Loiseau en Bourgogne. On ne pouvait rêver mieux que de rejoindre le prestigieux hôtel 5 étoiles Le Cep pour trouver une salle chargée d'histoire et rehaussée d'une décoration qui mêle meubles anciens et design. Spécificité des établissements Bernard Loiseau, et en particulier celui de Beaune, son œnothèque occupe un pan de mur complet et permet d'accéder à 70 références de vins servis au verre. Le chef beaunois, Mourad Haddouche, propose une cuisine de terroir partagée entre tradition et modernité en y ajoutant des touches de saveurs du monde. L'esthétique des plats est fidèle aux codes de la grande gastronomie.

BOURGOGNE

LA TABLE DE LÉONCE

Rue de la Montagne - **VOUGEOT** ✆ 03 80 62 86 09
www.closdevougeot.fr
Dégustations gourmandes. Sur réservation. Menu végétarien sur réservation 24h à l'avance. Formule à partir de 75 €.

Au château du Clos de Vougeot, on ne se limite pas à admirer les bouteilles tastevinées de l'œnothèque. On peut en effet venir pour une dégustation-déjeuner à la Table de Léonce, le propriétaire des lieux de 1889 à 1913. Différentes formules sont proposées par la nouvelle cheffe Alexandra Bouvret qui cuisine avec les produits du marché : jambon persillé et crème de moutarde de Beaune, volaille fermière de Saulon-la-Chapelle et pleurotes de la champignonnière de Dijon, puis tartelette aux fraises en dessert. Une expérience accompagnée d'une sélection de vins, proposée en table longue dans l'esprit des Chapitres de la Confrérie, où les groupes de convives sont séparés par des paniers à vendange.

GASTRONOMIQUE

CHÂTEAU DE GILLY - RESTAURANT LE CLOS PRIEUR

2, place du Château - **GILLY-LÈS-CÎTEAUX**
✆ 03 80 62 89 98
www.restaurantclosprieur.fr

Du mercredi au dimanche midi et soir. Formule déjeuner de 30 € à 36 €. Menu Gastronomique 62 €. Jeunes Gourmets 60 €.

Le Château de Gilly est un lieu d'exception, riche d'un magnifique patrimoine. Ancienne résidence des Pères Abbés de Cîteaux, il n'a rien perdu de son authenticité d'antan. L'ancien cellier des moines cisterciens accueille le restaurant gastronomique dans une superbe salle en pierres de Bourgogne voûtée d'ogives. Un cadre de caractère qui appelle à une cuisine savoureuse et raffinée. Le chef Julien Girard donne à ses recettes l'accent du terroir. Le cabillaud poché au lait fumé ou encore le filet de bœuf sauce au thym sauront réjouir vos papilles. Une très belle adresse.

GASTRONOMIQUE

RESTAURANT LE 428

54, rue de Bourgogne - **SAVIGNY-LÈS-BEAUNE**
✆ 03 80 21 51 52
www.louvree.fr
Ouvert du jeudi au lundi le midi et le soir. Menus de 38 € à 85 €. Menu du midi : 27 €. Jardin. Terrasse. Hôtel 12 ch.

© E FOUQUIN

© E FOUQUIN

Au 428, le restaurant de Christophe Ledru, on vient s'offrir une échappée gastronomique où liberté et confiance sont les maîtres mots. La créativité est présente dans chaque menu et l'on s'intéresse davantage à ce que vous n'aimez pas qu'à vos préférences car le chef sait sublimer tous ses produits. La satisfaction commence à la vue des assiettes... L'esprit Art déco contemporain de la salle s'ouvrant sur la terrasse contribue au plaisir de l'instant. Un établissement qui figure dorénavant parmi les belles tables de la région beaunoise. La carte des vins, représentative de la région, complète cette offre fort séduisante ! La partie hôtel est elle aussi remarquable.

BISTRONOMIE

BIZ'TRO

4, place Madeleine - **BEAUNE** ✆ 03 80 20 06 96
www.facebook.com/BiztroBeaune/
Ouvert du mardi au samedi midi et soir. Menu bourguignon à 37 €. Formule midi 28 €. Terrasse.

Le Biz'Tro est un fameux restaurant beaunois, grand frère de son voisin le BarBizier, un des bars à cocktails et vins les plus branchés de Beaune, tous deux dirigés par Julian Gouverd. Son chef Sébastien Henry, habitué des cuisines de grands restaurants à Beaune et à Paris allie chic, gourmandise et simplicité. L'originalité est poussée jusqu'au fameux Repas Bourguignon, des œufs parfaits encore dans leur nid et le bœuf de la Ferme de Clavisy servi en cocotte. Plats réinventés, produits de saison de petits producteurs, carte des vins étoffée. Une déco sympa faite de tables de bois brut, de fauteuils en cuir et d'une magnifique œuvre d'art, un arbre monumental, le héros de la salle !

HOSTELLERIE CÈDRE ET SPA

10-12, boulevard Maréchal-Foch - **BEAUNE**
✆ 03 80 24 01 01
www.cedrebeaune.com
1 étoile au guide Michelin. 7j/7 de 19h à 21h30, samedi et dimanche midi. Fermé lundi et mardi en basse saison. Réservation recommandée. Menus 55 à 95 €.

Cet excellent restaurant se trouve au sein d'une ancienne maison de maître vigneron, datant du XIXe siècle, au cœur de Beaune, dans les murmures d'un parc, à deux pas des Hospices, ô combien symboliques de la Bourgogne, terre de gastronomie. Il conjugue la magie des saveurs puisées aux sources du terroir bourguignon. La belle cuisine d'invention et de passion, en harmonie avec les vins de Bourgogne, trouve délicieusement sa place au gré des saisons. Au coin du feu sous les plafonds moulurés, ou en terrasse sous les ombrages. Les vins de Bourgogne occupent une place de choix dans la carte des vins, qui compte plus de 400 références. Laissez-vous donc séduire !

GASTRONOMIQUE

GARUM

10, rue de l'Hôtel-Dieu - **BEAUNE** ✆ 03 80 24 79 41
www.garum-beaune.fr
Basse saison : ouvert du mardi au samedi le midi et le soir. Haute saison : du lundi au samedi le midi et le soir.

Christophe Bocquillon, qui avait décroché une étoile en 2014, la conserva 7 ans à la table du Jardin des Remparts. Aujourd'hui, nouveau défi, il renomme son restaurant Garum. La maison bourgeoise conserve le charme de ses boiseries, l'ambiance chic de ses salles intimistes et sa grande terrasse ombragée avec coin lounge et tapas. Tout est vraiment fait 100% maison, jusqu'aux vinaigres et charcuteries affinées dans les caves. On adore le tartare de Charolais et ses frites cuites à la graisse de bœuf, les viandes et poissons à partager découpés devant vous, et bien sûr la sauce Garum inspirée de la cuisine romaine. La carte des vins de petits producteurs est plutôt abordable.

© CHRISTOPHE MEYER

© CHRISTOPHE MEYER

GASTRONOMIQUE

CHRISTIAN QUENEL RESTAURANT

12, place de l'Eglise
FLAGEY-ECHÉZEAUX
✆ 03 80 62 88 10
www.restaurant-christianquenel.com

Tous les jours sauf mardi et mercredi midi de juin à septembre. Terrasse. Plats à emporter. Traiteur.

Venez déguster des mets d'exception au restaurant gastronomique de Christian Quenel, dans le prestigieux village de Flagey-Echézeaux. Il élabore une cuisine inventive et subtile, tout en respectant la saisonnalité. Si la carte change régulièrement, le chef met un point d'honneur à rendre hommage à la Bourgogne, avec l'œuf parfait sauce au truffes, pour le coup parfaitement maîtrisé, ou encore l'excellent ris de veau, l'une de ses recettes fétiches. La carte des vins est également à l'image de la région, foisonnante, avec plus de 100 références.

© CHRISTOPHE MEYER

© CHRISTOPHE MEYER

© CHRISTOPHE MEYER

JE FAIS MON MARCHÉ

Quel plaisir de flâner dans la ville et de tomber sous le charme d'une vitrine appétissante ou d'un étal prometteur ! Après deux années marquées par la crise sanitaire, une consommation responsable, les circuits courts, le savoir-faire local, les commerces de proximité ont retrouvé une place de premier plan dans les habitudes. Déambuler sous les Halles du centre-ville ou sur l'un des marchés de la métropole pour échanger avec les producteurs et repartir avec un panier annonciateur de saveurs à déguster traduisent une délicieuse sensation retrouvée. Qu'ils se destinent aux gourmands ou aux amateurs de belles choses, les artisans et les boutiques indépendantes rivalisent de talent dans les nombreuses échoppes qui se suivent dans les rues de la ville. Le *Petit Futé* a poussé leurs portes pour offrir une sélection d'adresses destinées à son « panier garni » en privilégiant celles qui associent éthique, qualité et style.

EPICERIE

BOUTIQUE DE LA TRUFFE - L'OR DES VALOIS

5, rue Chaudronnerie
✆ 03 80 37 23 70
www.truffedebourgogne.fr
Ouvert du mardi au samedi de 10h à 19h. Boutique en ligne.

La Boutique de la Truffe est un lieu unique en Bourgogne, dédié au fameux champignon que Thierry Bezeux a baptisé L'Or des Valois. Notre *Tuber uncinatum* se caractérise par sa couleur gris foncé et son parfum marqué. Récoltant et négociant, l'Or des Valois permet de trouver des truffes fraîches toute l'année. L'offre est complétée par des produits de grande qualité, la truffe se déclinant en beurre, à l'alcool, en moutarde, en saucisson, en liqueur... Vous pouvez aussi vous rendre à la Maison aux Mille Truffes by L'Or des Valois sur les hauteurs de Nuits-Saint-Georges.

EPICERIE

BOUTIQUE MAILLE

32, rue de la Liberté
✆ 03 80 30 41 02
www.maille.com
Ouvert du lundi au samedi de 10h à 19h. Livraison possible.

La moutarde Maille est dans la lignée de ces grandes maisons connues du monde entier pour le symbole de la gastronomie qu'elles représentent. En plein milieu de la rue de la Liberté, l'incontournable boutique trône depuis 1845 et ne passe pas inaperçue avec sa devanture en bois. L'intérieur vous invite à un voyage de gourmet avec une sélection de moutarde en pot de différentes recettes : à la truffe, au chablis, au cassis ou à l'italienne avec parmesan et truffe blanche. On choisira un pot en verre ou en grès que l'on pourra même venir remplir une fois vide grâce au système de moutardes à la pompe. De nombreux produits de la marque se déclinent à travers des huiles, vinaigres et cornichons.

EPICERIE

COCORICO

4, rue Millotet ✆ 03 80 45 32 67
cocorico-dijon.eatbu.com
Ouvert du dimanche au mercredi et les jours fériés de 9h30 à 0h ; du jeudi au samedi de 9h30 à 1h. Livraison possible.

À quelques pas seulement de la gare, les grosses lettres de l'enseigne sont facilement repérables, de nuit comme de jour. C'est l'avantage de cette épicerie que de rendre service au cuisinier tête-en-l'air ou de nous permettre d'improviser un apéro de dernière minute jusque tard le soir. Un petit étal de produits frais, mais surtout des boissons, des conserves, des condiments, des produits de base pour la cuisine ou l'hygiène. Un petit choix de moutardes bourguignonnes à l'entrée : bien pratique pour compléter un cadeau avant de prendre son train ! Le détail futé : souvent des rabais sur les produits dont la date limite de consommation est proche. Accueil aimable.

EPICERIE

EPI'SOURIRE

4, place Jacques Prévert ✆ 03 80 50 09 95 - En bus : L18 arrêt Petit-Cîteaux, L5 et L12 arrêt Suquet.En tram : T2 arrêt Monge.
www.episourire.fr
Ouvert du lundi au jeudi de 9h à 12h et de 14h à 17h ; le vendredi de 9h à 14h. Sur inscription.

L'équipe d'Epi Sourire, épicerie sociale et solidaire pour les personnes en situation de fragilité financière, vous accueille dans le quartier du Petit Cîteaux à Dijon. Fruits, légumes, viandes, yaourts et fromages, ces produits viennent pour la plupart de la Banque Alimentaire de Bourgogne. Les produits d'hygiène et ménagers sont achetés sur des plateformes solidaires approvisionnées par les grandes marques donatrices. Tout bénéficiaire potentiel doit s'inscrire à l'épicerie, muni d'une fiche de liaison transmise par le travailleur social qui le suit. Retrouvez également une diététicienne, une infirmière, une aide juridique et l'association PIMMS aux heures et jours de permanence.

EPICERIE

LE GOÛT DES SENS

98, rue Monge ✆ 09 81 87 47 36
www.legoutdessens.fr
Ouvert le mardi, jeudi et vendredi de 9h à 18h30 ; mercredi de 9h30 à 18h30 ; samedi de 9h30 à 12h30 et de 14h30 à 18h.

Aux manettes du Goût des Sens, il y a Béatrice. Venez pousser les portes de sa boutique, atypique et pleine de charme. Ici, vous trouverez une ribambelle de produits en vrac, notamment du thé, des épices, du chocolat, des confitures, du café torréfié sur place, le tout en provenance de Bourgogne, autant que possible. Intimiste, un joli coin salon de thé est mis à votre disposition. Dès les beaux jours, venez déguster les glaces artisanales d'Emki Pop faites avec des fruits de saison. Et quand la fraicheur hivernale pointe le bout de son nez, réchauffez-vous avec des sucettes glacées au chocolat noir ou Matcha à tremper dans un café ou un lait chaud une tuerie !

EPICERIE

MULOT & PETITJEAN

1, rue de la Chouette ✆ 03 80 61 42 22
www.mulotpetitjean.com
Ouvert du mardi au jeudi de 14h à 17h30 ; le vendredi et le samedi de 10h à 12h30 et de 14h à 17h30.

Le deuxième magasin dijonnais de la maison Mulot & Petitjean qui a fêté ses 225 ans, se trouve à deux pas de la célèbre chouette. Sa particularité est son mode de vente en vrac, au comptoir. Fourrées à l'abricot ou au cassis, mais aussi à la pistache ou au praliné, les nonnettes sont toujours un régal ; on recommande les mini-nonnettes à assortir avec des biscuits et des Jacquelines – friandises baptisées ainsi en hommage au Jaquemart de l'église Notre-Dame – et enfin l'incontournable pain d'épices nature, ou bien décliné comme toast à tartiner à l'aneth, aux graines de son de moutarde, à la figue ou encore aux noix, une nouveauté de la maison, avec les nonnettes poire vanille.

BOUCHERIE

LECLERC

7, rue de Cracovie
✆ 03 80 78 94 94
www.e.leclerc/mag/e-leclerc-dijon
Ouvert du lundi au vendredi de 8h30 à 20h ; le dimanche de 8h30 à 12h30.

Bienvenue dans l'espace boucherie du Leclerc Dijon Capnord de Saint-Apollinaire. D'une qualité exceptionnelle, c'est ici que vous trouverez les meilleures viandes d'élevage sélectionnées avec passion par notre chef boucher qui vous conseille avec plaisir. Faites votre choix parmi le porc fermier, le bœuf de Coutancie et bien d'autres viandes de qualité, comme notamment le porc noir de Bourgogne, élevé dans l'Auxois dans les meilleures conditions. Il est d'une qualité rare et absolument délicieux. N'oubliez pas, bien sûr, de passer votre commande au service Drive. En moins de deux heures, vos courses sont déjà prêtes et chargées dans votre coffre ! Pratique !

BOURGOGNE

LA FABRIQUE

4, place François-Rude
✆ 03 71 19 18 60
Ouvert tous les jours de 10h à 19h.

La Fabrique, ce n'est pas le repaire des brigands, mais celui des amateurs de bières et de spiritueux. Passez la porte et découvrez les étals de bières locales et régionales. Vous serez guidés avec le sourire. En rayons, les meilleures brasseries sont représentées avec des bières plus ou moins houblonnées et maltées avec des noms chargés d'humour. La Buée aux notes raffinées, maltées et biscuitées et L'Ouest, plus classique, viennent de rejoindre les rangs, tout droit sorties de la microbrasserie beaunoise VIF. Pour compléter l'offre, plus de 25 rhums (dont du Bourguignon !) et pas moins d'une trentaine de références de whiskies sont proposés. Pensez-y pour un cadeau de dernière minute !

BOURGOGNE

LA FERME DE BRAY-JÉRÔME CORNEMILLOT

Chemin de la Mongeotte
✆ 06 13 29 57 49
Ouvert le mercredi de 16h à 18h30 ; le samedi de 9h30 à 12h15.

Bienvenue dans cette ferme familiale, située à Dijon, existante depuis plusieurs générations, gérée par Marine et Jérôme, spécialisés dans l'élevage de vaches charolaises et la production de céréales. Associés à Nicolas, de la Ferme de Poissy, ils proposent en boutique leurs produits en vente directe, dont un bel éventail de morceaux disponibles au détail : steaks hachés, côtes de bœuf, rosbif, bavette...Testez le veau de lait Colis de viande de 5kg ou le colis barbecue. Vous y trouverez aussi des œufs, lentilles, céréales, produits régionaux, farine et huiles...

EPIÇERIE FINE

L'ÉPICERIE À CARO

23, avenue Victor-Hugo
✆ 03 80 73 31 47
www.epicerie-a-caro.fr
Ouvert du mardi au samedi de 9h30 à 12h30 et de 15h à 19h

Caroline vous ouvre les portes de sa charmante épicerie. Proche du centre-ville, elle propose une sélection de produits gourmands rigoureusement choisis pour leurs belles qualités. Caroline, en vraie passionnée, a choisi de proposer des huiles d'olive d'exception, aromatisées ou non, des épices et produits d'épicerie, des conserves gourmandes et même du foie gras ou du caviar. Un rayon est entièrement dédié aux fromages régionaux affinés que l'on pourra associer à une large sélection de vins régionaux. Pour un retour en enfance, choisissez une limonade artisanale à la menthe ou à la cerise et accompagnez-la d'une pâtisserie en bocal signée Foodies. Un plaisir pour nos emplettes gourmandes.

EPICERIE FINE

FESTINS DE BOURGOGNE

23, route de Beaune - **MARSANNAY-LA-CÔTE** ✆ 03 80 54 39 39
www.festins.fr
Ouvert du mardi au samedi de 9h à 19h. Plateaux-repas. Réceptions. Cocktails. Buffets. Boutique. Épicerie fine.

Festins de Bourgogne est une référence traiteur à Dijon depuis presque 30 ans et met tout son professionnalisme au service de votre projet de mariage, de réception ou de cocktail. La directrice de la boutique de Marsannay-la-Côte, Séverine Langlois et le chef cuisinier Gregory André vous proposent une large gamme de mets, mignardises, amuse-bouches et plateaux-repas ultra-frais livrés au bureau ou à domicile. Coquilles Saint-Jacques « Bonne Femme », entremets homard et ris de veau ou royal de champignon, sauce périlleux et foie gras, tous les plats sont appétissants et soigneusement présentés pour passer un bon moment avec vos convives. Vous n'avez plus qu'à faire votre choix !

VIANDES - VOLAILLES

BOUCHERIE-CHARCUTERIE ALVISET

✆ 03 80 30 26 54
www.boucheriealviset.ollca.com
Ouvert le mardi et du jeudi au samedi de 6h à 13h. Service livraison. Plateaux à commander en ligne.

Si vous cherchiez le meilleur boucher-charcutier de Dijon, vous êtes ici à la bonne adresse : la famille Alviset transmet en effet son savoir-faire depuis 1950. Un service impeccable qui vous propose sa sélection rigoureuse de produits bouchers (bœuf, porc, veau, agneau, volailles) ainsi qu'une gamme traiteur de qualité, avec d'excellents plats cuisinés, dont une choucroute exceptionnelle. Serge Alviset propose également des plateaux sur commande, avec possibilité de livraison à domicile : plateaux choucroute, charcuterie, ou encore apéro pour 4 personnes et le pack enfant.

BOUCHERIE

BOUCHERIE-CHARCUTERIE RENOT MALHOUITRE

Halles Centrales - Stand 12
✆ 03 80 30 12 58
Ouvert le mardi et le samedi de 6h à 13h ; le jeudi de 8h à 12h ; le vendredi de 5h à 13h.

Arrêtez-vous à la Boucherie-Charcuterie Renot Malhouitre, entreprise familiale depuis 1875 qui vous propose viandes de qualité et charcuteries réalisées maison dans l'amour de la tradition. Régalez-vous de terrines de campagne, lapin, canard, feuilleté au jambon ; et repartez avec quelques tranches du pavé bourguignon. Tous les produits sont minutieusement sélectionnés et proviennent de Bourgogne-Franche-Comté. Enfin, vous trouverez de quoi faire de bons repas tout au long de la semaine. Bon à savoir : il est possible de passer commande par téléphone.

© CHRISTOPHE MEYERS

© CHRISTOPHE MEYERS

BOUCHERIE

BOUCHERIE MERLE

47, avenue Maréchal Lyautey
✆ 03 80 71 54 72
www.boucherie-traiteur-merle.fr
Le mardi et le jeudi 8h-12h30 et 15h-19h ; le mercredi 8h-12h30 ; le vendredi 8h-19h ; le samedi 7h-14h.

La Boucherie-Charcuterie-Traiteur Merle, c'est une histoire de familles depuis 1945 : les Passemard jusque dans les années 2000, puis les Odrion, et depuis 2016 c'est au tour de Mathieu et Aurélia de vous accueillir. Le couple vous propose de bons produits français de boucherie traditionnelle provenant de Bourgogne–Franche-Comté. En vitrine, un vaste choix de pâtisseries salées et plats cuisinés s'offre à vous, le tout de saison. Tous les vendredis et samedis la maison propose également un menu avec une viande, un poisson ou un plat cuisiné comme l'excellent poulet Gaston Gérard. Avec des produits fermiers locaux et bénéficiant d'un élevage en plein air, vous consommez mieux et responsable.

© CHRISTOPHE MEYERS

© CHRISTOPHE MEYERS

© CHRISTOPHE MEYERS

FROMAGERIE - CRÈMERIE

LE CHALET COMTOIS

28, rue Musette
✆ 03 80 30 48 61

Ouvert lundi de 14h à 19h ; mardi, vendredi et samedi de 7h à 19h ; mercredi et jeudi de 8h à 19h.

Une adresse bien connue des amateurs de fromages depuis 1872 ! On vient y composer son plateau de fromages, tenté par le comté ou n'importe quel autre mets vanté sur l'ardoise postée rue Musette. Les spécialités régionales sont bien présentes, comme le délicieux Mont d'Or fermier de la Ferme Mamet, mais on peut aussi voyager avec un onctueux Bleu di Bufala aux saveurs intenses, adouci par le lait de bufflonne. Un petit rayon crèmerie permet de se ravitailler en beurres variés, yaourts fermiers et faisselles. Au comptoir, des œufs dont les poules, nous dit-on, ont gambadé pas si loin d'ici. La bonne humeur et les conseils d'une fine équipe de passionnés ajoutent encore au charme du lieu.

FROMAGERIE - CRÈMERIE

FROMAGERIE PORCHERET

18, rue Bannelier
✆ 03 80 27 04 35

Le lundi, le mercredi et le jeudi 8h-19h30 ; le mardi, le vendredi et le samedi 7h-19h30 ; le dimanche 9h-18h.

Rue bannelier, tout près des halles de Dijon, découvrez la très belle fromagerie de Yann Lavigne. Une crémerie authentique, fondée en 1930, par les parents de Yann. Ce passionné sélectionne pour vous les meilleurs produits. Issus de la région ou d'ailleurs, les fromages sont affinés sur place, dans des caves voûtées, situées sous la fromagerie, visibles depuis la boutique. Autant dire que le choix est grand ! Fromages de chèvre, comté à la coupe ou encore yaourt fermier de la région, mais aussi produits d'épicerie fine complètent les étals. À découvrir comté, beurre et œufs fumés et pour les beaux jours, le bar à mozza : mozzarella di bufala, en tresse, en boule, en bonbon, nature ou fumée.

FRUITS - LÉGUMES

POM ET CHOU

2, rue de la Petite-Fin - **FONTAINE-LÈS-DIJON** ✆ 03 80 56 34 60
www.pometchou.fr

Du mardi au jeudi de 9h à 12h30 et de 15h à 18h30 ; le vendredi de 9h à 19h ; le samedi de 9h à 12h30 et de 15h à 18h.

La nature a des couleurs, et vous les trouverez assurément chez Pom et Chou ! C'est exactement ainsi qu'Olivier Lannel conçoit son métier. Petit-fils d'agriculteur, il a à cœur de proposer une nourriture saine et de terroir, composée des fruits et des légumes de saison. Talant, Besançon, Fleurey... les producteurs de la région sont à l'honneur ! Tout ce qu'il faut pour remplir son panier de la semaine, d'autant que la boutique propose aussi à la vente des soupes, des confitures et des miels, des pâtes artisanales, des farines, toujours sélectionnées avec goût et exigence. Le *made in* France est privilégié, mais on trouve tout de même des produits en provenance de Grèce ou encore du Brésil.

HYPERMARCHÉ

E.LECLERC DIJON CAP NORD

7, rue de Cracovie ✆ 03 80 78 94 94
www.e-leclerc.com/dijon

Ouvert du lundi au samedi de 8h30 à 20h ; le dimanche de 8h30 à 12h30. Service drive.

Situé dans la zone nord de Dijon, le centre commercial Leclerc concilie deux exigences : des produits de qualité et à prix très négociés. Le magasin valorise le terroir dans le cadre du partenariat Alliances locales qui met en avant 27 producteurs locaux avec un excellent rayon boucherie (le porc noir est succulent), une belle sélection de vins et plusieurs références bio. Côté Drive, passez votre commande en ligne et vos courses sont prêtes dans les deux heures suivantes. À côté de la partie alimentaire, vous trouverez les rayons habillement, culture, électroménager, vaisselle et jardinage, mais encore et surtout un personnel de très bon conseil, à l'écoute et souriant.

HYPERMARCHÉ

LECLERC DRIVE

7, rue de Cracovie
✆ 03 80 78 87 21

Lundi-samedi 8h-20h ; dimanche 8h30-12h30. Livraison lundi-samedi 10h-20h par transporteur et 9h-20h par particulier.

Qui n'a jamais ronchonné à la simple idée de devoir aller faire ses courses ? La tâche peut s'avérer longue et ennuyeuse... Tout ce temps perdu qu'on aurait bien utilisé pour faire tant d'autres choses... Le centre commercial E.Leclerc Dijon Cap Nord, comme celui de Quetigny, a pensé à tout et surtout à vous ! Avec son service Drive, faites vos courses en quelques clics, aux mêmes prix qu'en magasin, et venez récupérer vos achats deux plus tard. Vous n'aurez plus qu'à ouvrir le coffre de la voiture. Et pour gagner encore plus de temps, optez pour le service E.Leclerc Chez Moi. Passez votre commande en ligne et faites livrer vos courses à domicile quelques heures plus tard. Pratique !

HYPERMARCHÉ

LECLERC EXPRESS

10, boulevard des Allobroges - **FONTAINE-LÈS-DIJON**
✆ 03 80 10 01 40
www.e.leclerc

Ouvert tous les jours à partir de 9h et jusqu´à 19h30.

Le supermarché indépendant Leclerc Bio de Fontaine-lès-Dijon, le premier en France, tire sa révérence et laisse sa place au Leclerc Express. Les enseignes hard discount n'ont qu'à bien se tenir, le nouveau concept du magasin propose des produits alimentaires à des prix défiant toutes concurrences. Toujours géré par Laurent Gautherot, Leclerc Express devient un magasin de proximité qui favorise l'aspect convivial, familial et rapide. On espère tout de même retrouver des produits bio et la marque BioVillage en bonne place dans les rayons, sans oublier nos producteurs locaux qu'on ne met jamais assez à l'honneur. Pour des courses express, rien de tel que Leclerc Express.

FROMAGERIE · CRÈMERIE

FROMAGERIE GAUGRY

74, Route Nationale - **BROCHON**
✆ 03 80 34 00 07
gaugryfromager.fr
Ouvert du mardi au samedi de 9h à 12h30 et de 14h à 18h30. Visites libres ou guidées de 9h à 11h30 et de 14h à 17h30.

La maison Gaugry gérée en famille par Mathilde Lincet est une adresse bien connue, fondée en 1946 avec sa spécialité l'Ami du Chambertin, délicieux fromage à pâte molle (médaillé d'argent au Mondial du fromage et des produits laitiers en 2021 !) La fromagerie Gaugry a depuis élargi sa gamme avec aujourd'hui onze fromages, dont deux en production bio. Des petites merveilles que l'on apprécie tant en fin de repas que sur une planche le temps d'un mâchon. Venir jusqu'à la fromagerie, c'est l'assurance de trouver un fromage AOP, mais c'est aussi le plaisir de découvrir où et comment il est fabriqué le temps d'une visite libre ou guidée. Une belle adresse pour les amateurs de fromages !

SUPÉRETTE

ÉPICERIE DE LA GARE - LA LOCO

5, avenue Maréchal-Foch
✆ 03 80 41 15 86
www.epiceriedelagarelaloco.fr
Ouvert tous les jours de 9h à minuit. Livraison possible sur Just Eat.

© PHILIPPE HIEST

© PHILIPPE HIEST

Voilà l'épicerie que tout le monde aimerait avoir à côté de chez lui ! La Loco est ouverte tous les jours, 365 jours par an, et de 9h à minuit. En plus d'être une épicerie qui dépanne, c'est aussi et surtout une très bonne épicerie qui propose des produits de qualité et des produits régionaux : pain d'épices, moutarde et consort figurent sur les rayons et peuvent même vous être livrés à domicile via Just Eat. On retrouve ici tout le plaisir du commerce de proximité et l'envie de faire des emplettes grâce à un accueil chaleureux. Super pratique puisqu'à deux pas de la gare.

PRODUCTEUR

DRIVE FERMIER 21

3, rue Léon Delessard
✆ 07 85 76 13 52
drivefermier21.fr
Retrait chaque vendredi de 12h30 à 19h.

Du bio en parti, du local à 100% ! La politique de la chambre de l'agriculture et du conseil départemental vise à valoriser les producteurs locaux, avec ce drive on ne saurait mieux faire. Rendez-vous sur le site pour passer tranquillement votre commande. Issus des fermes de l'ensemble de la Côte-d'Or : pain, fruits et légumes, pâtes, viandes et charcuterie, volailles et œufs, fromages et produits laitiers, glaces, poissons, escargots, aromates et condiments, produits de la ruche, confitures et produits sucrés, épicerie, boissons sans et avec alcool, vins et spiritueux, bières... Quelques clics pour la commande, retrait le vendredi après-midi et vos courses hebdomadaires sont faites !

PRODUCTEUR

LA MOUTARDERIE FALLOT

16, rue de la Chouette ✆ 09 54 04 12 62
www.fallot.com
Ouvert le lundi de 14h à 19h, du mardi au samedi de 10h à 19h, le dimanche de 10h à 13h30.

Entre la Maison Millière et la chouette se trouve la boutique dijonnaise de la moutarderie Fallot qui propose de découvrir comment est produite la Moutarde Fallot, un procédé artisanal préservé dans un univers industriel dans lequel les graines de sénevé sont broyées à la meule de pierre. Deux fois par mois, la meule exposée à Dijon est opérationnelle pour préparer une moutarde de Dijon en live. Attardez-vous au bar à moutardes qui permet de découvrir les plus en vogue. Notre conseil ? Faites une visite à la maison mère de la Moutarderie Fallot à Beaune et passez la nuit devant la boutique de Dijon, un hologramme prend vie et vous montre comment l'on fabrique la moutarde.

EPICERIE FINE

AU ROI DES PÂTES

16, rue Quentin
✆ 03 80 30 16 73
Lundi, mercredi et jeudi : 9h-12h30/15h-19h15 ; mardi, vendredi et samedi : 8h-13h/15h-19h15.

Que sont chères à nos cœurs les boutiques au goût d'antan ! Depuis 1926 l'enseigne Au Roi des Pâtes dirigée par Gérard Parmentier est connue de tous les Dijonnais. Les rayonnages croulent d'opulence tant le vintage est à la mode, l'abondance de produits importés d'Italie nous font craquer. C'est la promesse du Roi des Pâtes, nous faire perdre la tête à la vue de ces mets gargantuesques : pâtes fraîches, antipasti, charcuteries, fromages et vins italiens et même pizzas à emporter... Une caverne aux merveilles, tout nous fait saliver ! Un commerce bien rodé au service irréprochable, charmant, qui jamais ne désemplit. Les jours de marché, l'affluence est telle qu'il faudra être patient.

EPICERIE

LA CHAMPIGNONNIÈRE DE DIJON

1, rue Bannelier ✆ 06 79 92 45 94

https://champignonnieredijon.fr

Ouvert mardi, vendredi et samedi de 8h à 13h. Au pied de l'horloge. A Corcelotte en Montagne pour visite et restauration

Pour les champignons de Paris, Blandine et Luc Lecherf ont pris l'habitude de dire « les Dijon ». Ils sont cultivés dans une combe du plateau de Sombernon, un petit château chargé d'histoire. Si on peut monter à Corcelotte-en-Montagne, on peut aussi simplement aller au marché de Dijon faire ses emplettes. A la Champignonnière de Dijon, on trouve aussi des shiitakés, des pleurotes et des pholiotes du peuplier, frais mais aussi cuisinés en différentes préparations, en tartinades, en veloutés, en persillade... La Champignonnière se visite, pour en apprendre plus sur la production.

PRODUCTEUR

DRIVE FERMIER 21

3, rue Léon Delessard

✆ 07 85 76 13 52

drivefermier21.fr

Retrait chaque vendredi de 12h30 à 19h.

Du bio en parti, du local à 100% ! La politique de la chambre de l'agriculture et du conseil départemental vise à valoriser les producteurs locaux, avec ce drive on ne saurait mieux faire. Rendez-vous sur le site pour passer tranquillement votre commande. Issus des fermes de l'ensemble de la Côte-d'Or : pain, fruits et légumes, pâtes, viandes et charcuterie, volailles et œufs, fromages et produits laitiers, glaces, poissons, escargots, aromates et condiments, produits de la ruche, confitures et produits sucrés, épicerie, boissons sans et avec alcool, vins et spiritueux, bières... Quelques clics pour la commande, retrait le vendredi après-midi et vos courses hebdomadaires sont faites !

MARCHÉS

MARCHÉ DOMINICAL DE CHENÔVE

Esplanade de la République

CHENÔVE

✆ 03 80 51 56 30

Ouvert le dimanche de 8h à 13h15.

Grand rendez-vous du dimanche, le marché de Chenôve déménage au centre-ville. C'est sans conteste l'un des marchés les plus fréquentés de l'agglomération dijonnaise. Il accueille plus de 103 commerçants et les 6 000 visiteurs qui s'y rendent chaque dimanche en repartent les bras chargés de victuailles à des prix très doux, défiant toute concurrence. Foi de renard, vous aimerez les odeurs de poulets grillés aux herbes qui mettent l'eau à la bouche, de même que les étals d'épices multicolores. Bref, un marché où l'on aime flâner, discuter et faire de bonnes affaires !

MARCHÉS - HALLES

LES HALLES CENTRALES

Rue Odebert

www.shop-in-dijon.fr/halles-de-dijon

Le mardi et du jeudi au samedi 7h-13h. Le dimanche 10h-15h, uniquement pendant la saison du Brunch des Halles. BDH 25 €.

Véritable lieu historique, ces halles imaginées en 1868 possèdent un charme fou. La charpente métallique inspirée des constructions Eiffel, ornée de motifs animaliers est stupéfiante et forme un écrin de choix pour produits gourmands et locaux. Effet anti-morosité garanti ! S'accorder le temps de déambuler dans les allées avec son panier relève de la balade bien plus que du shopping. Les Halles centrales accueillent : maraîchers, primeurs, bouchers et volaillers, crémiers-fromagers, poissonniers pour le plaisir de chacun. Mais, l'incontournable c'est le Brunch du dimanche matin, de mai à septembre. Une expérience à vivre absolument si l'on est à Dijon durant cette période !

HALLE COUVERTE

CÔTÉ COLOMBO

1, rue Bannelier

www.cotecolombo.fr

Traiteur et épicerie sous les halles. Produits frais, locaux et faits maison.

Voilà un peu plus d'un an que le chef cuisinier Florent Colombo propose sa cuisine en service traiteur, dans son nouveau corner situé sous les halles de Dijon. On connaissait déjà son restaurant Colombo à Ahuy, dont l'enseigne et l'intérieur ont été entièrement refaits, et pour plus de proximité avec les Dijonnais, il propose cette gamme de plats à emporter, composés à partir de produits locaux, frais et maison. Tout est sous vos yeux : pot-au-feu de paleron de veau, salades, mais également différents miels et bien sûr ses célèbres sauces pour les œufs en meurette. En nouveauté, testez la terrine d'aubergines Tataki de thon. Un très beau stand où l'on peut aussi trouver d'excellents vins.

HALLE COUVERTE

Ô MAQUIS CORSE

Halles Centrales ✆ 06 42 12 27 91

www.omaquiscorse.fr

Ouvert les jours et aux heures du marché. Livraison possible (sur Dijon et sa couronne, gratuite dès 30 € d'achat).

Ô Maquis Corse vous fait voyager sans bouger de Dijon. C'est en tout cas le pari lancé par Erika et Vincent au retour d'un séjour sur l'île de beauté. C'est essentiellement dans la Corse occidentale que sont sélectionnés des produits de qualité chez une vingtaine de producteurs : la charcuterie, le fromage, les condiments, l'huile d'olive... également une excellente gamme de produits biologiques. Vous les trouverez tous les jours de marché sous les Halles de Dijon, heureux de vous faire découvrir l'ambiance chaleureuse et toute la richesse culinaire de cette île. La traçabilité, l'origine et les explications des produits sont des points essentiels, vous saurez toujours ce que vous mangez !

© IMAGE ASSOCIÉS

© IMAGE ASSOCIÉS

MAISON TOUSSAINT

20, rue Piron
✆ 03 80 41 04 16
maison-toussaint.com
Ouvert du mardi au samedi de 10h à 13h et de 14h à 19h.

Située à la place de la Chocolaterie de Bourgogne, rue Piron, l'arrivée de l'enseigne bourguignonne Maison Toussaint, gérée par Pascal et son fils Pierre-Emmanuel, est une bien belle consolation ! Vous êtes peut-être déjà passé devant leur chalet à la Toison d'Or ou à Arceau ? Vous pouvez dorénavant retrouver tous leurs produits en plein centre-ville. Et quels produits ! Leur gâteau aux épices hyper moelleux est un incontournable et on raffole des eftis, ces délicieuses gourmandises à la meringue aussi craquantes que fondantes. Difficile aussi de résister aux Bons Sablés ou encore aux Nonnettes… Un travail soigné jusque dans les emballages, parfait pour offrir à vos amis les plus gourmands.

© IMAGE ASSOCIÉS

© IMAGE ASSOCIÉS

© IMAGE ASSOCIÉS

PÂTISSERIE

FRANCK POURRIER

26, rue Musette
✆ 03 80 48 37 70
www.franck-pourrier.com
Du mardi au jeudi de 9h à 12h30 et de 13h30 à 19h ; le vendredi et le samedi de 8h30 à 19h ; le dimanche de 9h à 12h30.

© PHILIPPE HIEST

© POURRIER

Située rue Musette, tout près des halles centrales de Dijon, la boutique Franck Pourrier est bien connue des Dijonnais. Découvrez ses pâtisseries de grande qualité, et de nouvelles créations de gâteaux comme le Signature, mousse au caramel crémeux chocolat, caramel tendre au beurre salé et biscuit chocolat, ou encore L'Idylle, mousse au pamplemousse, crémeux vanille et biscuit cake citron. Julie et Franck proposent aussi un grand choix de macarons, chocolats, confiseries et sorbets maison. Une mention spéciale est attribuée à la galette des Rois à la frangipane ou au cassis. Et pour les amateurs de chocolat, deux nouvelles tablettes de chocolat Bio ont fait leur entrée !

PÂTISSERIE

PÂTISSERIE PIERRE HUBERT

31, rue des Godrans ✆ 03 80 54 94 22
www.pierre-hubert.fr
Ouvert du mardi au samedi de 8h à 19h ; le dimanche de 8h à 13h.

Pierre Hubert est devenu un pâtissier incontournable à Dijon. Que ce soit au centre commercial de la Toison d'Or avec le très chic kiosque à choux ou dans sa boutique de la rue des Godrans, de nombreuses et délicieuses créations vous attendent. Macarons, chocolats, bocaux de pâtes à tartiner ou de confitures, et autres gourmandises et entremets vous tournent la tête grâce à leurs couleurs et à leur beauté ! Les gâteaux sont excellents, à l'image de la tarte pamplemousse et pistache ou de l'entremets Kenavo à la mousse de chocolat au lait et cœur de crème brûlée. Pour vos apéritifs, n'hésitez pas à goûter aux assortiments de mignardises salées. Des créations qui évoluent avec les saisons.

CHOCOLATIER

FABRICE GILLOTTE

21, rue du Bourg ✆ 03 80 35 58 50
https://fabricegillotte.com
Le lundi de 11h à 19h, du mardi au vendredi de 9h15 à 19h ; le samedi de 9h à 19h. Vente en ligne.

Envie d'offrir d'excellents chocolats ? Rendez-vous rue du Bourg à l'adresse du Meilleur Ouvrier de France Chocolatier, connu par les amateurs et les plus érudits. L'incontournable coffret Bleu, avec un assortiment sur deux plateaux, les pralinés d'exception ou encore l'original plumier et son assortiment de palets fins en chocolat au lait, promettent douceur et raffinement aux papilles. Laissez-vous tenter aussi bien par de délicieux macarons que par les biscuits artisanaux et en nouveauté, Les Ours Art, coffrets de 10 oursons au chocolat et à la guimauve ou les Croc'Télé. Toutes les créations originales de Fabrice Gillotte sont disponibles en ligne. Glaces divines en saison !

PÂTISSERIE

PATISSIER CHOCOLATIER AURÉLIEN DUVOIE

22, rue d'Auxonne ✆ 03 80 66 49 50
www.aurelienduvoie.fr
Ouvert du mardi au samedi de 8h30 à 12h30 et de 14h à 19h ; le dimanche de 8h30 à 12h30.

Entre un virtuose de la pâtisserie et un maître chocolatier, et 17 ans d'expérience, Armand Crampe et Aurélien Duvoie forment un duo détonnant. Ils vous proposent des créations originales des plus succulentes dont le Kerman ou le Jivara et le très demandé Délice aux accents italiens. Sans oublier les glaces artisanales, tartes, pâtes à tartiner, tablettes de chocolat, verrines, ou encore petits fours salés... Les créations sont aussi belles à regarder que délicieuses à savourer. Une adresse à retenir aussi pour les ballotins de chocolats de fin d'année ! Accueil chaleureux.

PRODUCTEUR

DANIEL CACHOT

352, rue du Bernon
BROIN
✆ 03 80 26 96 82
www.daniel-cachot.fr
Sur rendez-vous.

© JDR
© Julien Dromas

© DANIEL CACHOT

Envie de découvrir les délices artisanaux et locaux dans de beaux vergers ? Direction le village de Broin au sud de Dijon, à la ferme fruitière de Daniel Cachot. Ouvert tous les jours sur rendez-vous, il vous fera goûter ses nectars (groseille, rhubarbe, pomme, raisin, cassis, framboise), ses confitures (fraise, pêche de vigne, cerise et mirabelle) et ses pâtes de fruits, sans oublier son miel d'acacia et son excellent pain d'épice. C'est aussi là qu'il produit eau-de-vie et poître rouge, spécialité mêlant bière et cassis. Ces spécialités sont également disponibles dans différentes boutiques et restaurants dijonnais tels que l'épicerie locavore des Bourroches ou encore la Péniche Cancale.

BIO

LES CHAMPS DU DESTIN

7 B, rue de la Montolle - **SACQUENAY** ✆ 03 80 75 95 60
www.leschampsdudestin.com
Ouvert jeudi et vendredi de 15h30 à 18h30. Marchés, boutiques bio sur les départements 21, 52, 70, 90, 25.

Les Champs du Destin est un fournil 100 % bio créée par Jérôme Bruet. Les farines et céréales sont produites sur les terres du village préservées depuis de très nombreuses années. Les pains sont agrémentés de graines insolites, lin, mélilot, avoine, petit et grand épeautre, colza, luzerne, trèfle. Boulanger bio depuis 1994, Jérôme regorge de projets, il participe à des programmes de développement avec Agro Sup Dijon. Son laboratoire prépare une palette de 14 chocolats réalisés à base de pâte de cacao sans lécithine et enrichis des meilleures céréales et autres fruits bio. Parmi les nouveautés il y a les bières des Champs du Destin produites à base de céréales originales et bio.

GLACIER

SIMONE ET MAURICE

6, rue de la Chouette ✆ 03 80 43 87 01
www.simonemaurice.fr
Ouvert du mardi au samedi de 10h à 18h30 ; le dimanche de 14h30 à 18h30.

Tout près de l'emblématique chouette dijonnaise, le glacier Simone & Maurice vous accueille, avec chaleur, pour une pause rafraîchissante. Devenu incontournable, il propose des glaces artisanales 0 % arômes ajoutés et 0 % colorants. La carte des parfums, subtils et originaux, varie au gré des saisons… et des envies des clients ! Goûtez la très plébiscitée framboise-poivron rouge (BBQ) ou bien encore la rafraîchissante verveine citronnée. Si votre envie est autre, laissez-vous tenter par les kurtoskalacs, brioches croustillantes agrémentées d'un enrobage régressif praline rose, spéculoos ou pain d'épices. C'est si bon qu'il vous faudra sûrement patienter un peu, tant il y a d'adeptes.

TRAITEUR

MAIRET CRÉATIONS

823 B, cours de Gray - **SAINT-APOLLINAIRE**
✆ 06 73 36 79 99
mairet-creations.com
Sur commande. Livraison possible.

Les quinze ans d'expériences ajoutées au véritable talent d'Alexis Mairet font de ce pâtissier une référence sur la région, le pâtissier dont on parle de plus en plus. La trentaine, des idées plein la tête, ses créations sont un régal pour les yeux avant de l'être pour nos papilles de gourmands. Ce dernier présente ces œuvres comme de véritables bijoux à travers des collections saisonnières. Entremets, tartes ou mignardises, les tables de vos réceptions vont être sublimes, habillées en Mairet. Cet été : délicate framboise et sa mousse, fashion fruits rouges et sa chantilly citron, bille dulcey abricot et sa ganache au chocolat blond. Sachez que l'artiste fait aussi du sur-mesure. Top !

PAINS - GÂTEAUX - CHOCOLATS

LA FABRIQUE DU PAIN D'ÉPICES MULOT & PETITJEAN

6, boulevard de l'ouest ✆ 03 80 53 17 10
www.mulotpetitjean.com
Musée ouvert du mardi au samedi de 10h à 12h30 et de 14h à 18h30. Adulte : 8 € ; Enfant (12-17 ans) : 6 €.

A Dijon, qui ne connait pas encore Mulot & Petitjean ? Depuis 225 ans, comme Proust a ses madeleines, les Dijonnais ont leur pain d'épices... Sous forme de petits cochons, de poissons, de bloc familial ou de bouchée, il y en a pour tous les goûts. Le pain d'épices n'est qu'une des nombreuses spécialités de la maison qui propose aussi les fameuses nonnettes sucrées ou salées au confit d'oignons ou fourrées pois chiches menthe ou les jacquelines aux couleurs pastel. Découvrez aussi l'histoire de la Maison et du pain d'épices de Dijon dans l'espace muséographique.

TRAITEUR

L'AUDACE DES SAVEURS BY DAMIEN AUDAX

36 B, rue du 26ème Dragon ✆ 06 11 45 07 50
www.audacedessaveurs.fr
Ouvert du mardi au vendredi de 7h30 à 15h30 ; samedi 7h30 à 13h30, dimanche 7h30 à 12h30. Pâtisserie, service traiteur.

Damien Audax, est un pâtissier de talent : fort d'une vingtaine d'années d'expérience, les Dijonnais profitent de ses réalisations aussi exquises que colorées. Pâtisseries, macarons et chocolats sont travaillés tout en finesse, entre ses tartelettes sablés cacao, caramel beurre salé, et ses douceurs fruitées comme le crémeux aux fruits rouges Lola. De quoi flatter vos papilles ! Ces délices sont à retrouver dans sa seconde boutique située rue Piron. Le petit + : la possibilité de faire appel à son service traiteur, dont la carte de mignardises sucrées et salées est variée.

PÂTISSERIE

CARBILLET

58, rue des Forges ✆ 03 80 30 38 82
www.chocolat-carbillet.com
Ouvert du mardi au samedi de 9h à 19h15 ; le dimanche de 8h30 à 12h30. Boutique d'Ahuy au 4 rue Pré Potet.

La pâtisserie-chocolaterie Carbillet régale les Dijonnais depuis près d'un demi-siècle. Verrines sucrées, entremets glacés et macarons, l'entreprise familiale propose des recettes traditionnelles comme les fameux escargots en chocolats ou des sablés et d'excellentes tartes aux fruits côté pâtisseries ! Parmi les spécialités proposées, découvrez les tuiles bourguignonnes, assortiment de 5 variétés de chocolats aux couleurs des tuiles vernissées de la région, fondez de plaisir pour la Chouette de Dijon, tout de chocolat vêtue et garnie au praliné, ou bien tombez en amour pour la Demoiselle de Bourgogne, un mélange praliné d'amandes, de noisettes et de nougatine enrobé de chocolat noir.

PAINS - GÂTEAUX - CHOCOLATS

MULOT & PETITJEAN

13, place Bossuet
✆ 03 80 30 22 45
www.mulotpetitjean.com
Ouvert du mardi au samedi de 10h à 12h et de 14h à 19h.

© MULOT

© PASCALE LEFORT

L'enseigne Mulot & Petitjean est une des rares entreprises françaises comptant plus de deux siècles d'existence. Fondée en 1796 et labellisée « Entreprise du patrimoine vivant », elle a su conserver un savoir-faire authentique, une garantie de qualité constante et une grande capacité à innover. Si l'on parle pain d'épices à Dijon, on pense immédiatement à eux. Une boutique historique qui date de 1805, au décor néogothique, avec peintures et moulures au plafond. Le pain d'épices se décline en pavé, à la coupe, nature, aux fruits confits ou fourré à la confiture. Et il y a les célèbres nonnettes avec des saveurs originales : poivrons, oignons, pois chiche et menthe ou encore poire-vanille.

BOULANGERIE

BOULANGERIE-PÂTISSERIE CLAUDE LOUOT

1, boulevard de Sévigné
✆ 03 80 30 77 35
Ouvert du lundi au vendredi de 6h à 19h30 ; le samedi de 6h à 18h.

Envie d'un croissant, d'un pain bagnat, d'une part de quiche ou de pizza ? Quelle que soit votre faim, rendez-vous à la boulangerie-pâtisserie Claude Louot, située tout près de la place Darcy. On y trouve de beaux et généreux sandwichs qui mettent en appétit. Pour les envies de salé, la ficelle lardons-fromage est gourmande à souhait. Côté boulangerie, la maison vous propose le pain « Marguerite » qui fait son petit effet sur la table. Et pour la touche sucrée, on vous recommande l'intemporelle religieuse : la tradition a du bon. Une boulangerie généreuse et authentique.

BOULANGERIE

BOULANGERIE PÂTISSERIE FRÉMONT

23, rue Verrerie
✆ 03 80 50 19 80
Ouvert tous les jours sauf le lundi de 7h à 19h.

Voilà une boutique regorge de gourmandises. Vous souhaitez découvrir les escargots de Bourgogne autrement ? Testez le pain farci de cette spécialité régionale persillée tout en flânant dans les rues de la ville. Vous trouvez dans la belle boutique tout pour satisfaire votre appétit : pains croustillants, comme celui à la farine de châtaigne, viennoiseries au beurre et muffin délicieux, tartes chaudes, Préfou pesto, chorizo, olives, pâtés lorrains, pâtés en croûte. Ajoutez un accueil fabuleux et vous obtenez une boulangerie vivement recommandée.

BOULANGERIE

MANON & CIE

4, avenue Fernand Léger
✆ 03 80 70 01 69
Ouvert le lundi et du mercredi au samedi de 6h à 19h ; le dimanche de 6h à 13h.

La boulangerie Manon, dirigée par Jean-Marie et Marie, est une adresse très fréquentée ! Maxime gère la production et son offre est abondante ! En effet, ce qui attire l'œil de manière systématique, c'est sa pâtisserie artisanale. Les rochers sont délicieux, on craque régulièrement pour les tartes fraises-basilic ou framboises-pistaches ainsi que pour les nombreux éclairs. Le lieu est aussi très fréquenté pour la pause déjeuner, avec de belles salades copieuses et un choix d'encas bien sympathiques. Tout est fait maison avec des produits frais bien sûr. La boulangerie Manon peut vous proposer aussi du traiteur à emporter. Une boulangerie bien sympathique, à fréquenter à bien des égards.

BOULANGERIE

MAISON REGAZZONI A.

74, avenue du Drapeau
✆ 03 80 71 26 74
Ouvert du mardi au vendredi de 6h30 à 19h ; le samedi de 6h à 18h30 ; le dimanche de 6h à 12h30.

La réputation de la maison Regazzoni n'est plus à faire et la file d'attente en témoigne. Goûtez donc une de leurs baguettes, cuites à point, tendres et croustillantes à la fois. Les tartes salées comme les fougasses font le bonheur des clients. Les patrons travaillent même sur demande, pour ceux qui le souhaitent. Du côté des pâtisseries, un concentré de gourmandises vous attend ; éclairs, religieuse, tartelettes… Mais aussi de gros gâteaux à partager. Incomparables, les pains au chocolat et les croissants valent bien le déplacement, même le dimanche matin à l'aube. La maison Regazzoni a élargi son offre et propose maintenant de délicieux poulets à la broche dans sa rôtisserie à côté.

BOULANGERIE

AUX DÉLICES DES FACULTÉS

96, rue de Mirande
✆ 03 80 65 41 98
www.banette.fr
Ouvert du lundi au samedi de 6h à 20h.

Marie Delage et son équipe vous accueillent tout sourire dans leur boulangerie moderne et lumineuse. Située près des facs, la boulangerie est la bonne adresse pour les étudiants gourmands : copieux sandwiches ou pains bagnats, formules à tarif attractif et larges horaires d'ouverture. En plus, tout est fait maison, on n'hésite donc plus à goûter toutes les bonnes choses présentées ! De nombreux pains sont proposés dont la Banette sous toutes ses formes, des pains aux figues, au seigle, des pains bio, mais aussi des brioches pralines, des croissants aux framboises ou au praliné. Côté pâtisserie, les grands classiques sont toujours là, régulièrement rejoints par de nouvelles recettes inédites.

GLACIER

DUCHESSE DES GLACES

5, avenue de Dallas
✆ 03 80 45 56 55
https://duchessedesglaces.fr

En plus du Refuge des Pirates et de l'American Way de Valmy dont il est propriétaire, Romuald Ferrant a créé sa fabrique de glaces artisanales Duchesse des Glaces. A l'origine, il proposait ses sorbets à la carte de ses établissements, puis les professionnels et les clients ont été séduits, comme au Clos Napoléon ou encore Passion Froid. Dans l'agglomération dijonnaise, les supermarchés Carrefour et Leclerc distribuent également ses produits. Goûtez le sorbet cassis, l'onctueux American biscuit, ou encore, plus inattendue, la glace au parfum barbe à papa. Talentueux et créatif, Romuald travaille en partenariat avec les producteurs locaux. Commandez directement sur son site.

CAFÉ

MAISON BIACELLI-LE PETIT BOURGUIGNON

7, boulevard Eiffel - **LONGVIC**
✆ 03 80 23 29 99
www.lepetitbourguignon.fr
Ouvert du lundi au vendredi de 8h à 12h ; le samedi de 9h à 12h. Livraison possible (commande en ligne).

© BIACELLI

© BIACELLI

La Maison Biacelli de Paul et Thomas Roizot best maintenant installée à Longvic et fournit depuis longtemps les réseaux Cafés, Hôtels, Restaurants. L'entreprise a grandi, s'est diversifiée et propose une superbe sélection de cafés et thés de grande qualité. En 2019 est né « Le Petit Bourguignon » *made in* Bourgogne, une torréfaction locale, artisanale et familiale pour une gamme de cafés responsable : Grands Crus issus de l'agriculture biologique et respectant le commerce équitable avec capsules dégradables et compostables. Dégustations organisées sur rendez-vous.

CHOCOLATIER

UN GRAIN SUCRÉ

15, rue de la Ferme - **MALAIN**
✆ 06 72 34 00 76
www.ungrainsucre.com

Artisan pâtissier et chocolatier passionné, Adrien vous propose de parfaire vos connaissances en chocolat, confiserie et pâtisserie au travers d'ateliers et formations à domicile. Avec lui, vous apprenez à réaliser vous-même et avec votre propre matériel de délicieuses gourmandises. Ses ateliers sont destinés aux particuliers, mais ses activités s'étendent aux associations, entreprises ou encore commerces pour des animations et démonstrations. Avec son Food Trailer, Adrien parcourt les marchés et les manifestations de la Vallée de l'Ouche pour vous proposer ses créations étonnantes. Suivez l'actualité du Food Trailer sur la page Facebook pour ne pas manquer son passage près de chez vous.

PÂTISSERIE

LA QUEQUETTERIE

4, rue Berbisey
https://laquequetterie.com

Le nom est évocateur, le concept qui se cache derrière l'est tout autant. Si vous vous attendiez à un sex-shop, c'est loupé ! La Quequetterie est une adresse gourmande qui vous propose de déguster à votre guise de délicieux pancakes fluffy faits maison, aux formes pour le moins originales de quéquettes et foufounes. La carte propose de nombreux pancakes aux noms imagés comme le Sugar Daddy au chocolat blanc, le Hot Dick au poulet et cheddar fondu ou encore le Pussiny'n Cream à la glace vanille, chocolat blanc, Nutella et Oreo. Sucré ou salé, mais aussi bubble tea et sexy latte, il y en a pour toutes les envies. Loin d'être vulgaire, La Quequetterie est une adresse décalée, fun et gourmande.

PÂTISSERIE

BISCUITS MISTRAL

52, rue des Godrans
✆ 03 80 49 13 77
www.biscuits-mistral.fr
Ouvert du mardi au samedi de 9h30 à 13h et de 14h à 19h.

Dans cette jolie boutique située au centre-ville on vient faire le plein de douceurs pour le goûter. On trouve ici les produits de la marque Mistral dont la fabrique est basée à Semur-en-Auxois. Madeleines pur beurre, quatre-quarts, brownies, gâteaux et moelleux fourrés, découvrez une large gamme bio avec les cookies végans ou le Chocopecan, des biscuits salés ou sucrés, des chocolats et des confiseries, en sommes un lieu plein de gourmandises. Pour un retour en enfance, vous prendrez bien un chocobeur, cette madeleine enrobée de chocolat, ou un ourson guimauve, régressif à souhait ! Beurre doux, farine française et œufs entiers sont gages de qualité. Que demander de plus ?

MIEL - CONFITURE

API-BOURGOGNE

22, rue de la Petite-Fin - **FONTAINE-LÈS-DIJON**
✆ 03 80 31 25 27 - www.api-bourgogne.fr
Ouvert du lundi au vendredi de 9h à 17h30 ; le samedi de 9h à 12h.

Bienvenue dans cette ruche bourdonnante que les apiculteurs professionnels et amateurs connaissent bien. Les apiculteurs, mais pas seulement, il suffit d'aimer le miel pour trouver son bonheur dans cette boutique qui le décline sous toutes ses formes : bonbons, friandises, tisanes, huiles de massage... Côté matériel, la panoplie est complète, depuis les ruches, la nourriture, les vêtements et protections, les pots, et puis bien sûr les essaims pour commencer ou compléter un élevage. Il est possible de faire une commande en ligne et de vous faire livrer. Une adresse à découvrir en famille, d'autant qu'on y trouve des idées cadeaux sympas pour nos futurs petits apiculteurs !

BIO

LE B

2, rue des Grandes-Varennes - **AHUY**
✆ 03 80 66 27 72
Ouvert le lundi de 16h à 19h30 ; du mardi au samedi de 10h à 19h30.

Dans la zone commerciale située juste à l'entrée d'Ahuy, reconnaissable au centre commercial Géant Casino, s'est installé le B, une boulangerie bio qui a fait de nombreux adeptes. Et pour cause, tout ici est fabriqué artisanalement avec des produits exclusivement bio. Le Patron connaît très bien le sujet et n'hésite pas à répondre à toutes vos questions concernant la fabrication et la composition de leurs produits. Vous saurez tout sur le pain bio au levain naturel, sur le petit épeautre ainsi que sur les recettes sans gluten que l'on vous propose. Le bio ne limite pas les possibilités, bien au contraire ! En plus, la boutique est moderne et très agréable. On ne boude pas son plaisir !

CUEILLETTE

BIENVENUE À LA FERME

1, rue des Coulots
BRETENIÈRE
✆ 03 80 68 66 50
www.bienvenue-a-la-ferme.com

Bienvenue à la Ferme est une marque nationale portée par les Chambres d'Agriculture et créée pour consommer local. Un réseau de 8 000 agriculteurs en France, qui vous accueillent sur leur exploitation et vous font déguster leurs produits, découvrir la vie à la ferme et leurs modes de production. En Côte-d'Or, ce ne sont pas moins de 66 producteurs qui portent les couleurs de la marque avec passion et professionnalisme. Si 2021 fut un succès, 2022 le verra perdurer pour ces fermiers qui sont avant tout fiers de remplir vos assiettes de produits sains et cultivés dans le respect de l'environnement. Découvrez également les activités de découverte et les lieux d'hébergement du réseau.

BIO

LES COMPTOIRS DE LA BIO

AHUY
✆ 03 73 45 00 89
www.lescomptoirsdelabio.fr
Ouvert du lundi au samedi de 9h à 19h30, le dimanche de 9h30 à 12h30.

© CHRISTOPHE MEYER

© ALEXANDRE NIQUET

Ouvert toute la semaine et le dimanche matin, rendez-vous à Ahuy, au Comptoirs de la Bio, pour une alimentation saine et équilibrée. Géré par Yves Erpicum, qui mise sur la qualité, le magasin propose produits locaux, avec cueillettes de saison, épicerie sucrée et salée, produits de la mer, cave à vin, sans oublier les produits cosmétiques et les produits d'entretien de la maison. Sur place naturopathes et diététiciennes-nutritionnistes vous conseillent. Des promos intéressantes sont aussi régulièrement mises en avant sur la page Facebook, tout comme les rencontres avec les producteurs qui y sont organisées. Un centre commercial bio, à taille humaine, où l'on ne manque de rien !

EPICERIE EN VRAC

LA CLÉ DES CHAMPS

47, avenue Maréchal Lyautey
✆ 03 80 52 40 08
Ouvert le mardi de 10h à 13h et de 16h à 19h ; du mercredi au samedi de 8h à 13h et de 16h à 19h.

La Clé des Champs est une épicerie de proximité située dans le quartier Montmuzart. Les amateurs de produits frais sont à la bonne adresse, large choix de fromages dont un camembert au lait cru truffé inoubliable et de fruits et légumes de saison, mais surtout d'origine locale. Laure et sa charmante équipe sont terriblement exigeantes sur les produits proposés. On y trouve un large choix d'ingrédients du quotidien, miel, confitures, huiles, des œufs, du café Biacelli. N'hésitez pas à guetter la page Facebook pour être au courant de l'actualité de cette chaleureuse épicerie et repérer au passage une ou deux recettes alléchantes. On peut goûter sur place bien souvent !

PÂTISSERIE

BISCUITS MISTRAL

52, rue des Godrans
✆ 03 80 49 13 77
www.biscuits-mistral.fr
Ouvert du mardi au samedi de 9h30 à 13h et de 14h à 19h.

Dans cette jolie boutique située au centre-ville on vient faire le plein de douceurs pour le goûter. On trouve ici les produits de la marque Mistral dont la fabrique est basée à Semur-en-Auxois. Madeleines pur beurre, quatre-quarts, brownies, gâteaux et moelleux fourrés, découvrez une large gamme bio avec les cookies végans ou le Chocopecan, des biscuits salés ou sucrés, des chocolats et des confiseries, en sommes un lieu plein de gourmandises. Pour un retour en enfance, vous prendrez bien un chocobeur, cette madeleine enrobée de chocolat, ou un ourson guimauve, régressif à souhait ! Beurre doux, farine française et œufs entiers sont gages de qualité. Que demander de plus ?

PÂTES

ENVIE DE PÂTES

11, rue de Mulhouse ✆ 07 81 20 28 80
www.enviedepates.com
Ouvert du lundi au vendredi de 11h30 à 13h30. 3,80 € pour 250g de pâtes.

Vous aimez vous préparer de bons plats de pâtes ? C'est chez Envie de pâtes qu'il faut aller ! Sur commande à récupérer en boutique, on vous propose des pâtes fraîches fabriquées à base de produits de qualité issus de l'agriculture biologique : semoule de blé dur, œufs bio, eau de source et légumes pour les versions colorées. Linguine, spaghetti, radiatori, ravioli ou en encore conchiglie farcis, avec ou sans œufs, classiques ou semi-complètes, c'est toute l'Italie qui s'offre à vous pour retrouver le plaisir de déguster des pâtes fraîches. Et pour trouver l'inspiration côté cuisine, rendez-vous sur leur site internet où de nouvelles recettes originales vous sont régulièrement proposées.

BOULANGERIE

BOULANGERIE PIMOUSSE

3, rue Parmentier
✆ 03 80 72 25 60
Ouvert du lundi au vendredi de 6h30 à 14h et de 15h30 à 19h30 ; le dimanche de 7h à 13h.

Bienvenue dans une boulangerie qui chante l'excellence du département ! Pimousse, c'était le surnom de David Nogueira durant ses années collège, en référence aux fameux bonbons de la Pie qui Chante. Aujourd'hui, c'est le nom de la première boulangerie labellisée 100 % Côte-d'Or. David, fier de participer à la valorisation de nos producteurs et agriculteurs, est un des premiers ambassadeurs du savoir-faire local. Goûtez à sa baguette en forme de croissant, spécialement créée pour représenter la marque, façonnée à l'ancienne avec des farines de la région et un levain fait maison. Aussi, une seconde boulangerie a ouvert dans le quartier Cordelier, rue Pasteur, en 2018.

PRODUCTEUR

ÉPICERIE LOCAVORE DES BOURROCHES

34, boulevard Eugène-Fyot
✆ 09 50 36 36 02
Ouvert du mardi au samedi de 8h30 à 13h et de 14h30 à 19h30.

Virginie est en quelque sorte la Dame Nature des lieux. Elle connaît les vrais produits, ceux qui ont du goût, qui sont faits avec amour et dans le respect de l'environnement, pour vous proposer le meilleur. En été, on se fait plaisir avec de la glace bio au lait d'avoine et l'hiver on se refait une santé avec une cure de sève de bouleau fraîche. Pour l'apéritif, il y a du choix : des rillettes de canard en provenance de la ferme, des cornichons Fallot, du pavé du Morvan… Virginie est disponible pour tout vous expliquer sur la provenance des produits et leur élaboration !

PRODUCTEUR

CHEVRERIE D'AHUY

Route d'Hauteville - **AHUY**
✆ 06 31 85 41 31
Ouvert tous les jours de 10h à 12h ; du mardi au vendredi de 16h à 18h. Fermeture en hiver.

Producteurs de fromages au lait de chèvre, 100 % artisanal et local, rendez-vous à la Chèvrerie d'Ahuy, aux portes de Dijon. Approvisionnez-vous en fromages, lait et faisselles, au goût et à la fraîcheur unique. Émeline et Adrien vous accueillent sur place avec un grand sourire, pour vous faire découvrir leur ferme et goûter leurs fromages. En un peu plus de 10 ans d'existence, leur élevage s'est considérablement agrandi, avec deux chèvres au départ (pas celle de M. Seguin) le troupeau en compte désormais une centaine. Sachez qu'il est possible de vous faire livrer à partir de 10 € d'achat. Suivez leur page Facebook, pour vous tenir informés des offres et de leur présence sur les marchés.

BOURGOGNE

ÉPICERIE PAPILLES

5, rue Vaillant ✆ 06 62 44 85 82
papilles.org
Ouvert du mardi au samedi de 10h à 13h et de 14h30 à 19h. Livraison à domicile à Dijon pour 3,99 €.

Papilles, c'est notre épicerie préférée et Pierre notre épicier préféré. Ici, l'humain prime avant tout et on chouchoute aussi bien le producteur que le consommateur. Avec plus de 900 références à 95 % locales (l'épicerie est agréée « savoir faire 100 % Côte d'Or »), vous avez du choix : du frais, des légumes, de la viande, du vrac, du bio, des cosmétiques… On aime particulièrement les produits *made in* Dijon comme Lamandine, Druydes ou Le Petit Bourguignon. En bref, chez Papilles, vous trouverez des produits sains et remplis de saveur, de la bonne humeur et de l'échange ! Pas étonnant qu'elle ait reçu le trophée « Coup de cœur du jury » du concours national Les Épicure de l'épicerie fine…

BIO

GOOD VIE

16, rue de l'Hôpital
✆ 06 33 97 13 66
https://good-vie.com

Découvrez les sodas sains et naturels Good Vie. Le fondateur, Louis Baqué, s'est associé à Leslie Goussault pour se lancer dans l'aventure et innover avec un procédé de fermentation qui se distingue du kéfir et du kombucha traditionnels, en n'utilisant que les sucres naturels des fruits pour fermenter. Des boissons légèrement pétillantes, très équilibrées, qui boostent l'immunité. On les trouve aux meilleures adresses de Dijon comme au Morning Glory, chez So Lunch, à Chez mes sœurs et elles sont distribuées par Carrefour City rue du Transvaal. La recette de ce succès ? Seulement trois ingrédients : un peu d'eau de source, beaucoup des fruits et des ferments. Good Vie, c'est revigorant !

PRODUCTEUR

LA FERME DU CHÂTEAU

4, rue du Château - **CHEVIGNY-SAINT-SAUVEUR** ✆ 06 95 11 88 83
www.fermeduchateau21.fr
Du lundi au vendredi 9h-12h et 15h30-18h30, samedi 9h-12h30. Libre service et cueillette. Produits fermes partenaires.

La Ferme du Château est devenu un lieu prisé pour faire ses achats de légumes et fruits de saison. Une formule en circuits courts auprès d'Olivier Père qui a développé son activité de maraichage en ouvrant une boutique en libre-service voire en lieu de cueillette directe selon les saisons. Ce sont plus de 7 ha qui sont exploités, sous serres pour les légumes d'hiver, et en extérieur pour les tomates, carottes, pommes de terre, choux, oignons, betteraves rouges, fraises en cueillette personnelle en fonction des saisons. Les partenariats avec d'autres fermes de la région enrichissent le rayon crèmerie, viandes et charcuteries, farines, pâtes, œufs frais, bières...

MYLABEL

Lassé d'acheter des produits qui ne sont pas en cohérence avec vos valeurs ? Cette appli vous aide à faire des choix alimentaires en fonction de vos exigences. Les critères sont personnalisables : rémunération des agriculteurs, pesticides, OGM, coût environnemental, respect de la biodiversité, bien-être animal… Grâce à une extension vous pouvez même faire vos courses en ligne. Vos courses n'auront jamais été aussi faciles !

FROMAGERIE - CRÈMERIE

FERME DU PONTOT - DISTRIBUTEUR DE PRODUITS FERMIERS

Route de Saulon - **GEVREY-CHAMBERTIN** ✆ 06 80 41 58 75
www.gaec-du-pontot.com
Ouvert tous les jours 24h/24. Bienvenue à la Ferme et engagés Bleu Blanc Cœur.

Philippe et Gérard Plançon ont définitivement choisi la vente directe des œufs plein air de leur ferme qui compte 16 500 poules rousses. Une partie des 13 000 œufs journaliers est consommée par les meilleurs restaurants de Beaune à Dijon des menus labellisés « 100 % Côte-d'Or ». Si on trouve les œufs du Pontôt dans de nombreuses épiceries fines de la région, le must est de passer par Gevrey-Chambertin pour accéder au distributeur libre-service des œufs. Un distributeur de fruits et légumes de la Ferme du Breuil de Samuel et Fanny Goguely est opérationnel.

PRODUCTEUR

LAMANDINE

8, rue Marguerite de Bavière
ROUVRES-EN-PLAINE
✆ 06 31 10 47 76
https://lamandine.fr

Lamandine, c'est la passion des fleurs, des tisanes et des cosmétiques botaniques, le tout certifié bio et local ! La clé de la marque, ce sont les plantes et Amandine, agricultrice et artisane bourguignonne, en prend grand soin. Elle les sélectionne et les cultive en agriculture biologique dans des champs à Rouvres-en-Plaine, les récolte à la main et élabore elle-même ses recettes. Résultat, des tisanes douces et délicates avec beaucoup de saveurs et des cosmétiques naturels et efficaces. Retrouvez les produits Lamandine dans différents points de vente : épicerie papille, Jeannine Shop, Madame Miettes... Une jolie marque de qualité pour un retour au naturel en toute simplicité.

MIEL - CONFITURE

MIELLERIE APIDIS

19, rue de Skopje
✆ 03 80 41 01 86
www.apidis.mobi
Ouvert du lundi au jeudi de 8h à 17h ; le vendredi de 8h à 12h.

Chez Apidis, c'est en famille qu'on produit un miel de grande qualité depuis 1890. Thomas et Gabriel représentent la 5e génération et se font un point d'honneur d'élargir les frontières et de faire déguster leurs produits au monde entier. En tant que Dijonnais, on est bien contents de les avoir à portée de main ! Entre showroom et boutique de produits locaux, la miellerie vous présente des miels récoltés de façon naturelle, garantis sans additifs ni conservateurs et travaillés selon une charte scrupuleusement respectée. Miels traditionnels d'acacia ou de sapin, mais aussi plus rare à l'eucalyptus ou de châtaignier. Également des produits gourmands et de bien-être. Une belle réussite locale !

MIEL - CONFITURE

MIELLERIE EMMANUEL DEGRÂCE

20, rue Charles Mazeau ✆ 06 76 84 58 49
www.degrace.fr
Ouvert le jeudi de 14h à 18h30. Sur rendez-vous les autres jours. Label Bienvenue à la Ferme.

Apiculteurs depuis trois générations, la famille Degrâce est experte dans l'élevage des abeilles et des produits dérivés du miel. Elle vous accueille ici dans son atelier où vous pouvez acheter les produits de l'exploitation composée de 350 ruches, de Côte-d'Or. Vous avez le choix entre le miel d'acacia, clair et liquide, le miel de printemps, onctueux et idéal pour le petit déjeuner (fait à partir de fleurs de colza, d'arbres fruitiers et de pissenlits), et enfin le miel de fleurs d'été (tilleuls, ronces, bleuets…) plus foncé, principalement utilisé pour la pâtisserie.

BIO

PHENIX

4, boulevard de Verdun
Application gratuite à télécharger : https://webapp.wearephenix.com/fr/

Consommer responsable sans se ruiner ? C'est possible en quelques clics avec l'application anti-gaspi Phenix. Fini le gâchis et la perte à tout va, avec Phenix, on met fin au gaspillage alimentaire en profitant de paniers d'invendus à prix cassés, et ce grâce à un réseau de commerces de quartier responsables et engagés. Comment ça marche ? L'appli vous géolocalise et vous propose une liste de commerçants autour de vous. Primeurs, boulangers, traiteurs, fromagers, épiceries vrac, etc. Choisissez un commerce et un type de panier : surprise ou thématique (bio, halal…), payez en toute sécurité et récupérez chez le commerçant votre panier pendant la tranche horaire indiquée. Facile et solidaire !

PRODUCTEUR

LE POTAGER DES DUCS

5, rue Henri Grimm
✆ 06 12 08 18 04
Maraîcher urbain. Produits 100 % bio à retrouver dans les épiceries bio dijonnaises et locavores.

Qu'on ne se méprenne pas, l'agriculture urbaine est possible, et Mathieu Lotz l'a bien compris. Au cœur du quartier des Bourroches, Le potager des Ducs, labellisé bio, s'épanouit parmi les serres municipales. Occupé depuis 2018, ce lopin de terre de 3 000 m² n'a déjà plus la même allure qu'auparavant. Bourraches et fleurs sauvages courent librement entre les rangées de salades et de tomates anciennes, pour le plus grand plaisir de son exploitant. Mais notre jeune maraîcher ne compte pas s'arrêter là. Friand de nouvelles expériences, il tente de cultiver des plantes qu'on ne trouve pas sur nos terres françaises, comme du gingembre ou du curcuma. Et ça pousse bien ! Une aubaine pour Dijon.

EPICERIE EN VRAC

LA RÉSERVE BIO

52, rue de Labergemet - **AUXONNE** ✆ 06 52 95 37 87
https://reservebio.fr
Le mercredi de 7h45 à 12h15 sur le marché du port du Canal. Drive à Auxonne le vendredi.

Avec son épicerie itinérante et zéro déchet, Anaïs renoue avec la proximité d'antan et permet à tous un accès libre à une alimentation saine à moindre coût. Une offre inédite comprenant plus de 250 produits bio et en vrac de qualité : épicerie sucrée et salée, cosmétiques solides et liquides en vrac ou consignés, produits ménagers... À bord de son camion, elle arpente les jolies routes du sud de Dijon et s'établit le matin sur les marchés de la région (Port du Canal à Dijon, Auxonne, Is-sur-Tille, Nuits-Saint-Georges…). Plus d'excuses pour ne pas passer au shampoing solide, à la brosse à dents en bois rechargeable, ou encore aux emballages écologiques, naturels et réutilisables.

MIEL - CONFITURE

LES RUCHERS DE GILES GUIDOT

4, rue Paul Langevin
TALANT
✆ 06 82 24 53 59

Il faut voir ses yeux pétiller quand il parle des abeilles, Giles Guidot vétérinaire de formation, est un passionné d'apiculture et fabrique des miels aux saveurs incomparables. Amoureux de la nature, il envoie régulièrement des newsletters à ses clients pour parler de ses ruches et de ce métier aussi difficile qu'indispensable. Giles propose des miels d'acacia, de fleurs, de lavande, de ronces, de forêts, de romarin... et un miel exceptionnel de bruyère blanche. Les chanceux (ils seront peu nombreux) pourront acheter quelques pots de ce miel d'exception. Adresse futée.

DOMAINE

DOMAINE CHARLES AUDOIN

7, rue de la Boulotte
MARSANNAY-LA-CÔTE
✆ 03 80 52 00 47

Vignerons de pères en fils, Marie-Françoise et Charles Audoin ont toujours excellé dans ce domaine. C'est tout naturellement que Cyril leur fils a repris le domaine familial en 2001. Le domaine de 14 ha produit une belle sélection de 14 vins, certification HVE et certification bio en cours. Et parce que les méthodes culturales ancestrales sont le gage de la préservation de nos beaux terroirs et de leur environnement, les vendanges sont faites manuellement dans le respect de la vigne. Découvrez leurs vins de Bourgogne Aligoté et Marsannay en blanc et en rosé et de Marsannay, Fixin, Gevrey Chambertin et Pommard pour les vins rouges. Possibilité de visites et dégustations sur place sur rdv.

DOMAINE

DOMAINE DEREY FRERES

1, rue Jules Ferry ✆ 03 80 51 19 41
www.dereyf.com
Caveau ouvert du lundi au vendredi de 10h à 12h et de 14h à 18h. Samedi, dimanche et groupes sur rendez-vous.

Tout commença par une histoire d'amour. Suzanne rencontra Pierre, ils se marièrent et eurent beaucoup d'enfants. Trois pour être précis. Maxime, Romain et Pierre-Marie. Trois frangins qui semblaient tout destinés à prendre la relève du Domaine familial à Couchey. Mais même si on a ce don dans le sang, être vigneron ne s'improvise pas. Et c'est bien là tout le caractère des Derey : de la pugnacité, de la recherche et un attachement viscéral pour un terroir et son fruit. Être de jeunes vignerons est leur force, et c'est en respectant le sol de leurs ancêtres qu'ils revisitent cette Bourgogne poussiéreuse et *old school* qu'ils aiment tant. Morale de l'histoire ? L'amour (du vin) gagne toujours.

CAVISTE

CAVES CARRIÈRE

12, rue de Skopje ✆ 03 45 81 20 20
www.caves-carriere.fr
Ouvert du mardi au vendredi de 10h à 12h30 et de 13h30 à 19h ; le samedi de 10h à 18h. Dégustations privatives.

L'ancien footballeur professionnel et amoureux du vin Éric Carrière, son associé Nicolas Creuzot et toute leur équipe vous accueillent dans cette boutique de 150 m². Experts et surtout passionnés de vins, ils ont en stock plus de 4 000 références issues de 600 domaines : des plus prestigieux aux plus confidentiels, ils sont toujours excellents. Des vins de Bourgogne pour l'essentiel vous sont proposés, mais également des bouteilles en provenance du monde entier, à découvrir aussi lors des dégustations privatives qui sont régulièrement organisées. Ici, sympathie et professionnalisme sont de mise, en plus des conseils sur mesure. Et pour offrir, optez encore pour les cartes cadeaux.

CAVISTE

20 BY LA CLOCHE

5, rue Devosge
✆ 03 80 58 58 20
Ouvert du mardi au vendredi de 15h à 21h ; le samedi de 10h à 19h.

© ADN STUDIO

© ADN STUDIO

Le grand hôtel La Cloche MGallery vous ouvre les portes de sa toute nouvelle boutique entièrement dédiée au vin, avec Charles-Antoine Musitelli comme maître à bord. Décoration soignée et élégante faite de bois et roche calcaire, en accord avec l'univers viticole, 20 by La Cloche propose à ses visiteurs une sélection de grands vins, souvent de Bourgogne. Vous pourrez échanger face au mural des crus de la région, profiter d'un entre soi cosy pour les amateurs d'œnologie ou rencontrer des viticulteurs. Subtil mélange entre une boutique, une cave et un espace dégustation, 20 by La Cloche se positionne comme le lieu de prédilection des amoureux du vin. Une petite descente de cave s'impose !

CAVISTE

CLOS DE BOURGOGNE

4, rue de Richebourg - **GEVREY-CHAMBERTIN**
✆ 06 64 90 20 32 - www.closdebourgogne.com
HS, ouvert de mercredi à dimanche 10h-12h30 et 15h-18h30. Fermé le dimanche après-midi. Vente, ateliers œnologiques.

Sandrine et André Lanaud sont tous deux coutumiers des ateliers œnologiques qu'ils ont longtemps proposés dans leurs chambres d'hôtes de Gilly-les-Cîteaux. A présent ils consacrent 100 % de leur activité à l'œnotourisme, soit à travers un panel d'ateliers, soit par la vente de vins dans leur boutique située au cœur historique et touristique de Gevrey-Chambertin. Le Clos de Bourgogne permet selon sa disponibilité de faire une rapide dégustation ou de programmer de une demi-journée à une journée de travaux d'apprentissage de la dégustation du vin complétée d'une visite dans les vignes. Plus de 150 domaines et 300 références sont présentés et il y en a pour toutes les bourses.

CAVISTE

LE MARSANNAY-CAVEAU DES VIGNERONS

41, rue de Marzy
MARSANNAY-LA-CÔTE
Ouverture prévue en juillet.

En lieu et place de l'ancien office de tourisme de Marsannay-la-Côte, l'ouverture d'un Caveau des Vignerons est prévue en juillet. Dédié à l'appellation Marsannay, qui s'étend sur 186 ha de vignes AOC, de Chenôve à Couchey, tous ses domaines viticoles privilégient l'agriculture biologique. Le caveau proposera près de 108 références à déguster et à la vente, ainsi que diverses animations. L'appellation du vignoble de la Côte de Nuits en Côte d'Or, est de plus en plus reconnue, pour ses vins rouges et rosés, son cépage pinot noir, mais aussi son vin blanc et son pinot blanc.

CAVISTE

LE GOÛT DU VIN

37, rue d'Auxonne ✆ 03 80 67 36 95
www.le-gout-du-vin.fr
Du mardi au vendredi 10h-13h et 15h-19h30 ; le samedi 9h30-19h30. -20 % sur tout le magasin les 1ers samedis du mois.

À deux pas de la place Wilson et face au supermarché casino, cette jolie boutique cache quelques trésors parmi les plus de 1 000 références présentées. Une boutique à taille humaine qui a fait le choix d'une gamme très bien ciblée, à tarifs étudiés. Vins de Bourgogne bien entendu, mais également une large place réservée aux autres régions de France et aux vins du monde (plus de 300 références...). Votre curiosité est piquée ? 8 vins en dégustation permanente sont à découvrir. Le caviste propose aussi des champagnes et spiritueux et du caviar tout au long de l'année. Bon à savoir : la maison offre une remise de 10 % aux étudiants. Deux autres adresses futées à découvrir à Quetigny et Ahuy.

CAVISTE

LA SOURCE DES VINS

6 bis, rue Michelet ✆ 06 70 49 38 92
https://lasourcedesvins.shop
Ouvert tous les jours de 10h à 21h. Dégustation à toute heure ; soirées commentées par des vignerons.

Une soixantaine de références de Bourgogne et d'ailleurs, et des vins de domaines uniquement. Hadika Simon, la gérante de la boutique, chouchoute ses clients autant que les viticulteurs qu'elle défend. Pour mieux soutenir et mettre en avant les domaines de sa sélection, Hadika organise régulièrement des dégustations en présence de vignerons producteurs. Une occasion inédite pour chacun d'eux de venir commenter et détailler leurs méthodes culturales et œnologiques ainsi que les spécificités du terroir qu'ils chérissent tant. Suivez la programmation de ces ateliers sur la page Facebook de la boutique pour ne pas manquer un bon moment de partage et de convivialité.

CAVISTE

CAVE JEAN DE MATHIEU

31, place du Premier Mai
Ouvert du mardi au samedi de 10h à 12h et de 14h à 19h.

En plus d'être une marque spécialisée dans l'aménagement des cuisines et des salles de bains, reconnue à Dijon depuis 1999, Jean de Mathieu diversifie ses activités et ouvre une cave à vin. L'équipe vous accueille dans ce nouvel espace avec une belle sélection de vins à déguster, pour soi ou pour offrir. Ici, vous trouverez des millésimes exclusifs, ou encore des mini-frigos à l'allure moderne, en différentes couleurs : du mordoré légèrement bling-bling au style drapeau britannique, ou encore en blanc uni tout en sobriété. Idée cadeau du moment : coffrets de champagne Deutz ou vin blanc liquoreux en sauternes. Des bouteilles à des prix abordables qui séduiront les vinophiles.

DOMAINE

DOMAINE HUGUENOT

5, rue de Carrières - **MARSANNAY-LA-CÔTE**
✆ 03 80 52 11 56
www.domainehuguenot.com
Visites et dégustations sur rendez-vous.

Vignerons en agriculture biologique, venez visiter ce charmant domaine familial à Marsannay-la-Côte, premier village viticole de la célèbre Côte de Nuits. Vignerons depuis plusieurs générations, le domaine s'est agrandi au fil du temps et cultive aujourd'hui 23 ha de vignes. Valérie et Philippe travaillent dans le respect de la biodiversité et du terroir, toujours en quête de qualité. Dans leurs nouveaux locaux, venez déguster leur vaste gamme de vins blancs et rouges, appellations « Régionales » ou « Villages », avec notamment leur « Fixin Blanc », cuvée d'exception, et leur Marsannay « Champs-Perdrix » rouge plein de finesse. Profitez également de leurs rares 1er Cru et Grand Cru.

© CHRISTOPHE MEYER

CAVISTE

L'AS DU VIN

100, avenue du Drapeau
✆ 03 80 28 78 77
www.asduvin.com

Ouvert du lundi au samedi de 9h à 12h30 et de 14h à 20h. Livraison possible (gratuite dès 300 € d'achats).

Francois-Xavier Castells et Nicolas Guillaume vous accueillent dans leur magasin de vins et spiritueux installé depuis plus de dix ans avenue du Drapeau. Tandem passionné de sommellerie, ils partagent propose les meilleurs vins à leur clientèle, sans oublier liquoreux et spiritueux, dans une large gamme de prix. Réservez votre carton de Beaujolais du Domaine Bertrand, ou encore un rosé Château Ferry Lacombe et dépaysez-vous avec un vin italien effervescent comme le Prosecco Treviso. Vous trouverez ici à coup sûr d'excellents cépages de nos régions, mais encore et surtout du bio. On vous recommande le crémant de Bourgogne à la crème de fruit, produit localement par la maison locale Briottet.

© CHRISTOPHE MEYER

© CHRISTOPHE MEYER

© CHRISTOPHE MEYER

ALCOOL

L'HÉRITIER-GUYOT

2, place Notre-Dame
✆ 03 80 43 41 65
www.lheritier-guyot.com
Ouvert du mardi au samedi de 10h à 13h et de 14h30 à 18h30.

Le nom L'Héritier-Guyot fait sans conteste penser à Dijon tant il est lié à la très fameuse crème de Cassis qui accompagne l'aligoté dans le Kir mais qui est aussi excellente à déguster seule ! En effet, l'enseigne L'Héritier-Guyot a vu le jour en 1845 et à force de modernisation, d'innovation et de maintien des meilleures traditions elle s'est hissée comme le numéro des crèmes de fruits ! Des crèmes de fruits diverses puisque outre le Cassis, on trouve la Pêche, la Mûre, le Pamplemousse, la Mangue, la Framboise ou encore la Violette. Enfin, n'hésitez pas à goûter la dernière création de la maison : la crème de citron qui rafraichira vos cocktails ! Encore une réussite de l'Héritier Guyot !

ALCOOL

MY MIXO

38, rue du Faubourg Raines ✆ 06 03 63 54 82
https://mymixo.fr
Vente à emporter, en livraison partout en France. Bar mobile et barman privé à domicile.

Bar mobile et barman privé à domicile pour tous vos événements, My Mixo livre ses cocktails haut de gamme, sur-mesure et faits maison. Dans son laboratoire de la rue du Faubourg Raines, Guillaume Vernet, ancien barman en hôtellerie de luxe, crée et compose de délicieux breuvages comme le Candy Man avec infusion hibiscus, vodka de blé et liqueur bubble gum ou encore le Cristal Colada mélangeant le rhum blanc des Antilles à l'ananas. Tout est élaboré dans les règles de la mixologie, l'art du cocktail. Sur commande, en vente à emporter, rendez-vous sur la page Facebook pour bénéficier des promos du moment. Une prestation innovante en tant que première box mensuelle de cocktails en France.

ALCOOL

VÉDRENNE

1, rue Bossuet
✆ 03 80 49 98 52
www.vedrenne.fr
Du mardi au samedi de 10h à 12h30 et de 14h à 19h.

Créée en 1923, la maison Védrenne est incontournable quand on visite la Bourgogne ! La preuve ? La crème de cassis « Supercassis » à 20° qui est un pur délice. Mais, la maison vous propose en plus des crèmes de fruits (châtaigne, myrtille, pêche de vigne...), des liqueurs comme l'excellente liqueur de fleur de sureau qui permet de faire de bons cocktails rafraîchissants, mais aussi des marcs, des fines, des apéritifs, des rhums, des gins et absinthes. Bref, une gamme très complète d'alcool qui est complétée par des sirops de fruits. Un tour à la boutique ne vous décevra pas ! Elle a d'ailleurs reçu la charte Préférence Commerce, attribuée par la CCI de Dijon.

BRASSERIE

BRASSERIE DES TROIS FONTAINES

17, rue de la Plucharde - **BRETENIÈRE**
✆ 03 80 79 20 12
Ouvert du mercredi au vendredi de 14h à 19h ; le samedi de 9h à 15h. Visites de la brasserie sur rdv.

Virgile et Peggy Berthiot rêvaient de brasser un jour leur propre bière, un souhait exaucé depuis l'ouverture de leur brasserie des Trois Fontaines, il y a 20 ans. En effet, la Mandubienne et la Téméraire, bières artisanales et 100 % naturelles, sont désormais connues dans toute la Bourgogne. Mieux encore, la Mandubienne est une bière 100 % côte-d'orienne ! On est séduit par leur arôme authentique au malt d'orge provenant de Marliens. Venez savourer une bonne bière dans leur bar-boutique. Pour un événement festif, n'hésitez pas à louer une tireuse à bière.

CAVE À BIÈRES

LA CERVOISERIE DIJON

10 bis, rue Jean Moulin ✆ 09 87 72 74 04
dijon.lacervoiserie.com
Ouvert lundi 16h-20h ; mardi 10h-14h et 16h-20h ; mercredi-jeudi 10h-14h et 16h-21h ; vendredi-samedi 11h-21h.

La Cervoiserie est une franchise, mais aussi le temple des passionnés de cette boisson mousseuse fabriquée de façon artisanale partout dans le monde. On a tous en mémoire cette cervoise chaude servie dans les BD d'Astérix. En effet, cette boisson fait l'objet de trouvailles lorsqu'on franchit la porte de La Cervoiserie et de retrouvailles quand on la consomme entre amis connaisseurs. Avec ou sans plateau de charcuteries, on vient débattre autour des chopes de bières. Ce sont près de 500 références venues de douze régions qui sauront combler les amateurs. Ponctuellement, des événements — soirée, dégustation, karaoké — viennent animer le lieu et offrir l'occasion de passer un bon moment.

CAVISTE

VENDEZ VOS VINS

29, rue Chabot Charny
✆ 03 79 36 39 42
www.vendezvosvins.fr
Ouvert du lundi au vendredi.

Vous souhaitez vendre vos vins, mais ne savez ni où ni comment les faire estimer ? Située rue Chabot Charny, la boutique Vendez vos Vins est l'adresse tout indiquée ! Elle réalise une estimation gratuite de vos bouteilles et les rachète aux meilleures conditions du marché ou selon la meilleure cote du vin. Une solution souvent plus rapide que les délais fixés en salle des ventes et sans commissions. Faites votre demande d'estimation sur le site vendezvosvins.fr ou rendez-vous directement en boutique et bénéficiez d'un service efficace, pour vendre facilement vos vins, en toute confiance. L'agence peut aussi prendre en charge le transport des bouteilles en fonction du montant.

MICRO-BRASSERIE

90 BPM BREWING CO.

3, rue des Murées
AHUY
www.90bpm.beer
Brasserie fermée au public.

Les brasseries dijonnaises ne finissent plus de faire parler d'elles. La dernière en date, c'est 90 BPM. À l'origine de l'histoire, on trouve Léo et Victor, deux copains passionnés de bières craft qui brassaient depuis pas mal d'années dans leur garage avant de partager leurs créations avec nous, pour notre plus grand plaisir ! Facilement reconnaissable avec ses canettes colorées et son hommage à l'ours de Pompon, le brasserie a déjà séduit cavistes, bars et restaurants, dont l'étoilé William Frachot. Et ça se comprend ! Entre le choix de la canette qui garantit une meilleure conservation des saveurs, l'obsession de la qualité des produits et la touche bourguignonne, on est conquis !

MICRO-BRASSERIE

UN SINGE EN HIVER

3, rue François Robert
www.unsingeenhiver.com
Ouvert le mardi et le mercredi de 17h à 23h ; le jeudi de 17h à 0h ; le vendredi et le samedi de 17h à 2h.

Prenant pied dans le cadre singulier d'une ancienne minoterie, Un Singe en Hiver est un concept de microbrasserie artisanale créé par les frères Pierre-Elie et Quentin, brasseur depuis 10 ans. Situé en face de la Cité de la Gastronomie, découvrez ce grand espace avec bar, cuves apparentes – 6 fermentateurs produisant différentes bières issues de malts biologiques – et de grandes tables pour prendre un verre entre amis dans un décor végétalisé, au style industriel. Vins, jus de fruits et planches sont aussi à la carte. En plus d'être un bar convivial, Un Singe en Hiver mêle plaisir et culture, avec un espace d'exposition de 150 m² à l'étage dédié aux arts numériques et musiques actuelles.

CAVISTE

HYPERBOISSONS

110, avenue Roland-Carraz - **CHENÔVE** ✆ 03 80 40 39 06
www.hyperboissons-dijon.com
Ouvert le lundi de 14h à 19h ; du mardi au samedi de 9h30 à 12h30 et de 14h à 19h.

Bienvenue chez Hyperboisson, où une équipe de cavistes hyper passionnée, vous accueille tout en partageant avec vous sa maîtrise et son goût unique des breuvages alcoolisés tout comme sans alcool. Les vins, champagnes, whiskies, bières et rhums proposés auront tout pour vous satisfaire ainsi que vos convives. Pour un service sans fausses notes, vous trouverez aussi sur place les contenants adéquats, avec en nouveauté la marque Spiegelau, célèbre verrier allemand. Des verres vendus à l'unité ou dans de jolis packagings. Enfin ce n'est pas tout puisque l'enseigne vient également d'ouvrir sa seconde cave dans la zone Cap Nord de Dijon : deux fois plus accessible !

CAVISTE

LA CAVE DU CLOS

6, rue de La Perrière - **FIXIN** ✆ 03 80 52 45 63
www.lacaveduclos.com
Ouvert tous les jours de 10h à 18h30. Dégustations, apéritifs dînatoires. Carte Wine Lover.

Accolée au restaurant Au Clos Napoléon, il est difficile de résister à l'appel de la Cave du Clos, surtout après avoir dégusté l'un de ses fameux crus durant le repas. Si les appellations font la part belle aux vins issus du terroir bourguignon, les amateurs découvrent pléthore de noms tous plus évocateurs les uns que les autres. Que l'on soit bourgogne, Jura, Alsace ou Champagne, avec près de 300 appellations présentées, le choix est cornélien. Laissez-vous donc compter les terroirs et les vignerons autour d'une dégustation bien orchestrée par le passionné maître des lieux et profitez de certains avantages en devenant membre du club Wine Lover. Vous serez conquis !

BRASSERIE

LE COMPTOIR DES BIÈRES

138 ter, avenue Roland-Carraz - **CHENÔVE**
✆ 03 80 51 57 26
Ouvert tous les jours sauf dimanche. Dégustations au comptoir. Prêt de tireuse et matériel (si achat).

Ces dernières années, la bière a conquis ses lettres de noblesse. Elle est brassée avec amour et passion tout comme est traité le raisin dont on fait le vin. Chaque bière a son caractère, sa couleur, sa puissance, sa saveur… Pour s'y retrouver, le patron du Comptoir des Bières, un passionné aguerri, n'hésite pas à vous proposer son aide. Il connaît tous ses crus et sait cerner celui qui vous correspondra. Heureusement, car le choix est large. Blondes, brunes, blanches, ambrées, spéciales… De la Cuvée des Trolls à la Maredsous en passant par la Chouffe, la Rince-Cochon, la Chimay, la Bourgogne des Flandres, la Leffe, la Namur, la Petrus, la Gueuze… Le choix est tout simplement vertigineux.

VINS - ALCOOL

DOMAINE DU GOÛT

67, rue des Godrans
✆ 07 66 37 26 76
https://domainedugout.com/fr/
Boutique en ligne.

Qui n'a jamais passé de trop longues minutes dans le rayon vin du supermarché, perdu au milieu des centaines de références, des médailles multiples et des étiquettes indéchiffrables ? Acheter du vin peut se révéler être un vrai casse-tête et souvent un choix par défaut, pas toujours concluant. On a trouvé la solution idéal à ce problème avec Domaine du goût, une box de vin au concept unique et innovant. Recevez votre coffret de dégustation de quatre vinottes, goûtez et faite votre choix et recevez trois bouteilles de votre vin préféré. Pour les entreprises, on adore l'idée des dégustations de vin et champagne en ligne. Parfait pour les équipes aux quatre coins du globe !

EUROPE

LE COMPTOIR IRLANDAIS

7, rue Mably
✆ 03 80 30 46 80
www.comptoir-irlandais.com
Ouvert du lundi au samedi de 10h à 19h.

Vous rêvez de grands espaces, de bières et de whisky qui réchauffent dans une ambiance festive, mais vous ne pouvez pas vous offrir le voyage ? Le Comptoir Irlandais va vous emmener en Irlande en plein cœur de Dijon ! Car voilà une boutique qui ne ressemble à aucune autre. La magie opère dès la porte franchie : les couleurs et la musique celtique nous embarquent. Côté panier gourmand, les bières et autres alcools locaux seront les ingrédients indispensables du voyage et le vaste choix est appréciable. À gauche, un rayon épicerie avec des biscuits, des marmelades ou encore des chips. Mais une balade irlandaise ne saurait se faire sans un pull en pure laine et ici il y en a pour tout le monde.

EUROPE

SOYUZ

53, rue Jean Jaques Rousseau
✆ 03 80 39 18 11
http://balexei.wix.com/epicerie-soyuz
Ouvert du lundi au samedi de 10h à 12h et de 14h à 19h.

Si l'envie vous dit de voyager dans les contrées lointaines des Pays de l'Est, Soyuz est LA boutique qui va vous le permettre sans quitter la ville ! Voilà plus de 10 ans que la boutique propose des produits d'épicerie venant d'Ukraine, de Russie, de Pologne, de Roumanie, d'Arménie… Vous trouverez ici des produits et des objets que vous ne dénicherez nulle part ailleurs. L'accent russe du patron vous met dans l'ambiance. Ce dernier saura vous guider entre les rayons et vous préciser l'origine du produit et comment l'utiliser. Charcuterie de Pologne, vin d'Arménie, vodka ou caviar de Russie, boissons alcoolisées ou non, produits transformés, et de quoi faire le plein de friandises.

COMMERCE ÉQUITABLE

ENVIE D'ETHIQUE - ARTISANS DU MONDE

7, rue Charrue
✆ 03 80 44 97 33
Ouvert du mardi au samedi de 10h à 12h30 et de 14h30 à 19h.

Vous avez l'âme d'un écolo et vous souhaitez consommer plus responsable ? Voilà une adresse à retenir. Tous les produits présentés ici sont issus du commerce équitable. D'abord, une large gamme de produits d'épicerie fine : chocolats, cafés et thés, épices, quelques douceurs. Pensez-y pour les fêtes : quitte à régaler nos enfants, autant que le père Noël soit équitable (et bio, très souvent). Vous trouverez aussi bon nombre d'objets décoratifs, bijoux et jouets, de tous les continents. De quoi faire ou se faire plaisir en joignant l'équitable à l'agréable.

EUROPE

SPÉCIALITÉS VAZQUEZ

2, rue Quentin
Ouvert uniquement les jours de marché : mardi, vendredi et samedi de 7h à 14h.

L'épicerie Vazquez n'est plus ! Ou presque. Elle aurait pu s'éteindre avec le départ en retraite de José et Marie, mais c'était sans compter sur Céline et Victor, fiers de reprendre le flambeau. Le jeune couple, déjà à la tête du comptoir portugais Fado a Mesa ouvert en 2015 va continuer à faire vivre ce lieu authentique. La plus petite épicerie de Dijon, la mieux placée aussi, garde donc son accent ibérique, mais dépasse la frontière espagnole pour apporter petit à petit des produits portugais artisanaux sur le marché. Des produits de qualité supérieure directement sélectionnés auprès des producteurs : à tester absolument pour gouter au meilleur du Portugal.

NEW

AMÉRIQUES ET CARAÏBES

MALINALLI

28, rue Crébillon ✆ 07 67 38 99 33
www.malinalli.fr
Ouvert le mardi et le mercredi de 13h à 18h ; du jeudi au samedi de 11h à 19h.

Nouvelle arrivante dans le club des épiceries du monde à Dijon ! Yazmin est une passionnée qui aime son pays d'accueil autant que son pays natal, le Mexique. De cet amour est née Malinalli, une petite épicerie qui cherche à promouvoir la culture et les traditions mexicaines à travers ses saveurs. Sauces pimentées, épices, tortillas, mezcal ou encore confiseries, vous ne saurez pas par quoi commencer vos emplettes ! On vous conseille le mole poblano, une sauce à base de piments et cacao, pour gouter à un plat aussi étonnant que savoureux de la gastronomie mexicaine. Partenaires de la chocolaterie Purokao, Malinalli propose aussi du chocolat artisanal mexicain fabriqué en Bourgogne.

MÉDITERRANÉE

THE LITTLE ITALY SHOP

25, rue Verrerie ✆ 03 80 30 58 37
thelittleitaly-shop.fr
Ouvert du mardi au vendredi de 10h30 à 22h ; le samedi de 10h30 à 22h30 ; le dimanche de 12h à 16h.

Little Italy est avant tout un restaurant italien de très bonne qualité et superbement décoré. Ce que l'on sait moins, c'est que c'est aussi une épicerie, juste à l'entrée. Les produits très bien sélectionnés et directement importés de la botte : mozzarella di bufala et autres fromages affinés, huile d'olive, antipasti, pizzas et salades, faites votre choix pour un apéro vert, blanc, rouge. Nous retrouvons aussi le traditionnel panettone en période de fêtes, mais encore de la charcuterie 100 % italienne, et des condiments qui s'intégreront harmonieusement dans vos plats. De quoi prolonger le plaisir pris au déjeuner ou au dîner et une petite mine d'or pour celles et ceux qui aiment cuisiner.

JE SORS JE ME CULTIVE

Véritable capitale culturelle, Dijon associe un patrimoine historique riche à un registre d'évènements en tout genre. Le théâtre, la musique, l'opéra, le cinéma, les musées contribuent à enrichir l'esprit tout en donnant l'occasion de se divertir. Que l'on soit plutôt art contemporain ou féru d'œuvres classiques, la belle Dijon invite à sortir de jour comme de nuit, offrant des ambiances festives ou plus calmes. Les hauts lieux touristiques et les bâtiments témoins du passé n'hésitent pas à changer d'apparence le temps d'un spectacle ou d'un festival. Pour ceux qui préfèrent être acteur plutôt que simple spectateur, les associations, les artisans et les experts de la cuisine et d'autres domaines organisent des cours et des ateliers afin de s'essayer à leur pratique. En famille, entre amis, avec des collègues, en couple, chacun peut s'essayer à un cours d'art floral, à la création de sa propre moutarde, à un tango enflammé, au travail du cuir... en profitant du talent et du savoir-faire des professionnels locaux. Pour finir une escapade, les librairies et bibliothèques ouvrent leurs portes pour s'évader avec les mots, bien installé dans un parc de la ville ou à une terrasse de café.

COFFEE SHOP ET SALON DE THÉ

LA BISCUITERIE

12, rue de la Poste ✆ 09 88 09 36 26
https://labiscuterie.eatbu.com
Ouvert le mardi de 12h à 19h, du mercredi au samedi de 9h à 19h, le dimanche de 10h à 18h. Petite restauration, brunch.

La Biscuiterie est un salon de thé charmant et cosy, tenu par les mains expertes et généreuses de Benjamin et Marion. Les plats, souvent végétariens et végans, sans gluten ou sans lactose, en font un lieu prisé pour le déjeuner. Le menu, composé de produits frais et de saison, change toutes les semaines. L'après-midi, c'est l'ambiance coffee shop qui nous séduit. La carte des boissons est variée et originale : smoothie et jus de fruits pressés de saison, thés, cafés, chocolats... Les biscuits et pâtisseries maison sont à tomber : on fond pour le cheesecake crème brûlée, pour le brownie vegan ou la classique Banoffe pie. Le dimanche, profitez d'une formule brunch savoureuse.

COFFEE SHOP ET SALON DE THÉ

LA CAUSERIE DES MONDES

16, rue Vauban
✆ 03 80 49 96 59
Ouvert du lundi au vendredi de 11h30 à 17h. Restauration le midi. Terrasse.

Une des plus jolies terrasses dijonnaises, avec compositions florales sur les tables aux beaux jours, La Causerie des Mondes est un salon de thé à la fois vintage et d'inspiration contemporaine, situé au croisement des ruelles piétonnes. Entre les vieilles cartes postales, les jouets en bois et une collection de théières, goûtez surtout à de bons produits. Que vous soyez thé, café, chocolat ou jus de fruits (bio et faits maison), vous trouverez de quoi passer un bon moment entre amis ! Si vous passez pour le déjeuner, n'hésitez pas à vous y arrêter. Tenue par Vanessa Laraque, c'est la même maison que le restaurant Le Nid, situé cour Bareuzai. Un endroit à découvrir !

MAGNUS

Tout le monde connaît déjà l'appli Shazam qui permet de reconnaître une chanson grâce au mode écoute en temps réel... Il existe désormais le même type d'application mais pour les œuvres d'art. Il suffit de prendre en photo une œuvre d'art au musée, dans la rue, sur un magazine, et hop, le titre de l'œuvre d'art et le nom de l'artiste apparaissent sur l'écran de votre smartphone, comme par magie.

COFFEE SHOP ET SALON DE THÉ

LE COMPTOIR DES COLONIES

12, place François Rude ✆ 03 80 30 28 22
www.comptoirdescolonies.com
Ouvert tous les jours de 8h à 20h. Vente de café fraîchement torréfié. Terrasse. Boutique.

Le Comptoir des Colonies est une institution à Dijon. Les jours de marché, les places sont chères tant c'est un salon de thé prisé ! À la belle saison, la grande terrasse vous accueille pour flâner et regarder les passants s'agiter. L'hiver, la salle bondée et l'odeur du café ont quelque chose de réconfortant. Le café, torréfié de manière artisanale, à quelques pas de là, est à choisir parmi une vingtaine de références. Le Comptoir possède également de nombreux thés de la célèbre maison « Mariage Frères », à accompagner d'une belle tranche de quatre-quarts ou d'une part de tarte. Enfin, le Comptoir des Colonies propose quelques apéritifs et de forts bons rhums. Une adresse à fréquenter !

COFFEE SHOP ET SALON DE THÉ

CAFFÈ GUFO

9, rue de la Chouette
✆ 03 80 48 26 11
Ouvert du mardi au samedi de 9h à 19h ; le dimanche de 10h à 14h.

Découvrez une large palette aromatique de cafés moulus sur place et sous vos yeux au Caffè Gufo. Son propriétaire Jean-Baptiste Legouge est passionné de torréfaction et partage avec joie ses secrets de fabrication. Situé rue de la Chouette, à deux pas du square des Ducs, on y savoure des cafés naturels comme ceux de la Caféothèque à Paris. Cerise sur le gâteau, la maison vous fait découvrir du café vert et des infusions à base de cerise de café. Jean-Baptiste s'inspire également de ses voyages en Italie pour composer sa carte, renouvelée toutes les trois semaines, et proposer par exemple le délicieux Bicerin de Turin. Nouveau : la formule p'tit dej le dimanche matin !

COFFEE SHOP ET SALON DE THÉ

ESPRESSO-T

21, rue de la Poste ✆ 09 50 76 77 64
www.espresso-t.com
Ouvert du lundi au samedi de 9h à 19h. Restauration à toute heure. A toute heure bagels, croque-monsieur, salades...

Espresso-T est un lieu à part. Le café y est Roi, ses amateurs pourront le redécouvrir froid, le savourer par lente infusion Chemex, ou s'émerveiller devant les Latte Art d'Arnaud et Bertrand. Nouveauté : Torréfaction sur place, cafés de grande qualité et lancement de leur propre marque « les cafés Ours Blanc ». À la carte : thés « Les Jardins de Gaia » bien sûr et sans conteste le meilleur Chaï de Dijon. Pourquoi ? Parce qu'il est infusé la veille dans un savant mélange d'épices qui fait toute la différence. À toutes heures : bagels, croque-monsieur, soupes, mais aussi tartes sucrées et gâteaux, dont l'incontournable cheesecake. Ou le carrot cake. À dire vrai impossible de les départager.

COFFEE SHOP ET SALON DE THÉ

JSB COFFEE

9, rue Musette
✆ 03 80 49 67 38
Ouvert tous les jours de 10h à 21h. Terrasse. Boutique.

Ce coffee shop est le lieu de prédilection des amateurs de l'or noir, chaque variété étant sélectionnée pour ses nuances de goûts et ses propriétés. Damien Perron, avec l'aide de deux torréfacteurs hors pair, vous propose ainsi toutes sortes de thés et cafés, de l'espresso au savoureux latte macchiato. À l'étage joliment décoré, on prend plaisir à se lover confortablement dans les canapés pour déguster les délicieuses pâtisseries et viennoiseries ! Si vous avez une plus grosse faim, vous pouvez aussi profiter de la carte des sandwichs faits maison. Vous pourrez même rapporter votre café préféré chez vous, en l'achetant au coin épicerie, au fond du magasin. Le choix est très varié !

BAR - CAFÉ

UR BUBBLE

27, rue des Godrans
Ouvert du mardi au samedi de 12h à 19h.

Enfin une adresse de Bubble Tea à Dijon ! Victoria et Romain vous accueillent chaleureusement dans leur jolie boutique à la déco édulcorée rose et blanche (les Instagrameurs apprécieront !). À la carte, un large choix de parfums s'offre à vous, aussi bien pour les thés que les Bubbles : de quoi vous faire perdre la tête ! On aime particulièrement le mélange menthe-pastèque et billes citron. Dans un esprit plus traditionnel, on appréciera le thé matcha au lait agrémenté des classiques perles de tapioca. On y revient pour tester de nouvelles associations de saveurs, sans oublier les petites gourmandises maison pour accompagner le tout. Assurément le nouveau repaire des fans de Bubble Tea !

COFFEE SHOP ET SALON DE THÉ

MADELEINE CAFÉ

8-12, rue Verrerie
✆ 03 80 69 24 91
www.madeleinecafe.fr
Du mardi au samedi de 9h30 à 18h30. Plat : 13 € (+ dessert : 16 €). Brunch samedi sur place ; dimanche à emporter.

© MADELEINE

Au cœur du quartier des antiquaires, découvrez le Madeleine Café. Petite bulle de fraîcheur l'été, pour déguster un nectar de fruits sous les arcades de sa terrasse, et refuge confortable quand l'hiver s'installe, Anaïs vous y accueille avec le sourire. Boissons gourmandes et viennoiseries au petit déjeuner et pour midi, le chef cuisinier Julien propose une sélection de trois plats et trois desserts qui évoluent au fil des semaines pour mieux nous faire voyager. En fin de journée, on s'y retrouve entre amis autour d'un verre de vin ou d'une bière locale. Café et restaurant, c'est aussi un lieu de vie très apprécié pour ses ateliers : cosmétique naturelle, poterie, art floral, photographie...

COFFEE SHOP ET SALON DE THÉ

PAI SHO

54, rue des Godrans ✆ 09 73 50 78 86
www.lepaisho.fr
Ouvert du mardi au samedi de 10h à 19h. Formule rapide du midi 14,20 € ; formule goûter 7,50 €.

À déguster sur place ou pour faire ses emplettes, cette escale théinée, comme Amaury aime nommer son enseigne, est un véritable repère pour les amateurs du genre. Échoppe et salon de thé, Pai Sho propose un choix très fourni de thé des marques Théodor et Camellia Sinensis, le must en la matière. Noirs, blancs ou verts, natures ou parfumés, infusions ou rooboïs, les thés à la carte proviennent des jardins les plus prestigieux. Les pâtisseries de chez Mairet Création ou l'Audace des Saveurs, des petites merveilles sucrées, accompagneront aussi idéalement à la pause goûter un thé vert à la rhubarbe. Le dimanche, les ateliers de découverte et de dégustation de thé sont une invitation au voyage.

COFFEE SHOP ET SALON DE THÉ

PANCAKES LOVERS

12, rue Monge ✆ 06 47 71 89 06
Ouvert du mercredi au dimanche de 10h à 18h. Brunch le dimanche sur réservation. Formule du midi 14 €. Menu enfant 8 €.

Un concept original et innovant, une décoration tout droit sortie d'un conte de fées, avec des balançoires en guise de sièges et un personnel chaleureux et souriant, Pancakes Lovers ne laisse rien au hasard. Du petit déjeuner au goûter, en passant par le brunch du dimanche, c'est l'endroit parfait pour déguster des pancakes aussi bien salés que sucrés, et *fluffy* comme on les aime. Au déjeuner, profitez de la formule du midi pour tester l'avocado, une recette à base de guacamole, saumon, feta et grenade. En dessert, le *do it yourself* vous permettra d'agrémenter votre pancake comme il vous plaira. Et tout ça pour un prix très abordable ! Une adresse délicate, à découvrir sans plus attendre.

ET SI ON PRENAIT UN VERRE ?

BAR - CAFÉ

LE BARBEROUSSE

6, rue Vannerie ✆ 06 79 05 26 06
www.barberousse.com
Du mardi au samedi de 20h à 2h. Verre de shooters à partir de 2,50 € ; bouteille de planteur à 16 €.

Entrez dans la cale à pirates du Barberousse, situé rue Vannerie. Ouvert uniquement le soir, ce bar à rhum vous plonge dans un décor de bois, aux lumières chaudes et tamisées. Attention, tenez-vous prêt à chavirer, ascètes et réservés s'abstenir ! Ici on est servi par d'authentiques pirates qui n'hésitent pas à croiser le sabre derrière le comptoir. Blind test le mardi, tournois de beer-pong le mercredi, bouteilles et parties de Laser Game à gagner, tout est fait pour se mettre dans l'ambiance et favoriser les échanges ! Que vous soyez un amateur de jeux à boire ou exigeant en matière de rhum, vous y trouverez forcément votre bonheur parmi les nombreux planteurs, cocktails et shooters.

BAR - CAFÉ

LE DÉCLIC

2, place des Cordeliers
✆ 03 80 50 03 35
Ouvert du lundi au vendredi de 7h15 à 21h, le samedi de 8h30 à 21h, le premier dimanche du mois. Terrasse. Restauration.

Tôt le matin, le Déclic vous accueille pour un espresso ou pour un petit déjeuner complet qui comprend une boisson chaude, un jus de fruits, des viennoiseries, du pain, du beurre et de la confiture. De quoi bien démarrer la journée ! En journée, le vin s'invite au bar et à table, chaud en hiver, à température ambiante le reste de l'année voire frais en été. Rosé, blanc, rouge, il est de Bourgogne et de toute la France. Quel qu'il soit, il accompagne parfaitement les planches apéritives. Accoudez-vous au bar sans retenue, le patron ne s'en formalisera pas tant que vous passez un bon moment ! À noter que le Déclic est aussi une brasserie qui propose une cuisine maison chaque midi.

BAR - CAFÉ

BLUES CAFÉ

23, rue Paul-Cabet
Ouvert tous les jours de 16h30 à 1h30. Terrasse. Animations. Concerts.

Situé sous les arbres, à deux pas de la place du 30 octobre, le Blues Café est un bar où l'on s'arrête par hasard, et revient par plaisir. On y trouve de nombreuses bières de qualité, à la pression comme en bouteille. Les amateurs se régaleront et les novices pourront demander conseil aux très sympathiques barmans qui connaissent leurs produits sur le bout des doigts (ou plutôt sur le bout de la langue) : IPA, Pils, Trappiste... Vous trouverez ici votre bonheur malté ! Ambiance conviviale parfaite pour rencontrer du monde, vous pourrez toujours parier la prochaine tournée de bière, de rhum, de whisky ou encore de tequila aux fléchettes ! Bonne soirée garantie dans ce bar décontracté.

BAR - CAFÉ

MORNING GLORY CAFÉ

25, rue des Godrans ✆ 03 45 43 46 88
www.morninggglorycafe.fr
Ouvert du mardi au samedi de 8h à 19h. Terrasse. Petite restauration.

Tenu par Julien, cuisinier et Thibault serveur, on peut venir au Morning Glory, aussi bien pour boire un verre que pour partager un encas. La maison décline sa carte à toute heure du jour, avec cafés de spécialité, petite restauration de saison et des pâtisseries en folie. Chocolat chaud au piment, sirops à l'eau de la ferme Fruirouge, limonade Elixia, jus de fruits artisanal et thé glacé maison, vous trouverez assurément de quoi vous désaltérer ! Pour le petit déjeuner, goûtez les classiques comme la brioche maison, les viennoiseries ou les œufs à la coque et leurs mouillettes, ou bien le petit déjeuner *so british*, avec les œufs brouillés au bacon. Le samedi, on réserve pour le brunch !

BAR - CAFÉ

CAFÉ DE L'INDUSTRIE

15, rue des Godrans
✆ 03 80 30 20 81
Ouvert du mardi au samedi de 6h30 à 1h. Terrasse.

Le Café de l'Industrie anime le quartier des Halles dijonnaises, côté Godran comme côté Bannelier. On peut s'y retrouver tôt le matin, avant de faire ses emplettes, pour un café ou même un petit-déjeuner complet, le midi pour y déguster un menu du marché, ou encore en après-midi, pour un verre à sa terrasse. La carte est variée en bières à la pression, en références de vins et en softs. Il y en a vraiment pour tous les goûts ! Le soir vous pourrez également goûter la terrine du chef et vous restaurer autour d'une planche. La maison vous propose aussi ses cocktails comme le Moscow Mule, à prix réduit pendant l'happy hour. Le personnel est très sympa et accueillant, un vrai coup de cœur !

BAR - CAFÉ

THE DUKE

8, rue Auguste Comte ✆ 03 45 43 44 01
Ouvert le dimanche et le lundi de 18h à 1h ; du mardi au samedi de 18h à 2h. Petite restauration.

Rock's not dead ! C'est ce très sympathique bar du quartier des antiquaires qui nous l'affirme. Vous l'aurez compris, au Duke l'ambiance se veut très rock et ça se ressent jusque dans les cocktails aux noms amusants comme le Big Lebowski ou le Sex Pistols. Pas fan de cocktails ? Pas d'affolement, la carte vous propose également de nombreuses bières, du vin et des alcools forts, sans oublier de quoi grignoter. Régulièrement, des concerts de rock, electro ou encore house music sont organisés pour de belles sessions live et les sportifs du canapé peuvent venir regarder leur compétition sportive préférée dans une ambiance chaleureuse ! Une équipe remontée à bloc pour des soirées d'anthologie !

MUSIQUE - SPECTACLE
BODEGA
6, rue Bannelier
Du lundi au samedi de 17h à 1h. Burgers, planches ; cocktails, sangria & shooters. Happy hours. Terrasse. Animations.

C'est l'un des bars les plus festifs du centre-ville dijonnais, situé sur la place des halles. Lieu de sortie couru par ceux qui continuent leurs soirées en boîte, on vient ici pour se détendre et s'amuser dans une ambiance festive. Installez-vous en terrasse, où ce n'est pas Ibiza, mais presque, pour déguster d'excellentes tapas entre amis. En hiver comme en été, DJ sets, animations et soirées à thème rythment les semaines – Halloween, soirées fléchettes, ou retransmissions d'événements sportifs. Chaque jour de la semaine en plus, la maison propose un cocktail différent en happy hour (cosmopolitan, margarita, jäger bomb, moscow mule, piña colada et sex on the beach le samedi). Détonant !

MUSIQUE - SPECTACLE
PUB LE BRIGHTON
33, rue Auguste-Comte
✆ 03 80 73 59 32
Ouvert du lundi au samedi de 16h à 2h. Wifi gratuit. Terrasse. Concerts.

Dans le quartier des Antiquaires, le Brighton est le plus ancien pub de Dijon et le plus authentique avec sa déco si typique des pubs d'Outre-Manche ! On aime s'y détendre en terrasse autour d'un verre ou encore pour son ambiance survoltée lors de soirées sportives. Des concerts sont régulièrement programmés tous les week-ends, ainsi que des scènes ouvertes de jazz, les lundis soir. Le vendredi, Djphilpower vous fait danser dans le nouveau caveau du pub. Côté boissons, il y a du choix. Une centaine de bières, artisanales et régionales, bières du monde, plus de 50 sortes de whiskies, vins et même quelques cognacs. Entre concerts et matchs, le Brighton est un pub anglais incontournable !

MUSIQUE - SPECTACLE
LE CAVEAU DE LA CHOUETTE
39, rue des Godrans ✆ 06 30 73 04 36 - Tram Godrans
www.lecaveaudelachouette.fr
Du mardi au jeudi de 18h à minuit ; le vendredi et le samedi de 18h à 2h. Terrasse. Bar à vin. Cocktails.

Découvrez ou redécouvrez le Caveau de la Chouette, lieu de rencontres sympathique et proche du marché, repris en avril 2019 par Brian Verpeaux qui en a gardé l'identité tout en déclinant son concept en bar à vins et à cocktails. La carte est recentrée sur une grande variété de vins 100 % bourguignons : Pommard, Nuit-St-Georges 1er cru ou encore Saint-Romain. Blanc, rouge, rosé, crémant, champagne, spiritueux, mais aussi d'excellents cocktails et jus de fruits... Pour accompagner cette dégustation, la maison vous propose gougères, planches de fromages et de charcuteries, escargots de Bourgogne ou encore des chouetteries (pain d'épices, moelleux au chocolat, sorbet) pour les becs sucrés.

MUSIQUE - SPECTACLE
LA SALSAPELPA
1, rue Marceau
✆ 03 80 73 20 72
Ouvert le mardi et le mercredi de 19h à 2h ; le jeudi de 19h à 3h ; le vendredi de 19h à 4h ; le samedi de 20h30 à 4h.

Envie de dépaysement, de se sentir au soleil, de se déhancher sur des rythmes endiablés ? Bienvenue à la Salsapelpa, un restaurant-bar-club que les Dijonnais appellent communément la « Salsa » car chacun a au moins le souvenir d'une soirée dans cet établissement. Dans la grande salle voûtée en pierres apparentes, l'ambiance est festive grâce à la musique aux rythmes calientes et aux tendances actuelles ! En plus d'être un club prisé, la Salsapelpa est aussi un bar qui propose des vins du monde entier et des tapas préparés maison puisque la Salsa est également un restaurant. Nombreuses animations, dont La Récréation, le concept de stand-up pour rire sans modération.

MUSIQUE - SPECTACLE
MELKIOR
20, avenue Garibaldi
✆ 06 03 96 06 53
www.melkiordijon.fr
Ouvert du mercredi au samedi de 18h30 à 2h. Concerts.

Envie de faire la fête et de passer un bon moment entre amis ? Bienvenue au Melkior ! De 18h30 à 2h du matin, venez prendre un verre, grignoter fromages et charcuterie, et profiter d'une ambiance festive. On adore y venir les vendredis et samedis pour découvrir les nouveaux groupes qui se produisent en live sur scène. Et pour ceux qui préfèrent chanter, c'est ambiance clubbing le jeudi et karaoké tous les mercredis. Été comme hiver, on profite de la terrasse couverte pour discuter plus tranquillement et on se munit de sa carte Melkior pour se servir soi-même sa bière sur l'une des cinq tireuses. Pratique et ludique ! Le lieu peut être privatisé pour les événements privés ou professionnels.

BAR D'HÔTEL
LE M21
22, boulevard de la Marne
✆ 03 80 72 31 13
Ouvert tous les jours de 6h à 23h.

Le M21, c'est le bar lounge de l'Hôtel Mercure Dijon Clemenceau. À l'image du restaurant le Château Bourgogne, la décoration chic et contemporaine lui confère une ambiance chaleureuse. Fauteuils et banquettes en velours invitent à la détente autour d'un verre de vin ou d'un cocktail. Sa grande amplitude horaire et son cadre sont autant de bonnes raisons pour y faire un after work entre collègues ou un rendez en amoureux et c'est parfait pour un dernier verre après un concert à l'auditorium. Une petite formule bistronomique servie à l'ardoise permet de se restaurer en peu de temps. Aux beaux jours, profitez de la terrasse et même de la piscine pour prendre un verre au calme ou une plancha.

ET SI ON PRENAIT UN VERRE ?

BAR À BIÈRE

BISTROT QUENTIN

6, rue Quentin ✆ 03 80 30 15 05
bistrot-quentin.business.site
Ouvert le mardi et le mercredi de 17h à 1h ; le jeudi et le vendredi de 17h à 2h ; le samedi de 11h à 2h. Happy hour.

Le Bistrot Quentin est une institution pour ceux qui fréquentent assidûment la place des Halles. Lieu cosmopolite à l'identité affirmée, habitués et quadras s'y retrouvent et se côtoient à l'heure de l'afterwork. En salle, une déco caractéristique, un jeu de fléchettes qui ne désemplit pas, et au comptoir une jolie sélection de bières ou de vins bourguignons (on pense notamment à l'épatant Hautes Côtes de Nuits du Domaine Bertagna). La maison propose également des planches de fromages et/ou charcuteries généreuses et de qualité. Si l'happy hour vous sourit, laissez-vous tenter par un rafraîchissant lillet blanc tonic ou un bon mojito, le tout ambiancé par une playlist toujours impeccable.

BAR À BIÈRE

MELTDOWN

53, rue Devosge ✆ 06 82 73 82 35
www.meltdown.bar/dijon
Ouvert du lundi au samedi de 18h à 1h. Jusqu'à 2h le vendredi et samedi. Animations.

Si l'enseigne Meltdown est une franchise comptant plusieurs établissements en France et dans d'autres pays, le Meltdown dijonnais n'a rien d'une pâle réplique. Ici, on trouve un peu moins de PC et plus de tables et de canapés pour une ambiance très conviviale. Le e-sport est toujours à l'honneur avec toute la panoplie du gamer. On s'y amuse à volonté autour d'un cocktail à thème, d'une bière ou d'un burger, en jouant à la PS4 ou à la Switch. Le gros plus reste les animations qui sont régulièrement organisées : soirée Loup-Garou, tournois de Beer-Pong ou encore concours de cosplay. Tous les vendredis, c'est soirée Quizz, de quoi mettre votre culture pop à l'épreuve.

BAR À BIÈRE

THE CRAFT BEER

1, boulevard de la Trémouille ✆ 03 80 67 32 08
www.craftbeerpub.fr
Ouvert le mardi de 18h à 0h ; le mercredi de 17h à 1h ; le jeudi de 17h à 2h ; le vendredi et le samedi de 16h à 2h.

Envie de découvrir un pub original ? C'est tout trouvé, rendez-vous au Craft Beer, à deux pas de la place de la République. « Craft » signifie artisanal et pour cause, ici, on y déguste des bières 100 % locales comme l'Elixkir, les bières du Donjon, ou encore la 90 BPM. Un choix de cinq bières sans gluten est aussi proposé, ainsi que 11 becs de bières pression (IPA, blonde, ambrée, blanche…). La carte est également composée de spiritueux, vins au verre et boissons sans alcool. Billard, fléchettes, jeux de cartes, jeu de société « le grand quiz de la bière » et concerts régulièrement organisés le samedi, impossible de s'ennuyer au Craft Beer ! Un pub que l'on recommande sans hésiter.

NEW

BAR À COCKTAIL

L'ARCHIPEL

15, place Grangier
larchipel.bar
Ouvert le mardi et le mercredi de 16h30 à 0h ; du jeudi au samedi de 16h30 à 1h30. Cocktails à 9 € en moyenne.

Enfin un endroit pour faire la fête du côté de Darcy ! Le quartier en manquait cruellement et Juliette et Thomas l'ont bien compris. Ils vous invitent dorénavant dans leur tout nouveau bar à cocktails, L'Archipel. Les portes franchies, vous vous retrouvez dans un repère de surfer, de quoi se transporter dans les îles le temps d'une soirée. La carte des cocktails, réalisée en collaboration avec des barmen des quatre coins du monde, saura vous faire voyager. On y trouve des recettes colorées et originales d'inspiration TIKI et tropicale. Rendez-vous dès l'apéro pour déguster cocktails, bières, vins d'ici et d'ailleurs et assiettes gourmandes. Et tout au long de la soirée pour faire la fête !

BAR À COCKTAIL

MONSIEUR MOUTARDE

40, rue des Forges ✆ 03 80 43 48 87
www.monsieurmoutarde.com
Ouvert du mardi au samedi de 17h à 2h. Brunch le dimanche de 11h30 à 15h. Terrasse. Restauration.

C'est au rez-de-chaussée du superbe hôtel Aubriot, que vous trouverez Monsieur Moutarde. Un bar chic et rétro qui vous propose, dans une décoration soignée où se mêlent beau mobilier et vieux livres, de vous rafraîchir de cocktails classiques ou de créations savamment concoctés par une équipe de barmen mixologues à partir de produits frais et locaux. En été, la terrasse avec son bel olivier est vite prise d'assaut. La carte est des plus attirante avec de nombreux cocktails colorés et esthétiques aux noms amusants, comme le Funam-Bulles, et quelques plats à partager. On profite du dimanche matin pour bruncher et découvrir la cuisine décalée et dans l'air du temps de Madame Ping.

BAR À VIN

BAR A VINS BRUNO

80, rue Jean-Jacques-Rousseau
✆ 03 80 66 12 33
Ouvert du mardi au samedi de 18h à 23h.

Bruno est un personnage bien connu des Dijonnais et l'on peut assurément dire que l'histoire de ce bar à vins c'est la sienne ! Un lieu aussi atypique, rustique et sympathique que l'est son truculent propriétaire. Ici, la décoration est composée des produits gourmands à déguster, autrement dit : jambons, saucissons, fromage et bouteilles de vin. Et quels vins ! Ici, on vient découvrir des merveilles de nectars parmi 850 références, dont du bio, avec des noms de crus plus ou moins connus et quelques bouteilles rares à l'image d'un Chasselas de Gonon. Laissez-vous faire, Bruno l'épicurien est un conseiller hors pair, il connaît les vignobles français par cœur ainsi que toutes leurs subtilités.

BAR À VIN

LE BAR BY LA CLOCHE

14, place Darcy ✆ 03 80 30 12 32
www.hotel-lacloche.fr/bar-by-cloche

Ouvert tous les jours de 10h à 0h. Planches de fromages à 12 €, de charcuterie à 23 €. Cocktails de 11 € à 16 €.

Ambiance feutrée, chic et lounge pour le très bel espace bar de l'hôtel La Cloche. Le Bar by La Cloche est un lieu raffiné et tout en élégance. Fauteuils-clubs et tables basses, canapés cuirs bleu électrique, à l'heure du thé ou en afterwork, les clients aiment se retrouver là en fin d'après-midi ou à l'heure de l'apéritif. Les fins de semaine s'animent d'une ambiance musicale tendance, en sirotant, pourquoi pas, l'un des cocktails de la carte, comme le Cocktail Signature by MGallery, à base de rhum au pain d'épices. Pour les petites faims, sachez qu'un petit fooding permet de se restaurer grâce à des propositions aussi simples que savoureuses, certaines servies à toute heure.

BAR DE QUARTIER

LE TERRIER

8, ruelle Quentin
✆ 06 40 33 57 47

Ouvert le mardi de 16h à 2h ; du mercredi au samedi de 6h à 2h ; le dimanche de 15h à 0h. Terrasse. Concerts.

Caché dans une petite ruelle tout à côté des Halles de Dijon, le Terrier est l'un des bars les plus vivants de la ville. Léocadie, Emilien et le reste de l'équipe vous y accueillent chaleureusement en fin d'après-midi, et ce jusqu'à 2h du matin, pour prolonger la soirée. Un endroit convivial et festif avec piano à disposition pour se laisser aller à l'improvisation, un jeu de fléchettes et un espace à l'étage, plus intimiste, pour prendre un verre. La terrasse sous arcade est particulièrement charmante. Un bar pour étancher sa soif, de quoi se remplir le ventre à toute heure, de la musique éclectique, des concerts et performances artistiques de tous bords... On adore !

BAR À VIN

LE CAVEAU DE SAULX

15, rue Vannerie ✆ 07 63 51 17 50
www.lecaveaudesaulx.fr

Ouvert du mercredi au samedi de 18h à 2h. Dégustation de vins à l'aveugle de 15 € à 40 €.

Le Caveau de Saulx fait peau neuve avec Olivier, son nouveau propriétaire, épicurien passionné et spécialiste des vieux millésimes, qui ne demande qu'à vous faire plaisir. Franchissez l'entrée de l'aven de l'hôtel particulier du XVIe siècle de la rue Vannerie, classé Monument historique, et pénétrez dans sa cave, sorte de *speak easy* new-yorkais abandonné. À la carte, des vins d'exception de régions diverses en vieux millésimes, du vendanges tardives allemand au châteauneuf-du-pape, en passant par les bordeaux et bien sûr nos magnifiques vins bourguignons. Oubliez votre téléphone — pas de réseau dans la cave — et venez profiter d'une expérience humaine unique et hors du temps.

PUB

FLANNERY'S IRISH PUB

4, place Saint-Bénigne ✆ 03 71 19 62 15
www.flannerys.fr

Ouvert tous les jours de 16h30 à 2h. Terrasse. Animations. Concerts.

Vous passerez sans aucun doute une bonne soirée dans ce pub irlandais situé juste en face à la cathédrale Saint-Bénigne. Vous y retrouverez tout ce qui fait un bon pub : les boiseries, les drapeaux et fanions, les bouteilles de bière, le grand bar sur lequel s'accouder et les concerts et retransmissions sportives pour l'animation ! Choisissez une bière parmi l'immense sélection à la carte à des prix très abordables et laissez-vous tenter par la Flannery's, la bière artisanale de la maison. Pas moins de 40 whiskies vous sont également proposés, ainsi qu'une quinzaine de rhums différents. En été, la terrasse est également très sympathique. Une bonne adresse pour passer un moment entre amis.

PUB

THE BARBARIAN'S PUB

2B, rue François-Jouffroy
✆ 03 80 41 16 22

Ouvert le dimanche et le lundi de 17h à 1h ; du mardi au samedi de 17h à 2h. Happy hours.

Bienvenue dans un pub authentique, avec ses drapeaux, son décor en bois et ses nombreuses bières ! Pas moins de dix références sont proposées en pression et une quarantaine en bouteille. Voilà de quoi faire de belles découvertes ! Vous pouvez aussi vous laisser tenter par les spiritueux avec le beau choix de whiskys ; et si vous ne savez pas quoi choisir, faites confiance aux barmans qui vous conseilleront au mieux s'il n'y a pas foule. Pour pimenter votre soirée, les événements sportifs sont diffusés sur grand écran, et un billard et un jeu de fléchettes sont disponibles. Enfin, le Barbarian's organise aussi régulièrement des concerts. Tenez-vous informé sur leur page Facebook !

PUB

LA PART DES ANGES

5, rue Vauban
✆ 03 80 49 89 56

Ouvert le mardi de 17h à 22h ; du mercredi au vendredi de 15h à 22h ; le samedi de 12h à 22h. Caveau du XVIe siècle.

La Part des Anges est un établissement du Groupe Bernard Loiseau, un bar à vin attenant à Loiseau des Ducs, on peut s'y arrêter l'après-midi pour prendre une tasse de thé ou en soirée pour y prendre un apéritif convivial. Tout se passe dans le caveau du XVIe siècle à l'ambiance chic mais décontractée. La sélection des vins est faite par le talentueux sommelier de Loiseau des Ducs, mais les tarifs sont tout à fait abordables. Les gourmets sont comblés car La Part des Anges propose différentes verrines, planches et assiettes froides qui permettent, là encore avec des tarifs défiant toute concurrence, d'improviser un repas dont les plats sont préparés dans les cuisines de Loiseau des Ducs

CONCERT

AUDITORIUM DE DIJON

✆ 03 80 48 82 82
www.opera-dijon.fr
Restauration.

Bienvenue à l'Auditorium de Dijon qui est une référence pour les amateurs de musique classique et d'opéra en France. En effet, en plus d'être un magnifique ouvrage d'architecture aux dimensions remarquables (200 m de long, 8 000 m² au sol), c'est l'une des salles d'Europe qui possède la meilleure acoustique. En collaboration avec le Grand Théâtre de Dijon qui est en cours de rénovation, l'Auditorium vous invite à venir assister ou découvrir une grande variété de spectacles, des productions lyriques, aux concerts symphoniques, en passant par les arts du geste ou encore du théâtre musical. Un lieu très accessible, desservi par la ligne de tram du T1, situé juste à côté de la Tour Elithis.

CONCERT

L'ECRIN

Rond-Point de l'Europe - **TALANT**
✆ 03 80 44 60 93
https://lecrin.talant.fr
Parking gratuit.

L'Ecrin, complexe culturel pluridisciplinaire de la ville de Talant, fête bientôt ses 3 ans. Cette salle de spectacle de 432 places est dirigée par Hortense Bourguignon et parrainée cette année par l'écrivain Patrice Franceschi. La programmation y est flamboyante, avec de grands noms comme le passage de Jane Birkin prévu le 20 avril, qui revient après 12 ans d'attente du public. L'Ecrin, qui offre une grande qualité acoustique, permet notamment aux spectateurs d'être proches de la scène. Une seconde salle de 560 m² compose également la structure, dédiée à l'événementiel. L'éclectisme rythme cette nouvelle saison de retour aux spectacles avec concerts, théâtre, danse, cirque et humour.

CONCERT

GRAND THÉÂTRE

Place du Théâtre
✆ 03 80 48 82 82
www.opera-dijon.fr

Modernité et classicisme caractérisent l'Opéra de Dijon composé de deux structures indissociables : l'Auditorium d'une part, d'architecture contemporaine, et d'autre part le Grand Théâtre, bijou à l'italienne achevé en 1828, dont l'ornementation intérieure fut confiée à l'époque, au décorateur de l'Opéra de Paris. Sur 3 étages, il compte 692 places au total. Rénové, étape par étape, des salles de répétitions, aux loges des artistes, jusqu'au plateau, le public peut de nouveau venir assister à des concerts exceptionnels dans ce temple des arts et admirer notamment le lustre de 700 kg en cristal de Murano qui orne son plafond. Un magnifique endroit pour s'enivrer de musique !

CONCERT

OPÉRA DE DIJON

18, boulevard de Verdun ✆ 03 80 48 82 82
www.opera-dijon.fr
Billetterie du mardi au samedi de 11h à 18h ou en ligne. Abonnement jeune 5 spectacles : 25 €. Place - 15 ans : 5,50 €.

La saison 2021/2022 de l'Opéra de Dijon est conduite par Dominique Pitoiset, qui a marqué son arrivée à la tête de l'institution en ouvrant sa programmation lyrique et classique, aux spectacles de musique du monde, cirque et danse, ainsi qu'à une programmation famille. Au Grand Théâtre, où des travaux de rénovation sont en cours, comme à l'Auditorium, dont la qualité acoustique est notoire, découvrez un programme tout en lyrisme, avec par exemple la nouvelle production dijonnaise de Don Pasquale de Donizetti, avec l'Orchestre Dijon Bourgogne en fosse, mais encore des concerts du Chœur de l'Opéra de Dijon et des pièces plus contemporaines revisitées par l'Ensemble 0, à des tarifs accessibles.

CONCERT

LA VAPEUR

42, avenue de Stalingrad ✆ 03 80 48 86 00 - En bus : Liane 6 arrêt La Vapeur.En voiture : deux parkings attenants à La Vapeur.A vélo : piste cyclable depuis le centre-ville et parking à vélo sur place. - www.lavapeur.com
Ouvert uniquement lors des spectacles. Spectacles de 5,50 € à 33,99 €. Abonnement : 15 €.

Labellisée Scène de musiques actuelles (SMAC) et membre de la filière musiques actuelles (FEMA) au niveau de la région Bourgogne-Franche-Comté, ce lieu de concerts dijonnais né en 1995, inauguré après travaux en 2018, est composé de deux salles, l'une de 230 places et l'autre de 1 200 places. Vous trouverez forcément votre bonheur dans sa programmation éclectique : hip-hop, punk rock, funk, electro, chanson et spectacles pour jeunes publics. Avant le concert, un bar est ouvert au public, situé dans le hall de la structure. Celle-ci comprend également 7 studios de répétition en location, à disposition des amateurs et des professionnels. La Vapeur a aussi ouvert son restaurant au public.

CONCERT

LE ZÉNITH

Rue de Colchide ✆ 03 80 72 21 21 - Tramway ligne 2
www.zenith-dijon.fr
Ouverture des portes 1h30 avant le début de la manifestation. Restauration. Bar.

Le Zénith de Dijon fait presque toujours salle comble, et pour cause ! Les programmations savent réunir tous les genres et toutes les générations et la salle – la plus grande de la région – s'adapte à tous les artistes. Équipée d'une scène modulable et de rideaux d'occultation, elle peut recevoir aussi bien de grands spectacles à la scénographie imposante que des manifestations plus intimistes. Cette année, on y attend le duo père-fils Jacques et Thomas Dutronc, la comédie musicale *Dirty Dancing* ou encore l'humoriste Kheiron. Également à votre disposition, une grande salle de réception, un bar et un tout nouvel espace bistrot pour se restaurer avant le spectacle. Un lieu riche en émotions !

L'ÉCRIN

LA CULTURE EN TOUTE INTIMITÉ

Intimiste, la salle de spectacles municipale de Talant, l'Ecrin, porte idéalement son nom. Associant le théâtre, la musique, le cirque ou encore l'humour, la programmation ravit les spectateurs et encourage à découvrir la prochaine saison dans ce lieu favorisant la proximité avec les artistes.

Depuis son ouverture en mars 2019, l'Ecrin n'a pas encore vécu une saison dans son intégralité, voyant ses possibilités d'accueil et ses spectacles rythmés par la crise sanitaire. Pour autant, le public répond présent. Certains se sont laissés séduire devenant des habitués, d'autres découvrent régulièrement le lieu pour profiter d'une représentation. Pour conforter cet engouement, Hortense Bourguignon, directrice de l'Ecrin, et son équipe, planchent sur la saison 2022- 2023 pour lui donner une identité. « Nous avons un public en demande de théâtre et de pièces contemporaines présentes à Paris. Nous leur ferons la part belle par l'intermédiaire de metteurs en scène et de comédiens reconnus sans oublier des plumes intéressantes. » La salle accueillera aussi des humoristes rodant leur show comme ce sera le cas en novembre avec la venue de Stéphane Guillon. Installés dans l'un des 432 confortables sièges, les amateurs profiteront des spectacles en avant-première avant qu'ils ne soient joués dans les grandes salles parisiennes. « L'intimité de l'Ecrin crée une relation particulière aux artistes. » La configuration assise du lieu invite également à apprécier la scène française et ses chansons à texte tout autant que du blues, du jazz ou du folk dans une agréable bulle culturelle. « Nous avons constaté le succès du cirque en salle à destination d'un public familial. La future programmation renouvellera aussi ces propositions. »

Derrière le rideau

Pour rendre le monde culturel accessible au plus grand nombre, l'Ecrin multiplie les actions de médiation. Les élèves de maternelle et de primaire assistent ainsi chaque année à un spectacle tandis qu'à l'occasion de la semaine bleue, en octobre prochain, les séniors seront les invités de la ville pour voir l'opérette *Pomme d'Api* d'Offenbach. « Nous construisons des temps d'accueil pour les collégiens avec nos artistes en résidence. » En parallèle, la salle municipale ouvre également ses portes pour recevoir les professionnels pour des séminaires, des assemblées générales ou des conventions. L'espace convivial du bar de la salle Saint-Exupéry offre alors un espace de cocktails accueillant jusqu'à 520 personnes.

› L'ECRIN
Rond-point de l'Europe – **TALANT**
https://lecrin.talant.fr

© GRÉGORY GIRARD

© GRÉGORY GIRARD

© GRÉGORY GIRARD

RÉSERVATION

PYRPROD

32, boulevard Carnot
✆ 03 80 66 76 66
www.pyrprod.fr
Ouvert du lundi au vendredi de 10h à 12h30 et de 13h30 à 18h.

Pyrprod est une société de production gérée par Pierre-Yves Romano qui produit un grand nombre de spectacles programmés au Zénith, à la Vapeur, mais également dans d'autres grandes salles parisiennes et régionales comme celles de Chalon-sur-Saône, Besançon ou Auxerre. Pyrprod produit de nombreux concerts d'artistes pour certains très connus et d'autres en devenir. Cette année, préparez-vous à retrouver de nombreux artistes sur scène : Tryo, toujours radieux et graves, à Chalon-sur-Saône, l'humoriste Anne Roumanoff au Cèdre de Chenove ou encore le groupe hommage aux Beatles, The Rabeats au Zénith de Dijon. Rendez-vous sur site de Pyrprod pour vous tenir informé du programme.

THÉÂTRE

THÉÂTRE DIJON-BOURGOGNE

Rue Danton ✆ 03 80 30 12 12
www.tdb-cdn.com
Ouvert du mardi au vendredi de 13h à 19h ; le samedi de 11h à 13h et de 14h à 18h.

Le Théâtre Dijon-Bourgogne est l'un des 33 centres dramatiques nationaux. En 2021, Maëlle Poésy, metteuse en scène, autrice et comédienne, remplace Benoît Lambert à la direction et compte bien bousculer les frontières du théâtre, générationnelles et sociales. Une riche programmation de pièces de théâtre est à observer Salle Jacques Fornier ou au Parvis Saint-Jean, ancienne église qui offre un écrin majestueux aux pièces classiques et aux créations. Celles-ci sont généralement à l'affiche pendant plusieurs jours, permettant à tous de s'y rendre. Cette année, la programmation s'annonce encore belle et variée. Tous les ans a également lieu son festival de printemps Théâtre en mai.

THÉÂTRE

LE BISTROT DE LA SCÈNE

203, rue d'Auxonne ✆ 03 80 67 87 39
www.bistrotdelascene.fr
Entrée : 16 €. Réduit : 9 €. Abonnement : 5 places achetées, 1 place offerte. Enfant : 8,50 €.

Le Bistrot de La Scène se situe au 210 rue d'Auxonne et existe depuis les années 30. Auparavant guinguette très populaire, son succès est toujours au rendez-vous. Depuis 1987, la programmation y est éclectique, s'adressant aussi bien aux amateurs de théâtre que de cirque, d'humour, d'improvisation et de musique ! Le public y apprécie la proximité avec les artistes, et une grande partie des spectacles s'adresse aux enfants. Rénové en 2021, le Bistrot de la Scène peut maintenant accueillir jusqu'à 350 personnes lors des 250 représentations programmées à l'année. On apprécie l'espace bar pour savourer un verre de vin et une planche apéritive en toute convivialité avant le spectacle.

THÉÂTRE

THÉÂTRE MANSART

94, boulevard Mansart ✆ 03 80 63 00 00
culture.crous-bfc.fr
Plein tarif : 15 €. Tarif réduit : 9 €. Ces tarifs peuvent varier selon la société de production.

Le Théâtre Mansart est installé sur le campus de Dijon, juste à côté du Crous, restaurant universitaire situé boulevard Mansart. Entièrement dédiée à la jeune création, la structure accueille en résidence ou le temps d'un spectacle, de jeunes compagnies théâtrales, chanteurs, musiciens ou orchestre. Si vous aimez la danse, les expériences chorégraphiques ou trans-disciplinaires et la musique, vous trouverez tout au long de l'année une programmation audacieuse et variée. Des stages sont également proposés afin de parfaire votre pratique artistique. C'est le lieu idéal si vous êtes en quête d'un espace où mener vos expériences artistiques. Un endroit à découvrir et à suivre !

THÉÂTRE

THÉÂTRE DES FEUILLANTS

9, rue Condorcet
✆ 03 80 76 80 80
Réservation auprès des associations ou des sociétés de production organisatrices de chaque spectacle.

Situé rue Condorcet et à deux pas de la place Darcy, cet ancien cinéma transformé en théâtre, appartenant à la ville de Dijon, peut accueillir environ 500 personnes. Une enseigne qui s'inspire des années folles pour une programmation très éclectique tout au long de l'année avec de nombreux spectacles : chanson française, groupes de jazz, humoristes et pièces de théâtre y sont régulièrement programmés, notamment par l'Association Bourguignonne Culturelle (ABC). Il y en a pour toutes les sensibilités. Le théâtre accueille également plusieurs festivals, notamment Why Not, festival de musique contemporaine, Les Nuits d'Orient ou encore A pas Contés, festival jeune public.

CINÉMA

CINÉMA DARCY

8, place Darcy ✆ 03 80 30 25 13 - Tram T1 et T2 : arrêt Darcy
www.cines-dijon.com/le-darcy
Tous les jours de 13h30 à 0h. Entrée : 8,50 €. Ciné duo le lundi de 16h à 20h : 9,90 € les 2 places. -14 ans : 4,50 €.

Grâce à son architecture avec son grand œil-de-bœuf ornementé de vitraux colorés, mais aussi grâce à son histoire, puisque c'est un cinéma plus que centenaire, le Cinéma Darcy est un monument. Plusieurs générations se sont donné rendez-vous dans ce bâtiment, dont les murs résonnent d'une programmation éclectique. Celles-ci proposant des films grand public des succès du box-office et des productions plus intimistes de qualité et même des retransmissions de pièces de théâtre. Un forfait pour venir à deux est proposé et permet de se divertir avec un tarif préférentiel. Avec son emplacement et sa programmation, le cinéma Darcy est un incontournable au centre-ville !

© CHRISTOPHE MEYER

© DR

CINÉMA

CINÉMA PATHÉ GAUMONT CAP VERT

1, rue du Cap Vert
QUETIGNY
✆ 03 80 48 13 13
www.cine-capvert.fr

Ouvert du lundi au samedi de 13h30 à 22h30. Le dimanche de 10h30 à 22h30. Adulte : 11 € ; -de 14 ans : 6 €.

Le cinéma Cap-Vert de Quetigny vous accueille dans l'une de ses douze spacieuses et confortables salles pour venir découvrir les avant-premières et voir les dernières sorties. Au programme : action, humour ou romance, de quoi en prendre plein les yeux et rêver dans les meilleures conditions. Ce cinéma possède une capacité d'accueil de 2 400 fauteuils et propose des séances en projection numérique et son dolby stéréo, ainsi que des séances 3D. L'ensemble des salles est accessible aux personnes à mobilité réduite et pour profiter toute l'année, pensez au Cinépass !

© CHRISTOPHE MEYER

© PASCAL LEHART

© CHRISTOPHE MEYER

CINÉMA

CINÉMA OLYMPIA

16, avenue du Maréchal-Foch ✆ 03 80 43 55 99
Tram T1 et T2 : arrêt Foch Gare
www.cines-dijon.com/olympia
Du lundi au samedi de 13h30 à 21h45 et le dimanche 10h-21h45. Entrée : 8,50 €.

Pour voir un bon film et ne rien rater des dernières sorties, rien de tel que le cinéma Olympia. Ce complexe ultra-moderne de 10 salles, qui peuvent accueillir entre 46 et 408 personnes, est idéalement situé en centre-ville, tout près de la gare. On prend ses places aux bornes interactives ou à l'un des guichets et on attend sa séance à l'espace-bar qui propose : boissons, friandises et pop-corn sucré ou salé ! Au programme : séances 3D, avant-premières... Le cinéma retransmet également les opéras du Met, en direct de New York. Vous pouvez aussi y organiser l'anniversaire de vos enfants et privatiser une salle pour un événement, une conférence, un séminaire ou encore un colloque.

CABARET

LE CABARET ODYSSÉO

Domaine du Lac - **PLOMBIÈRES-LÈS-DIJON** ✆ 03 80 48 92 50
www.cabaret-odysseo.fr
Ouvert de sept. à juin. Accueil lun.-ven. 9h-12h et 14h-18h. Tarifs disponibles par téléphone ou sur le site Internet.

Vous l'avez sûrement remarqué en faisant le tour du lac Kir à pied, il s'agit du Cabaret Odysseo, où se réunissent les amoureux du music-hall. Christophe Gonnet dirige une équipe de talents avec acrobates, danseurs, chanteurs et magiciens venus des quatre coins du monde (Russie, Vietnam, Allemagne, etc.). Au programme, dîners-spectacles exceptionnels et Revue casting. Dans cette ambiance chaleureuse, découvrez des prestations pleines de surprises, où règne la bonne humeur, sur une musique festive. Bref, c'est le lieu idéal pour passer une soirée mémorable. Profitez aussi d'un super restaurant qui vous propose des mets raffinés et travaillés avec talent. Une adresse incontournable !

CAFÉ-THÉÂTRE

DARCY COMÉDIE

10, rue Devosge ✆ 03 80 43 68 10
www.darcycomedie.com
Spectacles les jeudis, vendredis et samedis. Restauration.

Dirigé par Carlos Goncalves, le Darcy Comédie est un café-théâtre qui a ouvert ses portes en 2019. Un espace de rencontres et de découvertes culturelles situé rue Devosges, tout près de la place Darcy. Au programme, une sélection de spectacles locaux et nationaux pour rythmer l'année : one-man-show, improvisation théâtrale et comédie garantis ! Découvrez la joyeuse bande d'humoristes de l'association dijonnaise la Banane pour une séance de rire explosive. Pour vous faire passer un moment encore plus agréable, le Darcy Comédie vous propose des planches de charcuteries et fromages ou des assiettes véganes maison à accompagner d'un verre. La bonne adresse pour une soirée réussie entre amis.

MUSÉE

LE CONSORTIUM MUSEUM - CENTRE D'ART CONTEMPORAIN

37, rue de Longvic ✆ 03 80 68 45 55
www.leconsortium.fr
Ouvert du mercredi au dimanche 14h-18h, vendredi 14h-20h. Gratuit -18 ans et le vendredi de 17h à 20h. Adulte : 5 €.

Ce bâtiment épuré, vaste et lumineux, n'est autre qu'un pôle d'art contemporain incontournable. 4 000 m² pour accueillir au mieux les visiteurs et les artistes, dans leur création comme dans la diffusion de leurs œuvres. Plusieurs espaces ont été aménagés : la plus grande partie de l'espace dédiée aux expositions temporaires, une salle de spectacles où sont proposés des concerts organisés par Why Note, La Vapeur, Sabotage, etc. Sans oublier la librairie, un lieu de ressources où vous trouverez des informations spécifiques à l'art contemporain. À visiter absolument !

ART & CULTURE

LE CÈDRE

9, esplanade de la République - **CHENÔVE** ✆ 03 80 51 56 25
Tram T2 arrêt « Chenôves-centre ». Bus lignes 4 et F 42.
Du lundi au vendredi 13h30-18h et 1h avant les représentations. Accueil téléphonique en dehors des horaires.

Salle de spectacle moderne, confortable et dotée d'un équipement à la pointe, la programmation éclectique du Cèdre fait vivre le Sud Dijonnais. Sur le plan de sa politique culturelle, la ville de Chenôve place en effet l'émancipation au cœur de ses actions, c'est pourquoi nombreuses sont les associations de proximité et les partenaires qui prennent part aux activités et manifestation organisées dans ce lieu. Avec une capacité d'accueil de 692 places assises et de 1 100 places assises ou debout, une scène de 211 m², la programmation mêle humour, danse, théâtre et musique. Le Cèdre abrite aussi le conservatoire à rayonnement communal et l'école de danse et de culture hip-hop Figure2Style.

ENFANTS

LA MINOTERIE

75, avenue Jean-Jaurès ✆ 03 80 48 03 22
www.laminoterie-jeunepublic.fr
Spectacles pour enfants. Ateliers. Résidence d'artistes. Ouvert aux établissements scolaires.

La Minoterie est une ancienne caserne militaire réhabilitée par la ville de Dijon en 2013, qui fut dirigée par le metteur en scène de renommée nationale Christian Duchange, jusqu'en 2021. Dans l'attente d'une nouvelle direction, cette scène conventionnée "Art, enfance, jeunesse", maintient ses activités, soutenant la création artistique et développant des projets d'éducation artistique dédiés aux petits et grands enfants. Sur 2000 m², avec une salle de spectacle de 200 places et des espaces d'expérimentation prévus pour créer, différents ateliers sont proposés entre musique, danse, arts plastiques, cirque et marionnette. Pour les adultes, ne manquez pas non plus les Soirées passeurs d'art.

LOISIR CRÉATIF

ATELIER PÉTULA GREEN

69, rue Monge ✆ 09 83 37 66 41
atelierpetulagreen.com
Ouvert le lundi de 9h à 20h30 ; du mardi au vendredi de 9h à 17h15. Cours d'arts plastique. Cours de couture.

Ateliers d'arts plastiques, cours de dessin, cours de couture, espace de co-working... Bienvenue à l'Atelier Pétula Green ! Côté couture, Audrey organise des cours collectifs ainsi que des cours individuels. De quoi s'initier à la couture ou vous perfectionner – avec votre machine – si vous savez déjà coudre. Côté arts plastiques, c'est Marie qui mène la danse. Dessin, aquarelle, linogravure, sculpture... Lancez-vous et laisser parler votre créativité ! Des cours pour adultes et enfants à partir de 6 ans. Des anniversaires créatifs sont également au programme le samedi et des stages sont organisés pendant les vacances pour développer la fibre artistique de vos bambins !

ASSOCIATION CULTURELLE

LA BANANE DE DIJON

2, rue des Corroyeurs
Ateliers d'écriture, scènes ouvertes et vidéos.

La Banane de Dijon, c'est la meilleure option pour se fendre la poire. Depuis 2015, l'association n'en finit pas d'égayer les soirées dijonnaises. Si elle s'est d'abord illustrée avec la scène ouverte *A toi l'honneur*, la Banane propose aussi des ateliers d'écriture hebdomadaires et a ouvert sa propre école d'humour. Une aubaine pour qui souhaite étudier les différentes techniques d'écriture, l'apprentissage de la scène ou la mise en scène. Le microphone branché, les sketches s'enchaînent, des Apéros Banane itinérants aux plateaux d'humoristes du Darcy Comédie. En attendant de les retrouver sur les planches, n'hésitez pas à suivre la Banane sur les réseaux sociaux. *In Banana we Trust !*

COURS DE DANSE

ATOUTDANSE

25 bis, quai Gauthey ✆ 06 76 02 14 21
www.atoutdanse.com
Abonnements de 5 mois 170 € par personne, ou 290 € à l'année. Abonnement couple 520 € l'année. Carte de 8 cours 70 €.

Joël Vélon vous propose plus de 20 danses différentes : salsa, swing, valse, country, tango argentin, claquettes, rock'n'roll et bien d'autres. Chaque cours dure en moyenne 1h20, ce qui vous donnera largement le temps de vous adonner à cette nouvelle danse qui vous attire tant ou bien de réaliser de nets progrès dans celle que vous pratiquez déjà. Avec une superficie de 250 m² praticables, cette salle de danse est un lieu de rencontre et de partage. Les abonnements comprennent un nombre de cours illimité par semaine. Possibilité également de prendre des cours particuliers. Joël propose encore des cours de danse en ligne et de participer à des stages. Renseignements sur son site Internet.

POTERIE - CÉRAMIQUE

LA CUVERIE

1, rue Tabourot des Accords ✆ 07 61 49 73 30
www.lacuveriedijon.fr
Ateliers adultes et enfants, espace de travail, séminaires et dégustations. Renseignements sur rendez-vous.

A l'origine dédié à la mise en bouteille du vin, ce lieu est devenu en 2020 un espace où l'on partage ses inspirations, fondé et imaginé par Audrey Leroy. Une histoire qui demeure inscrite dans son identité car Audrey propose régulièrement des dégustations de vin même si son activité principale est tournée vers les ateliers créatifs : photographie, maquillage, composition florale, peinture, poterie... Des cartes cadeaux sous forme de dessous de verre vous permettent d'offrir un temps d'activité à la personne de votre choix, pour une initiation qui éveillera qui sait peut-être une nouvelle passion ! Un espace qui peut accueillir également des séminaires avec plateaux traiteurs.

COURS DE CUISINE

AVEC OU SANS TOQUE

9b, rue du Moulin des Étangs - **FENAY** ✆ 03 80 71 16 92
www.avecousanstoque.fr
Cours privés à domicile à partir de 190 € en semaine. Cours collectifs de 45 à 75 € à l'atelier. 28 € pour les enfants.

Avec ou sans toque, vivez une expérience culinaire unique. Stéphanie Sempol, gérante de ce beau projet, propose des cours de cuisine et de pâtisserie adaptés aux adultes et aux enfants, ainsi que des cours d'œnologie. Venez apprendre à réaliser différents plats de cuisine du monde, des sushis et makis au menu complet aux couleurs de l'Italie, sur place ou à domicile. Son équipe saura vous transmettre son savoir-faire gastronomique. Le programme et les tarifs des cours sont consultables sur le site internet. Toute l'année des ateliers thématiques sont proposés en fonction des saisons : menu de Noël au moment des fêtes, ateliers chocolat pour Pâques ou encore cuisson des légumes au printemps.

DANSE CLASSIQUE

ÉCOLE DE DANSE CLASSIQUE ANNE PAPET-LÉPINE

14, rue Vauban
✆ 03 80 58 94 22
1h par semaine : 400 € par an.

Fondée en 1990, c'est la meilleure école de Dijon. Anne Papet-Lépine, diplômée du Conservatoire de Paris et ex-danseuse professionnelle, dispense des cours de qualité, avec la passion et la rigueur qui sont propres à cet art. Ici, les futurs petits rats de l'opéra s'entraînent et se forment. Inscrivez vos enfants à tout niveau, dès 4 ans : un spectacle de fin d'année restitue en beauté le travail fourni et a lieu au Grand Théâtre ou au théâtre des Feuillants. L'école organise aussi régulièrement des stages dispensés par des maîtres de renommée nationale et internationale.

2 CINÉMAS EN CENTRE-VILLE DE DIJON
CINÉMAS OLYMPIA ET DARCY
16 salles ouvertes 7 jours sur 7
FILMS - AVANT-PREMIÈRES - SOIRÉES À THÈME - ANNIVERSAIRES - ÉVÉNEMENTS PRIVÉS -
WWW.CINES-DIJON.COM
Cinéma Darcy
Cinéma Olympia
#CINES DIJON

COURS DE MUSIQUE

ESM BOURGOGNE-FRANCHE-COMTÉ

15, place Grangier ✆ 03 59 28 21 80
www.esmbourgognefranchecomte.fr

Administration ouverte lundi, mardi, jeudi et vendredi de 8h30 à 12h et de 13h à 16h30 (17h le mardi).

L'ESM Bourgogne-Franche-Comté est un établissement d'enseignement supérieur accrédité par le ministère de la Culture à délivrer le diplôme national supérieur professionnel de musicien et le diplôme d'Etat de professeur de musique. Grâce à sa diversité de cursus et une saison nomade incluant des projets internationaux et programmés sur la Grande Région, les futurs musiciens sont préparés aux exigences d'une carrière artistique professionnelle. Vous êtes passionné de musique et souhaitez faire de votre passion un métier ? Tentez votre chance et passez le concours d'entrée !

HOBBIES

FORME & ZEN

90, rue Monge ✆ 03 80 45 46 74
formeetzen.fr

Cours de yoga ou de méditation sur rendez-vous. 60 € pour la séance d'1h30.

Forme & Zen n'est pas seulement une boutique mais également un centre de thérapie. Jean-Marc vous propose un accompagnement spirituel de yoga et de méditation. Il vous reçoit sur rendez-vous lors de séances d'une heure et demie pour faire le point sur vos postures et les corriger si besoin. Il propose également le massage Amma (une technique japonaise ancestrale) ou encore les bols Jacquier et le reiki, afin de décontracter vos muscles. A l'arrière de la boutique, il vous reçoit dans deux salles, l'une pour les séances collectives et l'autre pour les massages. Parmi les nouveautés, vous avez la possibilité d'un accompagnement d'astrologie védique pour une meilleure connaissance de soi.

HOBBIES

GILLES SONNET

61, route de Dijon - **FONTAINE-LÈS-DIJON** ✆ 03 80 55 64 77
www.fleurs-sonnet.com

Cours quatre fois par mois le mardi, le mercredi et le vendredi. Entrée : 42 €. Réservation par téléphone ou au magasin.

Gilles Sonnet vous propose des cours de composition florale dans un espace dédié, à l'étage de son magasin. Bon moment garanti pour apprendre à composer un bouquet personnalisé. Suivez les conseils de Gilles et repartez, après environ deux heures de cours, avec le sourire aux lèvres et un magnifique bouquet. Une belle idée de cadeau pour offrir ou développer ses talents. L'artisan fleuriste propose également des cours sur mesure aux entreprises et aux associations qui ont des demandes spécifiques comme apprendre à réaliser un décor de table de mariée ou pour réaliser une composition florale lors d'un enterrement de vie de jeune fille. Qu'attendez-vous pour vous inscrire ?

ASTRONOMIE

PLANÉTARIUM HUBERT-CURIEN

14, rue Jehan de Marville
✆ 03 80 48 82 00

Les séances ont lieu généralement les après-midis à 14h30, 15h30 et 16h30. Entrée : 3 €. Tarifs réduits : 1,50 €.

Prenez place dans la grande salle du planétarium de Dijon et admirez le spectacle. Confortablement installé et en immersion totale grâce à une projection à 360°, vous découvrirez un spectacle impressionnant autour de l'Univers, du système solaire et de la naissance de la Terre. Les films projetés sont pour tous les publics, avec une bonne dose d'éclectisme : « L'eau, une aventure cosmique », « Le voyage de Darwin », « Les dinosaures au crépuscule »... Vous pourrez aussi vous promener dans le jardin botanique et pousser jusqu'au Muséum d'Histoire naturelle.

ASTRONOMIE

SOCIÉTÉ ASTRONOMIQUE DE BOURGOGNE

79, boulevard des Bourroches ✆ 03 80 36 44 13
www.sab-astro.fr

Observations gratuites à partir de 21h à l'Observatoire des Hautes-Plates. Stage d'initiation à l'astronomie : 80 €.

Si les mots nébuleuses, galaxies, planètes et lune vous font rêver, les activités de la SAB sont faites pour vous ! L'association réunit tous les amateurs d'astronomie et fait connaître cette science au plus grand nombre. Des conférences présentées par des chercheurs et des universitaires réputés sont organisées tout au long de l'année. Pour parfaire votre connaissance du ciel, des observations sont proposées un samedi par mois à l'Observatoire des Hautes-Plates (parc de la Combe Serpent). Des animations et stages sont également organisés, pour les adultes ou les enfants.

ATELIER - COURS DE THÉÂTRE

LES Z'ATELIERS DOUBLAGE

✆ 06 70 29 79 15
www.leszateliersdoublage.fr

Vous avez toujours rêvé de parodier une scène culte d'*Harry Potter* ou de *James Bond* ? Voici une idée de loisir ou de cadeau originale. Basé à Nantes, le comédien professionnel Anthony Brutillot exporte ses Z'ateliers doublage de voix à Dijon et dans toute la France ! Bons moments garantis pour ceux qui souhaitent développer leur créativité, leur aisance à l'oral ou leur diction, ou simplement s'amuser. Atelier à domicile, sur un festival ou lors d'un séminaire d'entreprise, deux formules sont possibles : l'une avec réinvention de dialogues, l'autre avec dialogues préécrits comme en studio. Des ateliers aussi ludiques qu'artistiques proposés aux enfants comme aux adultes. À vous de jouer !

JEUNESSE

AUTREMENT DIT

66 et 43, rue des Godrans
✆ 03 80 63 72 28
librairie-autrementdit.fr
Ouvert le lundi de 14h à 19h ; du mardi au samedi de 10h à 19h.

Divisée en deux adresses, cette jolie librairie indépendante spécialisée en jeunesse sait nous séduire. D'un côté, l'univers des tout-petits, de l'autre celui des plus grands. Les vitrines à elles seules attirent l'œil et donnent déjà envie de lire. Sur les présentoirs, il y en a pour tous les goûts avec des sujets variés et parfois même assez durs comme la guerre, la violence, le divorce… Pour les tout-petits, c'est une véritable mine d'or : des albums illustrés plus colorés les uns que les autres, des livres en relief, et même un panel de jeux éducatifs et de peluches toutes douces. N'hésitez pas à demander conseil aux libraires qui sont des lectrices chevronnées. Une adresse rare !

CULTURE - BIBLIOTHÈQUE

BIBLIOTHÈQUE LA NEF

1, place du Théâtre ✆ 03 80 48 82 55
bm.dijon.fr/centre-ville-la-nef.aspx
Ouvert du mardi au samedi de 11h à 18h ; de 14h à 18h le 1er dimanche de chaque mois, de septembre à juin.

C'est à quelques pas seulement de la majestueuse bibliothèque d'études que se trouve la non moins grandiose bibliothèque du centre-ville, La Nef. Installée en plein cœur de l'ancienne église Saint-Étienne, elle bénéficie d'un cadre historique et lumineux propice au travail, à la lecture et à la détente. Des collections très complètes : livres, films, revues, en quantité, avec un fonds régional très fourni. Tenez-vous au courant des événements qui s'y tiennent : rencontres avec des auteurs, projections et conférences… Ne manquez pas les rendez-vous Coup de cœur, le club de lecture des bibliothèques ! Notre conseil : poussez la porte de la cour intérieure, pour une pause lecture au vert !

LANGUE ÉTRANGÈRE

BURGUNDY BOOKWORM

1, rue du Champs de Mars
✆ 03 80 68 05 74
Ouvert mardi, vendredi et samedi de 10h à 17h.

C'est dans une petite ruelle à l'écart de l'animation du centre-ville que se cache la première librairie 100 % anglaise de Dijon. Minuscule, tous les livres y sont sélectionnés avec soin par la propriétaire américaine pour renforcer les liens entre les Dijonnais et la culture anglophone. Spécialisée dans l'achat et la revente de livres, parfois neufs, surtout d'occasion, la librairie propose aussi des ateliers « Storytime » pour les enfants. Pour les plus grands, et si vous n'avez pas peur de parler anglais, foncez aux dégustations vins. La boutique étant le siège social de l'Association anglophone de la Côte-d'Or, c'est le point de rencontre idéal pour les expats.

LIBRAIRIE

CULTURA

Avenue de Langres
✆ 06 44 60 85 14
Ouvert du lundi au samedi de 9h à 20h.

C'est à côté du centre commercial de la Toison d'Or que vous trouverez Cultura, une enseigne qui ravira tous les passionnés de littérature, de musique, de cinéma, de loisirs créatifs... Bref, tous les passionnés de culture ! En effet, vous trouverez chez Cultura de quoi vous faire une belle bibliothèque avec des classiques de la littérature, mais aussi avec les dernières nouveautés de romans, essais, beaux-livres... Le rayon de littérature enfant est bien fourni et fera le bonheur des jeunes lecteurs. Vous trouverez également un espace arts créatifs, un service billetterie pour les spectacles et un beau rayon musique avec des guitares, des claviers numériques, etc. Et des conseils de pro !

LIBRAIRIE

E.LECLERC DIJON CAP NORD

7, rue de Cracovie
✆ 03 80 78 94 94
Ouvert du lundi au samedi de 8h30 à 20h ; le dimanche de 8h30 à 12h30.

L'hypermarché E. Leclerc s'engage dans l'accès à la culture pour tous avec son espace culturel qui offre une pause bienvenue aux traditionnelles courses alimentaires. On y retrouve un vaste choix en matière de journaux, de livres, de CD et de DVD. Les propositions sont variées et tournent autour des succès du moment : entre thriller, romans psychologiques, autobiographies ou bandes dessinées, il y a de quoi trouver son bonheur à tout âge. Chez Leclerc, on compte aussi de nombreuses références de films et de jeux vidéo. Et pour les envies d'évasion, les coffrets cadeaux vous tendent les bras : séjour, atelier culinaire, bien-être, aventure, de quoi faire plaisir à tout le monde.

LIBRAIRIE

LA FLEUR QUI POUSSE À L'INTÉRIEUR

5, place des Cordeliers
✆ 03 80 47 94 71
Ouvert du mardi au samedi de 10h à 13h et de 14h30 à 19h. Remise étudiants et précaires 5 %.

Rentrez dans cette charmante librairie indépendante dont la réputation n'est plus à faire pour vous croire dans la bibliothèque personnelle d'un amoureux des livres. C'est un vrai plaisir de chiner dans ce petit espace chamarré de milliers de livres en tout genre. Ici, vous trouverez de tout : de la littérature générale aux BD, en passant par des essais plus anarchistes et dans l'air du temps. Et surtout, suivez les conseils de Clémence et Julien pour dénicher les pépites trop souvent oubliées des éditeurs. En manque d'inspiration ? Abonnez-vous à leur box surprise.

LIBRAIRIE

FNAC

24, rue du Bourg ✆ 0 825 020 020
www.fnac.com/Dijon
Ouvert du lundi au samedi de 10h à 19h ; le dimanche de 14h à 19h.

L'enseigne bien connue et installée en centre-ville est une véritable mine d'or pour tout ce qui concerne les produits culturels et high-tech. À l'étage, c'est l'espace librairie, dont l'aménagement et les rayons se renouvellent régulièrement. Côté musique, les vinyles ont une belle place. Un choix croissant de jouets dans la partie enfants, et pas seulement en période de fêtes. Bon à savoir : le service après-vente est rapide et efficace, un vrai plus. Au rez-de-chaussée se trouve le rayon hi-fi, informatique, et produits connectés en tous genres. Au fond du magasin, un petit espace papeterie bien utile, aussi bien pour compléter son équipement que pour faire un petit cadeau.

LIBRAIRIE

LIBRAIRIE-PAPETERIE GRANGIER

14, rue du Château
✆ 03 80 50 82 50
www.librairie-grangier.com
Ouvert du lundi au samedi de 9h30 à 19h.

Plus grande librairie de Bourgogne avec ses 1 000 m² réparties sur 4 étages organisés par genres (papeterie, tourisme, jeunesse, littérature, beaux-arts, essai, etc.), la librairie Grangier est surtout un espace de vie dynamique et convivial. Ateliers créatifs, rencontres littéraires ou séances de dédicaces… La programmation de la librairie est riche et les animations sont de qualité. Prenez aussi le temps de flâner au 1er étage, café dans une main, roman dans l'autre. Tous les 15 jours, partage des lectures du moment lors d'un Cercle de lecture convivial.

LIBRAIRIE

LIBRAIRIE GIBERT JOSEPH

22, rue des Forges
✆ 03 80 44 12 55
www.gibert.com
Ouvert du lundi au samedi de 10h à 19h.

Située au cœur du centre historique, cette librairie généraliste et universitaire, en place depuis de nombreuses années, fait la part belle aux étudiants dijonnais. De la seconde main de qualité au sous-sol, un rez-de-chaussée consacré à la papeterie, à la carterie (stylos, cahier, pochettes…) et aux loisirs créatifs (peinture, colle, plâtre, papier à dessin, paillettes…). Le tout à prix attractif pour les petits budgets. Les livres neufs se trouvent aux différents étages : littérature, tourisme, beaux-arts, sciences humaines, médecine, langues… On y trouve forcément son bonheur ! Petit plus, guettez les séances de dédicaces, organisées deux à trois fois par mois !

BD

MANGA ÉVASION

50, rue des Godrans ✆ 09 81 68 64 14
www.manga-evasion.fr
Ouvert du mardi au samedi de 10h à 19h. Restaurant sur place ouvert le midi.

En voilà une librairie intéressante ! Chez Manga Évasion, on ne se contente pas de vous vendre des bandes dessinées japonaises, on vous plonge la tête la première dans toute une culture nippone. A la fois librairie, boutique et restaurant, le lieu est un vrai paradis pour les amateurs de mangas, mais aussi pour les collectionneurs de produits dérivés. Shonen, shojo, seinen, kodomo, neufs, ou d'occasion, il y en a pour tous les goûts. Pour faire plaisir à vos amis *otaku*, pensez aux figurines, goodies, DVD, CD, jeux vidéo et cartes à jouer en vente également dans la boutique. L'ambiance est à la bonne humeur et on s'installe volontiers pour savourer un bol de ramen. Une excellente adresse !

BD

LIBRAIRIE MOMIE DIJON

29, rue des Godrans
✆ 03 45 42 82 58
www.momie.fr
Ouvert du lundi au samedi de 10h à 19h. Carte fidélité 5 %.

La chaleureuse équipe de la librairie Momie Dijon vous accueille dans son paradis du livre illustré ! Bandes dessinées, romans graphiques, comics et mangas en tout genre… : une collection diversifiée et impressionnante qui saura satisfaire le bédéphile qui sommeille en vous. Même les enfants y trouvent leur bonheur dans un rayon qui leur est entièrement dédié. Pour les plus passionnés, le fond de la boutique réserve encore quelques surprises avec une très belle gamme de produits dérivés et figurines de collection. Et n'oublions pas les nombreuses dédicaces organisées dans le magasin qui vous permettront de rencontrer des auteurs et dessinateurs venus du monde entier ! Passage obligé !

BD

PLANÈTE BD DIJON

21, passage Darcy
✆ 03 80 58 92 91
Ouvert du mardi au vendredi de 10h à 12h et de 14h à 19h ; le samedi de 10h à 19h.

Tout passionné de BD vous le dira, trouver une bonne librairie est la clé du bonheur. Et cette clé ouvre également les portes de Planète BD, librairie indépendante spécialisée dans le roman graphique, la bande dessinée, les comics, le manga et la vente d'objets para-BD. Ici, les mots d'ordre sont « passion », « conseil » et « qualité ». Les présentoirs débordent d'albums : des classiques de la bande dessinée, mais aussi de nombreux titres expérimentaux et peu connus que vous ne trouverez nulle part ailleurs. Prenez le temps de naviguer entre les rayons et laissez-vous guider par le patron, un véritable expert en la matière. Attention, impossible de ressortir les mains vides !

ÉCONOMIE

CÔTE-D'OR MAGAZINE

53 bis, rue de la Préfecture
✆ 03 80 63 66 00
Gratuit.

Pour tout savoir des actions du Département de la Côte-d'Or, retrouvez tous les mois Côte-d'Or magazine dans votre boîte aux lettres. Ce mensuel gratuit distribué aux foyers côte-d'oriens est une mine d'informations : retour en images sur les derniers événements, focus, actualités, dossiers thématiques en lien avec les compétences du Département, espaces Jeunes, actualités des territoires, sans oublier la sélection de livres de la Médiathèque Côte-d'Or et l'agenda culturel qui retrace les expositions, spectacles et événements du mois. Un rendez-vous mensuel pour connaître la Côte-d'Or à 100 %. Bon à savoir : le magazine est disponible également en version numérique sur cotedor.fr.

IMMOBILIER

LE MAG DE L'IMMO

14, boulevard Thiers
✆ 03 80 79 36 09
www.lemagdelimmo.com
Tiré à 25 000 exemplaire et distribué toutes les 3 semaines dans le bassin dijonnais. Site : plus de 1 500 annonces.

Le Mag de l'Immo est le média de référence des annonces immobilières en Côte-d'Or depuis plus de vingt ans. Il donne accès de manière très pratique et instantanée à l'offre immobilière de Dijon et de la Côte-d'Or. Tiré à 25 000 exemplaires à l'occasion de 18 parutions annuelles, son format A4 portrait le rend encore plus qualitatif. Il exprime l'actualité du site Internet où il est consultable en ligne. On y repère les offres des agences immobilières en ventes et locations et les programmes des promoteurs et des constructeurs, mais on lit avec intérêt, la rubrique paroles d'experts, le cahier déco et la sélection de produits tendance des enseignes dijonnaises.

WEB

ARTS & GASTRONOMIE

2, rue Jean-Baptiste-Lallemand
✆ 03 80 73 63 79
www.arts-et-gastronomie.com

C'est le magazine de l'art de vivre au fil des saisons : un magazine dédié à l'art de vivre et aux bonnes tables et qui nous prouve que l'on peut cuisiner de façon simple, belle et bonne. Un véritable défi en gastronomie ! Le mérite en revient aux Chefs qui collaborent à ce magazine en partageant leur savoir-faire et leurs recettes et en nous proposant des menus de saison. *Arts & Gastronomie*, c'est aussi 100 pages de nouveautés, de tendances, d'idées de déco, d'actualités et d'interviews pour aller à la rencontre de ces Chefs qui nous font rêver. Avec son format papier glacé et ses magnifiques photos, *Arts & Gastronomie* saura vous séduire par son luxe et son raffinement.

MENSUEL

DIJON MAG

Place de la Libération

✆ 03 80 74 51 51

www.ville-dijon.fr

Mensuel + hors-séries.

Mensuel, *Dijon Mag* est le magazine de la Ville de Dijon. Tout le monde en parle, C'est d'actu, Mots de quartier, Rencontre, Sport, culture, loisirs sont quelques-unes des rubriques récurrentes que vous pourrez parcourir. Un dossier thématique central permet aussi au lecteur de décrypter pas à pas les grands projets municipaux et leurs enjeux en termes d'habitat, d'urbanisme, de cadre de vie, d'animation et d'embellissement de la ville. Distribué dans les boîtes aux lettres de la commune, *Dijon Mag* est également téléchargeable sur le site Internet de la Ville pour une lecture numérique. Aujourd'hui, *Dijon Mag* s'affiche pleinement comme un magazine de proximité. Restez informé !

HEBDOMADAIRE

LE JOURNAL DU PALAIS

2B, avenue de Marbotte ✆ 03 80 68 25 55

www.journal-du-palais.fr

Prix au numéro 2 €. Abonnement 1 an 69 €, 2 ans 70 €, 3 ans 110 €.

Hebdomadaire d'annonces légales, d'information économique et juridique, *Le Journal du Palais Bourgogne Franche-Comté* est diffusé sur abonnement et vendu en kiosques. Vous pouvez retrouver également l'intégralité du journal et plus encore sur son nouveau site internet www.journal-du-palais.fr. Très apprécié des professionnels, Il édite tous les ans plusieurs suppléments, Tourisme d'affaires, Formations Pro, Immobilier d'Entreprise et plusieurs hors-séries qui font référence comme *La Côte d'Or en Chiffres* qui présente une vision précise des grands secteurs économiques du département et l'indispensable *S'implanter en Bourgogne Franche-Comté* pour les nouveaux investisseurs.

QUOTIDIEN

LE BIEN PUBLIC

7, boulevard Chanoine-Kir

✆ 03 80 42 42 42

www.bienpublic.com

Quotidien papier et en ligne.

Véritable institution à Dijon, *Le Bien public* est né en 1868, fondé par Lamartine. Propriété du groupe Ebra, il est LE quotidien régional diffusé en Côte-d'Or. Son contenu fait la part belle à la couleur et aux illustrations. *Le Bien public* propose à la fois de l'information de proximité et de l'actualité nationale et internationale. *Le Bien public*, c'est plusieurs éditions : Dijon, région dijonnaise, Côte de Beaune, Côte de Nuits, Haute Côte-d'Or, Tille-Vingeanne et La Plaine-La Saône. Et c'est aussi un programme TV, le magazine *Version Femina* et des suppléments sport, gastronomie, sortie, immobilier... Rendez-vous sur www.bienpublic.com pour la version numérique !

WEB

LA CÔTE-D'OR J'ADORE - LE BLOG

✆ 03 80 63 69 49

Site internet : www.cotedor-tourisme.com/blog-bourgogne.

Avec ce blog original, Côte-d'Or tourisme vous informe de toutes les actus du département à ne surtout pas manquer. Le site met en avant les innovations du coin, les choses à voir, les balades, les coups de cœur, les virées gourmandes, les talents, les évènements… En bref, tout ce que les voyageurs et habitants ne connaîtraient pas encore et auraient envie de découvrir. C'est d'ailleurs une vraie mine d'or en ce qui concerne les idées de sorties culturelles. De quoi bien remplir son agenda ! Rendez-vous sur : www.cotedor-tourisme.com/blog-bourgogne

S'INFORMER

DBM

5-7, rue de la Grande Fin - **FONTAINE-LÈS-DIJON**

✆ 03 80 56 06 50

www.dijonbeaunemag.fr

Bimestriel gratuit.

« L'art de vivre en Côte-d'Or au quotidien », voilà qui résume parfaitement l'esprit de *DBM* (ex-*Dijon-Beaune Mag*), ce magazine bimestriel gratuit, qui couvre un axe stratégique entre Dijon et Beaune, avec un intérêt porté sur les acteurs économiques. Avec 30 000 exemplaires diffusés sur l'ensemble de la Côte-d'Or, il est épaulé par la puissance de son petit frère numérique Dijonbeaune.fr. Un média à part entière qui informe son lectorat sur la base d'au moins 3 newsletters par semaine, avec un fichier qui atteint les 88 000 abonnés. Un parfait complément du magazine, qui permet d'être au fait des initiatives lancées sur le territoire tout en proposant de véritables sujets de fond.

RADIO

K6 FM

14, rue Pierre-de-Coubertin

✆ 03 80 66 10 50

www.k6fm.com

101.6 FM.

K6 FM est la seule radio de proximité faite en Côte-d'Or pour les Côte-d'Oriens, par des Côte-d'Oriens, avec de l'info locale, nationale, et l'agenda des sorties qui propose de vraies bonnes idées pour se distraire. Retrouvez ses animateurs Nico, Sandra et Fabrice, pour découvrir des musiques variées, des artistes régionaux et des nouveautés. K6 FM propose également des concerts gratuits, 2 à 3 fois par an : « K6 FM Live ». Restez à l'écoute, en FM ou sur le web, ainsi que sur l'appli gratuite K6FM, disponible sur toutes les plateformes. Détendez-vous avec les jeux proposés et partagez la bonne humeur des présentateurs ! Des infos pratiques, des bons plans, de la musique, on aime K6 FM !

leJournalduPalais
BOURGOGNE FRANCHE-COMTÉ
Toute l'information économique et juridique régionale
NOUVEAU SITE
Retrouvez l'intégralité de votre journal
et plus encore sur
www.journal-du-palais.fr
ABONNEZ-VOUS
abonnement.jdp@forumeco.com

S'INFORMER

BOURGOGNE MAGAZINE

7, rue de la Grande Fin - **FONTAINE-LÈS-DIJON**
✆ 03 80 56 06 75 - www.bourgognemagazine.com

Bimestriel. Prix au numéro : 10 €. Abonnement 1 an (6 numéros) : 60 €.

Un magazine trimestriel à ne pas manquer, qui valorise la Bourgogne depuis plus de 20 ans et qui est toujours aussi amoureux de cette belle région. *Bourgogne Magazine* existe en effet depuis 1995, créé par Dominique Bruillot, il offre un magnifique focus sur la région : son histoire, ses savoir-faire, ses habitants, ses entrepreneurs.. Pour ce faire, l'iconographie est très étudiée et mélange des images d'archives et des reportages photos de grande qualité ! Bref, *Bourgogne magazine* permet de visiter ou de (re) visiter, de découvrir et de (re) découvrir la Bourgogne et tout ce qui fait sa richesse en faisant un trait d'union entre l'histoire du territoire, son patrimoine et son futur !

RADIO

FRANCE BLEU BOURGOGNE

29, rue Guillaume-Tell ✆ 03 80 59 21 21
www.francebleu.fr/bourgogne

Voir le site internet pour connaître la fréquence selon la zone où vous vous trouvez.

France Bleu Bourgogne est la radio de l'info locale et régionale. A Dijon, c'est sur 98.3 FM que vous pouvez la capter. Société, actualité, info trafic, histoire, sport, musique, vidéos, agenda, interviews, reportages… toute l'info locale à connaître, celle qui vous touche de près, est là ! Pour rester connectée à ses auditeurs en permanence, France Bleu Bourgogne est aussi présente sur les différents réseaux sociaux. Vous pouvez aussi choisir de recevoir chaque matin l'info essentielle de France Bleu en vous inscrivant à sa newsletter. Bien entendu, la radio est accessible sur mobile en téléchargeant l'application dédiée. Alors « Ecoutez, on est bien ensemble » !

TÉLÉVISION

FRANCE 3 BOURGOGNE-FRANCHE-COMTÉ

6, avenue de la Découverte
✆ 03 80 77 35 35

France 3 Bourgogne-Franche-Comté est une chaîne régionale de proximité qui vous informe et vous accompagne au quotidien. Tout d'abord, par des rendez-vous avec l'actualité : le JT 12/13 Bourgogne, le JT 19/20 Bourgogne et le JT Soir 3 Bourgogne-Franche-Comté. Le week-end, vous en apprendrez plus sur la culture, le patrimoine, les loisirs, les sports et la nature, avec des magazines comme « C'est là ! en Bourgogne-Franche-Comté » ou « Ça roule en cuisine ». Retrouvez aussi des émissions politiques, des documentaires, des chroniques et un agenda des sorties…

BIMESTRIEL

L'INATTENDU

✆ 06 74 26 89 82

Magazine trimestriel. Prix unitaire 5,95 €. Abonnement pour 4 numéros 30 €.

Petit nouveau dans la presse régionale, *L'Inattendu* est une des belles surprises de l'année 2021, qui fait du bien ! Magazine trimestriel dirigé par Anne-Claire Désautard Filliol, axé sur les thématiques sciences, environnement, bien-être et spiritualité, découvrez ou redécouvrez la région Bourgogne-Franche-Comté au travers de témoignages et chemins de vie inspirants. *L'Inattendu* vous propose de vous évader, au fil des pages, avec des contenus inédits et enrichissants, ainsi que des dossiers approfondis comme sur l'hypnose ou encore le lien entre la musique et le cerveau. Il vous fera également visiter des lieux singuliers au travers de jolis reportages. Une vraie bouffée d'oxygène !

S'INFORMER

FEMMES EN BOURGOGNE

33 a, boulevard de Chèvre Morte - **TALANT** ✆ 06 03 51 37 41
www.femmesenbourgogne.com

Gratuit. Disponible chez plus de 2 800 dépositaires.

Un magazine des plus gentleman, car dirigé par Thomas Barbier, qui vient également de lancer *Monsieur en Bourgogne* pour former le couple gagnant, et parce qu'il met les femmes de notre région à l'honneur. *Femmes en Bourgogne* est le magazine féminin de référence dans le paysage des presses locales. Esthétique, forcément, avec une nouvelle charte graphique particulièrement soignée, des choix éditoriaux actuels et territoriaux, ainsi que de beaux reportages photo. Disponible chez plus de 2 000 dépositaires répartis dans l'agglomération, on est quasiment sûr de le trouver partout ! Son site permet de le feuilleter en ligne, sans oublier sa page Instagram qui est aussi très suivie de ces dames.

EDITION

MONSIEUR EN BOURGOGNE

✆ 06 03 51 37 41
monsieurenbourgogne.com

Gratuit.

Ce fut la nouveauté média de l'année 2020 ! Suite au succès indéniable de *Femmes en Bourgogne*, sa société éditrice 3 Mai Média dirigée par Thomas Barbier décline la formule en direction des hommes avec *Monsieur en Bourgogne*. Sous la forme d'un très beau semestriel, ce nouveau magazine traite de la gente masculine de notre région sur tous ses aspects. Mode, bien-être, sport, économie mais aussi des sujets sociétaux de fond. On retrouve le savoir-faire rédactionnel qui a fait le succès de sa grande sœur *Femmes en Bourgogne* et un tirage très important de 60 000 exemplaires par numéro. On vous conseille aussi de faire un petit tour sur son site monsieurenbourgogne.com.

FG.
radioFG.com
FeelGood.

JE PRENDS SOIN DE MOI

Pour vivre heureux, il suffit de se chouchouter. Dans cette rubrique, le *Petit Futé* dévoile un panel d'adresses qui misent pleinement sur le bien-être. De la tête aux pieds, il se révèle facile de se refaire une beauté en passant chez un artisan coiffeur ou chez un barbier avant d'entrer dans une des nombreuses boutiques de prêt-à-porter ou dans l'un des magasins d'usine ou discount pour profiter de leurs bons plans et ainsi s'offrir un nouveau look. Lingerie, chaussures, maroquinerie, bijouterie et même magasins d'optique viennent compléter la panoplie du shoppeur et de la shoppeuse invétérés. Pour finir de se faire bichonner, il suffit de profiter d'un spa, d'un institut de beauté ou d'un centre de remise en forme. Envie de gâter un proche ou de se faire un cadeau ? Le *Petit Futé* a référencé le must des boutiques pour dénicher le parfait trésor.

OPTIQUE

ARTHUR ET NICOLAS OPTICIENS

25 bis, rue de la Verrerie
✆ 03 80 33 32 49
http://arthuretnicolas.fr
Ouvert du mardi au samedi de 10h à 19h.

Arthur et Nicolas ne sont pas des opticiens comme les autres et vous reçoivent ici un peu comme dans leur salon, prodiguant leurs conseils avisés pour vous aider à trouver la paire qui vous correspond. En quête d'élégance et d'une monture singulière ? Vous voilà à la bonne adresse ! Ils misent sur l'exclusivité avec des marques réputées : Ahlem, Henau, Cutler And Gross, Gouverneur Audigier, Eyevan, Jacques Marie Mage, ou encore Rolf et Pewpols. Le magasin dispose d'une salle équipée et dédiée au contrôle de la correction et à l'adaptation des lentilles de contact.

OPTIQUE

OPTIC 2000 FONTAINE-LÈS-DIJON

Route d'Ahuy - **FONTAINE-LÈS-DIJON** ✆ 03 80 52 17 49
www.optic2000.com
Ouvert du lundi au samedi de 9h30 à 19h30. De préférence sur rendez-vous.

Béatrice Dole-Deseille et son équipe vous reçoivent dans leur boutique Optic 2000, un espace accueillant qui offre des services adaptés, allant du conseil personnalisé par des visagistes au diagnostic audioprothésiste. Trouvez ici le modèle de lunettes tendance pour avoir un look à votre image. Plus d'une centaine de marques sont proposées avec une mise en avant du *made in* France et des créateurs exclusifs tels que Naoned ou encore Gaston, sans oublier toutes les grandes marques de luxe. Profitez aussi d'un service de nettoyage par ultrasons pour des montures comme neuves !

OPTIQUE

CLIN D'OEIL OPTICIENS

5, allée du Bélier
✆ 03 80 70 11 60
www.clin-doeil.fr
Du lundi au vendredi de 10h à 20h ; samedi de 9h à 20h. Service de vente et réparations à domicile.

© ANNE LEMAITRE

Au sein de la galerie du centre commercial de la Toison, rendez-vous chez Clin d'Œil Opticien pour trouver la paire de lunettes qu'il vous faut, parfaitement ajustée à votre vue. Totalement indépendant, Fabrice Rousseau son directeur est un vrai professionnel, offrant un service complet et efficace, dans le suivi personnalisé de ses clients. Pour des lunettes de vue, des solaires, pour adultes ou enfants aussi bien que pour faire changer des verres ou trouver des lentilles de contact, il y a tout ce qu'il faut ici pour vous équiper. La boutique est spacieuse et sachez par ailleurs que si vous ne pouvez pas vous déplacer, Clin d'Œil Opticien vous propose un service à domicile.

OPTIQUE

LES OPTICIENS PERCEVAL

72, rue de la Liberté
✆ 03 80 30 29 27
lesopticiensperceval.com
Ouvert du lundi au vendredi de 10h à 19h ; le samedi de 9h à 19h.

© ANNE LEMAITRE

Opticiens présents depuis 60 ans à Charleville-Mézières, Reims, Dijon et Lyon, découvrez la boutique dijonnaise qui est située rue de la Liberté. Un espace de vente à l'architecture bien pensée, dans lequel on prend du plaisir à découvrir le vaste choix de montures ou pour s'équiper en lentilles de contact. La collection de lunettes de vue est particulièrement variée, offrant confort et élégance, avec des marques comme Garret Leight ou Swarovski qui sont ici en exclusivité. Le rayon solaires est également conséquent avec une belle sélection de montures enfant. Équipe patiente, à l'écoute et une qualité de service irréprochable, un vrai plus pour cette boutique !

OPTIQUE

OPTIC 2000

9, rue de la Liberté
✆ 03 80 30 50 70
www.optic2000.com
Ouvert du lundi au samedi de 9h à 19h.

© PASCALE LEFORT

© PASCALE LEFORT

Trouver les lunettes qui iront avec votre style et votre vue avec les opticiens Optic 2000 Padieu, l'enseigne préférée des Français. L'équipe d'opticiens diplômés et conseillers visagistes vous accueille et met tout en œuvre pour vous satisfaire et vous renseigner dans les meilleures conditions. Des experts qui tiennent compte de vos goûts, mais aussi de votre budget, avec une gamme de prix très large. La maison vous propose près de 200 marques de lunettes, dont toutes les grandes marques de luxe comme Chanel, Dior ou Cartier. Bénéficiez aussi gratuitement de l'ajustement et la remise à neuf des verres et des montures sans rendez-vous, de consultations à domicile et de diagnostic auditif.

OPTIQUE

NEW

LISSAC

3-5, place Centrale Roger Remond
QUETIGNY
✆ 03 80 46 81 35
Ouvert du lundi au samedi de 9h à 13h et de 14h à 19h.

© LISSAC QUETIGNY

© LISSAC QUETIGNY

Les opticiens Lissac, dont il existait déjà une enseigne au Parc Valmy, vous accueillent depuis janvier 2022 dans la toute nouvelle boutique du Grand Quetigny. Bienvenue dans cet espace à taille humaine, où une équipe d'experts vous conseille dans votre choix de montures et de verres adaptés ! De véritables professionnels qui travaillent notamment en partenariat avec la marque de verres Essilor et qui vous proposeront une très belle sélection de modèles de lunettes de vue ou de soleil : Ray-Ban, Emporio Armani, Nina Ricci ou encore Calvin Klein. Une équipe attentive aux besoins de sa clientèle, très à l'écoute et efficace en matière de conseil personnalisé.

FEMME

ANN'MODE

33, rue d'Auxonne ✆ 03 80 67 86 19
www.achat-dijon.com/ANNMODE
Ouvert le mardi, mercredi, jeudi et samedi de 9h à 12h et de 14h à 19h ; le vendredi de 9h à 19h.

Située rue d'Auxonne, cette boutique de prêt-à-porter féminin et d'accessoires est multi-marques : Eva Kayan, Le Boudoir d'Edouard, Ana Sousa, MC Planet, Mes Soeurs et Moi, Lebek, NÜ Denmark, BSB, EDAS ou chaussures « Little la Suite »... C'est devenu une référence à Dijon. Chez Ann'Mode, les clientes peuvent dénicher des griffes de qualité, parfois peu connues mais toujours de style et des modèles originaux. Vous ne savez plus quoi porter ? Pas de panique, Sandra Buzenet vous aide à trouver vos repères vestimentaires et vous conseille pour choisir des vêtements faits pour vous. Enfin, pour les adeptes du petit détail, bijoux et accessoires sophistiqués vous sont proposés.

FEMME

GRAIN DE MALICE

22, rue Musette ✆ 03 80 50 11 04
www.graindemalice.fr
Ouvert du lundi au samedi de 10h à 19h.

Découvrez l'univers de Grain de Malice situé rue musette tout près de la place François Rude. Les collections, du 36 au 48, sont renouvelées fréquemment en fonction des saisons, mais aussi des tendances. Il ne faut donc pas hésiter à venir régulièrement pour profiter de réductions avantageuses, sans oublier de prendre au passage une carte de fidélité. Le style de la boutique est à la fois décontracté et élégant, avec un grand choix de tops (t-shirts, chemisiers, tuniques), de pantalons habillés et de jeans que l'on recommande. De nombreux accessoires sont aussi disponibles en rayon (foulards, bijoux, ceintures, sacs et même des chaussures) à des prix abordables. Personnel très accueillant.

HOMME - FEMME

LACOSTE

✆ 03 80 27 12 48
Ouvert du lundi au vendredi de 10h à 20h ; le samedi de 9h à 20h.

Dans cette boutique, redécouvrez l'esprit de Lacoste, ses collections toujours renouvelées et indémodables, symboles de l'élégance décontractée depuis 1933. A l'origine portée dans le cadre de pratiques sportives comme le tennis, le golf ou encore le nautisme, authenticité et luxe casual caractérisent cette marque à l'univers unique pour homme, femme et enfant. Retrouvez bien sûr le polo iconique, décliné en différentes couleurs, mais également des pièces de saison, des chemises en coton ou à manches courtes en popeline, aux pantalons de jogging en molleton, ainsi qu'une belle gamme d'accessoires : chaussures, bijoux, cosmétiques, bagagerie et même de la décoration d'intérieur.

FEMME

JAD

79, rue de la Liberté
✆ 03 80 58 12 55
Ouvert le lundi de 10h à 19h et du mardi au samedi de 9h30 à 19h.

Située rue de la Liberté, arcane commerçante principale du centre dijonnais, découvrez la boutique JAD. Une large vitrine vous invite à entrer dans la boutique, pour y découvrir des modèles à la fois accessibles en terme de prix et dans l'air du temps. Des coupes trendy avec les imprimés de Y'coo, aux griffes parisiennes comme Orfeo, sans oublier l'esthétique casual de Kilky, bohème, chic ou rock, vous trouverez ici des vêtements élégants aux matières fluides et légères. Des tenues qui s'adaptent à votre quotidien, avec en plus de nombreux accessoires : sacs à main, bijoux, écharpes. Rendez-vous également sur la page facebook pour trouver des idées d'ensembles et l'inspiration.

FEMME

DES PETITS HAUTS

25, rue Piron
✆ 01 71 76 90 84
www.despetitshauts.com
Ouvert le lundi de 14h à 19h et du mardi au samedi de 10h à 19h.

Chez Des Petits Hauts, marque de vêtements qui existe depuis plus de 20 ans, c'est le coup de cœur à chaque nouvelle collection. Située à l'angle des rues du Bourg et Piron, la boutique dijonnaise est tenue par Virginie Giannessin. Matières de qualité, coloris toniques pour l'été et qui réchauffent en hiver, les modèles présentés en rayon et mis en valeur en vitrine respectent un code couleur tout en dégradé. La nouvelle collection donne envie d'être coquette, avec le ravissant gilet April Pluie aux tons pastels ou plus légère, esprit vacances, avec avec le t-shirt Pédalo Club. A l'intérieur, découvrez les magnifiques accessoires et les foulards, et les broches toutes mignonnes et tendance.

FOURRURE

LA BOUTIQUE DES CRÉATEURS

24, rue Charrue
✆ 03 80 30 54 63
Ouvert du lundi au samedi de 10h à 12h30 et de 14h30 à 18h.
Études et devis gratuits.

Bienvenue à la Boutique des Créateurs ! Cette échoppe appartenait autrefois à Jean-Luc Morizot qui a passé la main à Maryline Colart, une jeune femme passionnée et véritable experte qui sait redonner vie à un vieux manteau en fourrure ou encore à un blouson en cuir trop usé. Trois-quart, veste avec capuche, gilet : ce magasin remet au goût du jour les anciennes fourrures et les commercialise. Découvrez également les créations de Daniel Foulet dit Dani le Pro qui retouche vos vêtement abîmés et immettables. De vrais professionnels dotés d'une grande créativité !

ACCESSOIRES

GAËLLE HAYMÉ

www.gaellehayme.com

Vente en ligne. Nœud papillon et manchette à partir de 35 €. Nœud à clipser à partir de 22 €.

Chouchous, bandeaux et nœuds de fantaisie déclinés sous toutes leurs formes ; à clipser ou en barrette, la jeune couturière et créatrice dijonnaise Gaëlle Haymé a lancé sa propre marque il y a maintenant deux ans et on peut dire que ça marche à merveille ! Si vous cherchez un nœud papillon ou des manchettes, découvrez ses collections hautes en couleurs, aux belles matières. Un accessoire indispensable et intemporel, parfait également pour la petite touche en plus à votre look lors d'un mariage. Pour rehausser une coiffure chez les femmes, ou encore, comme accessoire branché pour les hommes, on peut le porter de différentes manières et Gaëlle a également créé une gamme pour les enfants.

CRÉATEUR

NOIR ANIMAL

18, rue Verrerie ✆ 03 80 66 81 26
www.noiranimal.fr

Ouvert du mardi au vendredi de 10h à 12h30 et de 14h à 19h et le samedi de 10h à 19h.

On ne peut que recommander cette très jolie boutique de créateurs installée rue des antiquaires à Dijon. Noir Animal a 10 ans, et une telle longévité n'est pas sans raison ! Tout d'abord la décoration de la vitrine qui se démarque, naturelle et sauvage à l'image de l'identité de la maison. Spécialisée dans les bijoux, les accessoires et autres curiosités, ces dernières ne manquent pas de style car Camille sait non seulement sélectionner des créations originales, mais vous conseille également les modèles – boucles d'oreilles, colliers, bracelets et bagues – qui correspondent à votre style et qui surtout subliment votre visage. Coup de cœur assuré, à découvrir sans plus tarder !

CHAUSSURES

MONSIEUR VIRGULE

39 bis, rue du Bourg
✆ 03 80 66 49 61

Ouvert le lundi de 14h à 19h ; du mardi au samedi de 10h à 13h et de 14h à 19h.

Rendez-vous rue du Bourg dans l'hypercentre dijonnais pour découvrir qui se cache derrière Monsieur Virgule. Il s'agit de Gaetan Contour, jeune Dijonnais de 32 ans qui a ouvert sa boutique de baskets depuis un an. Ici, trouvez la paire tendance, qui vous donnera envie d'aller courir tous les jours, qui convient aussi bien pour un rendez-vous pro et décontracté, que pour un apéro entre amis. Retrouvez les collections phares de la marque Nike, unisexes, comme l'Air Max 1 Milan, mais aussi des montantes dans des cuirs de qualité pour l'hiver. Ici les amoureux de baskets seront comblés et pour les nouveaux adeptes, c'est à n'en point douter qu'ils en feront bientôt la collection.

CHAPEAUX - GANTS - FOULARDS

LE PERRUQUIER

60, rue Monge
✆ 03 80 42 15 05

Du lundi au samedi sur rdv uniquement. Visites à domicile ou à l'hôpital sur rdv. Prise en charge SS et mutuelles.

© CHRISTOPHE MEYER

© CHRISTOPHE MEYER

Professionnelle, Isabelle vous accueille et vous conseille dans sa boutique située rue Monge, à domicile ou en milieu hospitalier, sur rendez-vous exclusivement. Une maison de perruque unique à Dijon, où vous trouverez plus de 400 modèles de prothèses capillaires, 100 % naturelles ou synthétiques, qui s'adaptent à tous les visages : postiches, volumateurs, extensions à clips, turbans, foulards, bandeaux, bonnets, chapeaux ou casquettes, produits de beauté et de soins, la qualité est de mise à des prix attractifs. La prise en charge personnalisée peut être remboursée par la sécurité sociale et la mutuelle. Et pour vous recoiffer, Damien est présent tous les jeudis après-midi.

CRÉATEUR

SHOWROOMS BY LAURENT H.

46, rue Amiral Roussin
✆ 03 80 49 90 76
showrooms-dijon.com
Ouvert le lundi de 14h à 19h ; du mardi au samedi de 9h à 19h.

Styliste dans l'âme, Laurent Hennebelle vous reçoit dans sa boutique située à proximité de la place Jean Macé, au cœur des rues piétonnes. À cette adresse, vous trouverez du prêt-à-porter pour hommes et femmes, mais surtout des pièces stylées de créateurs originaux comme Seventy, Hod ou encore Club of Gen'ts. Laurent Hennebelle mise sur des modèles à la fois singuliers et élégants, toujours avec une touche de fantaisie qui fait toute la différence. Passez aussi par l'e-shop de la boutique pour offrir ou vous offrir une séance de shopping sur-mesure, à domicile si vous le souhaitez, prendre RDV pour un conseil en images personnalisé, ou encore acheter des bons cadeaux.

FEMME

BABYLONE BAZAAR

23, rue des Forges
✆ 03 80 30 20 49
Ouvert du mardi au samedi de 10h à 19h.

Découvrez Babylone Bazar, cette boutique de la rue des Forges, où il fait bon s'attarder pour trouver le vêtement ou l'accessoire tendance pour un style à la fois chic, glam et bohème. Retrouvez les cols roulés Grace and Mila, les pulls mohair Naïs et les collections de la marque Ange. On aime les couleurs inspirantes et les beaux ensembles proposés qui se déclinent dans des matières soyeuses, confortables et légères au printemps : mini-jupes à imprimés, pantalons en velours, ou encore chemisiers fleuris qui vous iront à merveille ! Ne manquez pas les accessoires en cuir et les bijoux présentés en vitrine, pour le petit plus sophistiqué qui fait toute la différence.

FEMME

JOSÉPHINE S.

4, rue Verrerie
✆ 03 80 47 86 74
Ouvert du mardi au jeudi de 10h à 12h et de 14h à 19h. Le vendredi et samedi de 10h à 19h.

Osez, osez JOséphine S et entrez dans cette magnifique boutique où le plus difficile sera de faire votre choix. A cette adresse où l'on cultive un état d'esprit à la fois cool et chic, vous ne serez pas déçue par les vêtements de qualité des marques telles que Forte Forte, Vanessa Bruno, Paul & Joe ou encore Dorothée Schumacher. Les coupes sont résolument contemporaines et sophistiquées. Les clientes pourront découvrir des collections tour à tour artistiques, classiques et contemporaines, comme celles de Laurence Bras ou les sublimes Jeans 7 for all Mankind. Sans oublier les bijoux Indygo Jewels et les accessoires en soie de la Maison Sams. Ne manquez pas les ventes privées !

PRÊT-À-PORTER

LA CHINEUSE

13, rue Daubenton
✆ 06 32 63 89 01
www.lachineuse.net
Ouvert du mardi au vendredi de 10h à 12h et de 14h à 18h.

Envie de chiner ? Cette adresse est à mettre dans votre top des dépôts-vente dijonnais. Bijoux, sacs, foulards, chaussures, vêtements... Vous trouverez des modèles vintage ou classiques, distingués ou plus inattendus, car Carole et sa collaboratrice sélectionnent et redonnent une seconde vie aux vêtements, qu'elles récupèrent d'occasion ou en état neuf, en fonction des arrivages. Petit plus très pratique, venez déposer ce que vous ne mettez plus dans votre garde-robe, sans rendez-vous ! Dans ces 90 m² de boutique, vous pourrez trouver des vêtements de tous les styles, et de belles pièces, avec des marques comme Longchamp ou Agnès B. Affaires garanties, du mardi au vendredi !

FRIPERIE

MAD VINTAGE

14, rue de la Liberté ✆ 03 80 30 84 99
madvintage.fr
Ouvert du mardi au samedi de 10h à 19h. Lundi : 14h-19h.

Si vous aimez les friperies, cette boutique dédiée aux vêtements et accessoires vintage est faite pour vous ! Dans cet espace de 200 m², découvrez de nombreuses références uniques et originales, des années 1950 aux générations 2000 : chaussures, sacs en tissu ou en cuir, ceintures façon peau de crocodiles ou foulards gypsy… Que vous soyez plutôt d'humeur hippie, rock'n roll ou simplement amatrice de vestes en jean délavées, il y en a ici pour tous les goûts ! Des arrivages sont prévus chaque semaine et il y a aussi des pièces neuves de marques connues à travers le monde, disponibles à des prix attractifs. il y a donc de quoi trouver votre bonheur, tout en dépensant moins que pour du neuf.

HOMME

CARACTÈRE D'HOMME

32, rue des Forges
✆ 03 80 30 61 91
Ouvert le lundi de 14h à 19h ; du mardi au samedi de 9h30 à 12h et de 14h à 19h.

Dans cette boutique de prêt-à-porter pour homme, comme son nom l'indique, classe et distinction sont au rendez-vous. Pour être parfaitement habillé, Michel Fournier sélectionne des vêtements de qualité, so british et toujours élégants, il va de soi. On y trouve en rayon des marques comme Saint Hilaire, Barbour, Ruckfield ou encore Chabal. Les collections sont régulièrement renouvelées et les couleurs, subtiles et au goût du jour. Enfin, Caractère d'Homme est le magasin qu'il vous faut pour vos cérémonies ! Vous pourrez y acheter ou louer un smoking, mais également trouver une tenue idéale pour votre mariage. Une adresse que l'on recommande et qui vous habille pour toutes les circonstances.

SHOW-ROOMS

THE PLACE TO GO

Passer la porte de Show-Rooms, rue Amiral Roussin, traduit une recherche qui dépasse celle d'un vêtement à la mode. Les clients, femmes mais aussi hommes, y viennent tant pour l'œil avisé de Laurent Hennebelle que pour les créations en petite série qui habillent les portants. Celles et ceux qui veulent se démarquer connaissent la boutique Show-Rooms. Elégant ou décontracté, tous les styles trouveront le vêtement, l'accessoire qui saura finir un look. Avec les précieux conseils de Laurent Hennebelle, impossible de faire une faute de goût. « Je ne conçois pas d'encourager quelqu'un à acheter un vêtement qui ne lui conviendrait pas » s'insurge-t-il, soucieux d'apporter à chacun la satisfaction du bon achat. D'un coup d'œil, il trouvera comment mettre en valeur une silhouette ou dynamiser une allure. D'ailleurs, chez Show-Rooms, l'accueil et le service haut de gamme sont la différence. « On s'adapte en fonction de la demande en proposant un accompagnement personnalisé, un service de coaching, ou de *personal shopper*. » Certaines situations encouragent à s'adjoindre le regard bienveillant d'un professionnel pour repenser ou se réapproprier son image comme un changement de vie, de morphologie mais aussi pour une occasion particulière, par envie ou par besoin. Porté par la convivialité et le relationnel, le commerçant est à l'écoute de toutes les envies.

Exclusivité et originalité

Sur les cintres, Show-Rooms se distingue par des exclusivités et des petites séries comme SEVENTY, ATPCO, 8PM, HOD, BRAND UNIQUE. Autant d'atouts qui évitent de retrouver la même tenue dans toutes les penderies. « C'est l'intérêt d'une boutique indépendante : offrir une originalité. Ici, la mode n'existe pas, on écoute ses envies. On vient chercher une matière et une coupe plus qu'une marque. » Laurent Hennebelle rappelle que la cinquantaine de labels fait le choix de la différence et répond aux critères de qualité du commerçant. « Je travaille avec des artisans qui ne font pas le jeu de la standardisation. » Hommes et femmes viennent dénicher de belles pièces. Une robe à la coupe simple mais envoûtante, une veste seconde peau, un accessoire unique... Insuffler une dose de rêve dans un quotidien terne. Pour profiter des collections, renouvelées régulièrement, les clients peuvent choisir un rendez-vous personnalisé, privatiser la boutique, l'accueillir à domicile, surfer sur le site ou les réseaux pour réserver des pièces coup de cœur en ligne.

› SHOWROOMS BY LAURENT H.
46, rue Amiral Roussin
✆ 03 80 49 90 76
showrooms-dijon.com

© CHRISTOPHE MEYER

© ALEXANDRE NIQUET

© CHRISTOPHE MEYER

HOMME - FEMME

VIB'S

13, boulevard du Grand Marché - **QUETIGNY**
✆ 03 80 23 32 00
www.vibs.com
Ouvert du lundi au samedi de 9h30 à 19h30.

Vib's est un concept multi-marques, plus précisément tri-store, qui réunit les enseignes Cache-Cache, Bonobo et Bréal. Trois boutiques en une, pour faire d'une pierre trois coups et réapprovisionner votre garde robe. Pour hommes et femmes, de toutes les générations, il est situé juste à côté de la boutique Nike, dans la zone commerciale de Carrefour. Le magasin possède une surface de 700 m². Dans cet espace coloré vous trouverez les dernières collections hyper tendances de vêtements, mais aussi des chaussures et de multiples accessoires disponibles. Le rayon des jeans Bonono est toujours aussi fourni, juste à côté du rayon homme. Une équipe à l'écoute et professionnelle.

LAINE

MERCERIE MIMOSA

11, rue Auguste Comte
Ouvert du mardi au vendredi de 10h à 13h et de 14h à 19h ; le samedi de 10h à 19h. Vente en ligne. Chèques cadeaux.

Après une rénovation complète de ce local où était auparavant logée la boutique Arabesque, Cathy Bernardin a ouvert une mercerie dans l'air du temps, rue Auguste Comte, au cœur du quartier des antiquaires. Vous trouverez ici, en plus de sa gentillesse, de très jolis tissus et des laines de qualité, des marques comme Fonty, BC, Garn et Dererum Natura, entre autres, en cachemire et mérinos, dans des coloris qui couvrent toute la palette du nuancier. Ex-journaliste reconvertie dans ce métier de passion, Cathy propose également des cours de tricot et de couture pour toutes celles et ceux qui souhaitent créer leurs propres vêtements. N'oubliez pas pour offrir les chèques cadeaux !

MAROQUINERIE

JOLICAPRICE

36, rue des Forges
✆ 03 80 30 00 84
Ouvert le lundi de 14h à 19h ; du mardi au samedi de 10h à 19h.

Située dans la flamboyante rue des Forges à Dijon, où toutes les vitrines sont très souvent renouvelées, soignées et attirent le regard, au sein d'un bâtiment classé, bienvenue chez Jolicaprice. C'est l'un des plus beaux magasins de maroquinerie de Dijon, dédié à la bagagerie pour homme et femme. Ici vous trouverez des marques incontournables telles que Lancel, Furla ou bien Longchamp. La qualité du service est à la hauteur des marques proposées, agréable et efficace. En hiver, vous ne serez plus frigorifiés, en vous couvrant des jolies doudounes Pyrenex, Colmar ou encore K-Way. On vous recommande cette boutique qui saura séduire la gente féminine, désireuse d'être élégante.

MAROQUINERIE

VICTORIA MAROQUINERIE

Route de Langres
✆ 03 80 70 11 69
www.maroquinerie-victoria.com
Ouvert du lundi au vendredi de 10h à 20h ; le samedi de 9h à 20h.

La boutique de maroquinerie Victoria à la Toison d'Or est très accessible par le tram (T2) ou en voiture par la rocade. Ce magasin qui est présent depuis plus de 30 ans à Dijon, propose un grand choix de marques comme Lancaster, Guess, Macdouglas ou encore Tommy Hilfiger. Cousus dans des cuirs de qualité, trouvez ici l'accessoire parfait : porte document, serviette business, valise, sac à main, sac cabas ou sac à dos... Les conseillères de vente sont là pour vous guider dans votre choix de bagagerie, parmi ces différents modèles aux belles finitions. Pour hommes, femmes et enfants, l'éventail de prix est large, tout comme le choix de coloris, pour être dans la tendance à chaque saison.

HOMME - FEMME

PULL & BEAR

Centre Commercial de la Toison d'Or
✆ 03 80 50 87 80
www.pullandbear.com
Ouvert du lundi au vendredi de 10h à 20h ; le samedi de 9h à 20h.

Rendez-vous dans cette jolie boutique du centre commercial la Toison d'Or, où l'équipe vous accueille dans une atmosphère conviviale et raffinée. Pull & Bear est une marque espagnole de prêt-à-porter, pour homme et femme, voilà donc de quoi concilier les couples pendant leur shopping en duo, puisque chacun pourra trouver son bonheur. Ici, vous trouverez blazers, sweats, jeans, robes, jupes, combinaisons, chemises et bien évidemment des pulls, mais aussi des chaussures et des sacs tendance, pour un look recherché qu'il soit classique ou alternatif, adapté à vos envies. Enfin, tout le nécessaire est là pour accessoiriser vos tenues. Une adresse incontournable, d'articles stylés.

SHOPPING

LA MARTINGALE

56, rue Monge
✆ 03 80 50 10 28
Ouvert du mardi au samedi de 10h à 12h30 et de 14h à 18h45.

La Martingale est un nom bien choisi pour ce dépôt-vente situé rue Monge, qui propose des vêtements pour homme et femme. Du seconde main de belle facture, bref, une friperie comme on les aime, avec une vraie sélection. Vous trouverez ici des pièces singulières, élégantes et à coup sûr, quelques pépites inattendues : du pull Vera Moda habillé au sweat Adidas, ou encore de quoi vous faire remarquer en soirée, avec le veston à paillettes rouges que l'on ne trouve nulle part ailleurs. Retrouvez également un très beau choix de chaussures, des indémodables Doc Martens, aux Clarks, comme neuves. N'hésitez pas à venir déposer vos vêtements à Pauline qui en mettra peut-être quelques-uns en vente.

C'DANS L'HAIR

UNE AUTRE IMAGE DE SOI

Plus qu'un salon de coiffure où les riverains aiment à s'installer, C Dans l'Hair, rue d'Auxonne, a développé une démarche unique à Dijon. Grâce à la méthode de visagisme Claude Juillard, Chimène dépasse les conseils capillaires pour accompagner les changements de look en profondeur. « La coiffure est le vêtement du visage et le point de départ d'un style. » Dans le quartier de la rue d'Auxonne, Chimène n'a rien d'une inconnue. A la tête du lumineux salon de coiffure C Dans l'Hair depuis 2009, elle développe continuellement de nouvelles offres. Après avoir exposé des œuvres d'art et ouvert un espace dédié aux hommes, elle franchit une nouvelle étape en proposant un service de visagisme. « Il s'agit d'une démarche complète et unique à Dijon, qui va au-delà de la simple coupe de cheveux. » Chimène s'est ainsi formée à la méthode Claude Juillard pour offrir plusieurs niveaux de conseils à sa clientèle. Chaque femme ou homme qui pousse la porte du salon se voit proposer un temps de conseils pour étudier les volumes par rapport à son visage. « L'idée n'est pas de suivre la tendance à tout prix mais de s'interroger sur ce qui convient le mieux à chacun pour l'aider à trouver son propre style. »

Bien dans son look, bien dans sa peau

Et si un client évoque l'idée de changer de tête, tout l'art du relooking de Chimène se met en marche. Son intervention accompagne aussi bien une entrée dans la vie active, un nouvel emploi, son moral à regonfler après une rupture ou un changement de vie, l'envie de se recentrer sur soi après une grossesse. « On commence avec du visagisme 3D mais ça peut aller jusqu'au conseil en image en analysant la morphologie pour orienter les clients aussi bien dans le choix de vêtements que dans celui des teintes. » Grâce à un test des formes notamment, elle définit des éléments de personnalité qui vont guider les propositions de changements et de look qu'elle fera. A partir d'une analyse colorimétrique et du test du foulard, les conseils de l'experte facilitent le choix d'une couleur de cheveux, de lunettes ou de maquillage. Pour que les changements s'opèrent dans la durée, C Dans l'Hair organise des ateliers pour acquérir les techniques de base de coiffure et d'esthétique. « J'aime dépasser la technicité pour toucher à l'humain et être dans l'échange. » Une étincelle dans les yeux, Chimène se réjouit de pouvoir apporter un bien-être renouvelé à ses clients qui n'hésitent pas à investir sur eux-mêmes.

› **C DANS L'HAIR**
12, rue d'Auxonne
✆ 03 80 65 33 72

© CHIMENE

© CHRITOPHE MEYER

© CHIMENE

COIFFURE

C DANS L'HAIR

12, rue d'Auxonne

✆ 03 80 65 33 72

Ouvert lundi, mardi, jeudi et vendredi de 9h à 19h et le samedi de 9h à 15h. Coiffeur, visagiste et coaching bien-être.

© CHRISTOPHE MEYER

© CHRISTOPHE MEYER

Avec "C" comme coiffure, conseil et création... Dans ce salon situé rue d'Auxonne, tout près de la place Wilson, on prend grand soin de vos cheveux et bien plus encore, puisque Chimène, en excellente visagiste, propose un coaching personnel complet basé sur une analyse de votre personnalité, de votre carnation et de votre morphotype, afin de vous aider à trouver votre style. Pour un avant et un après dans votre vie, et surtout avoir de l'allure, faites confiance à cette professionnelle qui travaille selon la méthode Juillard : une coupe sur mesure, au service de la personnalité de chacun, car comme elle le rappelle, chaque être est unique. Le résultat est bluffant, détonnant et vibrant !

COIFFURE

CARLO BAY

6, place Bossuet

✆ 03 80 41 01 29

Ouvert du mardi au vendredi de 9h à 18h ; le samedi de 9h à 17h. Coupe : femme 65 €, homme 33 €.

Karine Bafaro et toute son équipe vous accueillent dans ce bel espace zen et lumineux situé, en plein centre-ville. On vous aiguille ici pour trouver la couleur, le balayage, ou le soin adapté à votre visage, avec également la possibilité de pose d'extension cheveux naturels Balmain. Pour une chevelure sublimée, qui retrouve toute sa souplesse et son éclat, le salon travaille avec une gamme de produits de qualité dont Kérastase et Shu Uemura. Faites aussi confiance à Nathalie pour votre manucure, pose de vernis semi-permanent, ou votre maquillage. Très professionnelle, elle utilise les marques Carlo Bay et Peggy Sage. Le salon vous propose en plus une série d'accessoires et de jolis bijoux.

COIFFURE

LE CARRÉ DE VENUS

72, rue Maxime Guillot - **CHENÔVE**

✆ 03 80 51 40 81

Ouvert le lundi, le jeudi et le vendredi de 7h à 18h ; le samedi de 8h à 15h. Coiffures de mariage, mèches ombré hair...

Delphine, qui tient le Carré de Vénus depuis presque 20 ans, est une vraie passionnée. Elle a participé à des émissions de télévision et a fait partie des 20 finalistes du concours Mof. Accueillante et chaleureuse, ici elle donne à vos cheveux un coup de ciseaux expert. Delphine utilise des produits naturels de grande qualité et fabriqués en France qui redonnent tout leur éclat à votre chevelure. Les habitués du salon sont nombreux et l'on vient ici de loin pour confier sa coupe à cette grande spécialiste des chignons, des coiffures de mariées ou du lissage brésilien. Coup de cœur pour les balayages mèches jusqu'à 3 tons (nuances choisies sur le bar à couleurs).

COIFFURE

JEAN-MANUEL ET STÉPHANE VERNE COIFFEURS

16, rue du Petit Potet ✆ 03 80 30 40 00

Mardi au samedi 9h30-18h, 9h-16h30 le samedi. Shampooing-coupe-brushing femme à partir de 47 € ; coupe homme 32 €.

A l'étage d'une authentique maison du XVᵉ siècle, les frères Verne vous accueille dans ce charmant décor élégant et vintage. Pour les hommes, un espace est dédié à la barbe pour un entretien soigné et une coupe fine et précise. Après un shampooing confortablement assis sur un fauteuil massant, vous passez entre les mains expertes de Jean-Manuel ou Stéphane. De vrais pros, visagistes, les coupes sont impeccables et les conseils bienvenus, le tout prodigué avec beaucoup de gentillesse. Un salon de coiffure où l'on se sent unique et chouchouté, pour un vrai moment de détente.

© PHILIPPE HIEST

© ALEXANDRE NIQUET

COIFFURE

ALEX D. CRÉATIONS

9, rue Jean-Renaud
✆ 03 80 49 86 95
Ouvert du mardi au vendredi de 9h à 18h et le samedi de 9h à 16h. Coupe : femme 41 €, homme 26 €.

Alex D. est un salon zen et moderne, où l'on apprécie les mains expertes d'Alex et de ses deux collaboratrices Florence et Kelly. Toujours de bonne humeur et efficaces, toute l'équipe vous conseille dans votre choix de coupe ou de couleur. Ici en plus, on prend soin de vos cheveux mais aussi de la nature, avec des produits bio de marques comme Keraplant pour la gamme des huiles essentielles, Wella pour les colorations, ou encore Rovehair, une gamme complètement végane. Pas de doute vos cheveux sont entre de très bonnes mains. Pensez cependant à réserver à l'avance, car la liste des habitués du salon est longue : il serait dommage de trop patienter ! Fidélité assurée !

© CHRISTOPHE MEYER

© ALEXANDRE NIQUET

© ALEXANDRE NIQUET

COIFFURE

BARBERIE DES DUCS

8, rue Stephen Liegeard ✆ 09 81 86 88 03
www.barberiedesducs.fr

Ouvert du mardi au vendredi de 9h à 19h ; le samedi de 9h à 16h. Forfaits et tarifs étudiants.

Besoin de conseils pour soigner votre barbe ? La Barberie des Ducs est le salon de coiffure qu'il vous faut ! N'hésitez pas à passer la porte de ce salon lumineux où la pierre et les fauteuils vous accueillent dans une ambiance chaleureuse et confortable. Ici, le professionnalisme de Kelly Robinson et de toute son équipe est de mise et vous ressortirez comme un sou neuf : bien coiffé avec une barbe impeccable. Plusieurs formules sont proposées : coupe, entretien, rasage, adaptées aux barbes longues et courtes. Votre barber shop est également soucieux de l'environnement et recycle les cheveux, réutilisés pour la filtration des hydrocarbures en lien avec l'association Coiffeurs Justes.

COIFFURE

RACINES NATURELLES

40 bis, avenue Victor-Hugo ✆ 03 80 55 38 40
www.racinesnaturelles.fr

Du mardi au jeudi de 9h à 19h ; vendredi de 9h à 20h ; samedi de 8h30 à 16h. Coupe : femme 40 €, homme 26 €.

Situé avenue Victor-Hugo, ce salon de coiffure innovant, prend à la fois soin de vous, de vos cheveux et de la nature ! Racines Naturelles est un salon de coiffure bio qui utilise des produits naturels comme les colorations 100 % végétales ou l'argile pour éclaircir les cheveux... 5 personnes vous accueillent ici avec un grand sourire, extrêmement précises et professionnelles, pour que rayonne votre chevelure, régénérée par des produits sans ammoniaque ni parabens et une coupe aux ciseaux chauffants. Cette technique permet aux cheveux de conserver toutes les vitamines et de ne pas fourcher. Les messieurs peuvent se faire tailler la barbe à l'ancienne avec massage. On recommande !

COIFFURE

LE STUDIO

64 ter, avenue du Drapeau
✆ 03 80 71 12 59

Ouvert du mardi au vendredi de 9h à 19h ; le samedi de 9h à 17h.

Dirigé par Sofia et Helga, ce salon présente de nombreux atouts, avec pour commencer une déco chic, sobre, et un espace d'accueil très confortable, où l'on vous offrira volontiers un thé ou un café. Les coiffeuses Gaëlle et Assya, douces et accueillantes, sauront vous conseiller avec un grand professionnalisme. Ici les clients sont diagnostiqués et la technique est indiscutable. La gamme Wella y compris dans sa version haut de gamme a été choisie, les couleurs seront lumineuses et la tenue parfaite avec des coupes structurées. Les deux expertes maîtrisent aussi l'Art du Barbier, le client sera installé dans une partie dédiée du salon et un soin d'une heure peut être proposé.

COIFFURE

LA SUITE

40, rue des Forges ✆ 03 80 48 63 17
www.salon-lasuite.com

Lundi et mardi de 9h15 à 19h, jeudi et vendredi de 9h15 à 23h. Forfait coupe femme 69 €, homme 39 €.

Plus qu'un salon de coiffure, cette adresse se révèle être un lieu où l'élégance et le raffinement sont un art de vivre. Dans les murs de pierres du bâtiment du XIIIe de ce bel hôtel particulier, se cache un petit bijou. Prenez ici du temps pour vous dans une atmosphère de détente et dans laquelle les clients aiment se plonger. Des prestations prodiguées avec talent et précision, pour ce salon mixte qui s'applique à n'utiliser que des produits 100% écologique des marques Davines ou encore Sebastian et Opalex. Alison vous accueille également pour des soins à l'espace beauté et découvrez avant de repartir une belle gamme d'accessoires, de bijoux et d'objets de déco, du côté de la boutique.

COIFFEUR

CAPELLIA

1, rue Alexandre Nicolas
✆ 03 80 31 96 34

Ouvert du lundi au samedi. Coupe + brushing femme 52,50 € cheveux longs et 37,50 € cheveux courts. Coupe homme 23,50 €.

Depuis que Annick Lacour a opéré sa reconversion professionnelle pour ouvrir ses deux salons de coiffure, la clientèle est toujours satisfaite et ravie. En plus du salon situé à Is-sur-Tille, les Dijonnais profitent de son professionnalisme et de sa démarche éthique à sa seconde adresse du quartier Montchapet. Un espace de détente, décoré par les peintures de l'artiste BEN&DICTE. Différents forfaits sont proposés pour hommes, femmes et enfants : coupes avec brushing, coloration, mèches ou soins Genoma. Pour un lissage brésilien c'est possible aussi sur devis. Le salon est membre de l'association « Coiffeurs justes » qui transforme les cheveux coupés en absorbeurs d'hydrocarbures.

COIFFEUR

PHILIPPE ALEXANDRE

7, rue du Château ✆ 03 80 30 52 21
https://philippe-alexandre.fr

Mercredi 9h-18h ; jeudi 9h-19h ; vendredi 9h-19h ; samedi 8h-16h. Forfaits à 58 € pour les femmes et 33 € les hommes.

Le salon Philippe Alexandre est très accessible, situé à deux pas du tram dans l'hypercentre, au premier étage d'un bel immeuble. Après les années passées rue des Godrans, il accueille désormais sa clientèle dans ses nouveaux appartements, un espace intimiste et lumineux de 70 m². Profitez de prestations spécifiques : coupe, brushing, plus soin zen, hydratant instantané et réparateur, avec pour vous détendre un massage offert ! Philippe Alexandre propose également des colorations douces, sans paraben. Un large panel de prestations est proposé comme le lissage brésilien ou encore pour faire faire votre chignon et être sur votre 31, juste avant une soirée chic et festive !

© LA LOGE

© LA LOGE

COIFFURE

LA LOGE

4, rue Charlie-Chaplin
✆ 03 80 30 58 24
www.coiffure-laloge.com
Le mardi de 9h à 15h ; mercredi, jeudi et vendredi de 9h à 19h ; samedi de 9h à 15h. Forfait coupe brushing 54 €.

La Loge n'est pas un salon de coiffure comme les autres ! Vous êtes ici chez un grand professionnel, Vincent Moutault, reconnu dans le monde entier pour son talent. Prenez place dans son salon, où il vous accueille et vous conseille : vous repartirez plus ravie que jamais, avec une coupe élégante et travaillée. C'est avec la marque Davines dont il est l'ambassadeur, qu'il soigne et sublime vos cheveux. La barbe, elle aussi, se doit d'être taillée dans les règles de l'art et à la Loge on prodigue également pour les messieurs des soins très techniques. Le salon organise régulièrement des soirées, l'occasion de venir se faire coiffer tout en sirotant un cocktail.

© DR

© LA LOGE

© LA LOGE

JE ME FAIS UNE BEAUTÉ

COIFFEUR

L'ATELIER DE PAOLA

93, rue Jean-Jacques Rousseau ✆ 03 80 67 17 23
www.latelier-de-paola.com/fr/coiffeur
Ouvert le mardi de 9h30 à 18h ; le mercredi de 9h à 17h30 ; le jeudi et le vendredi de 9h à 18h ; le samedi de 9h à 17h.

Situé près de la place de la République, le salon de Paola vous accueille en toute convivialité pour prendre soin de vous. Vos cheveux sont ternes et abîmés ? Paola et son équipe s'en occupent et travaillent ici de façon très professionnelle, avec la gamme Marcapar qui dit stop aux produits nocifs et oui aux vertus des plantes. Côté déco, entrez dans ce salon à la fois chic et à l'esprit brocante, parfait pour les demoiselles comme pour les messieurs qui auront le choix entre brushing, coupe, couleur ou mèches. Paola propose des colorations 100 % végétales parfaites pour le cuir chevelu. Spécialiste des coiffures de mariage, elle réalise sur demande chignons bohèmes ou avec tresses.

COIFFEUR

AU SALON D'LAETITIA

54, rue du Chapitre ✆ 03 80 41 02 83
www.coiffeur-esthetique-dijon.fr
Salon de coiffure et d'esthétique : soins (Corps, visage), manucure, épilation, maquillage.

Dans cet institut de beauté de 180 m², l'équipe composée de quatre coiffeuses et d'une esthéticienne vous accueille pour un temps de relaxation unique, grâce à la gamme Bernard Cassière. Confirmées, ces expertes visagistes vous proposent des techniques innovantes pour prendre soin de vous. Un univers ultra féminin dans ce salon spécialisé en onglerie et beauté du regard, où sont privilégiés les produits made in France, bio, avec packaging recyclable, et végan. Retrouvez une peau parfaitement bien nourrie, hydratée et lissée, avec la gamme Miss W ou encore le soin des pieds anti-callosités Yumi-Feet. Pour chaque soin réalisé, les coiffeuses proposent un instant zen avec massage crânien.

COIFFEUR

COIFFURE 1601

6, Grand' Rue - **AHUY** ✆ 03 80 23 90 41
Ouvert le mardi, le mercredi et le vendredi de 9h à 18h ; le jeudi de 9h30 à 18h ; le samedi de 8h30 à 16h.

Bienvenue au salon de Céline Lebail, une grande professionnelle qui depuis de nombreuses années fonctionne à merveille. Epaulée par ses deux collaboratrices Jennifer et Amélie, Céline a toujours le sourire et sait prendre soin de vos cheveux. Un salon très chaleureux et… demandé ! S'il y a un peu d'attente, une sélection de livres passionnants est à votre disposition. Très à l'écoute, Céline a su fidéliser sa clientèle notamment par son sens du conseil et ses mèches et couleurs qui subliment le visage, tout en travaillant avec les produits des marques Revlon, Génerik et Sweo. Le chignon ou les coiffures de cérémonies sont ici couramment proposés. Vous en ressortirez belle et rayonnante !

BARBIER

CINQ HUITIÈME

44, rue Verrerie ✆ 06 02 18 75 05
www.cinq-huitieme.fr
Mardi, mercredi et vendredi de 9h à 19h ; jeudi et samedi de 9h à 16h. Taille de barbe à partir de 30 €.

Cinq huitième c'est la largeur de la lame d'un coupe-chou traditionnel. Situé rue Verrerie, vous êtes ici, chez Julien Joubert, un vrai professionnel, accompagné de Margot et Morgan, artistes barbiers et maître du rasage à l'italienne. Un salon pour ces messieurs barbus et moustachus, où les produits employés sont de grande qualité. Et si vous souhaitez prendre un cours d'entretien et de taille de barbe, ou de rasage traditionnel, des prestations de 2 h et 2h30 sont proposées : apprenez à vous raser vous-même dans les règles de l'art ou à tailler votre barbe, toujours à votre convenance. Des bons cadeaux sont également disponibles au shop ou à faire envoyer directement.

PARFUMERIE

LES ATELIERS DU PARFUMEUR

11, rue Mably
✆ 03 80 30 97 04
www.lesateliersduparfumeur.com
Ouvert du mardi au samedi de 10h à 19h.

Dans cette magnifique boutique, intemporelle et à la décoration baroque, laissez-vous séduire par les collections des Artisans parfumeurs, qui existent depuis maintenant 40 ans. Créés avec passion et artisanalement, ces parfums éveilleront mille émotions en vous. Découvrez l'eau de parfum « Orphéon » ou encore l'édition limitée Arcana Rosa. Vous trouverez ici la note olfactive qui correspond à votre personnalité. Parfums d'intérieur, bougies Cire Trudon ou encore une gamme de soins de qualité, sans oublier les bijoux fantaisie dont les créations originales signées GAS.

CHAPEAUX - GANTS - FOULARDS

LE PERRUQUIER

60, rue Monge
✆ 03 80 42 15 05
Du lundi au samedi sur rdv uniquement. Visites à domicile ou à l'hôpital sur rdv. Prise en charge SS et mutuelles.

Professionnelle, Isabelle vous accueille et vous conseille dans sa boutique située rue Monge, à domicile ou en milieu hospitalier, sur rendez-vous exclusivement. Une maison de perruque unique à Dijon, où vous trouverez plus de 400 modèles de prothèses capillaires, 100 % naturelles ou synthétiques, qui s'adaptent à tous les visages : postiches, volumateurs, extensions à clips, turbans, foulards, bandeaux, bonnets, chapeaux ou casquettes, produits de beauté et de soins, la qualité est de mise à des prix attractifs. La prise en charge personnalisée peut être remboursée par la sécurité sociale et la mutuelle. Et pour vous recoiffer, Damien est présent tous les jeudis après-midi.

© COIFFURE CLAUDIE

© CHRISTOPHE MEYER

COIFFURE CLAUDIE

8, quai Nicolas-Rolin
✆ 03 80 43 02 28

Ouvert du mardi au samedi. Avec ou sans rendez-vous. Coupe : femme 28 €, homme 15 €, enfant (moins de 6 ans) 12 €.

Bienvenue au salon de coiffure de Claudie, sous les arcades du quai Nicolas-Rolin. La déco, ses boiseries et son un mobilier élégant donnent une ambiance cosy à ce salon où l'on est accueilli avec gentillesse et professionnalisme. Les clients et clientes viennent nombreux et sont fidèles, car on vous prodigue évidemment les meilleurs conseils, afin de réaliser la coupe qui convient à votre visage et à votre personnalité. Claudie est également spécialiste des coiffures de mariée. Pour les hommes, un service de taille de barbe est aussi proposé. La convivialité est bien entendu au rendez-vous, et ces dames vous serviront volontiers un petit café ou un thé en attendant votre tour.

© CHRISTOPHE MEYER

© COIFFURE CLAUDIE

© CHRISTOPHE MEYER

RELOOKING

C DANS L'HAIR

12, rue d'Auxonne
✆ 03 80 65 33 72

Du lundi au vendredi de 9h à 19h ; le samedi de 9h à 15h. Le samedi fermeture plus tardive sur rendez-vous uniquement.

© CHRISTOPHE MEYER

© CHRISTOPHE MEYER

Bienvenue dans le salon de Chimène, situé rue d'Auxonne, près de la place Wilson. Elle et Estelle vous accueillent ici avec sourire et convivialité pour réaliser une coupe brushing, refaire vos mèches ou pour une couleur effet ombré, en fonction de vos besoins et de vos envies. Ces expertes travaillent avec l'excellente gamme de soins italienne Davines. Besoin d'un conseil esthétique ou de mettre en valeur votre visage ? Chimène vous aide et vous conseille, pour trouver la coupe qui correspond à votre morphotype et votre personnalité, en travaillant notamment avec la méthode Juillard. Pour prendre rendez-vous, c'est sur le site Internet que ça se passe ou en appelant directement le salon.

EPILATION

L'ATELIER DU SOURCIL

68, rue de la Liberté ✆ 03 73 62 01 40
www.atelierdusourcil.com

Ouvert du lundi au samedi de 10h à 19h. Sur rendez-vous. Restructuration du sourcil : 30 €. Entretien mensuel 22 €.

Situé auparavant rue Piron, l'Atelier du Sourcil s'est installé rue de la Liberté, dans un local de 100 m² entièrement réaménagé pour accueillir sa clientèle. Cette enseigne bien connue dans toute la France est spécialiste de la beauté du regard. Une large gamme de soins est proposée pour vos sourcils (épilations, teinture, volume), vos cils (mascara, teinture, extensions) et pour vous maquiller (eye-liner, dépigmentation, etc.). Testez aussi la prestation Rehaucils, qui donne de la profondeur à votre regard, par l'application de silicone sur la paupière. Sachez que les hommes peuvent également venir au salon pour une restructuration ou encore une épilation des sourcils.

EPILATION

CENTRE LASER MÉDICAL DIJON

20, rue de la Liberté ✆ 03 80 30 86 52
www.centrelaserdijon.com

Ouvert du lundi au vendredi de 9h à 18h ; le samedi de 9h à 16h. Sur rdv. Tarifs sur devis.

Pour une épilation durable et efficace, optez pour le laser au Centre Laser Médical de Dijon où des médecins esthétiques ou angiologues diplômés suivent les avancées dans leur domaine afin que vos soins soient réalisés dans les meilleures conditions pour votre peau. Vous pouvez dire adieu à la cellulite, à vos rides et autres traces d'acné, tâche de soleil ou cicatrices. Plusieurs prestations sont possibles : l'épilation laser des jambes, du maillot ou des aisselles, le remodelage cutané et le traitement par injections, ou encore le détatouage. Tarifs sur devis.

COSMÉTIQUES

VINÉSIME

✆ 03 80 78 69 21
www.vinesime.fr

Boutique en ligne. Différents ambassadeurs en Bourgogne mais également dans toute la France et à l'étranger.

Vinésime est une sublime marque de cosmétiques, véritable ambassadrice de la Bourgogne puisque le concept de ces produits a germé dans les vignes du domaine Damidot à Gevrey Chambertin. Fondée par Marie et Edouard Damidot, ils ont élaboré une gamme aux fragrances subtiles du vignoble, à partir d'extraits de pinot noir de Bourgogne au pouvoir anti-oxydant, et de cassis noir de Bourgogne au pouvoir oxygénant cellulaire, extrêmement bénéfiques pour la peau. Le lait pour le corps hydratant aux polyphénols de chardonnay est lauréat des Victoires de la Beauté 2018-2019, prix décerné par les consommateurs. Coups de cœur pour la crème de jour Fine de beauté et son superbe packaging verre et bois.

© CHRISTOPHE MEYER

© CHRISTOPHE MEYER

COIFFURE

FAUDRA TIF HAIR

19, rue de la Préfecture
✆ 03 80 79 43 82
Ouvert du lundi au samedi de 7h à 20h. Coupe homme 25 €, coupe femme 37 € ; avec ou sans rendez-vous.

Au salon Faudra Tif Hair qui est situé à deux pas de la place de la République, John, gère son salon à la perfection. On est accueilli ici par une équipe très professionnelle, qui sait donner le coup de pep's qu'il faut aux cheveux. Le grand avantage est de pouvoir venir avec ou sans rendez-vous quand on a un planning chargé. La convivialité règne dans ce salon à la décoration moderne, où ces experts visagistes travaillent avec les shampoings et les soins capillaires de la marque australienne Kevin Murphy. Les conseils et les prestations sont au top pour une coupe, une couleur, un brushing ou encore la taille de barbe. Le + : possibilité de faire retoucher sa coiffure.

© CHRISTOPHE MEYER

© CHRISTOPHE MEYER

© CHRISTOPHE MEYER

COSMÉTIQUES

LA MAISON DU SAVON DE MARSEILLE

45, rue Godrans
✆ 03 80 42 97 54
www.maison-du-savon-de-marseille.fr
Ouvert du mardi au samedi de 10h à 19h.

Dans la rue des Godrans, commerçante et dynamique, il fait bon s'arrêter dans ce magasin qui évoque le soleil et la chaleur du Sud, pour trouver le célèbre et authentique savon marseillais fabriqué par la Savonnerie du Fer à Cheval. Fabrice Szyski est le gérant de cette boutique qui donne sur la place Grangier. Il saura vous conseiller sur les savons au lait d'ânesse ou encore les crèmes de douche et les laits corporels, réalisés à partir de matières premières végétales et sans paraben. Un large choix de produits, aux parfums délicats et joliment présentés.

MANUCURE - PÉDICURE

LE BAR À ONGLES BY V

Centre commercial de la Toison d'Or ✆ 03 80 43 15 66
www.lebaraonglesbyv.com
Ouvert du lundi au vendredi de 10h à 20h ; le samedi de 9h à 20h. Pose de vernis couleurs : 7 €. Manucure simple : 25 €.

Le concept de Bar à Ongles By V est arrivé en France en 2011, inspiré du nail bar new-yorkais. Plusieurs ont vu le jour depuis et Dijon peut se flatter d'avoir le sien. Situé dans la galerie du centre commercial de la Toison d'or, son avantage est de permettre de venir directement sans rendez-vous, pour prendre soin de soi même quand ce n'est pas prévu. Il n'y a qu'à s'installer et à choisir parmi les prestations qui toutes embelliront vos mains. Manucure simple, pose de vernis semi-permanent de la gamme Shellac pour tenue et une brillance longue durée de 3 semaines, pose de gel ou encore soin de détente, une prestation qui vaut le coup, à un très bon rapport qualité-prix !

COSMÉTIQUES

DRUYDÈS

1, rue Chanoine Bordet ✆ 06 62 86 17 55
https://druydes.com
Joignable du lundi au vendredi : 9h-17h. Pas de vente sur place.

Druydès est une marque de cosmétiques artisanaux et naturels fabriqués en Bourgogne dont les produits sont très souvent récompensés : meilleur Bio 2022, Victoire de la beauté 2021, trophée innovation bio Natexpo 2021... Un concept écolo de « Slow Cosmétique » créé par les Dijonnaises Fanny Preney et Gwendoline Bressand. C'est toute une gamme de cosmétiques zéro déchet, sans produits chimiques ni substances allergènes qui se décline. Démaquillants et shampoings solides en forme de fleur celtique pour différentes natures de cheveux, les enfants et aussi les bébés, sont disponibles à la vente dans plusieurs commerces dijonnais ou à l'adresse de l'E.boutique. Une belle initiative locale !

BEAUTÉ

NEW ESTEEM CENTRE ESTHÉTIQUE

17, rue du Chapeau Rouge
✆ 03 80 43 37 50
Nouvelles technologies, soins du visage, soins du corps, bien-être, épilation, anti-âge, densification capillaire.

Tout près de la place Bossuet, Angelina et son équipe de dermothérapeutes vous accueillent au salon d'esthétique New Esteem. Peeling, cryolipolyse, Hifu, microneeding, hydrafacial, microdermabrasion, réparation de vergetures, radiofréquences : vous pourrez comparer un avant et un après pour votre grain de peau, débarrassé de ses impuretés et parfaitement nettoyé. Un lieu moderne et agréable pour retrouver éclat et vitalité, où l'écoute et le conseil sont les mots d'ordre. Pour se tenir informé des offres du moment, rendez-vous sur la page Facebook du centre.

PARFUMERIE

SENTEURS & CIE

14, rue Musette
✆ 03 80 34 19 86
Ouvert du mardi au vendredi de 11h à 13h et de 14h à 19h ; le samedi de 11h à 19h.

Ancien chanteur d'opéra, Dominique Rossignol s'est lancé dans une seconde carrière avec Senteurs & Cie, une jolie boutique située rue Musette. Spécialisé dans les produits de la marque Durance, dans son échoppe vous trouverez bougies parfumées, diffuseurs d'intérieur, soins corps et visage, parfums pour soi, produits pour hommes mais aussi tout le nécessaire pour le soin du linge. Originaires de Provence, on aime les intemporels parfums de lavande ou de rose, la note printanière du coquelicot ou le parfum d'amour des camélias. Tout pour créer une ambiance chaleureuse pour chez soi ou dénicher de nombreuses idées cadeaux. Certains parfums sont proposés en fonction des saisons.

PARFUMERIE

VIREVOLTE

56, rue Berbisey ✆ 03 80 51 70 49
https://parfumsvirevolte.com
Ouvert du lundi au vendredi de 10h à 12h et de 14h à 17h30. Livraison en 72h.

Douceurs olfactives qui virevoltent dans les airs, si vous ne connaissiez pas cette belle marque de parfums fabriqués en Provence, c'est le moment de la découvrir : 99,9 % naturels, écoresponsables avec des flacons recyclables, certifiés Cosmos Natural par Ecocert et fabriqués en France, près de Grasse. Pour offrir ou se faire plaisir, rendez-vous rue Berbisey à la boutique et chez les revendeurs comme Chouette France. Notes fleuries, fruitées ou boisées pour les parfums Noir délit, Rose métamorphose, Orée dorée ou Vert désert qui se déclinent aussi en coffrets. Totebags et carnets disponibles en édition limitée. Devenez ambassadeur de la marque en testant les parfums de demain !

© ALEXANDRE NIQUET

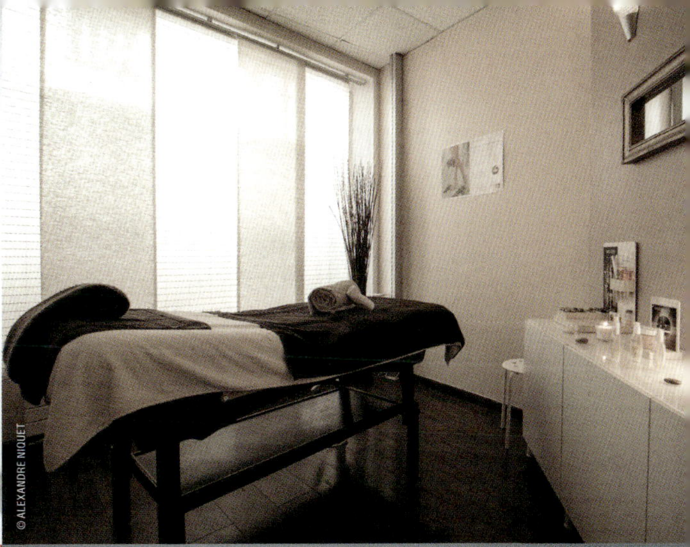

© ALEXANDRE NIQUET

CENTRE DE BEAUTÉ VICTOR HUGO

35, rue de Talant
✆ 03 80 41 11 87
www.centredebeaute-victorhugo.fr
Ouvert le lundi de 14h à 19h ; du mardi au vendredi de 9h à 19h ; le samedi de 9h à 14h. Carte cadeau.

Le Centre Beauté Victor Hugo offre une pause détente où l'on peut prendre du temps pour soi sans affoler le compte en banque. Tenu par Sarah Azevedo, l'éventail des prestations est large : soins, modelage, balnéothérapie, sauna ou encore maquillage. En extra, un massage du dos est offert avant chaque prestation. À découvrir : l'enveloppement corporel au chocolat pour un moment de relaxation original ou encore le modelage anti-tensions aux bambous et à l'huile essentielle d'eucalyptus. Pensez aux chèques cadeaux pour un geste de dernière minute qui fera plaisir à coup sûr !

© ALEXANDRE NIQUET

© ALEXANDRE NIQUET

© ALEXANDRE NIQUET

CADEAUX

L'ÉCHOPPE GALACTIQUE

12, rue Bossuet

Ouvert du mardi au samedi de 10h30 à 13h et de 14h à 18h30.

L'empire galactique est à Dijon ! Situé dans la galerie commerçante du passage Bossuet, ce magasin ouvert depuis juillet 2021 est entièrement dédié à l'univers de science-fiction de la trilogie *Star Wars*, la très célèbre série de films réalisée par George Lucas dont les fans sont nombreux. A l'Echoppe Galactique, retrouvez les figurines de vos personnages favoris, de la princesse Leila, Maître Yoda ou encore de Luke Skywalker, des pièces de collection à l'effigie de ces héros et héroïnes, mais aussi des accessoires comme les sabres lasers ou encore des costumes de Dark Vador. Des articles venus des quatre coins de la galaxie, pour offrir ou se faire plaisir.

CADEAUX

L'ÉCHOPPE MAGIQUE

Passage Bossuet

www.echoppemagique.fr

Ouvert du mardi au samedi de 10h30 à 13h et de 14h à 18h30.

Dans la galerie commerçante du passage Bossuet, retrouvez deux échoppes incontournables, l'une entièrement dédiée à *Star Wars* et la seconde à *Harry Potter*. Ceux qui préfèrent les baguettes magiques aux sabres lasers peuvent en effet se rendre à l'Echoppe Magique et retrouver tous les personnages et les accessoires de l'univers de Poudlard, la fameuse école d'apprentis sorciers créée par J. K. Rowling. Après Nancy, Strasbourg, Reims et Nantes, la ville de Dijon est fière de compter cette boutique 100 % magique parmi ses commerces et ce depuis octobre 2021 : mugs, baguettes, stylos, papeterie, vêtements, peluches et bijoux... De nombreux articles sont ici disponibles !

FANTAISIE

INTEMPOREL

29, rue des Forges

✆ 03 80 27 45 88

Le lundi de 14h à 19h ; du mardi au samedi de 10h à 12h45 et de 14h à 19h.

Rendez-vous chez Intemporel, la boutique de Nathalie et Frédéric Geffroy, où les créateurs français sont mis à l'honneur. Les vêtements et les accessoires de style urbain sont sélectionnés par Nathalie qui privilégie les articles tendance, comme le kaway Rainkiss, ou encore l'original hoodie jagger by Newtone. Vous ne repartirez pas sans craquer pour l'un des magnifiques bijoux présentés, entre les bracelets en pierres qui inspirent le voyage, les boucles d'oreilles asymétriques, ou encore la superbe collection Sing a Song, pour un style rock et glam. Sans oublier l'étage qui est dédié à la marque française Sports d'époque, pour les passionnés de sport, de vintage et de maillots collectors.

CONCEPT STORE

JEANNINE SHOP

24, rue Jeannin

✆ 07 49 19 63 63

http://jeannineshop.com

Ouvert du mardi au samedi de 10h à 19h.

Duo de choc pour ce beau concept-store. Louis et Joséphine, tout juste débarqués dans la très branchée rue Jeannin, sont pétillants et savent vous mettre à l'aise. Chez Jeannine, on cultive le bon goût et on promeut les belles choses. Déco, accessoires, prêt-à-porter, papeterie, épicerie... Ici le maître-mot est écoresponsable. Les marques et les créateurs sont finement sélectionnés, à l'exemple des popelines dijonnaises de Marguerite et Jorge, des soins naturels pour la maison, le linge et le corps de la Maison Kerzon, ou encore l'originalité des chaussures en wax de la marque éthique Panafrica. Shop, mais pas que, on prend ici aussi le temps pour boire un bon café, posé.

NEW

GADGETS

LE MAGASIN MODERNE

12, rue du Chapeau Rouge

✆ 06 62 37 57 00

Concept-store. Boutique éphémère.

Anciennement un magasin de lingerie, Caroline Cellard a ouvert en juillet dernier une boutique atypique, située rue du Chapeau Rouge. Dans sa boutique éphémère, véritable cabinet de curiosités, elle propose des objets en tous genres, à la fois insolites et esthétiques, destinés à la décoration. Pour se faire plaisir ou pour offrir, découvrez les créations d'Iris Griot, qui transforme les bijoux anciens. Une adresse pour les curieux, qui seront fascinés par les nouveautés telles que les 4 espèces de chauves-souris exposées sous cadre ou encore un squelette de crotale des bambous, signé Le Franc Curieux. A découvrir également sans plus tarder, les boîtes entomologiques du créateur bisontin.

ART - DESIGN

MININI BOUTIQUE

30, rue Chaudronnerie ✆ 03 80 68 03 56

www.minini.fr

Ouvert le lundi de 14h30 à 18h30 ; du mardi au samedi de 9h à 19h ; le dimanche de 10h à 12h30.

La boutique d'Isabelle Minini vous invite au un voyage, dans ce décor magnifiquement coloré et aérien, où ces sublimes créations florales sont réalisées tout en élégance et originalité. C'est un plaisir de passer devant cette belle vitrine qui est toujours soigneusement décorée et où les fleurs de saison paraissent toujours plus romantiques. A cela s'ajoutent les objets décoratifs (bougies, diffuseurs d'ambiance pour la maison) qui viennent mettre en valeur ces compositions pleines de charme. Venez trouver ici le bouquet idéal, déjà assemblé, ou à composer soi-même, en suivant les bons conseils d'Isabelle et de son équipe, qui vous accueille avec convivialité.

© ALEXANDRE NIQUET

© ALEXANDRE NIQUET

BEAUTÉ

FONTAINE DES SENS

29, rue de Fontaine-lès-Dijon
✆ 03 80 28 59 70
www.fontainedessens.fr

Ouvert le lundi de 14h à 19h ; du mardi au vendredi de 9h à 19h ; le samedi de 9h à 14h.

Sarah Azevedo et son équipe vous accueillent dans un décor zen qui invite à se ressourcer. On fait confiance à l'excellente gamme d'aromathérapie Decléor pour les soins prodigués à des prix abordables et dans un large choix de prestations allant des pieds à la tête. Avant chaque soin, un massage du dos est offert en extra. Côté nouveautés, l'institut propose un modelage du corps profond aux bambous et à l'huile essentiel d'eucalyptus, le combo ultime pour libérer les tensions. Plus audacieux, testez l'enveloppement corporel au chocolat pour un moment de détente original. Mais si vous préférez les algues, l'option existe aussi ! Bon à savoir : tous les soins sont disponibles en chèque cadeau.

© ALEXANDRE NIQUET

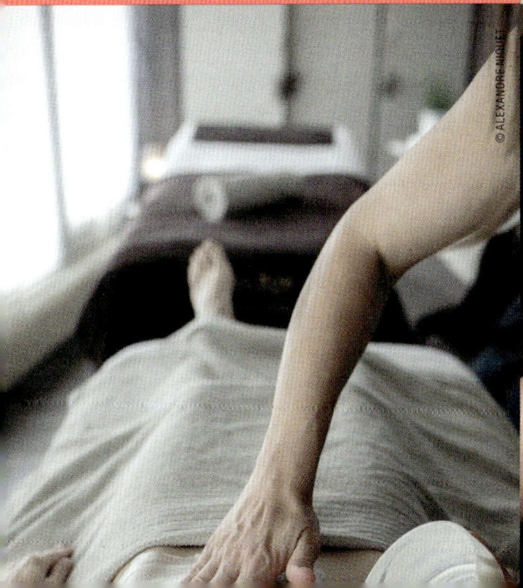
© ALEXANDRE NIQUET

© ALEXANDRE NIQUET

FANTAISIE

TERRE DE LUNE

36, rue de l'Amiral-Roussin
✆ 06 22 98 35 37
Ouvert du mardi au samedi à partir de 11h et jusqu´à 19h.

© CHRISTOPHE MEYER

© CHRISTOPHE MEYER

Quelques cyclamens décorent la jolie vitrine éclectique, ethnique et colorée de cette magnifique boutique. Isabelle Laraque vous propose encens, savons d'Alep, bougies aux parfums d'Orient, bijoux d'exception iraniens avec la collection Mizou, ou encore de superbes joncs en argent amérindiens. Ici on trouve des marques de qualité tels que Géodesis, Tarology, Chapel Factory ou Astier de Villatte, pour l'encens et les bougies parfumées, un grand choix de bijoux signés par des créateurs dont certaines parures en matières naturelles (Satellite, Cayon et Nahua), mais aussi des produits de sa propre marque Terre de lune, ou encore les thés exclusifs de Christine Dattner.

CRÉATEUR

PAPER ADDICT

✆ 06 81 17 72 98
www.paperaddict-dijon.com
Graphiste et créatrice d'objets en papier. Ateliers et workshops. Infos sur le site Internet.

Papier, feuille, ciseau... Ici l'origami se faire art pour créer de nombreux objets. En effet Lorraine Harris transforme le papier pour réaliser ses créations à la fois design, poétiques et délicates. Elle associe le graphisme et l'illustration à son savoir-faire pour réaliser par exemple des bijoux ou encore des portefeuilles en carte IGN ou routières indéchirables, à des prix qui sont loin d'être exorbitants ! Avec un packagings zéro déchet, les imprimés sont faits maison (motifs à l'aquarelle ou à l'encre, numérisation et impression), et le papier qui n'est pas traité, résiste aux aléas du temps. Si vous vous sentez l'âme créative, Lorraine propose des ateliers de découverte.

CENTRE COMMERCIAL - GALERIE MARCHANDE

QUETIGNY - VILLE DE COMMERCES ET DE LOISIRS

Place Théodore-Monod
QUETIGNY
✆ 03 80 48 28 30
www.quetigny.fr

Quetigny possède l'atout d'une offre commerciale riche, avec plus de 300 commerces et entreprises, et d'une offre de loisirs culturels et sportifs très variée. Cuisinistes, magasins de meubles, puériculture, grande surface alimentaire et sa galerie commerciale Grand Quetigny. Très attractif, cet espace commercial continue de se développer avec l'arrivée régulière de nouveaux commerces. La ville compte plusieurs salles de spectacles et facilite l'accès à la culture des habitants : carte PasseSports-Loisirs, Bourse Sport & Culture, Carte culture Étudiants.

FUMEURS

TABAC-PRESSE DU PORT

4, quai Nicolas-Rollin
✆ 03 80 43 48 06
Ouvert tous les jours de 7h à 22h.

Ce bureau de tabac géré par le très accueillant J.-M. Coigney depuis de longues années maintenant est bien plus que cela... En vrai commerçant de quartier, situé juste à côté de la pharmacie et en face de l'obélisque du Port du canal, ses rayons sont très bien achalandés. Vous retrouverez forcément le magazine ou la revue qui vous convient en presse nationale comme régionale et pourrez au passage jouer à vos jeux de hasard préférés. Le choix en tabac y est vaste où la cigarette électronique et les e-liquides ont aussi toute leur place. Tous les abonnements aux transports en commun peuvent être achetés ou renouvelés ici. Une adresse comme on n'en trouve plus, et un commerçant passionné.

CRÉATEUR

LES ATELIERS DU PARFUMEUR

11, rue Mably
✆ 03 80 30 97 04
www.lesateliersduparfumeur.com
Ouvert du lundi au samedi de 10h à 19h.

Dans cette magnifique boutique à la décoration baroque, vous trouverez la note olfactive qui correspond à votre personnalité ! Laissez-vous séduire par les collections de l'Artisan Parfumeur dont le tout dernier *Passage d'enfer Extrême*. Découvrez également les bougies et les parfums *Diptyque* dont le tout nouveau *Orphéon*. Chez Trudon, vous trouverez Parfums d'intérieur, bougies et eaux de parfums. Côté séduction, les bijoux fantaisie haut de gamme Gas, Taratata, Crezus vous attendent, Mesdames, pour votre plus grand plaisir et tout en élégance !

CADEAUX

AU BOIS D'AMOURETTE

7, rue Vauban
✆ 03 80 30 24 70

Ouvert du mardi au samedi de 10h30 à 12h30 et de 14h à 19h, sauf le jeudi ouverture à 11h. Pièces uniques.

Cette boutique du centre-ville se repère de loin, avec sa façade rouge et chaleureuse tout en bois qui est mise en valeur par la clarté des pierres de la rue Vauban. Dans cet espace de 75 m², découvrez des créations artisanales, uniques et singulières, venues de toute la France. Un concept de vente, sans intermédiaire, qui propose des objets artistiques à prix d'atelier. C'est donc la boutique idéale pour trouver un beau cadeau. Entre les ceintures, les statuettes, les bijoux, les montres, les tasses, les pots… des modèles travaillés, comme le nouveau couteau à champignon en palissandre et toujours d'une grande finesse, comme les bols en céramique signés Jean-Luc Pirot. Une belle adresse !

CENTRE COMMERCIAL - GALERIE MARCHANDE

CENTRE COMMERCIAL TOISON D'OR

Route de Langres ✆ 03 80 74 18 88
www.latoisondor.com

Ouvert du lundi au vendredi 10h-20h ; samedi 9h-20h. Carrefour : lundi-mercredi 9h-21h et jeudi à samedi jusqu'à 21h30.

Dirigée par Slim Keller, La Toison d'Or est un centre commercial doté du label 4 étoiles qui fournit un ensemble de services de qualité. Accessible en tram ou en voiture, à proximité de la rocade, l'accès est aussi facilité par ses deux parkings gratuits. Sur place près de 140 boutiques et 23 restaurants et cafés. Ici tout est étudié pour offrir un confort maximal aux clients avec un espace bébé ou encore le lavage auto. Munissez-vous de la carte de fidélité gratuite et disponible à la réception ou sur l'application mobile, pour bénéficier des offres promotionnelles.

PAPETERIE / CARTERIE

LA BURGONDE

6, place des Ducs-de-Bourgogne ✆ 03 80 27 40 36
www.la-burgonde.com

Ouvert le lundi de 14h à 19h ; du mardi au jeudi de 10h à 12h et de 14h à 19h ; le vendredi et le samedi de 10h à 19h.

Keep calm and visit La Burgonde est le slogan de cette marque 100% locale. Si vous cherchez un souvenir de typique de la région, ou une idée cadeau originale, vous êtes à la bonne adresse. Sa fondatrice, Nathalie Jacquey, transmet tout son amour pour la Bourgogne à travers avec des produits inédits, originaux et tendance. Les tout petits sont conquis avec le doudou made in Dijon ou encore l'ami Smailoo l'escargoo, qui leur laisseront un souvenir inoubliable de la capitale des Ducs c'est certain ! Un restaurateur, un domaine de vin, ou une commune peut tout à fait recourir à ses services pour imaginer et faire réaliser une série de T-shirts ou des plaques personnalisées. A vos idées !

CONCEPT STORE

CHOUETTE FRANCE

29, rue Bossuet ✆ 03 80 35 70 01
www.chouette-france.fr

Lundi de 14h30 à 19h ; du mardi au jeudi de 10h à 13h et de 14h15 à 19h ; vendredi/ samedi 10h-13h30 et 14h-19h.

Ici le made in France est à l'honneur, avec un concept d'enseigne qui valorise les talents français. Le magasin porte bien son nom et est au plus proche des dernières tendances, riche en nouveautés et en articles originaux, sans oublier des classiques intemporels comme les marinières. Retrouvez les marques Crochepied, Orijns, Perrin, Tuff's, les paires de chaussettes Dabogert à l'envers pour l'effet décalé ou encore un packaging de chaussettes imitant un coffret assorti de makis et sushis... En plus de ravissants sous-vêtements masculins, la boutique propose également une grande gamme d'accessoires. Il y a vraiment tout ce qu'il vous faut ici, en plus de l'accueil très sympathique.

ART - DESIGN

CADR'ART

11, rue Michelet
✆ 03 80 30 42 34
www.cadrart.com

Atelier d'encadrement. Galerie d'art.

Bienvenue chez Nathalie Dehilotte Dejean qui a repris en 2016 l'activité du plus vieux magasin d'encadrement de Dijon, maison fondée en 1963. Cette experte de l'encadrement venue de Charente a posé ses valises ici et propose son savoir-faire pour tous vos projets d'encadrements (aquarelle, peinture, broderie, objet, miroir, tee-shirt…). La vitrine et ses œuvres d'art exposées ne vous échapperont pas lors d'une promenade dans le centre historique. Les œuvres sont évidemment à admirer mais aussi à acquérir. Pas de surprise au niveau des prix car ils sont affichés en toute transparence. Une excellente boutique et galerie où vous êtes accueilli avec gentillesse et fort bien conseillé.

CADEAUX

AU COMMENCEMENT ÉTAIT

7, rue Jean-Jacques Rousseau
✆ 03 80 74 85 97
www.aucommencementetait.fr

Ouvert du mercredi au samedi de 10h30 à 12h30 et de 14h à 19h.

Situé tout près de la place de la République, ce magasin est incontournable pour les amateurs de cristaux. Découvrez ici les vertus et bienfaits de la lithothérapie. Bracelets de jade, pendentifs en améthyste, veilleuses en quartz rose, pierres brutes, taillées ou polie, labradorite bleutée ou encore œil de tigre, on est émerveillé devant les nombreuses pépites exposées en vitrines, sans oublier bougies, élixirs floraux, jeux de tarot, huiles essentielles et livres pour tout connaître sur le pouvoir des minéraux. N'hésitez pas à demander conseil auprès de Magali qui est experte en gemmologie. Elle saura vous orienter vers les pierres qui vous conviennent en fonction de vos besoins.

OM ZEN
DES MAINS QUI FONT DU BIEN

Meilleure main de France 2018, cette récompense montre que Gwenaëlle Guichard a eu raison de changer de voie professionnelle pour se lancer dans le bien-être. Installée à Nuits-Saint-Georges depuis décembre 2020 avec son salon Om Zen, elle dispense des soins du corps qui lui sont propres et qui ravissent sa clientèle. Elle se voyait laborantine. Gwenaëlle Guichard a d'abord suivi une formation en ce sens avant de prendre conscience que cette filière ne lui convenait pas. Alors que de nombreuses autres voies l'attiraient, l'idée de rejoindre l'esthétique émerge. « Je n'étais pas plus féminine que ça mais j'aimais cette idée de prendre soin des gens. » Après un CAP, elle poursuit sa formation pour devenir animatrice spa. L'univers du bien-être se révèle un véritable coup de cœur tout autant que d'exercer dans des établissements prestigieux. Elle fait ensuite ses armes un temps à Val d'Isère avant d'intégrer l'équipe du Relais Bernard Loiseau à Saulieu pendant un an. « On m'a proposé un poste de manager mais je voulais acquérir plus d'expérience pour être légitime. » Gwenaëlle Guichard va ainsi travailler au Château de Gilly pour y assurer les prestations bien-être, massages et autres soins du corps avant de passer huit ans dans un spa urbain à Beaune.

Plus qu'un lieu, un talent

Avec cet établissement, elle tente le concours des meilleures mains de France en 2014, sans succès, mais se représente en 2018. « 35 candidats ont été retenus sur 80 postulants et seuls 4 ont intégré l'équipe de France » sourit la championne de France de massage en repensant à l'expérience unique qu'elle a vécue, allant jusqu'à Copenhague pour les championnats du monde 2019. Un retour à la maison Loiseau l'aidera à comprendre que ses évolutions de vie ne coïncident plus avec le rythme de l'hôtellerie. Elle décide alors d'ouvrir son établissement, Om Zen, en décembre 2020 à Nuits-Saint-Georges, espérant que les clients viendront pour elle et non seulement pour un lieu emblématique. Sur la carte des soins, pas de longue liste à la Prévert. « J'ai préféré créer des univers dans lesquels je pioche des manœuvres pour répondre aux envies et aux besoins de ma clientèle. » Cette touche personnelle et le talent du geste font de chaque massage un moment unique. « Les clients attendent ce moment de détente, je ne veux pas les décevoir. » Femmes, hommes, futures mamans mais aussi parents avec bébé profitent de cette connaissance du massage et d'un savoir-faire reconnu.

› OM ZEN
29, Grande Rue
Nuits-Saint-Georges
www.om-zen-massage.fr

© NADÈGE HUBERT

SPA

LE SPA BY LA CLOCHE

14, place Darcy
✆ 03 80 44 92 48
www.hotel-lacloche.fr/spa

Du lundi au samedi de 10h à 20h, le dimanche de 10h à 14h sur réservation (16h sous conditions). Réservation en ligne.

© DR

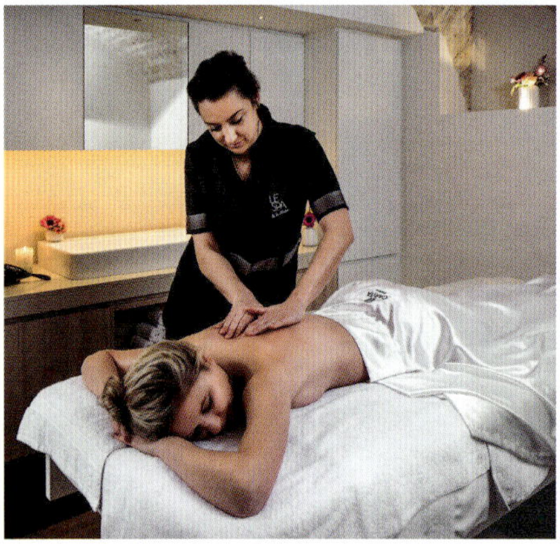

© DR

Le Spa By la Cloche vous invite à un pur moment de bonheur et de relaxation, entre hammam, sauna, bassin avec ligne de nage à contre-courant et douche multi-sensorielle. Ce sont 200 m² qui sont dédiés à votre bien-être, avec également un espace de repos et sa tisanerie pour se détendre. En plus de trois cabines de soins disponibles, les collaboratrices sont à votre écoute et sauront vous apporter une prestation personnalisée répondant à vos besoins du moment. En nouveauté, l'établissement propose les soins sur mesure de la marque Biologique Recherche, en plus des gammes Vinésime et Origine. Le personnel est très compétent et d'une élégance certaine. Une valeur sûre !

SPA

BULLE D'EAU

72, Grande Rue - **SAINTE-MARIE-SUR-OUCHE** ✆ 06 80 06 37 34
www.bulledeau-spa.com

Spa, sauna, hammam, détente. Séances d'1h30 à 25 € par pers. Cartes cadeaux.

Situé au cœur de la vallée de l'Ouche dans la commune de Sainte-Marie-sur-Ouche, à 20 minutes de Dijon, offrez-vous une parenthèse de détente au spa Bulle d'eau. A l'extérieur de la ville, en pleine nature, ce spa privatif de 75 m² vous propose cabines de sauna, hammam, et jacuzzi. Réservez et venez impérativement avec votre maillot de bain. Chaque espace est à votre disposition pour profiter seul, accompagné, pour la Saint Valentin par exemple, ou avec vos enfants. Donnant sur un petit jardin japonais côté salon, une tisane vous est offerte. Sur fond de musique relaxante, on se sent ici comme chez soi, avec peignoirs et chaussons à disposition et de quoi se sécher les cheveux.

SPA

SERENITY SPA

1 bis, rue Musette
✆ 03 80 10 32 73
www.serenityspa-dijon.fr

Sur rendez-vous. Massages et soins de 55 € à 114 €.

Installé dans un superbe appartement en plein cœur de Dijon, Serenity Spa vous accueille dans une ambiance zen, sous le regard bienveillant de Bouddha. Nadège Hill et toute son équipe vous assurent ici un vrai moment détente. L'harmonie de l'esprit et du corps est favorisée dans cet endroit où l'on vous prodigue d'excellents massages, soins du visage ou du corps, manucure et pédicure. Des soins en solo, ou en duo, dans l'espace Aquaya, ou encore déclinés pour parent-enfant. Le hammam traditionnel et le sauna infrarouge offriront également un temps de pause bien mérité. Tous les soins se terminent par un thé ou une tisane bio pour que vous vous laissiez aller tranquillement vers la sérénité.

THERMALISME

LA MOBILE CRYO-SOFT

2, rue de la Serpe - **QUETIGNY** ✆ 06 72 20 17 08
https://cryo-soft.fr

Séances individuelles de 3 minutes à 20 €. Bon cadeau d'une séance cryothérapie + massage 50 €.

La Mobile Cryo-Soft se déplace lors d'événements sportifs, sur demande des cabinets médicaux, salles de sport, des entreprises ou des particuliers. Pour commencer une séance, enfilez chaussons et gants, puis entrez en sous-vêtements dans la cabine pendant 3 minutes montre en main afin de stimuler votre corps par une exposition à un froid sec et intense. Vous en ressortirez vivifié, avec une boisson chaude offerte. Parfaites pour la récupération sportive, des séances de pressothérapie sont également proposées : il s'agit de paires de bottes massantes qui activent la circulation sanguine et lymphatique. En cas de douleurs chroniques, ces prestations peuvent venir compléter une kinésithérapie.

DÉTENTE - FORME

LE PRIEURÉ DES SOURCES

6, place du Théâtre ✆ 03 80 79 46 88
www.le-prieure-des-sources.com
Mardi, jeudi et vendredi de 10h à 19h, mercredi 10h30/19h, samedi 10h/19h30, sur réservation.

Fondé par Sébastien Wild, ce spa luxueux situé juste en face du Grand Théâtre se démarque avec une équipe bienveillante et chaleureuse, et le nombre impressionnant de soins prodigués. Quatre rituels spa, qui comprennent tous une gamme complète de soins de 2 heures, suivis d'une sélection de thés, cafés ou boissons fraîches sont à la carte. On vous propose aussi des soins du corps, du visage, des mains, des pieds, des séances d'épilation, des cures balnéo en hammam, des cures amincissantes, des gommages, modelages, etc. Pour des petits moments calmes et reposants, le hammam et le sanarium privés sont tout indiqués. Les séances de 20 minutes vous remettent sur pied !

HAMMAM

EMAN & SENS

68, rue de la Liberté ✆ 03 80 42 43 18
www.emanetsens.com
Le lundi 14h-19h ; du mardi au vendredi 10h-19h ; le samedi 10h-18h. Hammam 25 €. Rituels soins à partir de 92 €.

Dans cette jolie cour intérieure, au calme mais bel et bien située dans le cœur battant de l'hypercentre dijonnais, Emmanuelle Heymann-Tracard vous accueille ici pour une parenthèse de bien-être. En plus du hammam, du sauna finlandais, avec sa pluie parfumée et un gommage sur marbre chaud, Eman & Sens offre un panel de soins pour elle et lui, avec soin du visage adoucissant et calmant à la poudre de riz et au lotus, modelage oriental et le soin sur mesure "En attendant bébé". Une magnifique salle de relaxation vous attend pour une transition avant de repartir régénéré. Et pour un shopping beauté, direction la boutique Eman & Sens, à une rue d'ici, au 6 de la rue Piron.

FORME

LE KLUBE - SPA OASIS

Rue des Fromentaux - **AHUY** ✆ 03 80 53 03 00
www.leklube.com
Ouvert du lundi au vendredi de 9h à 21h ; le samedi de 9h à 19h ; le dimanche de 9h à 13h30. Spa. Balnéothérapie.

Le Klube est un gigantesque espace qui vous accueille tous les jours pour différents plaisirs ! En premier lieu, c'est une salle de sport ultra complète qui vous permet de pratiquer tous les sports, ou presque. Fitness, badminton, squash, natation ou encore footsalle, il y en a pour tous les goûts. Le Klube Détente et son spa Oasis vous propose aussi des services d'épilation à la cire, de maquillage, des soins du visage, des massages bien-être à l'image du gommage à la purée de papaye ou du modelage ayurvédique... Enfin, un espace balnéothérapie vous invite à vous détendre dans un hammam, un sauna ou un bain bouillonnant géant. Un endroit complet qui fait du bien au corps et à la tête !

SPA

HOSTELLERIE CÈDRE ET SPA

10-12, boulevard Maréchal-Foch - **BEAUNE**
✆ 03 80 24 01 01
www.cedrebeaune.com
Lundi de 13h à 19h30 ; du mardi au samedi de 10h à 19h30 ; dimanche de 10h à 18h. Massage de 30 minutes à 60 €.

© CÈDRE

© CÈDRE

Pour une petite escapade et prendre soin de vous en solo ou à deux, rien de tel que le Spa Nuxe de l'Hostellerie Cèdre & Spa. Au cœur de Beaune, dans un espace voûté aux pierres de caractère, 3 cabines sont à votre disposition. Le personnel expert et aux mains de fées est là pour vous faire passer un bon moment, avec de nombreuses offres en soins du visage. Des massages de 30 à 75 minutes vous sont aussi proposés pour vous relaxer, ainsi que plusieurs soins du corps qui vous détendront de la tête aux pieds ! Voyage sensoriel garanti, dans une ambiance tamisée pour se ressourcer au hammam. En exclusivité : le Nuxe Massage Cèdre inspiré par l'environnement naturel et historique de Beaune.

FORME

ATHLETIC GYM

50 bis, avenue du Drapeau ✆ 03 80 71 17 28
www.athleticgym.fr

Lundi au jeudi de 7h30 à 22h, vendredi de 8h à 21h, samedi de 9h à 15h, dimanche de 9h30 à 12h30. Abonnement dès 25 €.

Depuis maintenant 32 ans, Athletic Gym est une valeur sûre en matière de fitness à Dijon ! Pour se remettre à une activité sportive à son rythme, ou pour une pratique plus intensive, vous trouverez ici tous les équipement nécessaires et programmes adaptés. Deux professeurs diplômés Jacky Biondi, le directeur et Emilie Vanhelle vous proposent ici des cours collectifs dans un espace musculation avec trois plateaux mixtes, dont un exclusivement féminin, pour pratiquer gym tonic, CAF, zumba, biking, step ou pilates à la carte, avec en prime, un sauna pour se détendre. Une offre variée à des prix ou forfaits avantageux de 3 mois à 1 an. Ambiance décontractée garantie pour passer de bons moments.

BRUIT BLANC

Vous avez tendance à faire des insomnies et avez déjà essayé de compter les moutons en vain ? L'appli Bruit Blanc pourrait bien vous aider à vous passer des somnifères. Elle aide en effet à trouver le sommeil et même à mieux dormir grâce à une multitude de sons naturels étudiés pour la relaxation et l'endormissement. Faites de beaux rêves !

FORME

FIT & COACH

78 bis, rue Jean-Jacques-Rousseau ✆ 03 73 55 71 51
www.fitandcoach.com

Ouvert du lundi au samedi de 10h à 19h30 et 24h/24 et 7j/7 pour les abonnés.

Ce club de musculation a l'avantage d'être installé en plein centre-ville tout en restant accessible en voiture avec un parking extérieur situé juste en face. Si vous n'avez encore jamais mis les pieds dans une salle de fitness, ici vous pourrez bénéficier d'un mois gratuit d'abonnement pour découvrir les équipements en libre accès. Chaque semaine vos coachs Juliette, Clyde et Sylvain proposent différentes séances de 30 minutes, entre Boxing circuit, Dream Booty, Hiit Cardio et Strech, ou encore du running le jeudi, de 19h à 20h. Des cours à choisir en fonction de vos objectifs : perte de poids, anti-âge, développement musculaire… Matériel et suivi nutrition de qualité !

FORME

MYFIIT LFK

10, rue des Champs aux Fèves - **FONTAINE-LÈS-DIJON**
✆ 09 87 01 97 01 - https://myfiit.fr

Salle de sport. Séances d'entraînement jusqu'à 10 personnes. Sans abonnement et sans engagement.

Située dans la zone d'activité de Fontaine-lès-Dijon, découvrez la salle de sport MyFiit, où des cours jusqu'à dix personnes sont proposés, animés par des coachs experts du fitness qui sauront vous motiver. Avec "Fit" pour "forme" et "Hiit" pour "High Intensity Intervall Training", on vient ici pour un entraînement individuel ou collectif et se maintenir en forme, quels que soient son niveau et son âge. 8 concepts de cours de 50 minutes, renouvelés chaque mois, sont à la carte, dans deux salles différentes, pour des sessions d'entraînements physiques intenses et innovants comme le rebondissant kangoo jump. Le plus : c'est sans abonnement et à des tarifs très abordables !

FORME

KEEP COOL QUETIGNY

1C, rue du Cap-Vert - **QUETIGNY** ✆ 03 55 40 03 33
En tram, T1, arrêt : Cap vert. - www.keepcool.fr

Tous les jours de 6h à 23h. Abonnement : 29,99 € par mois (12 mois minimum). Duo : 34,99 € (12 mois minimum).

Pour une remise en forme, direction la salle de sport Keep Cool. Située dans le complexe de loisir du Cap Vert, adaptée à tous les publics, l'atmosphère y est lumineuse et colorée pour pratiquer biking, gym, step, danse, yoga ou pilates lors de séances coachées ou interactives. Entraînez-vous à l'espace cardio avec ses vélos, steppers et tapis de course. Les adhérents peuvent suivre un coaching personnalisé, adapté aux objectifs, avec bilan individuel, ou bien intégrer le "Small group training", des sessions de 30 min en groupes de 6 à 8 personnes. Sans oublier l'espace renforcement. En famille, un tout nouvel abonnement est disponible sur présentation d'un justificatif de domicile.

DÉTENTE - FORME

SWISS CRYOTHERAPY

22, avenue de Langres ✆ 06 29 83 96 50
www.swisscryotherapy.com

Sur rendez-vous uniquement. Tarif découverte 25 €. 35 € séance unique. Abonnements de 5, 12 ou 24 séances.

Le centre Swiss Cryothérapy, tenu par Marie Munier, vous propose des séances de Cryothérapie pour revivifier votre corps et un effet détox garanti ! Que ce soit dans les contextes sportifs, pour augmenter vos capacités de récupérations, thérapeutiques, pour traiter des problèmes musculo-squelettiques et favoriser la circulation sanguine, ou encore pour l'esthétique de la peau, redécouvrez les bienfaits du froid ! Le principe est simple : résister durant 3 minutes dans un cryosauna à une température de -110°C à 190 °C. Durant ce laps de temps, l'ensemble des systèmes de défense du corps s'activent provoquant une stimulation des systèmes immunitaire et lymphatique. Un vrai bain de jouvence !

© PHILIPPE HIEST

© PHILIPPE HIEST

MASSAGE - RELAXATION

FORME & ZEN

90, rue Monge
✆ 03 80 45 46 74
formeetzen.fr

Ouvert du mardi au jeudi de 10h à 12h30 et de 14h30 à 19h ; le vendredi et le samedi de 10h à 19h.

À la fois boutique et centre de thérapie situé au cœur du centre-ville, Forme & Zen est l'une de ces adresses qui aident à se sentir bien. Que ce soit pour vous ou pour un cadeau, ici les naturopathes Jean-Marc et Stéphane vous donneront de bons conseils pour cultiver l'art de vivre en toute sérénité, en harmonie avec soi-même et l'environnement. Découvrez l'espace diététique qui propose compléments alimentaires, tisanes, huiles essentielles, encens, minéraux ou encore le quartz rose roller, pour un massage du visage et des paupières. Nouveau : questionnez l'avenir lors d'une séance d'astrologie védique. Jean-Marc propose également un accompagnement spirituel de yoga et de méditation.

© PHILIPPE HIEST

© PHILIPPE HIEST

© PHILIPPE HIEST

© KEEP COOL

© KEEP COOL

KEEP COOL

Impasse aux Charmes-d'Asnières
✆ 03 80 41 10 76
En tram : T2 arrêt Pôle de santé.
Ouvert tous les jours de 9h à 23h. Renseignements et inscriptions du lundi au vendredi 9h-20h30 et le samedi 9h-13h.

Besoin d'exercice ou de relaxation ? Prenez soin de vous chez Keep Cool Dijon Valmy, dans ce club de 400 m². Une équipe de 2 coachs souriants et professionnels est là pour vous accompagner entre les différentes activités proposées qui sont regroupées par thème : cardio, détente, renforcement, training... Optez pour un programme adapté à vos objectifs : abdos, fessiers ou encore biking. Vous avez aussi le choix entre 200 cours interactifs, toute la journée, dans l'une des 5 salles. Au programme : gym, biking, trek, step, danse, Pilates, yoga. Pour les abonnés, Keep Cool offre un badge permettant l'accès à toutes ses salles dans toute la France. Nouveau : la formule Family.

© KEEP COOL

© KEEP COOL

© KEEP COOL

PARAPHARMACIE

AROMASPRAY LABORATOIRE SAINT CÔME

4, rue Aqueduc-Darcy - **AHUY**
✆ 03 80 55 02 10
www.saintcome.com
Vente en ligne et en pharmacies-herboristeries et cosmétiques.

C'est au laboratoire Saint-Côme, dirigé par Émilie Richard, que l'on développe les produits de la marque Aromaspray, une formule originale et unique d'aromathérapie olfactive. Les recettes sont élaborées par Christian et Claude Richard, pharmaciens à la Croix Blanche, avant d'être fabriqués par Stéphane Holtzmann, au laboratoire d'Ahuy. Une large gamme de produits 100 % pure et naturelle que vous pourrez retrouver en pharmacie, dont la toute nouvelle huile CiC HéliC, un allié pour traiter les cicatrices ou encore les déodorants à base d'huiles essentielles.

URGENCE

CHU DIJON BOURGOGNE

14, rue Paul Gaffarel
✆ 03 80 29 30 31

Le CHU Dijon Bourgogne est un établissement qui répond à tous les besoins de santé de l'agglomération et au-delà, classé 14e meilleur hôpital de France. Son activité se déploie sur 2 sites principaux : l'hôpital François Mitterrand, 2 boulevard Maréchal-de-Lattre-de-Tassigny avec l'hôpital d'enfants, les urgences, la maternité, le centre de cardiologie ; et le Centre gériatrique de Champmaillot, 2 rue Jules-Violle (accueil, soins) qui regroupe la médecine gériatrique, les soins de suite et de réadaptation gériatrique et un Etablissement Hébergeant des Personnes Agées Dépendantes (EHPAD). Un lieu de vie ouvert sur l'extérieur et un pôle de référence en gériatrie.

MATÉRIEL MÉDICAL

CROSSJECT

6, rue Pauline Kergomard
✆ 03 80 54 98 50
www.crossject.com

Basée à Dijon, la société Crossject est un laboratoire de recherche qui travaille à trouver des solutions innovantes dans le domaine médical. Bientôt leader mondial de l'auto-injection en situation d'urgence, cette société a mis au point un dispositif qui séduira tous les phobiques de la piqûre. Zenéo est une solution d'injection sans aiguille ! Après 20 ans de recherche, leurs équipes ont mis au point cette nouvelle technique protégée par 400 brevets jusqu'en 2037. Simple d'utilisation et précis, Zenéo permettra notamment d'être plus autonome puisque les patients pourront eux-mêmes s'administrer la dose exacte du médicament prescrit et en un temps record : moins d'un dixième de seconde.

PARAPHARMACIE

PARAPHARMACIE LECLERC

7, rue de Cracovie Zae Cap Nord
✆ 03 80 78 94 94
Ouvert du lundi au vendredi de 8h30 à 19h45 ; le samedi de 8h30 à 19h45.

© CHRISTOPHE MEYER

© LECLERC

Dans la galerie de l'hypermarché E. Leclerc, en plus du Manège à Bijoux, du magasin d'optique, de l'agence de voyage, du restaurant l'Instant ou encore du Patio Gourmand, pour ceux qui ont une petite faim à toute heure, découvrez le vaste espace de 200 m² dédié à la parapharmacie. Santé, beauté, bien-être, hygiène, produits maman et pour bébé... Un grand choix de soins pour la peau, les mains, capillaires ou encore en compléments alimentaires est proposé à prix E. Leclerc et l'équipe est là pour vous conseiller. Ces spécialistes naturopathes, en esthétique et en pharmacie, vous accueillent et proposent leurs suggestions selon vos besoins en aromathérapie, en phytothérapie ou en cosmétiques.

HÔPITAL

HÔPITAL PRIVÉ DIJON BOURGOGNE

22, avenue Françoise-Giroud
✆ 03 74 82 21 21
Tram T2 arrêt Pôle Santé. Parking de 450 places.

Accessible par la rocade et le T2, l'Hôpital privé Dijon Bourgogne appartient au groupe Ramsay Santé, leader européen de la prise en charge des patients. Avec des équipes très à l'écoute des patients et une excellente prise en charge, il regroupe les services de 4 anciennes cliniques dijonnaises aujourd'hui réunies sur le même site : médecine et chirurgie, service ambulatoire, soins intensifs et cardiologie, pôle mère enfant, urgences, radiologie-IRM-scanner et pôle consultation. Personnel très efficace avec un temps d'attente aux urgences de 21 minutes en moyenne.

MATERNITÉ

CHU DIJON-MATERNITÉ

10, boulevard du Maréchal-de-Lattre-de-Tassigny
✆ 03 80 29 33 60

Reconnue pour son haut niveau de sécurité dans la prise en charge, les soins sont assurés par une équipe pluridisciplinaire. Le CHU dispose de la seule maternité de type III du Réseau Périnatal de Bourgogne, et des seuls centres de diagnostic prénatal et de traitements de la stérilité conjugale pour la région. La maternité du CHU innove en proposant une filière physiologique. Depuis le début de l'année 2017, les parturientes présentant une grossesse sans complication peuvent choisir d'accoucher de manière plus naturelle, dans la salle nature. Cette proposition constitue pour les futurs parents une alternative sécurisée aux méthodes d'accouchement traditionnel.

CLEAN BEAUTY

Pas évident de prendre soin de sa peau avec les bons produits ! L'appli Clean Beauty décrypte les étiquettes des cosmétiques pour vous en vous permettant de repérer les produits potentiellement toxiques pour votre organisme. Fini les heures perdues devant votre écran à googliser le contenu de vos produits pour savoir s'ils sont toxiques ou pas !

LIEU DE SOINS

ALZHEIMER CÔTE-D'OR

60A, avenue du 14 juillet - **CHENÔVE**
✆ 03 80 45 39 44
www.francealzheimer.org/cotedor/
Ouvert du lundi au vendredi de 9h à 12h et de 13h30 à 17h.

Créée en 1987, l'association France Alzheimer Côte d'Or est une association de familles dont un proche ou parent est atteint de la maladie d'Alzheimer ou de troubles apparentés. Son objectif premier est d'aider les familles et leur malade en les accueillant pour les informer sur la maladie, son évolution, et les solutions dont elles peuvent bénéficier. Former, informer, accompagner, orienter et soutenir sont les maîtres-mots de l'association qui s'engage aux côtés des familles, des professionnels du secteur médico-social, des chercheurs, des acteurs institutionnels pour optimiser à court terme la prise en soin, et améliorer à long terme, la lutte contre Alzheimer et ses maladies apparentées.

PHARMACIE

PHARMACIE DE LA LIBERTÉ

44, rue de la Liberté
✆ 03 80 30 41 69
Ouvert du lundi au samedi de 8h à 19h30.

Refaite à neuf en 2018, c'est l'une des plus anciennes pharmacies dijonnaises. Ici, la maison s'engage à vous proposer les produits des plus grandes marques aux meilleurs prix : Vichy, Caudalie, Avène, la Roche-Posay, Galénic, Biotherm, Uriage... des promos sont régulièrement proposées. Au rez-de-chaussée, vous trouvez la zone parapharmacie et au premier étage l'espace dédié à la pharmacie et aux ordonnances. L'endroit dispose également d'un service orthopédie et est également spécialisé en micronutrition, en aromathérapie et en dermocosmétique avec une gamme de produits bio. Sans oublier un large choix d'huiles essentielles. Une pharmacie où l'on sait vous conseiller.

HÔPITAL

CHU DIJON-BOURGOGNE

2, boulevard Jeanne-d'Arc
✆ 03 80 29 30 31

Après le transfert complet de ses services vers le Bocage en 2015, le CHU n'en pas finit pas avec l'innovation et les travaux. En effet, 2021 voyait apparaître le début d'un grand chantier qui durera plus de 15 mois pour construire le futur bâtiment : Bocage Central Nord-Est. Le nouveau centre sera dédié à l'accueil des urgences pédiatriques et adultes et continuera de relier l'Hôpital d'Enfant et le bâtiment Bocage Central. On y trouvera également un service concentré sur la Prévention des Conduites Suicidaires, une extension du secteur de prise en charge des AVC et un espace dédié à la prise en charge des troubles cognitifs. En attendant, le CHU répond à tous les besoins de santé.

© 3DUCS

© 3DUCS

TRAITEUR LES 3 DUCS ERIC BRIONÈS

10, rue des Novalles
TALANT
✆ 03 80 56 59 75
traiteur-lestroisducs.shop-and-go.fr

Chef et traiteur en chef, Éric Briones est le traiteur qu'il vous faut pour vos réceptions ! Avec lui, pas de plaquettes toutes faites et impersonnelles. Fort d'une créativité à toute épreuve, il s'adapte à vos envies. Des entrées aux desserts, Éric vous régale d'une cuisine savoureuse et élégante qui vous mettra des étoiles pleins les yeux et les papilles. Mariages, anniversaires et autres évènements, sa passion et son savoir-faire vous garantissent une prestation de qualité. Éric et son épouse Sylvie sont aux petits soins et jamais avares en petits gestes d'attention.

© 3DUCS

© 3DUCS

© ARNAUD DAUPHIN

TRAITEURS SPÉCIALISÉS

NEW

LE MAÎTRE COCKTAIL

8, bis rue de la Joncherie
✆ 06 59 24 39 58
www.lemaitrecocktail.com
Bar à cocktails mobile. Devis sur demande.

© LE MAITRE COCKTAIL

© LE MAITRE COCKTAIL

Plus qu'un barman, Le Maître Cocktail est l'atout qu'il vous faut pour animer vos réceptions. Cédric et Jérémy se déplacent avec leur service de bar à cocktails mobile, éphémère et personnalisable pour mettre de l'ambiance et désaltérer vos convives assoiffés. Champêtre, marqueterie ou sur-mesure, choisissez votre univers et laissez les maîtres cocktail à l'œuvre ! Au milieu de votre piste de danse, le nouveau show flair dynamisera votre événement. Bouteilles enflammées, pyramide de cocktails... Pendant 5 à 7 minutes, sur une piste musicale, les bouteilles et shakers virevolteront dans un show spectaculaire ! N'hésitez pas à personnaliser aussi vos cocktails dans les moindres détails.

TRAITEURS SPÉCIALISÉS

TRAITEUR LE CHÂTEAU BOURGOGNE

22, boulevard de la Marne ✆ 03 80 72 31 13
www.hotel-mercure-dijon.fr/traiteur
Devis sur demande. Menus à partir de 25 €. Buffets, cocktails, repas séminaire, plateaux-repas.

Le savoir-faire des équipes du Château Bourgogne se distingue avec un service traiteur d'exception, pour célébrer en petit comité ou lors d'un événement pouvant accueillir jusqu'à 5 000 personnes. En cuisine, le chef Gonzalo Pineiro et ses trois pâtissiers mettent tout en œuvre pour vous surprendre. Inventivité, traditions et modernité résument bien leur carte qui se divise en une offre traiteur et une offre spéciale mariage. Ces buffets sont toujours réussis, assortis des mets les plus raffinés. Le Château Bourgogne livre aussi des plateaux-repas sur votre lieu de travail.

TRAITEURS SPÉCIALISÉS

KOOK'IN TRAITEUR

ZAE de Beauregard - **NORGES-LA-VILLE**
✆ 06 08 14 85 73
https://kookin.fr
Ouvert 7j/7. Devis gratuit. Plateaux repas.

Pour vos repas d'exception, Kook'in est tout indiqué : la gamme traiteur proposée par les deux chefs étoilés David le Comte et Nicolas Isnard est en effet d'une rare qualité. Une prestation sur mesure où l'imagination et la créativité sont au service des mets proposés, lesquels sont bien sûr préparés à partir de produits frais. Les clients les plus exigeants ne peuvent qu'être satisfaits ! Kook'in, c'est l'assurance d'une prestation réussie et une référence haut de gamme pour passer un merveilleux moment d'échange et de convivialité avec vos invités. Un traiteur qui s'adapte aussi pour des dîners plus intimistes. Plateaux repas à retirer sur place ou à se faire livrer.

TRAITEURS SPÉCIALISÉS

LE CENTRAL TRAITEUR

3, place Grangier
✆ 03 80 30 44 00
Ouvert tous les jours. Devis sur demande.

Pour célébrer en grande pompe et convier vos invités venus nombreux, lors d'un cocktail pétillant, un buffet généreux et de qualité, ou encore avec un menu d'exception, faites confiance à l'offre traiteur du Central. Pour un mariage réussi dans une salle des fêtes, un anniversaire, un bal, ou une soirée chic au château, aussi bien qu'un comité plus restreint, dans un caveau, un cellier, lors d'un repas d'entreprise ou d'un séminaire, le Central vous propose d'excellents plateaux-repas pour déjeuner vite et bien, livrés avec les couverts. Bon à savoir : la livraison est gratuite à partir de 15 plateaux-repas. Une solution traiteur sur mesure et pour tous les budgets.

© ADRIEN CANTAUX

© ADRIEN CANTAUX

UN GRAIN SUCRÉ

15, rue de la Ferme - **MALAIN**
✆ 06 72 34 00 76
www.ungrainsucre.com
Prestations et interventions à la carte avec remorque food truck. Traiteur.

Adrien Cantaux, pâtissier, chocolatier, confiseur passionné vous propose ses créations à la carte pour un mariage, une réunion de famille, un brunch entre amis, un anniversaire. Succès garanti par l'originalité de ses préparations aussi esthétiques que gourmandes. Oursons en guimauve, sucettes originales, compositions et surtout un concept de bar à mousse aux chocolats servies comme une glace. Son offre s'adapte aussi pour des prestations de traiteur à domicile ainsi que des interventions dans les comités d'entreprises de la région. Les desserts et chocolats d'Adrien Cantaux attisent nos plaisirs gourmands d'un sucré revisité, réinventé et facile d'accès puisque la boutique est mobile.

© ADRIEN CANTAUX

© ADRIEN CANTAUX

© ADRIEN CANTAUX

TRAITEURS SPÉCIALISÉS

TOQUE D'ICI

9b, rue du Moulin des Etangs
✆ 03 80 71 16 92
www.toquedici.com
Chef à domicile : à partir de 48 € par personne (entrée, plat et dessert).

© AVEC OU SANS TOQUE

© AVEC OU SANS TOQUE

Surprenez vos convives en invitant les chefs de Toque d'Ici qui viennent chez vous préparer des plats gastronomiques. Une prestation créative et conviviale proposée par Stéphanie Sempol, en plus de ses cours de cuisine, pâtisserie et œnologie Avec ou Sans Toque. Profitez du service traiteur Toque d'Ici spécialisé dans l'événementiel : mariages, baptêmes, séminaires d'entreprises... Faites votre choix parmi les plateaux-repas proposés sur le site internet. Des plats à emporter, préparés avec amour dans son atelier à Fenay. Stéphanie Sempol a également ouvert le restaurant et salon de thé Chez Toque à Dijon, ainsi que Food Toque, un food truck artisanal et local situé place du 30 octobre.

TRAITEURS SPÉCIALISÉS

L'AMOUR DU CHOU

87, rue Jean-Jacques Rousseau
✆ 06 27 81 85 86
Chou à l'unité 1,40 €. Box découverte de 12 choux salés : 15 €. Livraison offerte à partir de 20 € d'achat.

Après un passage aux fourneaux des cuisines du Pourquoi Pas, Pierre-Emmanuel Josselin est à son compte depuis 2016 et décline son savoir-faire spécialisé dans la confection de choux sucrés et salés. Une activité de pâtissier-traiteur originale et qui en séduit plus d'un avec ces délicieux et appétissant petits choux, à l'unité ou à mettre en boîte, en assortiment gourmand : de l'écossais, façon tartare de saumon au franc-comtois, chantilly de comté et asperge, tout est là pour vous surprendre ! Côté sucré, optez pour les choux à la vanille de Madagascar ou les pralinés Paris-Brest. Un coup de fil, un mail ou un MP et, en bon gentleman, Pierre-Emmanuel prendra votre commande.

TRAITEURS SPÉCIALISÉS

FRANCK BOURGEON TRAITEUR

9, place Monge - **BEAUNE**
✆ 03 80 22 13 22
Ouvert du mardi au samedi de 8h à 19h ; le dimanche de 8h à 12h.

Artisan charcutier et traiteur depuis 25 ans, ici le bon n'a d'égal que le beau. Tous les produits sont élaborés en arrière-boutique et autant dire que le choix est cornélien. Les pâtés en croûtes sont superbes et rivalisent d'imagination tant dans les recettes que dans la présentation. Entre celui au filet de pigeon mariné au vin rouge, crème de cassis et foie gras et celui à la viande de veau, riz de veau, foie gras et pistache, on ne sait que choisir ! Des verrines aussi gourmandes que jolies, de délicieuses pâtisseries salées... Tout est fait envie. Pour un repas de gourmets, un brunch gourmand, un apéritif raffiné, faites appel aux services de ce passionné, vous ne serez pas déçu.

TRAITEUR

LA DAME D'AQUITAINE

23, place Bossuet
✆ 03 80 30 45 65
www.ladamedaquitaine.fr
Livraison possible. Service traiteur sur devis.

En plus de disposer d'un excellent restaurant installé dans une somptueuse crypte du XIIIe siècle, la Dame d'Aquitaine propose un ensemble de prestations de service traiteur et d'accueil de groupes. Pour ce faire, elle possède à la fois le cadre, les structures et des compétences reconnues. Qu'il s'agisse de salle de travail, dégustations de vin ou moments gourmands plus festifs comme les galas ou soirées à thème, ce lieu est sans nul doute un écrin privilégié. Pour la partie gastronomie c'est au chef Laurent Perriguey que revient la tâche de vous surprendre. Le service traiteur, sur place ou à emporter, réunit à la fois fonctionnalité et créativité en s'adaptant parfaitement à vos envies.

© COOK EVENEMENT

© COOK EVENEMENT

COOK EVENEMENT TRAITEUR

12, rue des Métiers - **COUTERNON**
✆ 06 70 23 82 82 - https://cookevenement.fr
Sur rendez-vous au bureau ou chez le client. Devis gratuit.

Chez Cook Evénement Traiteur, le professionnalisme d'Emeric Buisson ne fait aucun doute, armé de quinze années d'expérience dans le métier. Cocktails, repas de famille ou professionnels, événements en tout genre, formules gastronomiques ou buffets, lui et sa compagne Clémence font tout pour satisfaire vos exigences. Sur rendez-vous, ils vous conseillent pour choisir les petits fours apéritifs adaptés et composer le menu souhaité, à travers une formule sur mesure. L'entreprise livre également des plats cuisinés à partir de produits frais et surtout faits maison, de préférences commandés au moins 48h à l'avance. Pendant les fêtes de fin d'année, pensez aux Box gourmandes !

© COOK EVENEMENT

© COOK EVENEMENT

© COOK EVENEMENT

TRAITEUR

L B CRÉE-ART

✆ 06 84 82 16 69

Devis sur demande. Sculpture sur fruits et légumes.

© LOIODICE\\\\\'S PHOTOS

© LOIODICE'S PHOTOS

Laurent Boucheron est un artiste pas comme les autres et pour cause, son domaine, c'est la sculpture et ses matériaux de prédilection... les fruits et légumes ! Formé par nul autre que William Hermer, champion de France de sculpture sur fruits et légumes, Laurent s'est perfectionné dans cet art et en fait aujourd'hui profiter les Dijonnais. Plus besoin de bouquets de fleurs pour vos apéritifs entre amis ou vos réceptions professionnelles, ses sculptures aux formes uniques décoreront vos tables à merveille. Et en plus, elles sont comestibles ! Pommes, choux, melons, navets, carottes, entre ses mains expertes tous deviennent de véritables œuvres d'art. Epatant !

TRAITEURS SPÉCIALISÉS

CAKES IN THE CITY

9, rue de la Serpe - **QUETIGNY** ✆ 06 29 61 04 80

www.cakesinthecity.net

Ouvert du mardi au samedi de 9h à 18h. Gâteaux sur mesure, selon vos événements. Ateliers pâtisserie et cupcakes.

Depuis 10 ans Muriel Arcos nous comble en gourmandises : macarons, donuts, cookies sucrés ou salés... Découvrez ses fairy cakes, popcakes et flapjacks colorés, des créations originales qui se déclinent en des formes variées, du bonheur aussi bien pour les yeux que pour les papilles. Depuis son plus jeune âge, cette pâtissière hors pair confectionne elle-même ses gâteaux. Pour un anniversaire ou lors de cérémonies, sablés décorés et gâteaux anglo-saxons sont très appréciés. Les recettes sont régulièrement renouvelées, les pièces sont belles et les glaçages précis. Nul doute que vous serez subjugué et si vous souhaitez vous initier au rouleau à pâtisserie, Muriel donne aussi des cours.

TRAITEURS SPÉCIALISÉS

FESTINS DE BOURGOGNE

23, route de Beaune - **MARSANNAY-LA-CÔTE**

✆ 03 80 54 39 39

www.festins.fr

Du mardi au samedi de 9h à 19h. Livraison possible le lundi.

Événements professionnels ou privés, Festins de Bourgogne qui fêtera bientôt ses 30 ans est une maison connue et reconnue à Dijon et ses alentours en matière de gastronomie française. Une carte variée avec des créations culinaires fines et délicates, pour faire passer un bon moment à vos convives. Au bureau ou à domicile, faites votre commande parmi les plateaux-repas – végétarien, oriental, traditionnel ou du terroir – qui en plus de leur grande qualité gustative sont éco-responsables avec verres réutilisables et vaisselle en bambou. Sur place, à la boutique, vous pourrez encore faire votre choix parmi tous les plats proposés qui changent au fil des saisons.

GASTRONOMIQUE

LE CHÂTEAU BOURGOGNE

22, boulevard de la Marne

✆ 03 80 72 31 13

Ouvert tous les jours midi et soir (fermé le samedi midi). Formule déjeuner à partir de 24 € ; dîner à partir de 31 €.

Dirigé par Alexander Krips et à quelques pas du palais des Congrès, le Château Bourgogne est un établissement de grande qualité. En cuisine, le chef Gonzalo Pineiro sait tirer parti des produits locaux et allier les saveurs avec des plats entièrement faits maison dont les rillettes de truite d'aube au combawa et le dos de cabillaud snacké à la crème au tandoori, mais aussi d'excellentes viandes et des plats végétariens pour satisfaire le plus grand nombre. La cave à vin conviendra aux amateurs les plus exigeants. Pour les amateurs de brunch, l'original et gourmand Spécial Sunday Buffet propose un thème différent chaque semaine. Un excellent rapport qualité-prix pour une vie de château !

JOAILLIER - DIAMANTAIRE

1001 OUI

6, place de la Libération ✆ 03 80 43 99 29
www.1001oui.com
Du mardi au vendredi de 10h à 19h ; samedi après-midi et soirées sur rendez-vous.

1001 Oui, pour mille et une nuits romantiques, dans cette cour intérieure située en face du Palais des Ducs, ce boudoir intime et raffiné vous accueille pour une parenthèse de rêve et trouver votre bague de fiançailles, ainsi que vos alliances et d'autres bijoux au gré des circonstances et de vos souhaits. Les couples viennent ici pour choisir le bijou idéal et la joaillière expérimentée Sylvie Joyerot est à leur écoute pour les orienter. Un large choix de modèles de fabrication française est exposé, avec également la possibilité de réfléchir à une création unique réalisée en atelier. Un service de rachat d'or est également proposé, et les paiements en plusieurs fois sont acceptés.

LIEU DE RÉCEPTION

L'ECRIN

Rond-Point de l'Europe - **TALANT** ✆ 03 80 44 60 93
https://lecrin.talant.fr
Location partielle ou complète des salles. Accueil de 10 à 550 places. Devis sur mesure.

L'Écrin est une salle de spectacle dédiée aux manifestations culturelles qui peut également être privatisée lors de vos événements professionnels. Très accessible, à proximité de l'axe autoroutier et à quelques minutes en voiture de la gare de Dijon, ce complexe d'architecture contemporaine haut de gamme offre le cadre parfait pour une soirée de mariage, une réception, une assemblée générale ou encore un congrès. L'amphithéâtre, la salle Saint Exupéry et le foyer-bar sont parfaitement équipés avec espaces modulables, vidéo-projecteur, sonorisation intégrée pour une capacité d'accueil de 10 à 550 places. Ici toute l'équipe s'adapte à vos besoins, pour des forfaits sur mesure.

LISTE DE MARIAGE

VILLA MÉDICIS

9, rue Charrue
✆ 03 80 58 94 90
www.villa-medicis.net
Ouvert le lundi de 15h à 19h ; du mardi au samedi de 10h à 19h.

La Villa Médicis a tout du grand palais de la riche famille romaine. Cette magnifique boutique de décoration intérieure est installée dans un appartement ancien où chaque recoin nous révèle un nouveau bijou. Les propriétaires sont décorateurs et l'on comprend que la sélection de ces superbes objets de décoration est sélective et si parfaitement mise en scène. Choisir la Villa Médicis pour sa liste de mariage c'est s'offrir la garantie d'avoir chez soi un univers chic et cohérent. Les miroirs de sorcière brillent, les luminaires scintillent, la vaisselle moderne donne envie de recevoir. Enfin, l'accueil est tout à la fois agréable et très professionnel ; les conseils s'adaptent à vos besoins.

LIEU DE RÉCEPTION

CHÂTEAU DE MARSANNAY

2, rue des Vignes - **MARSANNAY-LA-CÔTE** ✆ 03 80 51 71 11
www.chateau-marsannay.com
Accueil et visite des caves, apéritif Déjeuner ou dîner, tables de 8 personnes. Salle de séminaires ou de réception.

Situé dans le premier village de la côte de Nuits, ce château possède 28 hectares étendus sur les meilleurs climats de l'appellation de Marsannay, qui a fait une demande de classement en premiers crus pour 13 de ses lieux-dits. Une salle de 450 m², avec ses voûtes cisterciennes et fûts de chêne vous attend ici pour organiser vos réceptions de prestige ou encore mariages et séminaires. Le château peut accueillir jusqu'à 350 convives et l'organisation peut être complètement prise en charge par le domaine. Les curieux apprécieront l'exposition permanente du « Pas d'Armes de l'Arbre de Charlemagne ». Juste après la visite, le cocktail pourra être servi en extérieur, au pied des vignes.

LIEU DE RÉCEPTION

GRAND HÔTEL LA CLOCHE MGALLERY

14, place Darcy ✆ 03 80 30 12 32
www.hotel-lacloche.fr
Parking privé, 600 m² de salons, espace de réception et de travail, climatisation, occultation électrique des fenêtres.

Pour organiser un événement privé, professionnel ou culturel, faites le choix du Grand Hôtel La Cloche, unique 5-étoiles à Dijon, prestigieux par son histoire et sa renommée. 600 m² d'espaces de réception et de réunion sont à votre disposition, dont une salle de projection d'une capacité de 17 personnes parfait pour une conférence presse, plusieurs salons de 30 à 120 m² comme le salon Napoléon idéal pour une réunion pouvant accueillir jusqu'à 120 personnes ou encore les Caves de la Cloche pour vos repas d'affaires et vos réceptions privées de 10 à 150 personnes.

LOCATION

HOPTEAM CAFÉ BOURGOGNE FRANCHE-COMTÉ

2, rue Gustave Eiffel
GENLIS
✆ 03 80 45 58 48
www.hopteam-cafe-bfc.fr

Présents dans 12 départements, ces spécialistes de l'installation et de l'entretien des machines à café, sont au service des professionnels des cafés, hôtels et restaurants. Les particuliers peuvent également bénéficier de leurs offres. Vous pouvez à l'occasion d'une fête, louer du matériel professionnel comme une friteuse de 7 à 16 litres, un tirage pression, une plancha, un four à convection, une trancheuse, une crêpière et bien sûr, pour un usage plus régulier, faire installer les indispensables machines à café. Service après-vente fiable et et efficace !

WEDDING PLANNER - ORGANISATION D'ÉVÉNEMENT

JOUR J ORGANISATION

20, rue des Ardennes ✆ 03 80 78 73 22
www.jourjorganisation.fr

Ouvert du lundi au vendredi de 9h à 12h et de 14h à 18h. Devis gratuit.

Créée en 1994 par Jean Christophe Michon, l'agence dijonnaise Jour J Organisation est spécialisée dans l'événementiel. Son champ de compétences s'étend de la conception à la mise en œuvre de cérémonies diverses, de séminaires professionnels ou de soirées, avec tout ce que cela requiert en maîtrise de techniques adaptées (sonorisation, éclairage et vidéo). Pour une organisation partielle ou globale, des animations de grande envergure ou des soirées plus intimistes, ces professionnels mettent tout en œuvre pour que vous en gardiez un excellent souvenir. Le pôle Mobilier imagine la mise en scène, l'aménagement et la décoration, le pôle Expo conçoit et réalise vos stands pour des salons.

SÉMINAIRE - CONGRÈS

CIRCUIT DIJON-PRENOIS®

Circuit automobile - **PRENOIS** ✆ 03 80 35 32 22
Au sud de la commune de Prenois, via D104 ou D10.
www.circuit-dijon-prenois.com

Location de salles pour événements et séminaires. Prestations à la carte avec services traiteur.

Le circuit Dijon-Prenois® dispose de nouveaux espaces destinées à la location pour l'organisation de séminaires ou autre réunions festives et événementielles. Située au-dessus des paddocks du circuit dans les nouvelles infrastructures, plusieurs salles dont une de 350 m² modulable permet de recevoir plus de 400 personnes. Disposant d'un bar et d'un espace traiteur avec chambres froides, le lieu procure autant de confort aux invités qu'aux organisateurs. Nouveau, un restaurant de plus de 100 couverts est dorénavant ouvert sur place. Facile d'accès, à une dizaine de minutes de Dijon, le site dispose d'un vaste parking totalement sécurisé. Un lieu de réception original et confortable.

LOCATION

BOURGOGNE RÉCEPTION

2, rue Émile Guyard - **COUCHEY** ✆ 03 80 58 89 49
www.reception-dijon.fr

Ouvert du lundi au vendredi de 9h à 12h et de 14h à 18h. Le samedi uniquement sur rdv (au moins 15 jours à l'avance).

Bourgogne Réception, l'entreprise dirigée par Romain Lamotte, est une valeur sûre dans le domaine de l'organisation événementielle. Réceptions, cocktails dînatoires, mariages, cérémonies de baptême, vous pouvez les laisser manœuvrer en toute confiance. Avec un service de livraison efficace et le nettoyage inclus dans la prestation, ce spécialiste de la location de matériel depuis plus de 20 ans propose de la vaisselle à choisir sur catalogue, linge de table, ustensiles de service, mobilier, appareils à hot-dog, guirlandes, carafes et ronds de serviettes, carafes à vin et à eau... Bref, tous les indispensables pour réussir votre fête, qu'elle soit privée ou professionnelle.

WEDDING PLANNER - ORGANISATION D'ÉVÉNEMENT

COCKTAILS ART AGENCY

104-106, rue Berbisey
✆ 06 22 17 14 11

Événements privés ou professionnels. Devis sur demande.

Pour vos soirées en costumes de flanelle et surprendre vos convives avec des boissons inventives, chics et créatives, c'est auprès de Fabrice Burdin qu'il faut prendre rendez-vous, afin d'être initié à la mixologie, cet art du mélange des boissons. Il a créé son agence événementielle spécialisée dans les métiers du bar, qui donne des masterclass et des formations aux professionnels comme aux particuliers, pour débutants et confirmés. Vous pourrez prendre des cours afin de réaliser des cocktails (alcoolisés ou non) avec les barmans de Cocktails Art Agency qui sont aussi à votre service pour animer vos événements privés ou professionnels lors de mariages, cocktails, soirées de galas...

MEUBLES

CEZ FAMILY STORE

11, rue Verrerie
✆ 09 81 77 70 41
www.cez-familystore.com
Ouvert du mardi au samedi de 10h à 12h et de 14h à 19h. Ateliers.

Ici les futures et jeunes mamans trouveront tout le nécessaire pour leurs bambins : doudous, tétines, pack de langes, gigoteuses... Les matières sont délicates, soft et cosy, tout comme les tonalités naturelles, pour une enfance tout en douceur. Retrouvez les marques Nobodinoz, Grech and co, Elhée ou encore La Dinette d'Alberte et des créateurs dijonnais comme les poupées Marguerite et Jorge. Objets déco et accessoires sont également disponibles, comme les bracelets b.b.u.b.l.e. Et si la famille venait à s'agrandir, retrouvez en boutique 7 collections de faire-part personnalisables à motifs (fleurs séchées, cachet de cire...), réalisés en collaboration avec Rue Michèle à Dijon.

CHAUSSURES

GRIBOUILLE

22, rue Bossuet ✆ 03 80 50 18 58
www.chaussures-gribouille.com
Ouvert le lundi de 14h30 à 18h30 ; du mardi au samedi de 10h à 19h. Vente sur place ou commandes sur le site Internet.

Née en 1979, l'enseigne Gribouille dont Stéphanie est la gérante est une boutique spécialisée pour chausser les petits petons. Ici, vous trouverez les premiers souliers adaptés aux bébés, aux enfants, comme pour maman : de la naissance jusqu'à la pointure 39 ! En fonction du pied de votre enfant et de sa morphologie, l'équipe vous conseille et s'active pour lui trouver la paire de chaussures adéquate parmi des marques comme Acebos, Bellamy, Falcotto, Classic Tennis ou encore Kickers. De la plus petite chaussure vernie aux baskets souples, de la boots aux sandales d'été, garçons et filles trouveront ici chaussure à leur pied. Pour offrir, pensez aux chèques cadeaux Gribouille !

PUÉRICULTURE

GUILI GRIBOUILLI

8, rue Claude Cazotte
guiligribouilli.fr
Atelier fermé temporairement, articles disponibles sur commande en ligne. Atelier boutique ou boutique en ligne.

Futurs ou jeunes parents, grands-parents, oncles et tantes, faites un tour par l'atelier Guili Gribouilli ! La marque, créée en 2014 par Liliane Tournier, vous propose des couvertures, des tours de lit, des gigoteuses, mais aussi des mobiles, des veilleuses ou encore des coussins lumineux entièrement artisanaux. Découvrez la collection Flower bichette avec cape de bain, bavoir, et petite veilleuse, aux tonalités chaleureuses, douces et pastel. Ici vous trouverez tout ce qu'il faut pour votre bébé.Tout est confectionné sur place puisque la boutique est aussi l'atelier avec un délai de réalisation de 6 semaines. Envie d'une pièce sur mesure ? Passez votre commande en ligne !

ENFANT - JUNIOR

H&M

51, rue de la Liberté ✆ 08 05 08 88 88
www2.hm.com/fr fr/index.html
Le lundi, le mardi, le jeudi et le vendredi 10h-19h30 ; le mercredi et le samedi 9h30-19h30 ; le dimanche 11h-19h.

Que l'on soit ado, adulte, enfant, homme, femme, amateur d'accessoires, adepte du sportswear ou classique... Ici on trouve tout ce qu'il faut pour s'habiller et avoir de l'allure en toute circonstance ! Le rayon des femmes occupe une grande partie du magasin en rez-de-chaussée comme à l'étage, avec des marques comme Divided, aux prix qui attirent les plus petites bourses, et des pièces plus classiques-chics. La collection Logg propose des vêtements basiques : tee-shirts, jeans, débardeurs ou vêtements de sport. Sans oublier les hommes qui ont aussi leur espace, avec des modèles sportswear, décontractés ou casual chic en rayon, tout comme les enfants auxquels le dernier étage est dédié.

ENFANT - JUNIOR

IKKS JUNIOR

32, rue Piron
✆ 03 80 49 83 76
www.ikks.com
Ouvert du mardi au samedi de 10h à 19h.

Au cœur du centre-ville de Dijon, la boutique IKKS dédiée aux plus petits se situe à quelques pas de la boutique qui est cette fois consacrée aux collections féminines, à l'adresse de la rue du Bourg. Quoi de mieux pour organiser une journée shopping en famille ? Les collections enfants sont stylées, proches des collections pour adultes avec les couleurs, les motifs et les dernières tendances pour filles et garçons. Les chemisettes de dandy, les vestes rock, les pantalons slim et les t-shirts imprimés sont de la partie. Même les coupes un peu amples très prisées chez les adultes ont leur place dans ces rayons enfants. Le choix est large et la qualité des matières au rendez-vous.

JEUX ET JOUETS

MARGUERITE ET JORGE

www.margueriteetjorge.com
Fabrication de peluches, poupées et doudous artisanaux. Boutique en ligne.

Distingués « Artisans d'art » en juin 2021, bienvenue dans l'univers créatif et poétique de Marguerite et Jorge, qui fabriquent poupées et doudous artisanalement. Sur commande ou en vente dans différents points de vente comme au Cez Family store rue Verrerie à Dijon, ils s'exportent également à Taïpei, Lille, Strasbourg, Paris et New York. Chaque modèle de popeline est unique, composé à 100 % de tissu éponge bambou. Ecru, gris souris, moutarde, camel ou romarin, ils séduiront les tout-petits et sont également personnalisables. Faites aussi la connaissance du couple de poupées Marguerite (55 cm) et Jorge (60 cm), arborant différents costumes : hockeyeur, médecin... Une idée cadeau originale !

JE TRANSPIRE MAIS JE M'ÉCLATE

Quelques minutes consacrées au sport suffisent pour ressentir cette sensation unique capable d'associer un apaisement profond à un sentiment d'être rebooster pour les heures à venir. Ville sportive par excellence, Dijon s'appuie sur de nombreux équipements et clubs publics et privés. A tout âge, le choix ne manque pas. Piscines, patinoire, skate park, stade d'athlétisme, de football, de rugby et autres sports d'équipe, mais aussi salle d'escalade ou stand de tir accueillent les amateurs comme les sportifs avertis. Au-delà des sports les plus communs, à Dijon on peut s'essayer à la boxe, au curling, au base-ball, VTT… Se sculpter une silhouette tonique devient un jeu d'enfant. Les amateurs de sensations fortes trouveront également leur bonheur sur un circuit ou dans les airs. Les plus frileux trouveront quelques bonnes adresses pour se détendre autour d'un jeu de société ou tenter de s'évader d'un escape game. Adaptées, accessibles au plus grand nombre, modernes, les structures ont contribué à former des athlètes de haut rang, notamment formés au CREPS de Bourgogne, certains ayant participé aux derniers jeux olympiques et paralympiques de Tokyo. La ville abrite également plusieurs clubs professionnels avec des équipes féminines ou masculines telles que la JDA Handball ou Basket ou le DFCO. Pour pleinement profiter du sport à Dijon, la Ville met chaque année en place des opérations pour s'initier aux pratiques sportives ainsi que des aides financières pour réduire le poids des cotisations. Aucune raison de ne pas se lancer.

NOUVEAU !

VOTRE GUIDE DEVIENT **INTERACTIF**

TAPEZ **PETITFUTE.APP** DANS LE NAVIGATEUR DE VOTRE SMARTPHONE.

PRENEZ UNE PHOTO DE LA PAGE DÈS QU'ELLE A CE PICTO !

COURSE À PIED

LA CHEVIGNOISE

CHEVIGNY-SAINT-SAUVEUR ✆ 03 80 48 92 04
www.chevigny-saint-sauveur.fr

En novembre. Inscription préalable obligatoire. Pas d'inscription sur place le jour de l'épreuve.

La Chevignoise est une course importante dans la région et elle réunit chaque année près de 800 participants, avec une prime d'un total de 1 200 € pour les trois premiers hommes et les trois premières femmes au « scratch » et aux trois meilleurs Côte-d'Oriens et Côte-d'Oriennes (primes non cumulables). Au choix, une course de 4,5 km et une autre de 10 km, cette dernière étant labellisée FFA régionale. Les enfants ont également droit à leur propre parcours de 2 km, avec à la clé une belle médaille et un lot souvenir pour chaque jeune participant. Les départs se font entre 9h30 et 11h, au gymnase Jean-Marc Boivin. De quoi partager un beau moment de sport en famille et entre amis !

AUTO / MOTO

CIRCUIT DIJON-PRENOIS®

Circuit automobile - **PRENOIS** ✆ 03 80 35 32 22
Au sud de la commune de Prenois, via D104 ou D10.
www.circuit-dijon-prenois.com

Du 3 avril au 14 novembre : au programme une dizaine de manifestations publiques. Restauration. Circuit de karting.

Depuis plus de 45 ans, le circuit de Dijon-Prenois® est un incontournable des sports mécaniques. Créé en 1972, il n'a cessé de se moderniser et de s'adapter aux exigences du sport automobile. Il est reconnu par les pilotes comme l'un des plus beaux d'Europe avec un tracé comportant du relief. Sa piste de 3,8 km a atteint un niveau de sécurité optimum permettant l'organisation de tous types d'événements : GT4 séries, les Coupes Moto Légende, le Grand Prix de l'Age d'Or et de nombreux challenges karting. L'année 2022 va permettre de retrouver tous les plaisirs du Circuit avec un agenda riche et diversifié. La grande nouveauté est l'accès à un restaurant panoramique sur la ligne de départ.

FÊTE

DIJON PLAGE

Avenue du 1er-Consul ✆ 08 00 21 30 00
www.dijon.fr

De mi-juin à début septembre. Location de transats et de parasols : 1 €.

Tout l'été, le lac Kir se transforme en station balnéaire éphémère et vous accueille pour une journée ensoleillée de baignade : bienvenue à Dijon Plage ! Profitez de nombreuses animations autour de sports comme le beach-volley, l'aviron, le canoë-kayak, le paddle ou encore le tennis sur terre battue. Sans oublier les animations comme le spectacle pyro-musical du 14 juillet ou encore D'Jazz à la plage en fin de journée. De vrais moments de convivialité à partager en famille, entre amis ou en amoureux. Pour en profiter, rendez-vous à partir de mi-juin sur les berges du lac Kir. Plus d'infos sur le site Internet de la ville de Dijon. Allez, on sort le maillot de bain et les tongs !

SPORT

MARATHON DES GRANDS CRUS

www.marathondesgrandscrus.com

8 et 9 octobre 2022. Course à pied et roller de Dijon à Vougeot.

Sur la Route des Grands Crus entre Dijon et Beaune, l'événement vous donne rendez-vous pour sa troisième édition. Durant deux jours, un certain nombre de disciplines sont mises à l'honneur avec des animations et des courses adaptées aux sportifs comme aux familles. Après l'ouverture du village, suivront les tournois de roller et les courses à pied. Sur 42 ou 21 kilomètres (et 1 000 m ou 5 kilomètres pour la Course Jeunes Roller), elles durent de 2 à 6 heures. Au départ des Allées du Parc et en direction du Château du Clos de Vougeot, les sportifs emprunteront la célèbre Route des Grands Crues, bordée de parcelles viticoles aux couleurs automnales. Et les meilleurs monteront sur le podium !

SPORT

LE RANDO

Plateau de Chenôve
CHENÔVE
www.ville-chenove.fr/le-rando

Dernier dimanche de mai.

La Rando est un événement sportif et familial très convivial, qui a lieu chaque année au printemps, à la fin du mois de mai. Ceux qui aiment varier les activités en sont ravis car on y pratique quatre disciplines, elles-mêmes divisées en plusieurs parcours dont un parcours pédestre (de 8, 15 et 25 km), un parcours de marche nordique (12 km), un parcours équestre et enfin un parcours de VTT (de 12, 30 et 40 km). Le départ et l'arrivée des circuits se font du centre de loisirs du Plateau, lieu d'animation pour petits et grands tout au long de la journée. Pour ceux qui ont besoin d'évasion, le Plateau de Chenôve offre un magnifique cadre forestier et des vues imprenables sur la ville de Dijon.

CYCLISME

LE VÉLOTOUR À DIJON

www.velotour.fr

Le 4 septembre. Départ entre 8h et 12h. Places limitées, réservation recommandée.

Pour cette seizième édition du Vélotour prévue le 4 septembre, si le nombre de participants est cette année limité à 5 000 personnes, le plaisir de pédaler lui ne l'est pas ! C'est un rendez-vous convivial et de détente très apprécié par les cyclistes, où se croisent toutes les générations. Ce n'est pas une compét' ! La seule compétition est le concours de déguisements. Pas de chrono donc, mais juste le plaisir de sillonner la ville à bicyclette en passant par des lieux insolites comme les salles de spectacle, jardins, entreprises, gymnases, collèges ou centres commerciaux. Une occasion de redécouvrir sa ville au long des parcours proposés qui permettent de pédaler entre 12 et 30 km.

RANDONNÉE PÉDESTRE

COMITÉ DÉPARTEMENTAL DE LA RANDONNÉE PÉDESTRE DE CÔTE-D'OR

9, rue Jean Renoir ✆ 03 80 41 48 62 - www.cotedor-randonnee.com

Ouvert le lundi, le mardi, le jeudi et le vendredi de 9h à 12h et de 14h à 17h. Téléphoner pour prendre rendez-vous.

Créée en 1984, le but de cette association est de promouvoir la randonnée en Côte d'Or, d'animer le réseau associatif lié à cette activité de plein air, de former des animateurs bénévoles, mais aussi et surtout d'aménager et d'entretenir les 3 000 km de sentiers balisés. Il existe 54 clubs de randonnée dans tout le département ainsi qu'un topoguide répertoriant tous ces circuits, dont ceux de la métropole dijonnaise à pied ! Enfilez la bonne paire de chaussures et c'est parti ! Découvrez le département en prenant votre temps, des vallées de l'Ouche aux paysages de l'Auxois.

PARCOURS DANS LES ARBRES

ACRO'MANIA

Chemin des Grands-Pâquiers - **CHEVIGNY-SAINT-SAUVEUR**

✆ 06 30 29 92 80 - www.acromania.fr

Ouvert d'avril à novembre. Le mercredi, le samedi et le dimanche après midi et vacances. Snack, crêpes, boissons

Le parc Acro'Mania est un lieu de loisir exceptionnel, immergé au cœur des arbres centenaires de la forêt de Chevigny-Saint-Sauveur. Marie et Nicolas y développent depuis plus de dix ans un parc aux nombreuses activités en pleine nature, comme le parcours en hauteur d'accrobranche, le circuit pédagogique balisé pour petits et grands, et le sentier du Bois de la Chambotte. Découvrez aussi le portail magique, pour ceux qui souhaitent tester l'escape game en forêt, lors d'une chasse au trésor muni de tablettes. Autre divertissement, la location de karts à pédales pour découvrir trois circuits différents proposés : à bord de votre propre véhicule, parcourez plusieurs sentiers, de 2 à 5 km.

BASKET

JDA DIJON BASKET

17, rue Léon Mauris ✆ 03 80 28 85 10 - Tram T1 arrêt « Auditorium ». Bus : Liane 6, arrêt « Reims ». - www.jdadijon.com

Du lundi au vendredi 8h-12h et 14h-17h30. Places de 5 à 25 € ; enfant 5 €. Abonnement à partir de 175 €. E-boutique.

La JDA regroupe deux équipes professionnelles : l'une de basket et l'autre de hand. Créé en 1980 sous le nom de Jeanne D'Arc, c'est le club de basket le plus ancien de France. Une brillante machinerie, avec Thierry Degorce pour président et Nathalie Voisin pour directrice, qui s'organise toute l'année. L'entraîneur Nenad Markovic est chargé de mener l'équipe de basketteurs sur le podium, assisté de Vincent Dumestre et de Adrien Curie. En 2020, le club, grand vainqueur de la leader Cup et médaillé de bronze de la Basketball Champions League 2020, brillait déjà. Il continue sur sa lancée en 2021 en se qualifiant pour la finale du championnat Jeep Élite. Un bel élan pour les saisons à venir !

PARACHUTISME

BFC PARACHUTISME

717, rue de l'Aviation - **OUGES** ✆ 06 62 63 25 47

www.bfcparachutisme.com

Voir calendrier sur le site Internet. Saut en tandem de 250 à 600 €. Saut d'initiation 500 €. Bar.

Codirigé par trois « fous volants » J.-C. Huchette, Pascal Grisot et Jean Pierre Guerrero, le BFC parachutisme est la base d'où se lance les amateurs de chutes libres. Ici, on vous permet de sauter en tandem à 4 000 m ou 6 000 m d'altitude. Si vous êtes vraiment partant pour l'aventure, vous pouvez aussi opter pour la formation SIPAC qui se déroule en plusieurs jours et vous permet de pratiquer des sauts d'initiations pour à l'arrivée sauter seul. BFC parachutisme, c'est aussi un espace pour se détendre, prendre un verre ou déjeuner à l'ombre de la tonnelle. Une belle idée de cadeau à offrir, avec le bon de chute libre en tandem, ou pour le saut à 6 000 mètres.

ESCALADE

CLIMB'UP

14, Impasse Boirac ✆ 03 55 33 38 66

https://dijon.climb-up.fr

Du lundi au vendredi de 9h à 23h et le week-end de 9h à 21h. Adulte : 13 € ; réduit : 12 € ; moins de 12 ans : 9 €.

Découvrez la salle d'escalade Climb'Up, adaptée à tous, enfants comme adultes, experts comme débutants. En tout, l'espace compte 750 m² de surface de grimpe, dont 520 m² de zones de blocs et de pans de mur où vous pouvez vous amuser sans contrainte. Pas besoin de corde ou de baudrier puisque d'épais tapis tapissent le sol. Lorsque vous vous sentez lâcher prise, laissez-vous simplement tomber vers le sol ! Des cours particuliers ou en groupe sont proposés pour vous initier ou vous perfectionner dans l'art de la grimpe en toute sécurité. Si vous souhaitez pousser un peu la pratique de l'escalade, orientez-vous vers le mur à cordes. L'espace enfant accueille les plus petits à partir de 3 ans.

SPORT

PLANÈTE COMMUNICATION DIJON

5, rue Ernest Chaput ✆ 03 80 28 98 74

www.dijon-planetecommunication.fr

Du lundi au vendredi de 9h à 12h30 et de 14h30 à 18h30. Boutique en ligne. Devis gratuit en ligne et dans la showroom.

A la tête de Planète Communication Dijon, Salmata Meunier, épaulée par une équipe dynamique. La maison propose tous les équipements pro haute visibilité, le matériel de protection, la signalisation... Ainsi les associations et entreprises peuvent faire floquer les accessoires et maillots de leurs plus jolis blasons, réaliser des tee-shirts ou autres. Olivier Meunier, lui, s'occupe du développement de la franchise. Une structure a ouvert à Paris Val d'Europe en 2020 et d'autres vont émerger dans le sud-est et l'ouest de la France. Bravo à cette entreprise 100 % dijonnaise !

VTT

ÉCHAPPÉE NATURE

4, voie Creuse - **SAINT-JULIEN**
✆ 07 86 24 94 17
www.echappee-nature.fr

Esprit parc national. Ouvert tous les jours sur réservation. Formules accompagnées à partir de 40 €. Prêt VAE + casque.

© ECHAPPÉE NATURE

© ECHAPPÉE NATURE

Echappée Nature propose de vivre des expériences inoubliables à bord de Moustaches bikes, des vélos à assistance électrique qui sont de véritables magiciens à deux roues transformant la mobilité en sensations agréables et fluides. Jean-Michel vous accompagne sur des circuits ludiques et conviviaux, accessibles au plus grand nombre, une activité de loisir actif, excellent moyen d'entretenir son capital forme, sans contrainte et clé en main puisque les vélos sont fournis. Si les séances de 2 heures programmées passent trop vite, vous pouvez prolonger l'aventure avec des randonnées thématiques d'une demi-journée à plusieurs jours, aux alentours de Dijon ou dans le Parc national de forêts.

VÉLO

CHRIS BIKE

13, impasse de Reggio ✆ 09 86 36 82 16
www.chrisbike.com

Ouvert du lundi au samedi de 9h à 19h. Vente, entretien, essais, location, séjours descentes.

On pourrait qualifier Chris Bike de spot de VTT tant la clientèle n'hésite pas à s'y rendre depuis toute la France pour rencontrer Christopher Wooldridge et son équipe. Des vendeurs experts et pratiquants du vélo, de préférence tout-terrain et à assistance électrique pour aller plus haut et loin. Le showroom de l'impasse de Reggio est au format XXL sur 1 000 m² avec pistes d'essai indoor et outdoor. Chez CBD, on trouve aussi des vélos d'enduro, des BMX, des vélos de ville et bien sûr des vélos de route et de course. On peut en louer un le temps d'une journée, d'un week-end voire partir pour un séjour sportif où tout est compris pour rouler en montagne avec des descentes magiques.

VÉLO

BOURGOGNE BIKE

35, rue de Mirande ✆ 09 51 37 62 96
www.bourgognebike.com

Ouvert du mardi au samedi de 9h à 12h30 et de 14h à 19h. Vente, entretien, reprises et location.

Bourgogne Bike bénéficie d'un emplacement de 1er choix sur la rue de Mirande. Bonne nouvelle, le magasin s'est agrandi, plus de modèles exposés, un petit atelier… tout pour vous satisfaire et optimiser le niveau des services. Le succès de la boutique réside dans le choix des marques choisies par Yoann Fassio, CUBE, une marque allemande ainsi que SUNN et EXS, 2 marques appartenant à la Manufacture Française du Cycle, MFC. Le choix est large et surtout dans un rapport qualité prix étonnant. Si l'expérience VTT électrique vous tente, louer en un à partir de 20 euros la journée. Une manière aussi d'essayer un CUBE Bike de la petite flotte en location qui comprend aussi un tandem.

VÉLO

LES 2 ROUES ÉLECTRIQUES

13, avenue Jean-Jaurès ✆ 03 80 46 12 36
Arrêt tram 1er Mai (ligne T2) - www.les-2-roues-electriques.fr

Ouvert du mardi au samedi de 10h à 12h et de 14h à 19h. Sur rdv le dimanche et le lundi pour les locations.

Les 2 Roues Electriques dirigé par Christophe Degrancourt est une adresse incontournable pour la qualité de son offre. Les amoureux des marques françaises accèdent aux marques Peugeot et Matra avec de nouvelles gammes bénéficiant des dernières évolutions de moteurs et batteries. Kalkhoff, n° 1 en Allemagne, demeure la marque phare recherchée pour sa qualité, sa fiabilité et son esthétique. BH marque n° 1 en Espagne, Flebi le vélo ultra pliant et ultra urbain, O2Feel autre marque française sont autant d'alternatives pour effectuer votre choix. Le showroom dispose d'un stock important, ce qui est un avantage dans la période actuelle où les délais s'allongent sur les commandes.

Chris Bike
DIJON

VÉLO

MY CYCLE

14, rue de la Poste
✆ 09 54 02 31 29
www.my-cycle.fr
Ouvert du mardi au samedi de 10h à 12h30 et de 14h à 18h.

Proxy-Cycle change de nom et devient My Cycle. Le concept reste le même : promouvoir l'utilisation du vélo électrique comme moyen de transport et comme vecteur de plaisir et de loisir. Amateurs de vélos, ce bel endroit est fait pour vous ! Vous pourrez choisir parmi une large gamme de vélos et trottinettes électriques et faire un vrai essai qui ne se limitera pas à un rayon de 50 m du magasin. La gamme de vélos électriques Virage est largement représentée, mais vous pouvez aussi trouver des pièces détachées, des accessoires et profiter de très bons conseils grâce au service d'entretien/SAV. La boutique fait partie des réparateurs éligibles à la prime de « Coup de Pouce Vélo ».

VTT

ACTIVE TOURS - BOURGOGNE ÉVASION DIJON

78, rue Monge
✆ 03 80 26 17 12
https://bourgogne-evasion.fr
Ouvert le samedi et dimanche de 10h à 12h30 et de 13h30 à 18h.

Si l'agence principale se trouve à Beaune, un bureau d'accueil installé à Dijon permet néanmoins de répondre au public amoureux de balades nature. Active Tours à Dijon propose une offre de location de vélos pour des balades autour de la Métropole en autonomie ou avec un guide, avec road book GPS voire avec des étapes gourmandes et dégustations réservées. Du cyclotourisme urbain ou viticole à la carte avec entre autres des rallyes gourmands de 6 à 80 personnes. Les vélos peuvent être livrés sur votre lieu d'hébergement, soit à la demi-journée soit sur plusieurs jours.

CYCLISME / CYCLOTOURISME

SCO DIJON

Boulevard Paul-Doumer
✆ 03 80 36 33 32

Créé en 1993 en prenant la succession du DOC (Dijon Olympique Cyclisme), le Sprinter Club Olympique de Dijon (SCO) est affilié à la Fédération française de cyclisme, mais également à deux fédérations affinitaires : La Fédération sportive et gymnique du Travail et l'Union française des Œuvres laïques d'éducation physique. Son but, proposer un ensemble d'activités liées au cyclisme (Cyclisme sur route, cyclo-cross, piste, VTT et BMX) avec un agenda de championnats bien rempli dont le Cyclo Cross de Dijon ou encore le Tour de Côte d'Or. Avec près de 300 licenciés de cyclistes amateurs, c'est le premier club cycliste de la métropole, organisateur de nombreux événements et formateur de talents.

PISCINE

PISCINE OLYMPIQUE DE DIJON MÉTROPOLE

12, rue Alain Bombard ✆ 03 80 27 04 60
www.piscineolympique-dijon.fr
Lundi et jeudi 10h-20h, mardi et vendredi 10h-21h, mercredi 9h-20h, samedi 10h-19h, dimanche 9h-19h. Entrée : 4,10 €.

La piscine olympique de Dijon Métropole est à la pointe des équipements sportifs de l'agglomération. Avec ses différents bassins (de loisirs, de 25 m pour l'initiation ou de 50 m pour les sportifs), mais aussi ses deux fosses de plongée, son sauna et son hammam, cette structure répond pleinement aux attentes des Dijonnais en termes de sport, de loisirs et de bien-être aquatiques. Et si vous n'êtes pas un grand adepte de l'eau, peut-être trouverez-vous votre bonheur avec les cours de fitness : aérobic, step, CAF, stretching, body sculpt, Pilates, zumba…

PLAN D'EAU

LAC DE LA TILLE

29, rue du Château - **MAGNY-SUR-TILLE** ✆ 03 80 31 56 39
https://lacdelatille.net
Plage ouverte de fin mai à fin août tous les jours de 10h30 à 19h30. Entrée payante. Plage surveillée. Restauration.

Le lac de la Tille, situé à proximité de Dijon, est un lieu de baignade et de loisirs parfaitement aménagé sur le site d'une ancienne sablière. Chaque année, il accueille de nombreux visiteurs en quête de fraîcheur. La température de l'eau y varie entre 20 et 30 °C. Sécurisée, la baignade est surveillée par deux maîtres-nageurs. Vous trouvez de l'ombre sous les parasols-paillotes qui sont répartis le long de la plage. Le lac propose de nombreuses activités, pour les plus petits, qui peuvent avoir accès au mini-parc. Mais on vient aussi pour les toboggans aquatiques avec un départ à 5 m de hauteur. Et il y a une buvette et la guinguette L'Ombrelle avec concert le vendredi soir.

FOOTBALL

DFCO

17, rue du Stade
✆ 03 80 65 09 65
www.dfco.fr
Entrée entre 8 € et 80 €. Abonnement de 150 € à 350 €.

Présidé par Olivier Delcourt, le DFCO (Dijon Football Côte-d'Or) fait partie des grands clubs sportifs de la région. Après une saison 2020/2021 particulièrement difficile et aux résultats sportifs décevants, l'équipe masculine s'est retrouvée à la dernière place du classement, synonyme de relégation en Ligue 2. L'entraineur Patrice Garande s'est vu confier la lourde tâche de remettre le club sur les rails pour la saison en cours. L'équipe féminine, entrainée par Christophe Forest, assure quant à elle son maintien en D1 depuis 2018. Venez renforcer le banc des supporters et rejoignez la #TeamDFCO en suivant toute l'actualité du club sur ses pages Facebook, Twitter, Instagram et Twitch.

INTERVIEW

FORMAPI
À CHAQUE SPORT SA FORMATION

Ceux qui se destinent à une carrière dans le sport connaissent Formapi. En club, en ligue ou au sein d'une association ou d'une collectivité, les futurs éducateurs, entraîneurs et autres animateurs s'appuient sur les formations de ce CFA hors les murs pour s'engager sur leur voie professionnelle sous les meilleurs hospices. Foot, basket, rugby, natation, judo, sports équestres, cyclisme, canoë, golf ou encore les métiers de la forme et même du tourisme social, le catalogue de Formapi réunit près de 70 formations partout en France. Ce CFA hors les murs, partenaires de 17 sites sportifs, dont la moitié en Bourgogne-Franche-Comté, répond aux besoins et aux attentes des apprenants et du secteur. « Nous formons aux différents métiers de l'encadrement de la pratique sportive, que ce soit les entraîneurs, les éducateurs, mais aussi les gestionnaires de clubs », insiste Olivier Fouquet, directeur général de Formapi. Après la crise sanitaire, les jeunes, notamment les 7 - 12 ans, retrouvent peu à peu le chemin des clubs et des écoles de sports participant du dynamisme retrouvé. A l'approche des Jeux olympiques de Paris 2024, l'engouement sportif lié à l'évènement devrait aussi contribuer à multiplier les besoins. « Certains territoires peinent à trouver des profils à mettre en face d'une offre d'emploi », rappelle Bernard Depierre, président de Formapi.

Viser les sommets

Avec un taux de réussite de 85 % et un taux d'employabilité de 92 %, les 1 550 apprentis qui ont choisi l'accompagnement de Formapi multiplient leurs chances de rejoindre le monde professionnel du sport. « 90 % des employeurs sont des clubs, des ligues ou des associations, seules 10 % sont des collectivités alors que les communes moyennes ont des besoins, en périscolaire ou en centre socio-culturel par exemple », regrette Bernard Depierre. Les formations, du CAP au Bac + 5 en passant par le BPJEPS, concernent tous les secteurs. « Partout où il y a un diplôme sportif et un besoin, si nous avons assez de candidats, nous pouvons ouvrir une promotion » précise Olivier Fouquet. Formapi suit également les évolutions du secteur sportif en proposant des formations adaptées au contexte économique et diversifier leurs ressources. Pour guider les sportifs vers les podiums ou tout simplement vers le dépassement et l'estime de soi tout en participant du lien social, le CFA forme les indispensables chevilles ouvrières qui font battre le cœur du sport français.

› FORMAPI -CFA [EX] DU SPORT
19, avenue Albert-Camus
✆ 03 80 74 08 88
https://formapi.fr

© NADÈGE HUBERT

Bernard Depierre et Olivier Fouquet.

© FORMAPI

ÉQUITATION

ACADÉMIE DE BONVAUX

Rue de Bonvaux - **PLOMBIÈRES-LÈS-DIJON** ✆ 03 80 56 86 05
www.academie-bonvaux.com
Ouvert du lundi au vendredi de 8h30 à 20h, le samedi de 8h30 à 18h. Centre équestre, poney club, stage, pension.

Un centre équestre installé dans une ancienne abbaye du XIIIe siècle. Située à 7 km de Dijon, au cœur d'un domaine de 150 hectares, cette magnifique propriété appartient à la famille Debost. Le centre équestre dispose aujourd'hui de 60 boxes, de 2 manèges couverts, de 3 carrières, de 2 parcours de *cross* et 2 terrains de saut d'obstacles. Le club possède 20 chevaux d'instruction, 15 poneys, et accueille des chevaux de propriétaires en pension. L'ambiance est familiale, les enseignants sont très pédagogues que vous soyez cavalier débutant ou confirmé ! L'académie organise des stages pendant les vacances et en été. Un lieu que l'on affectionne particulièrement.

ÉQUITATION

CLUB L'ÉTRIER DE BOURGOGNE

13, chemin de la Colombière
✆ 03 80 63 78 71
www.etrierdebourgogne.fr
Cotisation annuelle : 135 € pour les plus de 18 ans ; 120 € pour les moins de 18 ans. Forfait découverte 82 €.

Affilié à la Fédération Française d'Équitation, c'est le plus important centre équestre de la région avec pour président Jean-Pierre Champion. En avant la cavalerie, venez vous inscrire pour faire votre premier galop. L'équipement est complet : deux manèges, une carrière couverte, une carrière de saut d'obstacles, un *spring garden* avec obstacles fixes et mobiles et un terrain de concours en herbe. Labellisé « Écurie de compétition », il accueille des élèves en sport-études, ainsi que des stagiaires moniteurs d'équitation. L'établissement accueille aussi les propriétaires.

ÉQUITATION

COMITÉ DEPARTEMENTAL DU TOURISME ÉQUESTRE DE COTE-D'OR

http://cdte21.wixsite.com/cdte21

Vous souhaitez monter régulièrement et en faire votre loisir ? Retrouvez ici les infos indispensables pour des randonnées à cheval d'une ou plusieurs journées avec hébergement dans des gîtes prévus à cet effet. La Bourgogne est riche en itinéraires balisés ! Si vous êtes tenté par les rallyes équestres organisés sur des thèmes culturels, gastronomiques ou géographiques, sachez qu'un programme annuel est à votre disposition. De plus, retrouvez des bonnes adresses pour effectuer des stages de cheval dans le département pour vos enfants, et pourquoi pas pour vous.

FOOTBALL

CENTRE DE FORMATION DU DFCO

9, rue Ernest-Champeaux
✆ 03 80 65 09 77
www.dfco.fr/formation

Le centre de formation du DFCO a été inauguré en 2014. Son directeur Sébastien Degrange met tout en œuvre pour dénicher les futurs joueurs professionnels. De nombreux joueurs s'y sont révélés comme Florent Mollet, Baptiste Reynet ou Benjamin Corgnet. Le bâtiment s'étend sur 800 m², juste en face des professionnels de Ligue 1. Les infrastructures proposent des chambres spacieuses, un espace de restauration, où sont servis des repas conseillés par un diététicien, une salle d'étude, une salle de détente, un espace musculation et soin kiné et plusieurs terrains d'entraînement.

EMPLOI - FORMATION

FORMAPI -CFA [EX] DU SPORT

19, avenue Albert-Camus
✆ 03 80 74 08 88
https://formapi.fr
Du lundi au vendredi de 8h30 à 12h30 et de 14h à 17h.

Vous êtes sportif et voudriez en faire votre profession ? Formapi, anciennement CFA du Sport de BFC, est l'école qu'il vous faut. Son président Bernard Depierre et le directeur Olivier Fouquet veillent à ce que leurs petits protégés prennent le chemin de la réussite ! Depuis plus de 25 ans, le CFA mène les jeunes vers des formations dans le domaine du sport : BPJEPS d'éducateur, moniteur, natation... Le CFA prépare aux examens pour l'obtention d'un diplôme d'État et propose une formation en continu et en alternance comme alternative au contrat d'apprentissage.

SPORT

CÔTE D'OR TOURISME

19, rue Ferdinand de Lesseps
✆ 03 80 63 69 49
www.cotedor-tourisme.com
Ouvert toute l'année. Tous les jours de 9h à 18h.

« Bouger nature en Bourgogne », géré par Côte-d'Or Tourisme en partenariat avec le Conseil départemental, est un site complet qui présente la multitude d'activités possibles en pleine nature. Les circuits sont amplement décrits tout comme les activités à faire seul ou en famille ou les lieux à ne pas rater. L'application Balades en Bourgogne, sur smartphone, pourra être utilisée en complément d'information. Près de 160 balades sont accessibles en quelques clics, avec entre autres la balade dans Dijon, la balade de l'Ours. Ludique et interactive, elle sera le compagnon de route de tous les curieux, avec des cartes téléchargeables, un outil indispensable pour tous les aventuriers.

CIRCUIT

CIRCUIT DIJON-PRENOIS®

Circuit automobile - **PRENOIS** ✆ 03 80 35 32 22
Au sud de la commune de Prenois, via D104 ou D10.
www.circuit-dijon-prenois.com
Calendrier des événements et les horaires d'ouverture sur www.circuit-dijon-prenois.com

Créé en 1972, le Circuit Dijon-Prenois n'a cessé de se moderniser autant pour s'adapter aux exigences du sport automobile par une mise en sécurité optimum que pour l'accueil du public. La saison 2022 va permettre de retrouver les plaisirs du Circuit qui comporte dorénavant un restaurant surplombant la piste. Reconnu par les pilotes comme l'un des plus beaux d'Europe avec un tracé comportant du relief, sa piste de 3,8 km permet l'organisation de tous types d'événements. Il accueille chaque année près de 300 000 visiteurs dans le cadre de manifestations qui font partie de l'histoire du sport automobile, des courses de GT, de voitures et motos historiques, de voitures modernes et mythiques.

CIRCUIT

KARTING DIJON-PRENOIS®

Circuit automobile - **PRENOIS** ✆ 03 80 35 36 50
www.circuit-dijon-prenois.com
Vérifier la disponibilité de la piste sur le site Internet. Sessions de 10 min. Formules enfants et adultes.

Situé au cœur de la Bourgogne à seulement quelques kilomètres de Dijon, le Karting Dijon-Prenois vous offre l'opportunité de piloter des bolides sur un tracé de haute qualité avec une sécurité optimale. Doté d'une piste ultra-moderne, débutants (dès 7 ans) et initiés peuvent y pratiquer les plaisirs du pilotage et de la vitesse. Après un court briefing, vous enfilez votre combinaison, votre casque, vous êtes alors parés pour les sensations fortes ! Unique en Bourgogne, la piste est même accessible aux personnes à mobilité réduite : deux karts sont en effet équipés d'un accélérateur et d'un frein au volant. Des formules de groupes sont proposées à partir de 8 pilotes.

CIRCUIT

EXPERT PILOT DIJON

Circuit Dijon Prenois - **PRENOIS** ✆ 06 07 90 58 25
www.expertpilot.com
Stages de pilotage GT de 2 à 12 tours et à la carte (formule incentive pour les entreprises).

Les journées Expert Pilot du Circuit Dijon Penois donnent accès à des expériences et émotions uniques. Expert Pilot est une structure née il y a plus de 15 ans à Saint-Dié-des-Vosges qui organise des journées de stages sur les plus beaux circuits du centre de l'Europe, Dijon en fait partie. Imaginez : vous allez piloter la GT de vos rêves de la Mégane RS 300 ch jusqu'à la dernière Porsche 992 GT3 de 500 ch en passant par l'Alpine A110 252 ch sur un circuit hyper sécurisé. Comme toute l'expérience d'ailleurs qui bénéficie d'un coaching très professionnel. L'opportunité de vivre un moment d'expédition sur le magnifique circuit Dijon Prenois où les tours s'enchainent vite !

CIRCUIT

STAGES DE PILOTAGE - LRS FORMULA - DIJON-PRENOIS®

Circuit Automobile - **PRENOIS** ✆ 03 86 58 54 54
www.lrs-formula.com
Sur réservation. Stages de 429 € à 2 355 € et baptêmes à partir de 299 €.

Réalisez votre rêve et pilotez une Formule 1 sur le circuit de votre choix avec LRS Formula, leader mondial des stages de conduite de Formule 1 et Protos LMP3. Les stages ont lieu sur des circuits mythiques. Dijon-Prenois®, Château Gaillard et Magny-Cours en France, Navarra et Barcelona-Catalunya en Espagne, Hungaroring en Hongrie. Bien encadrés, les baptêmes et stages de pilotage sont proposés sur différents types de voitures : Formule Renault, Formule 1 triplace, Bénéton B198, Jaguar R3, Prost AP04, Williams FW33 et Proto LMP3. Des sensations uniques pour qui ose !

HANDBALL

DIJON MÉTROPOLE HANDBALL

17, rue Léon-Mauris ✆ 03 80 78 16 69
www.dbhb.fr
Formule Grizzly : 145 €. Option Privilège : + 50 €. Billet entre 8 € et 10 €. Tarif réduit : 5 €.

Après s'être appelé durant plus de 25 ans le Dijon Bourgogne Handball (D.B.H.B.), le club est rebaptisé en 2017 le Dijon Métropole Handball (D.M.H.). En 2019, l'entraîneur Ulrich Chaduteaud, en poste depuis tout juste un an, a mené le DMH jusqu'en demi-finale de Proligue. Du côté des joueurs, l'équipe s'est dotée, au poste d'arrière gauche, du Belge Quinten Colman qui a déjà su démontrer toute sa solidité défensive. En fin d'année 2021, l'équipe se positionnait en 2e place du classement Proligue 2021/2022. Une belle promesse d'accession au niveau supérieur pour l'équipe dijonnaise, qui sera peut-être sur le podium cette année ! Pour ne rien rater, on s'abonne !

SPORTS INDIVIDUELS

TRAMPOLINE EXPÉRIENCE DIJON

4, rue des Fromentaux
✆ 03 80 68 68 68
En période de vacances scolaires, ouvert tous les jours de 10h à 20h (21h le samedi). Entrée : 14 € sur place.

Apprentis ninjas en herbe, tentez l'expérience Trampoline pour un entrainement du tonnerre ! Parcours aventure pour les plus jeunes, dodgeball pour s'affronter en équipe façon balle aux prisonnier, mur d'escalade, basket jump, il y en a pour tous les goûts ! Le top, c'est de défier ses amis sur le parcours ninja chronométré en sautant d'obstacle en obstacle le plus vite possible sans tomber dans le bac à mousse. Et pour les parents qui n'ont pas envie de joindre la partie, un nouvel espace chauffé permet d'attendre les enfants autour d'une boisson, d'un gâteau et du wifi !

ESCAPE GAME

221B BAKER STREET ESCAPE GAME DIJON

20, rue Monge ✆ 06 19 68 92 37
https://221b-dijon.com
Escape Game enfant à partir de 15 €. (6-10 ans/11-14 ans). Adulte 20 €.

Amateurs d'énigmes et âmes de détectives, venez jouer les Sherlock Holmes. Votre mission : réussir à trouver un moyen de sortir en moins d'une heure et résoudre l'enquête choisie : les crimes de Jack l'éventreur, la Malédiction du Pharaon, l'Alchimiste de l'Orient-Express, ou encore le braquage de Moriarty, sans oublier l'escape game enfant. A découvrir aussi, l'escape game virtuel pour jouer dans des endroits inconnus comme l'espace ou l'océan. Profitez ensuite de l'Happy Hour au bar, pour déguster la grande spécialité de la maison, les cocktails !

ESCAPE GAME

GAMOTEL

Rue Hubert Languet - **VITTEAUX** ✆ 06 32 23 95 10
www.gamotel.com
Sur réservation de 6 à 12 personnes de 129 € à 269 €/personne dîner et gîte compris. Formule 1/2 journée de 70 € à 80 €.

Gamotel est une version d'escape game qui se déroule sur environ 16 heures, vous arrivez à 18h et repartez le lendemain matin vers 10h après avoir résolu l'énigme des héritiers de la Maison du Baron de Vitteaux. De l'extérieur, rien ne laisse supposer toute la qualité de la propriété qui s'étend sur un vaste jardin où les gamers ont aussi à faire. La maison est richement décorée dans une ambiance à la Agatha Christie. Dès votre arrivée, le jeu commence. Le Gamotel est idéal pour passer une soirée insolite en famille ou entre amis. La seule chose que nous pouvons vous dévoiler est que vous n'irez pas dormir sans avoir résolu l'énigme de la maison. Une version en ½ journée est possible.

ESCAPE GAME

ARCANIUM

52, avenue de Stalingrad
✆ 03 80 23 57 31
www.arcanium-dijon.fr
Ouvert du mardi au dimanche.

Le premier escape game à s'être installé à Dijon ne manque pas d'innovation. Retrouvez donc le plaisir d'une partie d'amusement en sa compagnie. Un jeu d'évasion réel qui, chez Arcanium, prend la forme d'une machine à explorer le temps mise sur pied par le professeur Kairos. Lui a déjà résolu les plus grandes énigmes de l'histoire, mais saurez-vous faire mieux ? Parmi les enquêtes : La Chasse aux sorcières, Mission spatiale, Les Chevaliers de la Toison d'Or ou encore Le Repaire du tueur. Venez aussi découvrir leur nouveau concept de blind test, le Rival Quizz ou participer à une Murder Party. Elles sont organisées occasionnellement alors guettez la page Facebook pour ne pas les manquer !

ESCAPE GAME

LA ONZIÈME HEURE

19, rue du Colonel Victor Marchand ✆ 06 64 12 53 43
https://www.la-onzieme-heure.com
Du lundi au vendredi : 12h-0h, samedi et dimanche : 10h-0h. Réservations exclusivement sur le site internet.

Amateurs d'escape game, venez pousser les portes de la Onzième heure. Dans ce lieu inspiré de l'univers d'Harry Potter, vous serez rapidement mis dans l'ambiance par un décor immersif et des games masters accueillants et très pros. Dès les portes refermées derrière vous, la quête peut commencer. Deux salles, deux histoires, chacune parfaitement orchestrée autour d'énigmes originales et astucieuses qui mettront à l'épreuve votre sens de l'observation. La coopération sera votre meilleure alliée et la logique votre atout. Attention, l'heure et demie passe vite, rythmée par un rappel du temps qui passe et les indices savamment distillés par le game master. Immersion totale garantie.

ESCAPE GAME

LE DÉFI DES DUCS

Rue Lamonnoye ✆ 03 80 67 31 31
www.ledefidesducs.com
Du lundi au vendredi : 18h30-22h30, samedi : 10h30-22h30, dimanche : 14h-21h.

Depuis 2018, l'hôtel des Ducs vous accueille dans son sous-sol pour des parties d'escape game riches en émotion. Avec quatre salles à son actif, « le défi des Ducs » vous propose de vous plonger dans des univers bien différents : Seconde Guerre mondiale, fantastique ou médiéval… Et pour les rêveurs qui s'imaginent en héros vernien au côté du célèbre capitaine Nemo, c'est désormais possible grâce à l'ouverture d'une salle sur le thème du roman *Vingt-mille lieues sous les mers*. Entre décors soignés, énigmes et scénarios bien ficelés, l'immersion totale est garantie. À découvrir bientôt, un nouveau projet unique en Métropole : une salle d'action game avec moins de réflexion et plus de physique.

BAR À BIÈRE

MELTDOWN

53, rue Devosge ✆ 06 82 73 82 35
www.meltdown.bar/dijon
Ouvert du lundi au samedi de 18h à 1h. Jusqu'à 2h le vendredi et samedi. Animations.

Si l'enseigne Meltdown est une franchise comptant plusieurs établissements en France et dans d'autres pays, le Meltdown dijonnais n'a rien d'une pâle réplique. Ici, on trouve un peu moins de PC et plus de tables et de canapés pour une ambiance très conviviale. Le e-sport est toujours à l'honneur avec toute la panoplie du gamer. On s'y amuse à volonté autour d'un cocktail à thème, d'une bière ou d'un burger, en jouant à la PS4 ou à la Switch. Le gros plus reste les animations qui sont régulièrement organisées : soirée Loup-Garou, tournois de Beer-Pong ou encore concours de cosplay. Tous les vendredis, c'est soirée Quizz, de quoi mettre votre culture pop à l'épreuve.

LOISIRS CRÉATIFS

ATELIERS NOMA

88, rue Vannerie ✆ 06 87 34 87 47
www.ateliersnoma.com
Ouvert le mardi, mercredi et vendredi 10h-12h et 14h-18h ; jeudi 10h-13h et 15h-18h ; samedi 11h-18h.

Aux Ateliers NoMa, Morgane et Natacha vous accueillent si chaleureusement qu'on s'y sent bien instantanément. Les deux sœurs, bien implantées dans leur quartier, ont superbement imaginé et créé cet atelier-boutique où tout ce qui y est vendu est fait sur place. Vaisselle, bijoux et déco en céramique, maroquinerie... Chaque objet est une pièce unique entièrement réalisée à la main dans des matières premières de qualité, françaises et responsables. Envie de mettre les mains à la pâte ? Des cours hebdomadaires ou des stages ponctuels de poterie (tournage ou modelage) et des ateliers d'initiation au travail du cuir sont organisés toute l'année pour adultes et enfants. À réserver très vite !

JEUX ET JOUETS

SAM ET LES LUTINS

42, rue des Forges
✆ 03 80 23 24 51
Ouvert le lundi de 14h à 19h ; du mardi au samedi de 10h à 19h.

Le nom de la boutique à lui seul donne envie d'entrer, comme le titre d'un conte dont on souhaiterait connaître l'histoire. Sam et les Lutins est un magasin de jouets et décoration entièrement dédié à l'univers de la puériculture et aux enfants jusqu'à 12 ans. Loin des jouets classiques, la boutique fait dans l'originalité, la qualité et la durabilité, sans oublier le côté ludique. Ainsi, vous trouvez jouets en bois, loisirs créatifs, jeux de société, kits d'expériences scientifiques, coussins, lampes en forme d'animaux... Tout pour éveiller la curiosité des plus petits, mais aussi des plus grands. Les compagnons tout doux qui rassurent ceux qui ont peur du noir ont aussi leur place.

JEUX ET JOUETS

JOCADE

17, rue Piron
✆ 03 80 53 12 28
www.jocade.net
Ouvert du mardi au samedi de 10h à 19h. Vente en ligne.

Toute l'équipe de Jocade, magasin de jeu situé rue Piron, vous accueille avec professionnalisme pour vous conseiller parmi les classiques comme les nouveautés du moment. Présent à Dijon depuis plus de 10 ans, Jocade est le rendez-vous des grands enfants. Faites votre choix parmi plus de 4 000 références et découvrez le catalogue des Boutiques Ludiques, véritable bible des jeux de société ! Stratégie, réflexion, jeux de plateau, jeux de rôle, cartes, en bois, puzzle ou jonglerie, un large choix vous est proposé pour jouer avec vos enfants ou animer vos soirées entre amis. Ici vous trouverez forcément de quoi vous distraire, et il est à parier que vous ne ressortirez pas les mains vides !

JEUX

GAME FACTORY MARSANNAY

806, rue de la Pièce-Cornue - **MARSANNAY-LA-CÔTE**
✆ 03 80 53 07 15 - gamesfactory.fr/marsannay/
Horaires à consulter sur le site Internet. Prison Island : 18 € la partie de 1h. Bowling de 6,50 € à 8,50 € la partie.

L'ancien bowling de Marsannay a fait peau neuve en 2020 et est devenu un véritable complexe de loisirs du groupe Game Factory. Pas d'inquiétude, le bowling est toujours présent, quoique le nombre de pistes ait été légèrement réduit. Un mal pour un bien puisque cela laisse de la place pour un tout autre concept, inédit dans l'agglomération dijonnaise : Prison Island. Cette activité ludique se joue en équipe, dès 5 ans, et vous plonge au cœur d'un milieu carcéral dont vous devez vous échapper. Le défi : franchir différentes cellules en un délai de temps imparti. Chacune abrite une épreuve tactique, technique ou physique. Si vous avez rêvé de participer à « Fort Boyard », c'est l'occasion !

JEUX ET JOUETS

LEGO STORE

Route de Langres - Centre commercial de la Toison d'Or
Ouvert du lundi au vendredi de 10h à 20h ; le samedi de 9h à 20h.

La fameuse marque de jouets de construction a bien trouvé sa place dans le centre commercial de la Toison d'Or. Ce magasin vous fera découvrir les nombreux produits qui font le succès de la marque : Star Wars, super-héros, ninjas, constructions de villes et forteresses, Duplo... On retient surtout le magnifique château de Poudlard de Harry Potter de plus de six mille pièces ! De vrais sets de collection. Outre les gammes exclusives, les briques au kilo et les porte-clés, vous pouvez également créer vos propres petites figurines en choisissant les différents accessoires. On aime la boutique pour son côté interactif, avec des ateliers de construction et des expériences de réalité augmentée.

NEW

JEUX

L'HACHEZ-VOUS

270, rue de la Pièce Cornue ✆ 09 87 39 80 00
www.lancerdehachedijon.fr
Ouvert du mardi au vendredi de 16h à 21h ; le samedi de 11h à 21h. Le dimanche sur réservation. 50 € par cible.

En voilà un concept original ! L'Hachez-vous est le premier centre de lancer de hache à Dijon, une activité montante tout droit importée du Canada. Le lieu comprend 8 cibles pouvant accueillir trois personnes chacune, de quoi organiser des tournois épiques. Laura et Aurélien vous expliquent comment réaliser un bon lancer de tomahawk, la hache du Viking débutant avant de passer aux choses sérieuses. Si tout se passe bien, on vous propose deux autres haches : la Bûcheron ou la Zombie Hunter. Trois haches donc, pour trois techniques de lancer différentes. À vous de trouver celle qui vous convient le mieux. Envie de vous amuser et de vous défouler ? *L'hachez-vous* et réservez votre cible !

JE CRÉE MON ESPACE DE VIE

Le rêve de concevoir un nid douillet à son image ne peut devenir une réalité que si l'on sait où trouver les accessoires et équipements pour l'aménager. Pour repenser un appartement ou une maison et agencer au mieux son espace de vie, il faut savoir s'entourer des bons professionnels, qu'ils œuvrent dans le bâtiment, la décoration d'intérieur, les espaces verts ou même l'installation de véranda ou de piscine. Pour s'épanouir chez soi au quotidien, créer une ambiance chaleureuse ou conviviale, mais aussi recevoir avec style, le *Petit Futé* a dressé une liste d'adresses susceptibles de vous aider. Si l'envie vous prend de vous lancer dans un projet immobilier d'envergure pouvant aller jusqu'à l'acquisition d'un nouveau bien, le *Petit Futé* a référencé les acteurs incontournables pour vous accompagner dans vos démarches : alors à vos projets !

CUISINISTE

ARTHUR BONNET

2 bis, avenue du Drapeau ✆ 03 80 73 27 52 30
www.arthur-bonnet.com
Ouvert le lundi de 14h à 19h ; du mardi au samedi de 10h à 12h et de 14h à 19h.

Voilà presque un siècle de longévité pour cette enseigne auparavant présente à Chalon-sur-Saône et Bourg-en-Bresse, spécialiste des cuisines haut de gamme depuis 1927. Le couple Anglada a ouvert quant à lui la toute première boutique Arthur Bonnet à Dijon en avril 2020, située dans le quartier du Drapeau. Vous serez ici conseillé comme il se doit pour concevoir la cuisine de vos rêves, avec une large gamme de designs contemporains, classiques, natures ou scandinaves proposés. Pour marquer les 10 ans du modèle signature de Thibault Desombre, une nouvelle version de la cuisine Rendez-vous est disponible dans des finitions mates et brillantes. Un savoir-faire unique et du sur-mesure !

CUISINE - SALLE DE BAIN - SANITAIRES

SALLES DE BAINS JEAN DE MATHIEU

31, place du 1er-Mai
✆ 03 80 45 22 63
Ouvert le lundi de 14h à 19h ; du mardi au samedi de 10h à 12h et de 14h à 19h ; le samedi de 9h à 10h sur rendez-vous.

Les cuisines Jean de Mathieu, une référence à Dijon ! Dans le show-room de 300 m^3, vous trouverez assurément le style de cuisine – design et à toute épreuve – qui vous convient. La boutique apporte aussi une solution sur mesure pour les salles de bains, en pierre uniquement. Ici, c'est bel et bien le produit qui s'adapte et qui est conçu pour durer des décennies avec la même qualité et le même rendu. Cerise sur le gâteau, Jean de Mathieu met le même sérieux à proposer des rangements pour la chambre et le salon, le tout pour un budget équivalent au reste du marché.

MENUISIER

GHITO

3, rue Nicolas de Condorcet - **CHEVIGNY-SAINT-SAUVEUR**
✆ 03 80 36 41 78 - www.ghito-renovation.fr
Ouvert du lundi au vendredi de 8h à 12h et de 14h à 18h. Showroom.

Le showroom de Thomas Guillaud à Chevigny Saint-Sauveur illustre toutes les capacités de ses équipes pour rénover et transformer votre intérieur. Entreprise tous corps d'états, GHITO maitrise en interne toutes les compétences de la rénovation d'une maison avec une vingtaine de collaborateurs en maçonnerie, électricité, plomberie, chauffage, revêtements de sols, pose de menuiseries, peinture… Le projet démarrant par la conceptualisation 3D de vos envies. GHITO est labellisée RGE pour ce qui est des travaux d'isolation intérieure. Dès l'expression de votre projet, GHITO vous conseille pour effectuer les meilleurs choix en fonction de vos goûts dans un large panel technique et chromatique.

MENUISIER

GERRIET - ESCALIERS SUR MESURE

15, rue de la Petite Fin
FONTAINE-LÈS-DIJON
✆ 03 80 56 60 54
www.gerriet.com
Ouvert du lundi au vendredi de 8h à 12h et de 13h30 à 18h.

Entreprise familiale née en 1956, Gerriet a fait de l'escalier sa spécialité. Du métier de charpentier à l'origine, elle s'est depuis orientée vers la menuiserie, l'agencement intérieur et la fabrication d'escaliers, spécialité qui l'occupe à plus de 80 %. Thomas Gerriet perpétue le savoir-faire de fabrication traditionnelle de ses équipes pour réaliser tous les styles d'escaliers, des plus modernes et contemporains aux plus traditionnels. Les lignes marient le bois à des ferronneries ou à des éléments de verre pour s'inscrire dans leur époque.

NEW

ARCHITECTE

ELLYPSE

4, passage Darcy
✆ 03 80 54 45 30
Sur rdv.

Ellypse est spécialisée dans l'architecture d'intérieur dans une organisation moderne dotée d'équipements dernier cri de modélisation 3D et de chiffrage des travaux. Leur intervention peut se cantonner aux travaux d'études, le secteur est alors national. Dès lors que le suivi des travaux leur est confié, l'intervention est plus régionale en liaison avec un réseau d'artisans partenaires parfaitement qualifiés. La force d'Ellypse est aussi d'appartenir au groupe Pluralle, ce qui permet d'accéder aux compétences de gestion de patrimoine, de courtage en prêts et de transaction. Les bureaux dominant la place Darcy sont des plus accueillants pour travailler sur votre sujet !

CUISINE - SALLE DE BAIN - SANITAIRES

ILLICO TRAVAUX DIJON

12, rue de Gray
✆ 06 83 88 28 35
Ouvert du lundi au vendredi. Accueil bureau et sur rdv à votre domicile.

Pour réaliser un projet de rénovation de son habitat, il faut trouver les bons artisans. Mathieu Larrierre d'IlliCO Travaux propose de vous accompagner dans sa réalisation. Son expérience de conducteur de travaux et l'image de marque d'Illico Travaux, filiale d'Hexaôm (Maisons France Confort), lui apportent toute la crédibilité pour devenir le bon interlocuteur. Entouré d'artisans rigoureusement sélectionnés, il peut, dans une vision globale, qualifier vos travaux et vous établir un devis précis. Ses honoraires sont une valeur ajoutée qui ne se traduira pas par une dépense supplémentaire, mais par un gain de temps, de tranquillité d'esprit et l'assurance de la bonne réalisation du chantier.

© ALEXANDRE NIQUET

© ALEXANDRE NIQUET

CUISINES JEAN DE MATHIEU

31, place du 1er-Mai ✆ 03 80 45 22 63

Atelier et marbrerie de la Z.A. de Couternon sur rendez-vous. Cuisine, bain, dressing. Pose à domicile.

La marque dijonnaise Jean de Mathieu, dirigée par Gilles et Maxime Depresle, vous assure un service de conseil en aménagement intérieur, rénovation et pose à domicile hautement professionnel. Le hall d'exposition de 300 m² qui a été refait l'an dernier pour les 20 ans de la boutique, dévoile une gamme de pierres diversifiée (granit, quartz), avec 40 blocs différents. Bonne surprise : le montant du devis n'est pas supérieur aux prix du marché ! La boutique Jean de Mathieu s'appuie sur la marbrerie familiale tout en travaillant avec les grandes marques de l'électroménager : hotte Bora, lave-vaisselle AEG... A découvrir à l'adresse du showroom : la toute nouvelle cave Jean de Mathieu.

© ALEXANDRE NIQUET

© ALEXANDRE NIQUET

© ALEXANDRE NIQUET

TAPISSIER

PATRICE LANGHI

32, boulevard de Chicago
✆ 03 80 38 02 05
http://tapisserie-langhi.com
Ouvert le lundi de 14h à 17h ; du mardi au vendredi de 9h à 12h et de 14h à 19h ; le samedi de 9h à 12h et de 14h à 17h.

© DR

Avec Patrice Langhi, les matières habillent l'intérieur et en font un lieu rêvé. L'artisan tapissier sait choisir les tissus nobles et les matières adaptées. On vient chez lui pour une décoration sur mesure et personnalisée. Son équipe vous ouvre les portes de l'Atelier du rideau situé boulevard de Chicago : stores, moquettes, papiers peints, tissus d'ameublement ou rideaux, avec lui rien n'est laissé au hasard et nombreux sont les restaurateurs et hôteliers faisant appel à lui pour leur décoration. Si vous êtes un particulier également, il redonnera volontiers une seconde vie à votre fauteuil ou à votre canapé. Un professionnel sur qui l'on peut compter les yeux fermés.

DÉCORATION

MAHASIAH

24, rue de la Chouette
✆ 03 80 50 07 69
Ouvert le lundi de 14h à 19h ; du mardi au dimanche de 10h à 19h.

Cette boutique vous réserve de nombreuses surprises. C'est ici que l'on trouve en effet de vrais trésors de déco : coffres, mobilier en bois, tapis, accessoires... Caroline mise sur l'originalité et les exclusivités. Il y en a pour tous les budgets, des bougies divines, faites main avec flamme qui crépite, aux nappes italiennes en lin ou encore aux photophores multicolores, sans oublier un bestiaires de sculptures réalisées par des artistes. Les lampes, bougeoirs, pots, miroirs, cadres ont ce soupçon de fantaisie qui nous séduit. La boutique est en plus ouverte le dimanche... Une belle adresse à proximité de la Chouette où les Dijonnais et les visiteurs peuvent venir faire un vœu.

TAPISSIER

PATRICE LANGHI - L'ATELIER DU RIDEAU

32, boulevard de Chicago
✆ 03 80 38 02 05
http://tapisserie-langhi.com
Ouvert du lundi après-midi au samedi.

Artisan tapissier depuis plus de 20 ans, Patrice Langhi vous accueille au 32 boulevard de Chicago, où se situaient auparavant uniquement ses ateliers. Architectes, décorateurs, restaurateurs et hôteliers lui font confiance pour habiller leurs espaces intérieurs. Il travaille les tissus nobles, sur mesure, en privilégiant des marques de papiers peints et de tissus de qualité comme Lelièvre ou encore K. Les particuliers peuvent aussi faire appel à lui pour donner une seconde vie à un fauteuil. Avec l'Atelier du rideau une chose est sûre, rien ne sera laissé au hasard !

LITERIE

MB SALON - MEUBLES BUCKOVA

8, rue du Platane - **QUETIGNY** ✆ 03 80 46 63 30
www.mb-salon.com
Ouvert le lundi de 14h à 19h ; du mardi au samedi de 10h à 12h et de 14h à 19h. Magasin climatisé.

Dynamique, l'enseigne dirigée par Ludovic Buckova propose ce qui se fait de mieux en ameublement. Le showroom de 1 000 m² met en valeur une gamme complète de mobilier, une ligne typée haut de gamme, mais qui reste mesurée sur les prix. MB Salon répond à la tendance du composable, voire du sur-mesure. On peut aussi bien composer son fauteuil, ses chaises ou une table avec une liberté totale. Grandement apprécié, MB Salon participe de manière active au développement en France d'une industrie et d'un commerce écoresponsables, basé sur le recyclage et le développement durable.

LITERIE

LITERIE BATTISTINI

23, rue des Chalands - **QUETIGNY** ✆ 03 80 46 68 38
www.literie-battistini.fr
Ouvert le lundi de 14h à 19h ; du mardi au samedi de 9h30 à 12h et de 14h à 19h. A Quetigny et Marsannay-la-Côte.

Pour bien dormir, sur ses deux oreilles, encore faut-il avoir le matelas adapté ! Retrouvez de vrais professionnels de la literie dans les boutiques de Mathieu Battistini, bien connues dans la région, avec 2 sur les 4 enseignes qui sont à Dijon (Quetigny et Marsannay). Une enseigne spécialisée et alliée des grandes marques de literie offrant un grand choix de références et un gage de qualité à la clientèle : les marques Bultex, Dunlopillo, Emma et André Renault sont à venir tester sur place. Sommiers à lattes ou tapissiers, linge de lit et oreillers, dont la marque de sommiers Luire Déco sont disponibles à des prix abordables. Les conseils des vendeurs sont adaptés pour faire le bon choix.

CANAPÉS - FAUTEUILS

CROZATIER DIJON

Route de Beaune - **PERRIGNY-LÈS-DIJON** ✆ 03 80 52 44 77
www.crozatier.com
Ouvert le lundi de 14h à 19h ; du mardi au vendredi de 9h45 à 12h30 et de 14h à 19h ; le samedi de 9h45 à 19h.

Spécialiste du meuble depuis trois générations, la Maison Crozatier by ameublement Rognon invite les amateurs de beau mobilier dans son showroom aux différents espaces de présentation qui allient confort, modernité et style.

L'équipe saura vous conseiller pour tout projet d'aménagement personnalisé, pour un bureau, une chambre, une mezzanine, une bibliothèque, votre salle de bains, la cuisine ou encore le salon. Une chose est sûre, vous aimerez chaque pièce et recoin de la maison ! Découvrez des marques haut de gamme et tendance comme Stressless, les Meubles Célio ou encore Duvivier Canapés, avec régulièrement des offres en magasin sur les luminaires et les objets déco.

DÉCORATION

NUANCES UNIKALO BARBOT DIJON

11, rue des Frères Montgolfier
CHENÔVE
✆ 03 80 30 03 48
Ouvert du lundi au vendredi de 7h30 à 12h et de 13h30 à 18h.

Spécialisé en peinture et décoration, Nuances Unikalo répond à tous les projets et chantiers. Le magasin et leur showroom déco font le bonheur des pros et des particuliers exigeants, soucieux d'acquérir des produits de qualité, *made in* France ! Car côté qualité, la marque n'a plus à faire ses preuves : elle suit les évolutions technologiques et travaille avec des matières de plus en plus écolo. L'enseigne propose aussi revêtements de murs et sol, enduits, colles… La panoplie est complète, l'espace de vente, très bien pensé. L'expertise technique de l'équipe est précieuse !

CUISINE - SALLE DE BAIN - SANITAIRES

MOBALPA

1b, impasse Jean-Perrin - **CHENÔVE**
✆ 03 80 51 34 40
www.mobalpa.com
Le lundi de 14h à 19h ; du mardi au vendredi de 9h à 12h et de 14h à 19h ; le samedi de 10h à 18h.

© MOBALPA

Cuisinistes depuis plus de 30 ans, deux magasins Mobalpa sont présents dans l'agglomération, l'un à Quetigny, le second à Chenôve, tous deux gérés par Nicolas Ruffino. Référence en cuisine, rangement et électroménager, la maison fait dans le sur-mesure et s'engage pour la qualité, avec notamment la marque française Gaggenau très haut de gamme et en exclusivité. Une large palette de couleurs, de matières et des poseurs expérimentés contribuent à intégrer un équipement optimisé, adapté à votre pièce à vivre. Admirez quelques-unes de leurs réalisations sur le site Internet. Des outils 3D sont mis à votre disposition, prenez RDV avec l'équipe fort sympathique de concepteurs. Adresse futée !

NEW

GADGETS

LE MAGASIN MODERNE

12, rue du Chapeau Rouge
✆ 06 62 37 57 00
Concept-store. Boutique éphémère.

Anciennement un magasin de lingerie, Caroline Cellard a ouvert en juillet dernier une boutique atypique, située rue du Chapeau Rouge. Dans sa boutique éphémère, véritable cabinet de curiosités, elle propose des objets en tous genres, à la fois insolites et esthétiques, destinés à la décoration. Pour se faire plaisir ou pour offrir, découvrez les créations d'Iris Griot, qui transforme les bijoux anciens. Une adresse pour les curieux, qui seront fascinés par les nouveautés telles que les 4 espèces de chauves-souris exposées sous cadre ou encore un squelette de crotale des bambous, signé Le Franc Curieux. A découvrir également sans plus tarder, les boîtes entomologiques du créateur bisontin.

DÉCORATION

N9UF RUE VERRERIE

9, rue Verrerie ✆ 03 80 30 07 20
www.9rueverrerie.com
Ouvert du mardi au samedi de 10h à 12h et de 14h à 19h. Sur rendez-vous également. Livraison possible.

Vous souhaitez vous faire un intérieur de rêve et vous meubler français ? En plein cœur de Dijon, N9UF rue Verrerie est La boutique de meubles design incontournable ! Plusieurs marques de renom y sont présentées en exclusivité. Du mobilier « haute couture », fauteuils, canapés, chaises, tabourets, meubles, luminaires, objets, tables basses et salles à manger. Des belles marques comme Ligne Roset, le must du mobilier design ou la très cotée Sarah Lavoine à l'immense talent. Alessi, gamme d'objets déco, présent aussi... Sandrine et Frédéric Guilland sont des passionnés ! N'oubliez pas le caveau, ses nombreux luminaires. Toutes les ambiances sont proposées. Il va être difficile de choisir !

PAPIER PEINT - PEINTURE

FRANCK AUGUSTE PITOISET

26, rue Lamartine
✆ 06 86 06 59 88
Création et fabrication françaises. Papiers peints haut de gamme, encres boisées, tirages d'art. Boutique en ligne.

Délicates et romantiques, il y a dans les créations de Franck Auguste Pitoiset une grande poésie. Ses dessins à l'encre de Chine donnent vie à de fantastiques motifs végétaux. Des collections florales et organiques, au thème du cabinet de curiosités, il décline ses papiers peints haut de gamme dans un très large choix. Chaque lé illumine et habille la pièce choisie de manière unique et tout en subtilité. Ces papiers peints originaux sont à commander sur sa boutique en ligne. Son âme d'artiste, son imaginaire et son talent l'ont par ailleurs conduit à collaborer avec les entreprises côte-d'oriennes de la Manufacture de Longchamp et du Laboratoire Saint-Côme. Un must pour votre intérieur !

ARCHITECTE

COGITECH

16, rue Marcel Sembat
✆ 03 80 28 95 03
http://cogitech.fr
Ouvert du lundi au vendredi de 8h30 à 12h30 et de 14h à 18h.

Située dans le quartier Arsenal, l'entreprise Cogitech dompte les matériaux pour imaginer le mobilier de luxe du futur. Dans son immense atelier noir, les concepteurs dijonnais travaillent les croquis, les matières et le mobilier pour le compte de professionnels ou de particuliers, amateurs de pièces design. La recherche de finitions et de matériaux plus responsables est au cœur de sa pratique. La solution Minero, une matière destinée à créer du mobilier et des objets de décoration à partir de la valorisation de matières minérales non pétro-sourcées, s'est distinguée d'un Muuz International Award 2021. Une entreprise qui fait rayonner le savoir-faire français à travers des objets iconiques.

PLAQUISTE - PEINTRE

TRIO DÉCO

7, rue Saint-Martin
✆ 06 77 34 72 91
www.triodeco.fr
Ouvert du lundi au vendredi de 9h à 17h. Devis gratuit.

Depuis plus de 10 ans, Trio Déco conseille et réalise les travaux d'aménagement de votre intérieur, du sol au plafond. Entreprise familiale et à taille humaine, c'est avec expérience et logique décorative que sont réalisées les opérations de plaquiste, papiers peints, peinture, carrelage ou parquet. Trio Déco vous aide à être créatif dans vos choix en demeurant à l'écoute des dernières tendances. Lorsqu'il s'agit de plomberie ou d'électricité, des partenaires interviennent, en toute transparence. Trio Déco vous reçoit dans ses bureaux ou se déplace à votre domicile. Ne manquez pas de lui rendre visite au Salon de l'Habitat de Dijon où Trio Déco est immanquable, car placé près de l'entrée.

ARTS DE LA TABLE

MANUFACTURE DE LONGCHAMP

2 A, allée du Petit Pont - **LONGCHAMP**
✆ 06 35 53 23 93
www.manufacturedelongchamp.com
Visite sur rendez vous.

C'est en digne héritier d'un savoir-faire ancestral que Philippe Orliac, artiste céramiste et propriétaire de la manufacture de Longchamp, continue de perpétuer la tradition de la céramique. Dans ce petit village, l'activité existe depuis 1832. Fort de ses nombreuses connaissances, c'est en 2016 que Philippe décide de relancer la manufacture. Depuis, les grands restaurants en raffolent. Créativité, inventivité, raffinement, c'est en 2018 que sort le catalogue de la gamme de porcelaine. Découvrez la nouvelle collection Zip, un service rehaussé d'or à la main avec une fine échancrure dentelée d'éclairs. Pour s'en procurer, rendez-vous à l'atelier ou faites votre commande en ligne.

INFORMATIQUE

APPLE STORE

Centre commercial de la Toison d'Or
✆ 03 80 40 45 00
www.apple.com/fr/retail/latoisondor
Ouvert du lundi au vendredi de 10h à 20h ; le samedi de 9h à 20h.

Pour les ultra connectés équipés de la marque Apple, dont le logo bien connu est symbolisé par une pomme, il est toujours bon à savoir qu'un de ses magasins se trouve à proximité, surtout en cas de matériel usé. Dans cette jolie boutique, tout en longueur et lumineuse, venez découvrir les produits phares et de référence, dont les derniers modèles de smartphones haut de gamme qui sont exposés. Il est ici possible de les essayer en toute liberté le long de grandes tables et d'avoir tous les renseignements nécessaires auprès de conseillers. Bon à savoir : des ateliers de découverte ou de prise en main et même des stages d'été pour les plus jeunes sont très souvent organisés.

ORGANISME D'INFORMATION ET DÉFENSE

DRONE 21 BOURGOGNE

9, route de Saint Julien - **BROGNON**
✆ 06 67 09 75 19
Prise de vue des commerces, des bâtiments ou des cultures. Inspection, thermographie, vidéo et événementiel. Sur devis.

Drone 21 Bourgogne dont Alain Raeth est le gérant vous propose un moyen économique et rapide pour contrôler une zone donnée dans le cadre par exemple de l'inspection de monuments, d'antennes télé ou d'éoliennes. Un service à la pointe de la prise de mesures et de la photographie, qui permet de survoler grâce aux drones, tout type de sinistre et d'en évaluer les dégâts, sur des bâtiments ou des lieux inondés comme des cultures. Caméra zoom à distance ou caméra thermique, pour les panneaux voltaïques notamment, ce spécialiste en thermographie et photogrammétrie vous propose un service adapté et professionnel. Equipé du Phantom 4 multispectral, le diagnostic sera efficace et précis.

IMAGE - SON

LDLC

1-3-5, rue des Echoppes
QUETIGNY
✆ 09 66 82 36 69
Ouvert du mardi au samedi de 10h à 12h30 et de 14h à 17h30.

Dans la zone commerciale de Quetigny, LDLC a trouvé sa clientèle d'habitués et d'adeptes. Dans un espace épuré qui met largement en valeur les machines, les geeks et amateurs de technologies high-tech sont ici à la bonne adresse. En effet, plus de 30 000 références informatiques et high-tech sont proposées ici où l'on trouve du matériel de qualité. Le point fort est incontestablement tout ce qui touche de près ou de loin à l'informatique avec sur place un atelier de montage et de réparation. Qu'il s'agisse d'écrans, de boîtiers, de processeurs ou de cartes-mères, les performances sont au rendez-vous, et une équipe de spécialistes est là pour vous conseiller.

INFORMATIQUE

ORDISERVICES

35, rue Guillaume Tell
✆ 03 80 56 44 32
http://ordiservices-dijon.fr
Ouvert du lundi au vendredi de 10h à 12h30 et de 14h30 à 19h ; le samedi de 10h à 12h30.

© CHRISTOPHE MEYER

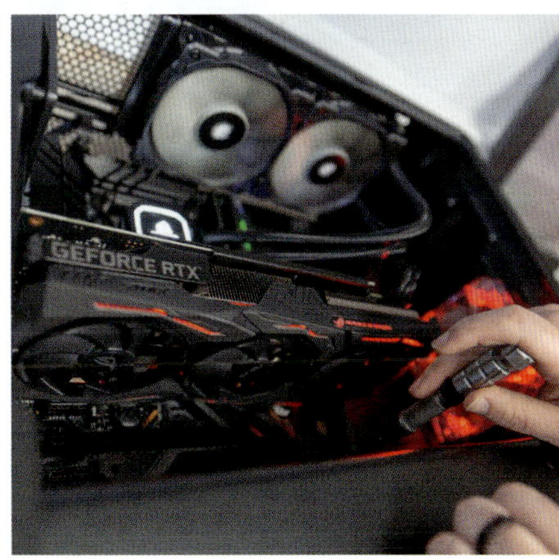

© ALEXANDRE NIQUET

Philippe et Nathalie Rigoulot proposent un service sur-mesure, de qualité, aux particuliers comme aux professionnels. Réparation, assemblage et maintenance, chez eux votre ordinateur est en de bonnes mains. Ordiservices, c'est aussi de la vente de matériel neuf et d'occasion, toutes marques confondues (souris, claviers, cartouches d'encre...). Pour les seniors, les tablettes Facilotab prêtes à l'emploi vous simplifient la vie ! Bastien, Alexandre et Gabriel peuvent également faire un diagnostic complet pour 48 euros ou un nettoyage d'ordinateur à 89 euros sur place ou à domicile (prestations déductibles des impôts sous certaines conditions). L'équipe fait aussi de la formation à domicile.

GARDE D'ENFANT

CHOUETTES SERVICES

2, avenue Raymond-Poincaré
✆ 03 80 58 11 14
www.chouettes-services.com
Ouvert du lundi au vendredi de 9h à 12h et de 13h30 à 17h30.

Pour rendre votre quotidien plus léger, cette société créée en 2006 à Dijon et en 2008 à Besançon, propose tout type de services, aux alentours de Dijon, Vesoul et Dole. Besoin d'une femme de ménage, d'un jardinier ou d'une baby-sitter pour garder vos enfants, même s'ils ont moins de 3 ans ? C'est à Chouettes Services qu'il faut faire confiance, pour des demandes très diverses, comme trouver un atelier créatif, un professeur à domicile ou tout simplement faire repasser votre linge. Excellent rapport qualité-prix pour un service à la carte ! Bon à savoir : l'agence de Saint-Apollinaire est spécialisée dans l'aide des personnes âgées dont l'aide à domicile et la livraison de repas.

COLOR'FY

C'est scientifiquement prouvé : colorier c'est bon pour le moral. Tous les psychologues s'accordent sur les vertus anti-stress du coloriage. Le problème c'est qu'on n'a pas le réflexe d'emporter un carnet de coloriage partout avec soi. Mais grâce à l'appli Color'fy, votre smartphone suffira. Cette appli de coloriage virtuel est plus vraie que nature et vous fera retomber en enfance. Parfait pour se détendre.

SERVICES À LA PERSONNE

EDEN 21

5, rue Marguerite Yourcenar ✆ 03 80 56 01 50
www.eden-nettoyage.com
Entreprise de nettoyage, bureaux ouverts de 8h à 12h et de 14 h à 18h du lundi au vendredi. Prestations sur devis.

Nettoyer en toute discrétion et avec professionnalisme est ce à quoi s'emploie la société familiale Eden, présente depuis 54 ans en Bourgogne-Franche-Comté. Sa mission : maintenir vos espaces de travail et de vie dans un état de propreté en accord avec la législation, votre activité et votre bien-être. 5 agences sont réparties sur le territoire (Dijon, Auxerre, Sens, Besançon et même Lyon). Une société qui est par ailleurs soucieuse de la planète en n'utilisant que des produits éco-labellisés. Particuliers, entreprises et commerces font appel à Eden pour réaliser leurs travaux de nettoyage. Alors si vous cherchez une entreprise fiable, n'hésitez pas à demander votre devis.

SERVICES À LA PERSONNE

HOM SERVICE

4, rue du Pâquier - **LONGVIC**
✆ 03 80 67 82 35
www.hom-service-dijon.com
Ouvert du lundi au vendredi de 8h à 12h et de 14h à 18h.

Créée en 2006 par Patrice Dardeau, l'agence Hom Service, c'est plus de 15 ans de savoir-faire et d'expérience dans les prestations d'entretien. A Dijon, mais aussi à Selongey, Is-sur-Tille, Nuits-Saint-Georges, Chagny et Beaune, vous pouvez leur confier une garde d'enfants, des tâches ménagères comme du repassage, des travaux de jardinage, de bricolage ou d'entretien de vitrerie. Un sacré gain de temps avec en plus 50 % déductibles de vos impôts. Plus de 700 clients ont déjà fait confiance à cette entreprise. Pour en savoir plus, rendez-vous sur le site Internet qui est très complet et qui détaille chaque prestation dans les moindres détails. Une entreprise de proximité, fiable et efficace !

SERVICES AUX ENTREPRISES

PROP'VERT

10, rue du Champ aux Prêtres
SAINT-APOLLINAIRE
✆ 03 80 40 77 00
www.propvert.fr
Ouvert du lundi au vendredi de 9h à 12h et de 14h à 18h.

Prop'Vert® est une entreprise multiservices qui s'adresse à une large clientèle professionnelle, industriels, commerçants, hôteliers ou restaurateurs... Le personnel qualifié, respectueux de procédures strictes, répond aux exigences croissantes des travaux d'aménagements paysagistes : entretien des espaces verts, désinfection de l'air et de surfaces multiples, remise en état, nettoyage de fin chantier, propreté des vitres, des sanitaires, des équipements de cuisine, maintenance d'équipements professionnels. De nombreux syndics et collectivités font appel à Prop'Vert. L'activité dédiée aux particuliers et aux services à la personne est traitée par la société sœur Sanelys.

SERVICES À LA PERSONNE

SANELYS

10, rue du Champ aux Prêtres
SAINT-APOLLINAIRE
✆ 03 80 40 77 00
Sur rdv.

Sanelys est une entreprise de services à la personne qui intervient auprès des particuliers pour un ensemble complet multi-services, nettoyages tous types, entretien de jardins, dépannages, désinfection de l'air, repassage... Grâce aux avantages fiscaux des services à la personne (50 % de réduction d'impôts plafonné selon les tâches facturées), chacun d'entre nous peut sous-traiter les tâches les plus rébarbatives de la vie quotidienne, faute de temps ou de capacité. Sanelys, attachée au développement durable, utilise des produits écologiques respectueux de l'environnement et pratique le tri sélectif ou le désherbage écologique et utilise des outils électriques.

EDEN

UN EDEN POUR LES SALARIÉS

Fondée en 1965, EDEN place l'homme et la qualité du travail au cœur de son activité. En prenant en compte le bien-être de ses équipes, l'entreprise garantit aussi la satisfaction de ses clients. Depuis cinq ans, EDEN s'est lancée dans une politique de qualité aux bénéfices de ses 340 collaborateurs. Pour améliorer le cadre de travail de ses équipes, EDEN a investi dans des équipements de protection, renouvelé la flotte de véhicules, financé des formations et fait l'acquisition d'un matériel plus performant. Ces transformations s'accompagnent logiquement d'une croissance de l'activité. Connue pour ses compétences quant à l'entretien régulier de copropriétés, bureaux ou industries en prenant en compte les spécificités de surface ou de matériaux, EDEN s'est aussi fait une spécialité des travaux exceptionnels. « Nous intervenons pour nettoyer un bâtiment avant livraison ou après un chantier mais aussi après un sinistre... Nous apportons partout une réponse face à l'imprévu » précise Pascal Eisenchteter, PDG. Si EDEN peut effacer les traces indésirables d'un évènement, l'entreprise fait là encore le choix du confort de ses salariés. « Nous fidélisons nos équipes et essayons de concilier vie de famille et travail. » Par ailleurs, le spécialiste de la propreté s'est également fait un nom dans le nettoyage de vitres. « Nous intervenons en fonction des demandes mais pour tous nos chantiers, nous avons une politique de qualité qui privilégie le temps et donne aux équipes les moyens d'intervenir correctement. » Au registre du nettoyage, EDEN répond à de nouvelles demandes, impulsées par la Covid-19, réalisant désormais la désinfection de locaux par nébulisation.

Sur tous les fronts

EDEN, c'est aussi ESD, Eden Service à Domicile, spécialisée dans le ménage pour les particuliers. Du repassage à la lutte contre le calcaire, ESD facilite la vie et embellit le domicile. Les clients profitent aussi d'une défiscalisation. En complément, la société Ingetec réalise des travaux de second-œuvre du bâtiment mais l'entreprise répond surtout aux sollicitations des professionnels de l'industrie ou du tertiaire à travers des contrats de maintenance pour l'électricité ; la réalisation de marquage au sol, de peinture, carrelage ou de faïence. Face à une demande grandissante, le groupe EDEN prévoit de déménager pour gagner en espace. « Nous voulons continuer à grandir mais ça ne doit pas se faire au détriment de nos collaborateurs. C'est pour cette raison que nous ne fixons pas d'objectifs chiffrés, on ne met aucune pression ! »

› EDEN 21
5, rue Marguerite Yourcenar
✆ 03 80 56 01 50
www.eden-nettoyage.com

© CHRISTOPHE MEYER

© CHRISTOPHE MEYER

© CHRISTOPHE MEYER

PÉPINIÉRISTE

PÉPINIÈRES DIMA

Route de Brognon - **BEIRE-LE-CHÂTEL** ✆ 03 80 23 27 49 - A 15 min de Dijon. Fléchage dans le village de Beire-le-Châtel.
www.pepinieres-dima.com
Ouvert du mardi au samedi 9h-12h et 14h-18h30. Boutique en ligne. Bienvenue à la Ferme. Les Artisans du Végétal.

© PEPI

La Pépinière Dima est l'unique rosiériste de Bourgogne Franche Comté, avec plus de 400 variétés proposées. Rosiers résistants, plantes vivaces et graminées, sapins, arbustes à petits fruits, mais aussi accessoires et décoration pour le jardin, Christophe Dima, dont la famille est rosiériste depuis 7 générations, est installé depuis plus de 30 ans à Beire-le-Châtel. Ce grand professionnel cultive des plantes adaptées aux climats continentaux dans le respect de l'environnement. Besoin d'un conseil pour le rempotage ou la taille de votre rosier ? C'est auprès de lui qu'il faut venir vous renseigner. Chaque année à l'automne, venez également découvrir *Les samedis de la Rose*.

FLEURISTE

UN JARDIN EN VILLE

2, rue Guillaume Tell ✆ 03 80 43 47 10
www.unjardinenvilledijon.fr
Ouvert du mardi au samedi de 9h à 19h. Le dimanche et les jours fériés de 9h à 12h30.

Un Jardin en Ville est une jolie adresse située avenue Victor Hugo. Ouverte depuis août 2019, Isabelle vous accueille avec douceur et vous propose une sélection de fleurs raffinées, associées aux senteurs et à la décoration. En nouveauté, découvrez les parfums d'intérieur de Mathilde M. Les fleurs coupées en pots sont cultivées en Saône-et-Loire et les orchidées viennent de Bourgogne. Des fournisseurs éco-responsables, qui laissent la nature prendre son temps et de jolis bourgeons disposés entre les boîtes à chapeau fleuries de Limoges. Isabelle a aussi un petit coin potager, avec quelques légumes et herbes aromatiques en fonction des saisons. Prenez le temps d'y faire un tour !

FLEURISTE

MADAME MIETTES

2, rue Piron
✆ 09 88 38 17 26
Lundi 14h-19h ; du mardi au jeudi 10h-13h et 14h30-19h ; vendredi, samedi 10h-19h ; le dimanche 10h-13h.

Chez Madame Miettes, Camille Bouchery vous accueille et ne manque pas d'idées pour composer de jolis bouquets et les mettre en valeur. Elle privilégie les fleurs fraîches, de saison, et réalise également des compositions de fleurs séchées comme les jacinthes en pot, ou encore les bûches, pour décorer vos tables. Des fleurs cultivées en France, sélectionnées et composées avec le plus grand soin. Côté déco, retrouvez des objets décalés ou encore les vases en céramique entièrement faits main et d'inspiration mexicaine signés Ingela P. Arrhenius. On trouve également ici des idées cadeaux comme les bougies en cire de soja avec de jolies fleurs séchées. Adresse incontournable.

FLEURISTE

MONCEAU FLEURS

25, avenue Garibaldi ✆ 03 80 78 87 96
www.monceaufleurs.com
Ouvert du lundi au samedi de 8h30 à 20h ; le dimanche de 8h30 à 17h.

Exit l'enseigne Cœur de fleurs, place au groupe Monceau Fleurs déjà présent dans toute la France. Pascale Pelvey a repris les rênes de ses trois adresses situées place du Char, quartier Bourroches et à Talant bd de Troyes. Réalisez ici, avec ces équipes de fleuristes expertes et accueillantes, de magnifiques bouquets de saison, pour toute occasion, personnalisés et composés avec soin de fleurs fraîches de nos régions ou exotiques. On vous donnera ici également les meilleurs conseils pour prendre soin de vos plantes. Impatiences, cyclamens, cactus, orchidées, plantes grasses... Trouvez ici votre bonheur et la garantie de magnifiques compositions personnalisées, à des prix très abordables !

FLEURS

LA RESSOURCERIE VÉGÉTALE

✆ 06 63 13 18 46 - www.laressourcerievegetale.fr
Collecte de végétaux d'intérieur auprès de grossistes et de particuliers. Vente ou location de plantes.

Amoureuse des plantes, Chantale Thierry a imaginé, en février 2021, un concept unique en France : La Ressourcerie Végétale. Il s'agit d'inscrire le commerce de produits végétaux dans une démarche durable, pour que les plantes ne finissent pas à la poubelle ! Elle travaille en lien avec les entreprises qui vendent des plantes, pour assurer une seconde vie aux invendus, et avec les entreprises qui en font l'acquisition pour végétaliser leurs locaux. Une démarche écoresponsable, dans une logique anti-gaspi qui consiste à collecter des végétaux auprès des professionnels et des particuliers pour les remettre sur pied et les revendre. Depuis sa création, Chantale a sauvé plus de 200 plantes !

FLEURISTE

POIS DE SENTEUR

75, rue de Mirande
✆ 03 80 63 97 23
www.pois-de-senteur.fr
Du lundi au samedi de 8h30 à 19h ; le dimanche de 9h à 13h.

A l'approche du printemps et pendant toute l'année, bienvenue chez Maude, artisan fleuriste passionnée, propriétaire de cette belle échoppe. Chez Pois de Senteur, c'est la délicatesse, la beauté et la légèreté des fleurs qui sont à l'honneur. Dans cette jolie boutique, à l'extérieur devant la vitrine tout comme à l'intérieur, les fleurs et les plantes colorées sont exposées pour le plaisir des yeux, que l'on soit amateur de végétaux ou non. Spécialiste des bouquets de mariages, les clients s'arrachent les talents de Maude et viennent trouver ici de superbes bouquets de saison. Maude propose également des cours d'art floral. Les commandes en ligne sont possibles. Bref, une boutique unique !

FLEURISTE

MININI BOUTIQUE

30, rue Chaudronnerie ✆ 03 80 68 03 56
www.minini.fr
Ouvert le lundi de 14h30 à 18h30 ; du mardi au samedi de 10h à 19h ; le dimanche de 10h à 12h30.

Les créations florales d'Isabelle sont tout simplement sublimes. Propriétaire de cette charmante boutique, Isabelle est fleuriste depuis plus de vingt ans et Meilleur ouvrier de France. Vouée à sa passion pour les beautés végétales, elle vous propose, dans son magasin du quartier des Antiquaires, des bouquets de fleurs séchées à base de roses, blé et avoine, des objets déco et petites boules à suspendre, ou encore des superbes fleurs comme les renoncules poudrées, pour composer vous-même votre bouquet. On ne saurait que trop vous recommander cette adresse pour gérer la décoration florale de votre mariage : bouquet de la mariée mais aussi embellissement des lieux et décoration des tables.

FLEURISTE

GILLES SONNET FLEURISTE

61, rue de Dijon - **FONTAINE-LÈS-DIJON**
✆ 03 80 55 64 77
www.fleurs-sonnet.com
Ouvert le lundi de 14h à 19h ; du mardi au samedi de 8h à 19h30 ; le dimanche de 9h à 13h. Livraison possible.

© CHRISTOPHE MEYER

Fleuriste depuis près de 20 ans, Gilles Sonnet est Maître Artisan, autrement dit passionné, exigeant, créatif et différent. Lorsque vous franchissez les portes de son « domaine », c'est dans un espace de promenade sans cesse renouvelé en fonction des saisons que vous rentrez. Gilles Sonnet et son équipe de fleuristes vous accueillent et mettent leur talent à votre service pour vous proposer des compositions, des bouquets, des plantes, des décorations, paysager votre maison... Pour un moment de partage et de convivialité, toute l'équipe se fera un plaisir de vous prodiguer les meilleurs conseils lors de cours floraux. Petit plus : la livraison en 3 heures dans toute l'agglomération de Dijon.

JARDINERIE

JEAN MARC AUBRY HORTICULTEUR

4, rue du Moulin-Bernard - **CHENÔVE**
✆ 03 80 52 11 47
Du lundi au samedi 8h-12h et 14h-19h. Ouvert le dimanche (selon la saison : mars à mai, Toussaint et fin d'année).

Jean-Marc Aubry, horticulteur à Chenôve, propose dès les prémices du printemps un choix remarquable de plants à massifs qu'il a soigneusement fait naître dans ses serres. Plus de 85 % des plants sont « made in Chenôve ». Il est votre conseiller pour choisir et entretenir vos plantations, sa passion vous gagne. Pensées, primevères, géraniums, plants de légumes, bruyère, cyclamens, santoline, orchidées, azalées, poinsettia (toujours aussi belle pour Noël) et chrysanthèmes n'attendent que vous. Une fois replantées les fleurs sont généreuses et tenaces.

PÉPINIÉRISTE

SONOFEP

129, route de Dijon - **SAULON-LA-RUE** ✆ 03 80 36 00 00
www.sonofep.fr
Du lundi au samedi de 9h à 12h et de 14h à 19h. Service de livraison.

La SONOFEP est une importante plateforme de distribution dédiée à l'aménagement et à l'entretien des espaces verts. Principal fournisseur des professionnels du paysage, l'entreprise est aussi un paradis pour les particuliers en quête de solutions d'enrichissement de leur Jardin. Imaginez plus de 3 ha d'allées bordées de pots fleuris, d'arbres de tous âges qui attendent une main verte. Près de 30 000 références sont proposées. Le top est de demander un accompagnement pour vos achats, ainsi les conseils sont directs et votre accompagnateur collecte vos produits qu'il chargera ensuite dans votre véhicule. Toutes les tendances végétales et minérales destinées aux jardins sont présentées.

ÉLECTRICITÉ

ENEDIS BOURGOGNE

65, rue de Longvic ✆ 08 10 10 57 02
connect-racco.enedis.fr
Raccordements 09 69 32 18 51 - Dépannages 09 72 67 50 21. Connectez-vous sur www.enedis.fr/Linky.

ENEDIS Bourgogne achemine l'électricité, quel que soit le fournisseur d'énergie auprès des clients particuliers, entreprises et collectivités locales. En tant que gestionnaire du réseau public de distribution d'électricité, ENEDIS en assure la maintenance, réalise les raccordements, les dépannages et effectue les relevés des compteurs. Le réseau évolue pour accompagner l'essor des énergies renouvelables, le développement de la mobilité électrique et l'évolution des modes de consommation. En Bourgogne, 930 000 compteurs Linky, élément clé de cette modernisation ont été installés, ce qui représente environ 90 % des foyers. Un service public de la transition écologique dans les territoires.

ÉLECTRICITÉ

EDF PARTICULIERS

Valmy
✆ 3004
Ouvert du lundi au vendredi de 8h à 20h. 3004 - numéro unique et gratuit.

Un particulier peut adresser ses demandes 24h/24 via le site edf.fr ou en utilisant l'appli EDF&MOI. Le numéro unique et gratuit 3004 met les particuliers en relation avec un conseiller EDF pour bénéficier de services associés, Check, l'appli pour déménager, « Mes jours Zen » un contrat d'électricité qui s'adapte aux nouveaux modes de vie, IZI by EDF pour accéder à des services de proximité, le Suivi conso, Homoris, le service de télésurveillance du logement, mais aussi pour une intervention rapide et efficace en cas de panne dans un logement ! Enfin, la solution numérique e.quilibre permet d'analyser votre consommation en lien avec vos usages et ainsi mieux la gérer.

AMÉNAGEMENT EXTÉRIEUR

RÉNOVÉCO DIJON MÉTROPOLE

1, boulevard Voltaire
✆ 03 80 48 89 89

A Dijon Métropole, j'adopte le réflexe Rénovéco, un incontournable avant de me lancer dans des travaux de rénovation et d'amélioration de l'habitat. Les conseillers de ce guichet unique et public en matière d'amélioration de l'habitat privé accompagnent gratuitement tous les habitants dans leurs projets de travaux. Rénovéco vous dirige vers les bons interlocuteurs afin de bénéficier de conseils et d'un accompagnement technique et financier personnalisé en fonction de votre projet de travaux (économies d'énergie, adaptation du logement, etc.). Au travers de ce service, Dijon Métropole met en place des subventions pour les études et travaux en complément des primes et des aides nationales.

CUISINE - SALLE DE BAIN - SANITAIRES

ILLICO TRAVAUX DIJON

12, rue de Gray
✆ 06 83 88 28 35
Ouvert du lundi au vendredi. Accueil bureau et sur rdv à votre domicile.

Pour réaliser un projet de rénovation de son habitat, il faut trouver les bons artisans. Mathieu Larrierre d'IlliCO Travaux propose de vous accompagner dans sa réalisation. Son expérience de conducteur de travaux et l'image de marque d'Illico Travaux, filiale d'Hexaôm (Maisons France Confort), lui apportent toute la crédibilité pour devenir le bon interlocuteur. Entouré d'artisans rigoureusement sélectionnés, il peut, dans une vision globale, qualifier vos travaux et vous établir un devis précis. Ses honoraires sont une valeur ajoutée qui ne se traduira pas par une dépense supplémentaire, mais par un gain de temps, de tranquillité d'esprit et l'assurance de la bonne réalisation du chantier.

ISOLATION

SAGECO - LA MAÎTRISE EN ÉCONOMIES D'ÉNERGIE

8, rue Charles-Péguy ✆ 06 81 45 99 77
www.sageco-energie.fr
Sur rendez-vous.

SAGECO est un bureau d'études thermiques spécialisé dans les conseils pour la maîtrise des économies d'énergie. Patricia Lesage propose ses services d'accompagnement aux établissements publics, promoteurs, constructeurs, bailleurs sociaux, collectivités ainsi qu'aux syndics de copropriétés. Si elle collabore avec certains architectes, elle traite aussi volontiers les cas des particuliers. Le coût de l'intervention de SAGECO n'est pas à considérer comme une dépense mais bien comme une valeur ajoutée indispensable, une étude de faisabilité pour prioriser vos travaux.

ISOLATION

HASCALINNOV

3, rue de Skopje
✆ 03 80 71 34 22
www.hascalinnov.fr
Sur rendez-vous - référent Camif Habitat.

Hascalinnov, dirigée par Denis Hascal, intervient auprès des particuliers, professionnels et syndics comme conseil et maître d'œuvre pour tous types de travaux. L'entreprise propose ses services d'un bout à l'autre de votre projet de rénovation, extension ou réparation. De la conception à la fin des travaux, vous n'avez qu'un seul interlocuteur car toutes les étapes sont abordées, avec si nécessaire un architecte ou un bureau d'études : le dessin, les autorisations administratives, la consultation des entreprises, le suivi du chantier, sans oublier l'ingénierie financière, qui désigne la recherche de toutes les aides disponibles. Hascalinnov est référent Camif Habitat pour la Côte d'Or.

edf
Devenons l'énergie qui change tout.
TIENS, UNE NOUVELLE STATION-SERVICE !
Avec 5 000 nouvelles bornes de recharge par mois en Europe*,
le groupe EDF contribue au développement de la mobilité électrique.
Et ça, c'est mieux pour le climat.
RCS PARIS 552 081 317

PORTES - FENÊTRES - VOLETS - STORES

DEXTER

6, rue d'Epernay - **MOREY-SAINT-DENIS**
✆ 03 80 62 74 26
www.dexterpro.fr
Ouvert du lundi au vendredi de 9h à 18h30 ; le samedi de 9h à 12h. Label RGE Qualibat.

© DEXTER

En plus de 15 ans, Dexter est devenu une référence en matière de pose de portes, fenêtres, portes de garages et autres portails pour les projets de rénovation de l'habitat sur la Métropole dijonnaise et la Côte-d'Or. L'entreprise répond aussi à tous les besoins d'aménagements extérieurs pour les pergolas, stores bannes, portails et clôtures. Avec un showroom de plus de 250 m² ouvert sur les vignes on peut visualiser la plupart des solutions. Dexter installe des marques reconnues : Kline dont elle est Expert Rénovateur pour les solutions alu, AtanteM pour le PVC, Winsol pour les pergolas, Charuel pour les portails et clôtures pour ne citer que quelques références.

ISOLATION

I2P - ISOLAT FRANCE

21, rue de Cracovie - **SAINT-APOLLINAIRE**
✆ 03 80 72 04 38
www.i2p-isolation-chape.fr
Du lundi au vendredi de 9h à 12h et de 14h à 17h. Fermé le mercredi après-midi. Sinon sur rdv. Label RGE Qualibat.

Isolat France, filiale de Icynene premier fabricant mondial de mousse isolante projetée, est spécialiste de l'isolation et de l'étanchéité à l'air dans la construction et la rénovation. La société I2P (Isolation Polyuréthane Projeté) dirigée par Didier Roze est concessionnaire de ce procédé homologué par les avis techniques du CSTB pour l'isolation des sols, la projection sur les planchers bois et l'étanchéité à l'air de parois isolées. Avec I2P, oubliées les techniques d'isolation par l'extérieur, tout se fait par l'intérieur. Le procédé Isolat France est économique compte tenu de ses performances, il est appliqué lors d'un processus spécifique parfaitement maîtrisé par I2P.

TOITURE - COUVERTURE

TOIT ET BOIS

27, route de Dole - **LOSNE** ✆ 03 80 39 22 55
www.toit-et-bois-niquet.fr
Ouvert du lundi au vendredi de 7h30 à 12h et de 13h30 à 17h30. Sur rdv.

Toit et Bois est spécialiste des travaux de charpente, couverture, zinguerie, aménagement de combles et isolation. Maximilien Renaudet, compagnon charpentier qui dirige cette entreprise depuis plus de 10 ans, poursuit l'histoire de l'entreprise Niquet qui a démarré il y a 250 ans ! C'est avec proximité et réactivité qu'il vous conseille et répond à vos besoins. L'entreprise maîtrise le procédé de sarking consistant à poser des panneaux isolants sur la charpente avant de latter et tuiler. La pose de fermettes se fait aussi bien sur du neuf qu'en rénovation. Maximilien maîtrise aussi la réalisation d'extensions en ossature bois, de terrasses, de bardages, voire la pose de Vélux ou lucarnes.

ISOLATION

ISOCONCEPT

2, rue des Grandes Varennes - **AHUY** ✆ 03 80 55 09 11
www.isoconcept21.fr
Ouvert le lundi, mardi matin, mercredi, jeudi et vendredi matin. Le Samedi sur rdv uniquement. Agrée poseur Velux.

Thomas Carminati est à la tête depuis 2020 de la société Iso Concept basée en zone artisanale d'Ahuy. Epaulé par sa collaboratrice Mélanie et son staff de poseurs professionnels, Thomas saura répondre à tous vos besoins en matière d'isolation de toiture, de nettoyage extérieur et intérieur, de ravalement de façade et de traitement de vos charpentes. Son showroom d'Ahuy permet de vous accueillir durant la semaine, le samedi sur rendez-vous. Thomas est disponible pour un devis gratuit dans une zone de chalandise d'environ 100 km autour de Dijon. Iso Concept travaille avec les meilleurs fournisseurs, Technichem ou Rockwool solutions isolation. Adresse précieuse et conseils de pro !

PORTES - FENÊTRES - VOLETS - STORES

GUILLERME

9, rue Marcel Sembat
✆ 03 80 52 56 59
guillerme.decostory.fr
Ouvert du lundi au vendredi de 8h à 12h et de 13h30 à 18h.

Guillerme est spécialisée dans les stores, fenêtres, portes ou volets roulants… Fabian Ruinet la dirige avec une équipe d'experts, proposant d'excellents produits aux tarifs étudiés. Belles marques proposées comme Bubendorff en exclusivité. Guillerme est aussi Expert Somfy et Espace Inspiration Luxaflex. A l'heure des économies d'énergie, Guillerme connecte les équipements du domicile pour réduire les factures de chauffage. Cette adresse fabrique sur mesure et installe vos menuiseries, Pergolas, porte de garage… Un service après-vente au top avec son propre service de réparation toutes marques. La domotique ici, est très maîtrisée, votre habitat devient ludique et sécurisé !

PLAQUISTE - PEINTRE

TRIO DÉCO

7, rue Saint-Martin
✆ 06 77 34 72 91
www.triodeco.fr
Ouvert du lundi au vendredi de 9h à 17h. Devis gratuit.

Depuis plus de 10 ans, Trio Déco conseille et réalise les travaux d'aménagement de votre intérieur, du sol au plafond. Entreprise familiale et à taille humaine, c'est avec expérience et logique décorative que sont réalisées les opérations de plaquiste, papiers peints, peinture, carrelage ou parquet. Trio Déco vous aide à être créatif dans vos choix en demeurant à l'écoute des dernières tendances. Lorsqu'il s'agit de plomberie ou d'électricité, des partenaires interviennent, en toute transparence. Trio Déco vous reçoit dans ses bureaux ou se déplace à votre domicile. Ne manquez pas de lui rendre visite au Salon de l'Habitat de Dijon où Trio Déco est immanquable, car placé près de l'entrée.

TAPISSIER

PATRICE LANGHI - L'ATELIER DU RIDEAU

32, boulevard de Chicago
✆ 03 80 38 02 05
http://tapisserie-langhi.com
Ouvert du lundi après-midi au samedi.

Artisan tapissier depuis plus de 20 ans, Patrice Langhi vous accueille au 32 boulevard de Chicago, où se situaient auparavant uniquement ses ateliers. Architectes, décorateurs, restaurateurs et hôteliers lui font confiance pour habiller leurs espaces intérieurs. Il travaille les tissus nobles, sur mesure, en privilégiant des marques de papiers peints et de tissus de qualité comme Lelièvre ou encore K. Les particuliers peuvent aussi faire appel à lui pour donner une seconde vie à un fauteuil. Avec l'Atelier du rideau une chose est sûre, rien ne sera laissé au hasard !

DÉCORATION

GHITO

3, rue Nicolas de Condorcet - **CHEVIGNY-SAINT-SAUVEUR**
✆ 03 80 36 41 78 - www.ghito-renovation.fr
Ouvert du lundi au vendredi de 8h à 12h et de 14h à 18h. Showroom.

Le showroom de Thomas Guillaud à Chevigny Saint-Sauveur illustre toutes les capacités de ses équipes pour rénover et transformer votre intérieur. Entreprise tous corps d'états, GHITO maitrise en interne toutes les compétences de la rénovation d'une maison avec une vingtaine de collaborateurs en maçonnerie, électricité, plomberie, chauffage, revêtements de sols, pose de menuiseries, peinture… Le projet démarrant par la conceptualisation 3D de vos envies. GHITO est labellisée RGE pour ce qui est des travaux d'isolation intérieure. Dès l'expression de votre projet, GHITO vous conseille pour effectuer les meilleurs choix en fonction de vos goûts dans un large panel technique et chromatique.

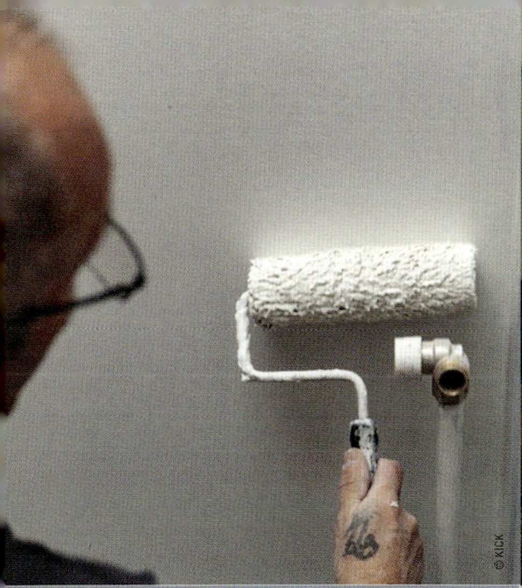

DÉCORATION - PEINTURE - PLAQUISTE

KICK

1, rue Nicolas Cugnot - **CHENÔVE**
✆ 03 80 41 30 57
www.kickdeco.com
Ouvert du lundi au vendredi de 8h à 12h et de 14h à 18h.

Vous souhaitez entretenir ou rénover votre habitation et/ou vos locaux professionnels, faites confiance à Philippe Jacquemin. Vous trouverez une équipe entière, soudée et très professionnelle ! Présente depuis plus de 53 ans sur le marché, l'entreprise KICK a de l'expérience. Sa priorité : l'étude et la personnalisation de votre projet global. Et pour ceux qui ne comprennent rien à la plâtrerie traditionnelle, la peinture, l'aménagement, aux revêtement de sols (parquet, moquette, ciment teinté, etc.), ou encore aux cloisons sèches (plaques et carreaux de plâtre), on vous conseillera tout simplement de prendre rendez-vous ! Du « clés en main » pour les particuliers et les professionnels !

PISCINE

CONCEPT TERRASSEMENT VR

8, impasse des Artisans - **BRESSEY-SUR-TILLE** ✆ 03 80 47 31 75
www.concept-terrassement.fr

Showroom sur rdv. Labels « Handibat » et « L'excellence artisanale ».

Concept Terrassement VR, c'est une équipe de 7 personnes formées et qualifiées à la conduite d'engins de chantier pour préparer votre terrain aux aménagements et aux clôtures, finir les allées en enrobés, dallages ou autres alvéoles retenant les graviers. Les travaux de maçonnerie aval se font dans les meilleures conditions, murs de clôture, piscines en agglo banché, tout devient possible et clé en main s'il vous plaît ! Victor Ribeiro livre des travaux soignés, des chantiers parfaitement nettoyés. Chez lui tout est mis au carré, propre et net. Ses nouveaux bureaux et son showroom en témoignent. Les activités de formation sont dorénavant gérées par la structure Concept Formations.

ISOLATION

LES CHARPENTIERS DE BOURGOGNE

4, rue Lavoisier - **LONGVIC** ✆ 03 80 68 46 90
www.charpentiersbourgogne.com

RGE FFB Qualibat + toutes les qualifications professionnelles en charpente, couverture et étanchéité.

Les Charpentiers de Bourgogne est une entreprise à la pointe des techniques de travail du bois, de la charpente, la couverture et l'étanchéité des toits mais aussi de la construction à ossature bois avec sa marque MO2B. Charpentiers de Bourgogne, qui emploie une cinquantaine de personnes, est en constante veille technique sur les innovations du bois, des colles, des assemblages et des usinages. L'entreprise est devenue expert de la transition énergétique, maîtrisant les techniques d'isolation thermique par l'extérieur (ITE) des murs et par l'intérieur des toitures.

MIROIRS - GLACES

SODIVER

26, rue de Mayence ✆ 03 80 78 99 90
www.sodiver.fr

Du lundi au jeudi de 8h à 11h45 et de 14h à 17h30 ; le vendredi de 8h à 11h30. Atelier et showroom. Label RGE Qualibat.

C'est fou tout ce que l'on peut faire avec le verre. Sodiver en la matière est une institution en Bourgogne depuis 1975. Matière translucide, il peut être teinté, imprimé, laqué, dépoli, feuilleté, avec un tissu ou un film et inrayable. Une des grandes tendances dans les cuisines est de réaliser la crédence en verre laqué avec un accès à toutes les nuances RAL. Le showroom Sodiver illustre parfaitement comment le verre peut être source de créativité. Un atelier industriel de 3 700 m^2 permet de fabriquer les éléments sur mesure. Bon à savoir, Sodiver est imbattable pour intervenir le jour même pour réparer un bris de vitrines, portes ou fenêtres et assurer ainsi la mise en sécurité.

PISCINE

CHABRAT PAYSAGE PISCINE

6, rue des Métiers - **COUTERNON**
✆ 09 74 56 23 44
www.paysagiste-chabrat.fr
Ouvert du lundi au vendredi de 8h à 18h. Showroom extérieur.

Jérôme Chabrat, paysagiste, se développe dans l'offre de la piscine de forme libre aux allures de lagon. Son showroom extérieur est idéal pour découvrir des solutions de revêtements de sols, végétations, mais surtout le concept de piscine Iloé. Un bassin à l'esprit méditerranéen qui s'adapte à chaque paysage avec des bords en pente douce façon plage. Tout est possible : plage, escalier, bord droit, rochers, cascade... La piscine finie et engazonnée peut revenir au même prix qu'une piscine traditionnelle sans ses aménagements. Chabrat Paysage arrive dans la cour des grands en capacité de réalisations avec la créativité d'une équipe animée par la passion et l'amour des beaux jardins.

PISCINE

DPS AQUILUS DIJON PISCINE SPA

8 bis, rue des Novalles - **TALANT**
✆ 06 70 18 09 34
www.aquilus-dps.fr
Ouvert du lundi au samedi de 10h à 19h.

© AQUILUS

DPS, Dijon Piscine Spa, concessionnaire Aquilus, est un nouveau pisciniste sur Dijon avec une large gamme de piscines et de spas. Le concept des piscines Aquilus est original car la structure est constituée de panneaux Steeltech Protec® et acier galvanique revêtu de PVC. Elles sont fabriquées en France et sont garanties 25 ans. Le showroom intérieur et extérieur situé à Talant permet de découvrir tout l'univers Aquilus Piscines et Spas, équipements, produits de traitement, robots nettoyeurs, pompes à chaleur ou les saunas, traditionnels et en forme de tonneau.

PISCINE

MATIFLOR PISCINES MAGILINE

27, rue de Mayence ✆ 03 80 65 93 02
www.matiflor.com
Lundi-vendredi 9h-12h30, 13h30-18h ; samedi 9h-12h. De novembre à mars lundi-vendredi 9h-12h, 13h30-17h30 fermé samedi.

© MAGILINE

Combinez la forte image de marque Magiline à celle de Matiflor Piscine & Paysage, son distributeur et installateur en Côte-d'Or, et choisissez cette équipe pour réaliser votre rêve de piscine. Magiline est une marque 100 % française, au concept unique de modules assemblés et ferrés puis coulés d'une pièce en béton. Tout est possible en matière d'aménagement du jardin : installer un spa, un sauna, réaliser une terrasse et végétaliser votre espace. Pour les solutions spa, Matiflor installe Magiline et Waterwave Spas avec des solutions de massages et nage à la carte.

PORTAIL - CLÔTURE

ALENTOUR - PIERRE RECONSTITUÉE ET BÉTON DÉCORATIF

Chemin des Fontenottes - **LUX** ✆ 03 80 75 22 22
www.pierre-alentour.fr
Ouvert du lundi au jeudi de 8h à 12h et de 13h30 à 18h ; le vendredi de 8h à 12h et de 13h30 à 17h.

L'entreprise Alentour est spécialisée dans la production d'éléments de décoration et de construction en pierre reconstituée et en béton. Fabriqués à base de calcaires durs de Bourgogne, les produits Alentour ont l'aspect de la pierre naturelle tout en résistant au gel. Alentour propose aussi aux professionnels de la construction, le concept Domibilis® qui consiste à assembler des éléments préfabriqués dans une association de béton et de chanvre. Le béton sert autant à la structure qu'à l'étanchéité à l'air tandis que le chanvre apporte l'isolation thermique et phonique.

NEW

ISOLATION

ISOLATION BY TRYBA - IBT21

1160, route de Gray - **SAINT-APOLLINAIRE** ✆ 07 48 91 83 33
www.isolationbytryba.fr
Ouvert du lundi au vendredi de 8h à 12h et de 14h à 18h ; le samedi de 9h à 14h. RGE Qualibat Certibat - label ECOREHA.

Isolation by Tryba, la nouvelle marque du spécialiste des menuiseries, devient expert de l'isolation par l'extérieur (ITE). IBT se développe en Côte d'Or avec Sébastien Flocard issu du monde de l'industrie qui apporte son sens de l'organisation à des processus d'amélioration des performances énergétiques des maisons individuelles des plus sérieux. L'offre IBT est globale avec des solutions qui concernent l'isolation par l'extérieur avec au passage le ravalement de façade, le bardage, l'isolation des combles, la VMC et les solutions de chauffage par l'installation de PAC.

TRAVAUX

ISP FRANCE

126, rue de la Pièce Léger
MARSANNAY-LA-CÔTE
✆ 03 80 27 31 52

Le groupe ISP France apporte une réponse globale à tous ceux désireux d'entamer une rénovation ou de réaliser des travaux pour améliorer leur habitat avec plusieurs entités. Isole Plus et Isole Plus Energie se positionnent comme les partenaires de la rénovation énergétique et de l'amélioration de l'habitat quand Global Energy Corporate, le bureau d'étude du groupe ISP France, apporte une réponse adaptée à chaque projet. Elixir, le spécialiste en traitement de l'eau, repense une salle de bain, installe une piscine ou imagine les solutions de demain pour économiser la ressource en eau. Techniplus BFC est l'entité d'ISP France consacrée au dépannage, à la maintenance et au service après vente.

CUISINE - SALLE DE BAIN - SANITAIRES

CUISINES JEAN DE MATHIEU

31, place du 1er-Mai
✆ 03 80 45 22 63
Atelier et marbrerie de la Z.A. de Couternon sur rendez-vous. Cuisine, bain, dressing. Pose à domicile.

La marque dijonnaise Jean de Mathieu, dirigée par Gilles et Maxime Depresle, vous assure un service de conseil en aménagement intérieur, rénovation et pose à domicile hautement professionnel. Le hall d'exposition de 300 m² qui a été refait l'an dernier pour les 20 ans de la boutique, dévoile une gamme de pierres diversifiée (granit, quartz), avec 40 blocs différents. Bonne surprise : le montant du devis n'est pas supérieur aux prix du marché ! La boutique Jean de Mathieu s'appuie sur la marbrerie familiale tout en travaillant avec les grandes marques de l'électroménager : hotte Bora, lave-vaisselle AEG... A découvrir à l'adresse du showroom : la toute nouvelle cave Jean de Mathieu.

ISOLATION

ISOLE PLUS DIJON

126, rue de la Pièce-Léger - **MARSANNAY-LA-CÔTE**
✆ 09 63 42 05 97 - www.isoleplus.com
Ouvert du lundi au samedi de 9h à 12h et de 14h à 19h. Labellisé RGE - Les Pros de la performance énergétique FFB.

Spécialiste de la rénovation énergétique et de l'amélioration de l'habitat, Isole Plus accompagne les projets grâce à une offre globale. L'isolation, le chauffage, le traitement de l'eau ou de l'air, la ventilation, la climatisation ou encore l'installation d'un store banne s'inscrivent parmi les travaux qu'Isole Plus réalise avec en ligne de mire le confort de vie des occupants. Soucieuse de guider ses clients vers un habitat plus durable mais aussi plus économique, l'entreprise profite de son expertise globale pour trouver la solution adaptée à chaque logement et à chaque budget. Cette rigueur explique l'excellente image de marque de l'entreprise au sympathique nounours blanc, sa mascotte.

CUISINE - SALLE DE BAIN - SANITAIRES

MOBALPA

1b, impasse Jean-Perrin - **CHENÔVE** ✆ 03 80 51 34 40
www.mobalpa.com
Le lundi de 14h à 19h ; du mardi au vendredi de 9h à 12h et de 14h à 19h ; le samedi de 10h à 18h.

Cuisinistes depuis plus de 30 ans, deux magasins Mobalpa sont présents dans l'agglomération, l'un à Quetigny, le second à Chenôve, tous deux gérés par Nicolas Ruffino. Référence en cuisine, rangement et électroménager, la maison fait dans le sur-mesure et s'engage pour la qualité, avec notamment la marque française Gaggenau très haut de gamme et en exclusivité. Une large palette de couleurs, de matières et des poseurs expérimentés contribuent à intégrer un équipement optimisé, adapté à votre pièce à vivre. Admirez quelques-unes de leurs réalisations sur le site Internet. Des outils 3D sont mis à votre disposition, prenez RDV avec l'équipe fort sympathique de concepteurs. Adresse futée !

CUISINE - SALLE DE BAIN - SANITAIRES

SALLES DE BAINS JEAN DE MATHIEU

31, place du 1er-Mai
✆ 03 80 45 22 63
Ouvert le lundi de 14h à 19h ; du mardi au samedi de 10h à 12h et de 14h à 19h ; le samedi de 9h à 10h sur rendez-vous.

Les cuisines Jean de Mathieu, une référence à Dijon ! Dans le show-room de 300 m³, vous trouverez assurément le style de cuisine – design et à toute épreuve – qui vous convient. La boutique apporte aussi une solution sur mesure pour les salles de bains, en pierre uniquement. Ici, c'est bel et bien le produit qui s'adapte et qui est conçu pour durer des décennies avec la même qualité et le même rendu. Cerise sur le gâteau, Jean de Mathieu met le même sérieux à proposer des rangements pour la chambre et le salon, le tout pour un budget équivalent au reste du marché.

ORGANISME D'INFORMATION ET DÉFENSE

ACTION LOGEMENT SERVICES DIJON

28, boulevard Clemenceau ✆ 03 45 43 31 50
www.actionlogement.fr
Ouvert du lundi au jeudi de 9h à 12h15 et de 13h30 à 17h15 ; le vendredi de 9h à 12h et de 13h30 à 16h.

Besoin de conseils pour louer, acheter, construire, faire des travaux ou être accompagné face à des difficultés liées au logement ? Action Logement, collecteur de la Participation des Employeurs à l'Effort de Construction auprès des entreprises propose une gamme de services au profit des salariés des entreprises du secteur privé non agricole et des jeunes en contrat d'alternance. Des aides pour se loger et faciliter l'entrée dans les lieux, mais aussi du conseil en financement et accession et bien d'autres services sont proposés facilitant l'accès au logement et à l'emploi.

PROMOTEUR

PROPRIÉTAIRE POUR LE PRIX D'UN LOYER.COM

102, rue d'Auxonne ✆ 09 67 28 36 89
www.proprietairepourleprixdunloyer.com
Accès à la propriété en PSLA - du T2 de 45 m² à 106 900 € au T4 de 82 m² à 181 700 €.

Après l'Oriale et Canopia, Rives du Canal est le 3e programme de Grand Dijon Habitat qui se positionne en promoteur avec la marque « Propriétaire pour le prix d'un loyer. com ! », proposant la vente d'appartements dans une formule d'accession à la propriété soutenue par Dijon Métropole. Une accession abordable, sur des biens situés dans des résidences dernier cri en termes de style et de performances énergétiques qui se fait sous conditions de ressources. Rives du Canal se situe au cœur de l'éco-quartier Arsenal, un programme de 42 appartements de standing proche du Canal.

AMÉNAGEUR FONCIER

ODIFIS - ESPACE HABITAT

10, place de la République ✆ 03 80 60 84 56
www.odifis.fr
Ouvert du lundi au vendredi de 9h à 12h et de 14h à 18h ; le samedi de 9h à 12h.

Odifis est un espace habitat réservé aux transactions, vente de terrains, de maisons et d'appartements. Odifis facilite l'accession à la propriété à des prix accessibles sous différentes formes. L'achat du logement loué, réservé aux locataires Orvitis, est une possibilité de passer à un habitat privé sans changer ses habitudes. Odifis accompagne les locataires tout au long de leur démarche d'acquisition. Autre formule, la location-accession (PSLA) permet sans apport personnel de devenir propriétaire d'un logement neuf, après une période de location prévue dans un contrat initial. Odifis commercialise des terrains à bâtir, des pavillons ou des appartements neufs ou bien issus du parc Orvitis.

PROMOTEUR

SENNECEY LÈS DIJON - BIEN VIVRE ENSEMBLE

5, rue de l'Eglise
SENNECEY-LÈS-DIJON
✆ 03 80 47 00 12
www.commune-sennecey-les-dijon.fr

L'image de Sennecey, celle d'une ville dortoir, est bien dépassée. Elle s'intègre dans un bassin de vie dynamique qui bénéficie de la proximité immédiate de Dijon et de Quetigny. Avec l'émergence de nouveaux services, d'un pôle commercial un nouveau quartier de 410 logements prend forme sur la ZAC des Fontaines. L'objectif est d'atteindre 3 000 habitants à l'horizon 2030, tout en préservant l'espace foncier et l'environnement de qualité pour ses habitants. Au cœur du quartier, le Parc des eaux est un lieu de rencontres et de promenades, véritable réservoir de biodiversité.

PROMOTEUR

EDIFIPIERRE

46, avenue du Drapeau
✆ 03 80 58 43 17
www.edifipierre.fr
Ouvert du lundi au samedi de 10h à 19h.

Promoteur immanquable à Dijon, l'offre d'Edifipierre se répartit sur une dizaine de programmes implantés dans les quartiers et communes les plus attractifs de la Métropole. Les résidences Edifipierre combinent architecture soignée et rapport qualité-prix attractif. Elles comportent de 15 à plus de 100 appartements, et sont destinées également au logement étudiant dans les quartiers des facultés, tandis que des solutions pour personnes seniors valides, voire personnes à mobilité réduite deviennent disponibles. A Dijon le choix est riche, mais il s'étend aussi sur Fontaine-lès-Dijon, Chenôve, et Quetigny. De quoi réussir votre projet d'acquisition de résidence principale ou d'investissement.

PROMOTEUR

ELITHIS

1C, boulevard de Champagne
✆ 03 80 43 52 02
www.elithis.fr

Elithis, société d'ingénierie des fluides et de la performance énergétique et environnementale, contribue à construire l'habitat du XXIe siècle. Après la tour éponyme dans le quartier Clemenceau, Elithis se lance dans la construction de 100 nouvelles tours résidentielles à haute efficacité énergétique et environnementale dans le monde. La tour dijonnaise TEA se dressera avenue Jean Jaurès dans l'écoquartier Arsenal. Les biens proposés bénéficieront d'un confort unique doublé de charges de chauffage nulles. Cette tour d'habitation sera résolument moderne jusqu'au 17e étage composé d'un cœur social, le Diamant, avec un jardin, un deck et 2 espaces living room accessibles aux résidents.

PROMOTEUR

QUETIGNY PROJET CŒUR DE VILLE

Place centrale Roger-Rémond
QUETIGNY
www.quetigny.fr/projet-coeur-de-ville

Quetigny réaménage son espace urbain créant un véritable Cœur de Ville autour de la station terminus du tram, Quetigny-Centre. Les objectifs sont de donner un nouveau visage à la ville, de conserver ses habitants et de répondre aux nouveaux besoins de logement dans un lieu de vie paysager. Les promoteurs présents, Edifipierre, Voisin Immobilier, Vinci Immobilier et Icade proposent de nouveaux usages des espaces collectifs, ateliers de bricolage, terrasses ou des jardins partagés. Les types d'accessions sont dits classiques, mais aussi abordables et très abordables.

PROMOTEUR

ICADE PROMOTION BOURGOGNE FRANCHE COMTE

6, avenue du Drapeau
✆ 03 45 60 54 80
www.icade-immobilier-neuf.com
Ouvert du mardi au samedi de 10h à 12h et de 14h à 19h.

Filiale de la Caisse des Dépôts et Consignations, Icade conçoit des produits et services immobiliers innovants pour répondre aux nouveaux modes de vie urbains. Les résidences Icade possèdent le label NF Habitat qui garantit le meilleur niveau de performances énergétiques, dont le respect de la future norme RE 2020 E+C- sur le programme de Quetigny. Icade innove avec BiHome qui intègre une seconde entrée à votre appartement, rendant indépendant l'accès à une chambre équipée d'un w.c. et d'une salle de bains. Rendez-vous à l'Icade Store dijonnais pour saisir les opportunités.

PROMOTEUR

VOISIN IMMOBILIER

9, place Darcy ✆ 03 80 30 20 40
www.voisin-immobilier-dijon.com
Ouvert du lundi au vendredi de 9h à 18h30. Samedi sur rdv.
Certifié NF Habitat.

Voisin Immobilier existe depuis plus de 70 ans et a déjà construit près de 7 000 logements sur la Métropole. Toutes les constructions sont certifiées NF Habitat et certaines sont labellisées HQE, gage d'une plus grande performance à tous points de vues dont le respect de l'environnement. Parmi les nouveaux projets, nombreux, le plus remarquable est celui baptisé Belles Houses dans le quartier Arsenal. Il sera constitué de 150 maisons dont 67 seront signées Voisin. Des maisons à ossature bois, esthétiques, performantes sur le plan des énergies et surtout abordables. Voisin Immobilier lancera aussi 2 autres projets de résidences, dans le quartier Hyacinthe Vincent et à Perrigny-les-Dijon.

IMMOBILIER

GROUPEMENT DE NÉGOCIATION IMMOBILIÈRE DES NOTAIRES DE CÔTE-D'OR

2b, avenue de Marbotte ✆ 03 80 67 12 21
www.immobilier.notaires.fr

Depuis 1982, les notaires sont autorisés à pratiquer la négociation immobilière. En Côte-d'Or, ils sont organisés en groupement et sont membres du réseau national Immobilier.notaires. Il existe une quarantaine de groupements en France et sur les 58 études de la chambre de Côte-d'Or, 29 en sont membres. Au même titre qu'un agent immobilier, le notaire propose aux vendeurs de lui confier un mandat, relayant la commercialisation de son bien via deux sites notariaux d'annonces, www.immonot.com et www.immobilier.notaires.fr, la marque nationale des notaires.

NOTAIRE

CHAMBRE DES NOTAIRES DE LA CÔTE-D'OR

2B, avenue de Marbotte ✆ 03 80 67 12 21
www.chambre-21.notaires.fr
Permanences-consultations gratuites, le mercredi de 14h à 16h sur rendez-vous exclusivement. Pas de consultation l'été.

La Chambre des Notaires de la Côte-d'Or, sous la présidence de Maître Denys Chevillon, développe l'efficacité des notaires par la formation et la communication avec le grand public. Le notaire a un rôle de conseil, gratuit la plupart du temps, grâce à son savoir technique fiscal et juridique. Le notaire garantit aussi la sécurité juridique de vos actes. La Chambre des notaires de la Côte-d'Or – 117 notaires dans 54 offices – affiche ses initiatives : portes ouvertes, universités locales, permanences. Le notaire peut vous recevoir gratuitement pour vous conseiller.

PROMOTEUR

LA LOCATION ACCESSION SOUTENUE PAR DIJON METROPOLE - PSLA

40, avenue du Drapeau ✆ 03 80 50 35 30
Renseignements sur le site Internet Dijon Métropole, auprès de l'ADIL et partenaires promoteurs et bailleurs.

Le prêt social de location-accession constitue le dispositif le plus adapté pour permettre l'accession à la propriété dans des conditions sécurisées pour les ménages à revenus modestes. Dijon Métropole soutient le développement d'une offre agréée répondant aux attentes de parcours résidentiel de certains ménages qui souhaitent acquérir un logement neuf sur le territoire de l'agglomération dijonnaise, à proximité de l'ensemble de ses services et équipements. Le dispositif accorde trois garanties, une assurance revente, une garantie de rachat et une garantie de relogement.

MYGARDEN 3D

Voici une appli qui fera le bonheur des jardiniers en herbe ! Elle permet en effet d'apprendre à cultiver son jardin, dans le sens premier du terme, en l'aménageant à la manière d'un vrai paysagiste.
Une façon simple de mettre ses plantes et se fleurs en valeur sans passer des heures à lire des manuels de jardinage…

PROMOTEUR

SOPIRIM

5, rue d'Alise
✆ 03 80 77 02 17
www.sopirim.fr
Ouvert du lundi au vendredi de 9h à 12h et de 14h à 18h.

SOPIRIM, promoteur 100 % dijonnais, construit des résidences de standing à l'empreinte stylistique reconnaissable. 2022 est une année riche de nouveautés. Cœur de Brosse en plein centre-ville est un succès. La Maison de Condé au bord de l'Ouche à Longvic exprime toute cette exclusivité. Mais standing et qualité n'excluent pas l'innovation ni l'accessibilité, ainsi SOPIRIM va construire 60 maisons à ossature bois dans le projet Belles Houses de du quartier Arsenal et proposera prochainement une résidence séniors à Sennecey-lès-Dijon. De bonnes raisons pour vous rendre dans les superbes bureaux de la rue d'Alise pour saisir ces opportunités. Services de gestion locative avec la filiale DOMUS.

LOGEMENT

LONGVIC - VILLE À VIVRE

Allée de la Mairie
LONGVIC
✆ 03 80 68 44 00
www.longvic.fr

La politique de la ville de Longvic est dédiée à ses habitants et à l'amélioration de leur cadre de vie. Avec sa dynamique industrielle, la ville se définit néanmoins comme une ville-nature. Pour cela, elle a engagé de profondes transformations urbaines qui vont se poursuivre jusqu'en 2022, réalisées notamment par la production de 650 nouveaux logements. Le projet de centre-ville voulu par la commune qui associe acteurs publics et privés s'est concrétisé. Les Longviciens profitent désormais de ce centre, autour de son château, qui s'ouvre sur la nouvelle place Mandela. D'autres projets sont à l'étude afin de renforcer le plaisir de vivre dans cet environnement de qualité et attractif.

ESPACES ATYPIQUES
POUR AMATEURS D'ORIGINALITÉ

Depuis 2017 à Dijon et Mâcon, Espaces Atypiques réunit des biens immobiliers hors normes mais pas pour autant hors de prix. L'agence spécialisée dans les transactions répond aux acquéreurs à la recherche d'un logement dont l'originalité et le cachet s'imposent d'eux-mêmes.

L'histoire d'Espace Atypiques commence à Paris en 2008. Peu à peu, d'autres agences voient le jour en France avant qu'une franchise ne s'impose jusqu'à en compter 50 aujourd'hui. Florent Guilloux est à l'origine de celles de Dijon et Mâcon, créées en 2017. « J'ai toujours été passionné par l'immobilier à tel point que mon premier dessin représentait des maisons » sourit-il. Un BTS immobilier en poche, il enchaîne par une école de commerce, synonyme de voyages et d'ouverture d'esprit. Après un passage par la grande distribution, l'immobilier lui manque. « J'ai eu un vrai coup de cœur pour le concept et ensuite pour l'humain et les valeurs portées par Espaces Atypiques. » Pour être en cohérence avec l'esprit de l'agence, Florent Guilloux s'est montré exigeant pour trouver le lieu idéal où installer ses bureaux. A Dijon, il a retenu « l'immeuble le plus photographié de la ville ». Avec ses toits en pagode et ses ornements, le bâtiment de la rue du Château, à proximité de la place Grangier, héberge l'équipe de quatre personnes depuis 2021. « On accueille aussi des expositions et sommes donc ouvert à l'art et à ses amateurs. »

Pour tous les goûts

Au quotidien, Espaces Atypiques propose une cinquantaine de biens à la vente, en confidentialité. « Nous privilégions l'avant 1930 ou le très contemporain. Nous faisons aussi des exceptions pour des biens originaux comme un toit terrasse ou un garage réaménagé. » Du studio au loft, de la péniche à l'église désacralisée, de la maison vigneronne à l'hôtel particulier, de l'appartement bourgeois haussmannien à la mansarde au cachet indéniable, Espaces Atypiques aime tout autant les habitats où l'on peut s'installer que ceux à rénover. Les gammes de prix s'avèrent quant à elles tout aussi variées que les biens disponibles. « Chasseurs immobiliers, nous sélectionnons et nous cherchons le coup de cœur potentiel. » Un travail en bonne intelligence avec les acteurs immobiliers locaux et d'autres partenaires contribue à ce que les projets atypiques deviennent une réalité.

› ESPACES ATYPIQUES BOURGOGNE
9, rue du Château
✆ 03 80 27 31 16
www.espaces-atypiques.com/bourgogne/

© CHRISTOPHE MEYER

© CHRISTOPHE MEYER

© CHRISTOPHE MEYER

PROMOTEUR

GHITTI IMMOBILIER

20-22, avenue du Drapeau ✆ 03 80 71 12 04
www.ghitti-sas.com

Ouvert du lundi au vendredi de 9h à 12h et de 13h30 à 18h.
Appartement témoin ouvert le samedi de 14h à 18h.

Ghitti Immobilier promoteur dijonnais, est une entreprise familiale née en 1973 qui poursuit son développement sur la Métropole dijonnaise avec des projets de qualité. Le Citadin avenue du Drapeau est l'un des plus beaux fleurons voisin de Casa Nuova où se trouve l'agence commerciale. Le projet de l'avenue de Langres est la dernière nouveauté dont l'architecture a été choisie pour créer un ensemble harmonieux entre avenue et jardins, avec terrasses, voies de circulation piétonnes et jardins partagés. Ghitti est un promoteur privé soucieux d'être à la portée de tous. De nombreux lots sont proposés en location accession (PSLA), une formule facilitant l'accession aux familles modestes.

PROMOTEUR

NEXITY

Place des Cordeliers
✆ 03 80 78 77 00

Ouvert du lundi de 14h30 à 19h et du mardi au samedi de 10h à 12h30 et de 14h30 à 19h.

La boutique du promoteur Nexity à Dijon, dite « connectée », permet de découvrir les programmes en commercialisation sur un grand écran où les vues 3D permettent de facilement se projeter dans les quartiers de Dijon. Les nouveautés 2022 confirment leur caractère haut de gamme. La résidence 1887 Tenor réhabilite l'ancienne usine Terrot, boulevard Voltaire avec plus de 120 appartements. Dans le quartier Victor Hugo, La Croisée des Arts avec 42 appartements répartis sur 2 petites résidences plaît pour son emplacement et ses qualités. Les Vantelles à Plombières-lès-Dijon avec 33 lots à proximité du canal et la résidence Fenêtre sur Parc quartier Montmuzard sont les dernières nouveautés.

PROMOTEUR

BVM IMMOBILIER

52, rue Françoise-Giroud ✆ 03 80 73 11 59
www.bvm-immobilier.com

Ouvert du lundi au samedi de 9h à 12h et de 14h à 19h.
Et sur rendez-vous.

BVM Immobilier est un important promoteur en Bourgogne dont on ne peut plus manquer certaines de ses réalisations comme la Caravelle avenue Raymond Poincaré, ou encore Quai du Sud au port du Canal. Pour 2022, l'actualité BVM est toujours à Fontaine les Dijon avec le programme Mezzo ainsi qu'à Talant avec Symphonie, une résidence de grand standing de 22 appartements à proximité du Boulevard de Troyes dans un environnement verdoyant et à Dijon dans le nouvel éco-quartier Arsenal en bordure du Canal de Bourgogne avec Confluence et ses 43 appartements. BVM Immobilier, promoteur, agent immobilier et aménageur, parvient ainsi à répondre au mieux à la demande de la clientèle dijonnaise.

IMMOBILIER

IMMOLYS

4, place du Théâtre ✆ 03 80 68 00 10
www.immolys.fr
Ouvert du lundi au vendredi de 9h à 12h et de 14h à 19h ; le samedi de 9h à 12h et de 14h à 18h.

Immolys, à Dijon, Chalon-sur-Saône et Tournus opère sur toutes les spécialités de la profession, la transaction, la gestion locative et le syndic. Laurent Dubost a créé sa première agence il y a plus de 20 ans et a toujours su adapter son offre à la demande du marché immobilier régional. Les dernières innovations concernent la gestion numérique des sujets en permettant au passage l'accès à de nouveaux services en ligne pour ses clients. Acheteurs, vous accédez au large catalogue des mandats exclusifs de la Bourse Immobilière by Amepi Dijon. Immolys syndic suit plus de 230 copropriétés soit plus de 5 300 lots. En gestion locative le portefeuille est de près de 1 000 biens.

IMMOBILIER

L'ADRESSE DIJON BEAUX ARTS

2, rue Michelet
✆ 03 80 30 70 70
www.bourgogne-immobilier.com
Membre de la FNAIM et de la Bourse immobilière By Amepi.

L'Adresse Dijon Beaux-Arts est membre d'un réseau d'agences immobilières créé par la FNAIM et déployé au travers de plus de 300 agences organisées sous forme de société coopérative. Luc Millet renforce l'efficacité de son équipe par l'appartenance au réseau de la Bourse Immobilière by Amépi dijonnaise, un fichier de plus de 1 000 mandats exclusifs diffusé par 80 agences locales. Luc, Stéphanie, Julie, Eva et Anaïs qui connaissent bien Dijon et sa région sont surtout de bons conseillers pour accompagner vendeurs, acheteurs, bailleurs et locataires à réaliser leur projet.

CONSTRUCTEUR

4S IMMO AMÉNAGEUR LOTISSEUR

Allée les Hauts du Bois de Grancey - **MESSIGNY-ET-VANTOUX**
✆ 06 14 48 41 52
www.4simmo.fr
Sur rdv.

4S IMMO est un spécialiste de l'aménagement foncier. L'expertise acquise dans ce domaine par Thierry Desarbres, lotisseur aménageur depuis 25 ans, l'amène à proposer des opportunités et solutions foncières différenciées. C'est toujours une centaine de terrains qui est ainsi proposée, près de 100 000 m², dont 28 000 m² dans le périmètre de la métropole de Dijon. Ils sont répartis sur de petits lotissements de 4 à 25 lots qui une fois viabilisés, sont commercialisés auprès des particuliers, par des constructeurs locaux ou dans un concept de quartiers innovants.

IMMOBILIER

ESPACES ATYPIQUES BOURGOGNE

9, rue du Château
✆ 03 80 27 31 16
www.espaces-atypiques.com/bourgogne/
Ouvert du lundi au vendredi de 10h à 12h30 et de 14h à 18h30 ; le samedi de 10h à 13h.

© CHRISTOPHE MEYER

© CHRISTOPHE MEYER

L'agence immobilière Espaces Atypiques, dirigée par Florent Guilloux, est spécialisée dans les biens d'exception. Loft, atelier, appartement avec terrasse, maison d'architecte ou rénovation contemporaine, sa sympathique équipe vous conseille et vous accompagne pour trouver le bien qui sort du lot. Vous rêvez d'une maison avec un puits dans le jardin ? D'un loft avec dressing avec un sol à carrelage à damier dans l'entrée ? D'un studio, avec une verrière, optimisé à merveille ? Espaces atypiques trouvera à coup sûr ce que vous espérez, à l'achat ou à la location.

ÉNERGIES

ENEDIS BOURGOGNE

65, rue de Longvic ✆ 08 10 10 57 02
connect-racco.enedis.fr
Enedis répond à vos questions 7j/7 et 24h/24 - Connectez-vous sur connect-racco.enedis.fr.

ENEDIS Bourgogne achemine l'électricité, quel que soit le fournisseur d'énergie auprès des clients particuliers, entreprises et collectivités locales. En tant que gestionnaire du réseau public de distribution d'électricité, ENEDIS en assure la maintenance, réalise les raccordements, les dépannages et effectue les relevés des compteurs. Le réseau évolue pour accompagner l'essor des énergies renouvelables, le développement de la mobilité électrique et l'évolution des modes de consommation. En Bourgogne, 930 000 compteurs Linky, élément clé de cette modernisation ont été installés, ce qui représente environ 90 % des foyers. Un service public de la transition écologique dans les territoires.

ÉNERGIES

EDF EN BOURGOGNE FRANCHE-COMTE

Parc Valmy
www.edf.fr

En Bourgogne-Franche-Comté, EDF produit une électricité 100 % renouvelable en valorisant les ressources naturelles de la région : l'hydraulique, l'éolien, le solaire et la biomasse. Le Groupe exploite 27 sites de production composés de 23 centrales hydroélectriques, 2 parcs éoliens et 2 parcs solaires photovoltaïques. Sur la Métropole de Dijon il y a le projet européen Response H2020 sur le quartier de Fontaine d'Ouche pour lequel le groupe EDF développe des solutions bas-carbone pour la ville de demain, la plus grande opération d'autoconsommation collective de France.

MAITRE D'ŒUVRE - TRAVAUX

HASCALINNOV

3, rue de Skopje
✆ 03 80 71 34 22
www.hascalinnov.fr
Sur rdv - référent Camif Habitat.

Hascalinnov, dirigée par Denis Hascal, intervient auprès des particuliers, professionnels et syndics comme conseil et maître d'œuvre pour tous types de travaux. L'entreprise propose ses services d'un bout à l'autre de votre projet de rénovation, extension ou réparation. De la conception à la fin des travaux, vous n'avez qu'un seul interlocuteur car toutes les étapes sont abordées, avec si nécessaire un architecte ou un bureau d'études : le dessin, les autorisations administratives, la consultation des entreprises, le suivi du chantier, sans oublier l'ingénierie financière, qui désigne la recherche de toutes les aides disponibles. Hascalinnov est référent Camif Habitat pour la Côte d'Or.

ÉNERGIES

RÉNOVÉCO DIJON MÉTROPOLE

1, boulevard Voltaire
✆ 03 80 48 89 89

Créé en 2016, Rénovéco Dijon métropole est devenu en 2020 le guichet unique public de l'amélioration de l'habitat privé des 23 communes du territoire. A ce titre, Rénovéco Dijon métropole exerce les missions d'Espace Conseil FAIRE : Les conseillers de Rénovéco accueillent, orientent et conseillent tous les habitants, quelques soit leurs niveaux de ressources, le type de logement qu'ils occupent ou la nature des travaux qu'ils souhaitent entreprendre. Un accompagnement personnalisé ainsi que des aides financières sont proposés aux copropriétés ainsi qu'aux propriétaires de maisons individuelles porteurs d'un projet de rénovation énergétique.

CONSTRUCTEUR

CONCEPT DOMIBILIS - MA MAISON ECO

1, impasse Léonard de Vinci - **LUX** ✆ 03 80 75 22 22
http://pierre-alentour.fr
Showroom ouvert du lundi au jeudi de 8h à 12h et de 13h30 à 18h ; vendredi et samedi de 8h à 12h et de 13h30 à 17h.

Le concept de maisons énergétiquement performantes Domibilis développé par Serge Wrobleski, dirigeant de la société Alentour, est en phase de finalisation. Après plusieurs années de recherche et développement mais aussi de tests grandeur nature, Serge Wrobleski a progressivement quitté le concept du tout minéral pour arriver à un principe de construction à base de panneaux ossature bois noyés dans du béton de chanvre. En 2022, plusieurs maisons seront réalisées pour valider ce concept de maisons à la fois saines, performantes, économiques et durables.

ISOLATION

SAGECO - LA MAÎTRISE EN ÉCONOMIES D'ÉNERGIE

8, rue Charles-Péguy ✆ 06 81 45 99 77
www.sageco-energie.fr
Sur rendez-vous.

SAGECO est un bureau d'études thermiques spécialisé dans les conseils pour la maîtrise des économies d'énergie. Patricia Lesage propose ses services d'accompagnement aux établissements publics, promoteurs, constructeurs, bailleurs sociaux, collectivités ainsi qu'aux syndics de copropriétés. Si elle collabore avec certains architectes, elle traite aussi volontiers les cas des particuliers. Le coût de l'intervention de SAGECO n'est pas à considérer comme une dépense mais bien comme une valeur ajoutée indispensable, une étude de faisabilité pour prioriser vos travaux.

AMÉNAGEUR FONCIER

NEXITY FONCIER CONSEIL

2, impasse aux Charmes d'Asnières
✆ 03 80 30 41 26
www.nexity-foncierconseil.fr
Ouvert du lundi au vendredi de 9h à 12h et de 14h à 18h. Centre d'appel accessible 7j/7 de 9h à 21h : Tél. 0 800 66 3000

© NEXITY

© NEXITY

Nexity Foncier Conseil est la branche lotisseur de Nexity, n° 1 des métiers de l'immobilier et premier aménageur en France. L'équipe dijonnaise choisit, achète, viabilise et commercialise des terrains sur les communes en développement de la Métropole et sa région mais aussi dans le Doubs, la Haute-Saône et le territoire de Belfort. Près de 100 lots sont ainsi vendus chaque année directement aux particuliers ou par l'intermédiaire de constructeurs. Nexity Foncier Conseil ouvre ainsi de nouvelles perspectives en périphérie de Dijon mais prépare aussi des programmes urbains. Les terrains sont libres de constructeur et entrent dans les caractéristiques de logements abordables de la Métropole.

CONSTRUCTEUR

LES CHARPENTIERS DE BOURGOGNE - MO2B

4, rue Lavoisier - **LONGVIC** ✆ 03 80 68 46 96
www.mo2b.com
Ouvert du lundi au jeudi de 8h à 12h et de 13h30 à 17h30 ; le vendredi de 8h à 12h et de 13h30 à 16h30.

MO2B (Maison Ossature Bois Bourgogne) est une marque, créée en 2006 par les Charpentiers de Bourgogne, spécialiste de la construction, de l'extension et de la charpente bois. MO2B est un constructeur qui apporte toutes les garanties du Contrat de Construction de Maisons individuelles. Sur le plan des performances thermiques, les maisons se conforment à la RE 2020. L'intervention d'architectes partenaires apporte une grande variété de styles pour des travaux d'extension ou de surélévation, l'ossature bois permettant de générer des surfaces pouvant aller de 20 à 80 m².

CONSTRUCTEUR

MAISONS D'EN FRANCE

9, boulevard Rembrandt
✆ 03 80 50 81 14
www.maisonsdenfrancebourgogne.fr
Sur rdv.

Maisons d'en France, constructeur implanté en Bourgogne à Dijon depuis une vingtaine d'années bénéficie de l'appartenance au groupe Procivis Immobilier, une compagnie immobilière qui réunit tous les corps de métiers du secteur, ce qui qualifie ses capacités de production et son sérieux. Fidèle à ses valeurs d'origine, l'offre de Maisons d'en France s'inscrit dans le respect de la qualité et de la confiance pour ses clients. Le catalogue de base permet de choisir parmi une gamme très actuelle de modèles respectant les codes régionaux où le sur mesure a sa place. L'équipe commerciale dijonnaise peut au passage vous conseiller pour trouver un terrain et optimiser votre financement.

CONSTRUCTEUR

ETEC

49, rue René-Cassin - **SAINT-APOLLINAIRE**
✆ 03 80 71 47 20
www.bureau-etec.com
Ouvert du lundi au vendredi de 8h à 12h et de 13h30 à 18h.

ETEC, bureau d'études techniques et de maître d'œuvre depuis plus de 35 ans, est une entreprise qualifiée dans l'acte de conception et de construction de maisons individuelles, mais aussi de rénovation de bâtiments anciens. Partenaire d'entreprises du bâtiment et comptant un architecte dans ses équipes, ETEC réalise aussi de petits lotissements jusqu'à 20 maisons dans un concept de quartier moderne très qualitatif. Les maisons ETEC sont reconnues pour leur qualité de réalisation haut de gamme, au rapport qualité-prix bien positionné et parfaitement justifié. Elles sont élégantes et construites avec les meilleures solutions techniques pour les rendre performantes en économies d'énergies.

ARCHITECTE

DARCHITECTURA

4, boulevard des Clomiers
✆ 09 54 26 09 15
www.darchitectura.com
Sur rendez-vous.

DArchitecura, l'agence d'architecture dijonnaise de Pierrick Hémon se distingue par la réussite de projets auprès des professionnels de l'hôtellerie et de la restauration pour la construction ou la rénovation de leurs établissements. L'équipe de 8 personnes Darchitectura réunit toutes les compétences pour la conception 3D du BIM, la planification et le suivi des chantiers. A Paris, à Dijon ou à Beaune, la liste des réalisations et projets est longue entre surfaces commerciales, bureaux, hôtels et restaurant de standing. Quand il s'agit de rénover, agrandir, surélever une maison individuelle, vous accédez au meilleur et au plus original en bénéficiant de la valeur ajoutée DAchitectura.

JE BOUGE

Le voyage commence à Dijon ! A pied, à vélo, en tramway, en bus ou en segway, explorer la ville devient un jeu d'enfant tout en préservant l'environnement. La Ville multiplie les efforts et les investissements pour faire de la capitale des Ducs une métropole où il fait bon vivre et se déplacer. Le réseau de transport en commun Divia permet de sillonner la ville du nord au sud et d'est en ouest en toute simplicité tandis que la navette gratuite électrique facilite la découverte du centre-ville et de son patrimoine. Pour les adeptes de la petite reine, la location de vélo, avec ou sans assistance électrique, à court ou à long terme, devient un jeu d'enfant avec les services DiviaVélo et DiviaVélodi. Le Petit Futé a tout détaillé pour vous aider à choisir votre moyen de locomotion. Pour s'éclipser hors de la ville, il suffit de se référer à nos bonnes adresses de concessions automobiles à moins que des envies d'horizons lointains vous poussent à solliciter les services d'un tour-opérateur ou d'une agence de voyages. Depuis Dijon, le monde s'ouvre à vous.

AÉROPORT

AÉROPORT DIJON BOURGOGNE

717, rue de l'Aviation - **OUGES**
✆ 03 36 37 63 54 51
www.dijon.aeroport.fr
Ouvert tous les jours de 9h à 18h.

À quelques kilomètres de Dijon, l'aéroport de Dijon-Longvic sert principalement aux missions de service public : des vols d'affaires, avec tous les avantages que représente un vol privé, aux vols sanitaires vers les différents centres hospitaliers de Bourgogne-Franche-Comté. Dans un second temps, l'aérodrome accueille aussi les vols militaires, les loisirs aériens, ainsi que les vols de formation. La patrouille acrobatique Breitling Apache a contribué à la notoriété de ce lieu où se retrouvent les passionnés d'aviation, en lien avec les aéroclubs de la région. Les amateurs viennent y exercer leur passion de haute voltige ou encore pratiquer les sauts en parachute, avec BFCP parachutisme.

TRANSPORT

DIVIA MOBILITÉS

15/16, place Darcy
✆ 03 80 11 29 29
www.divia.fr
Ouvert du lundi au samedi de 9h30 à 19h.

Un seul interlocuteur pour l'ensemble du réseau de déplacement urbain du Grand Dijon. DiviaMobilités géré par le groupe Kéolis propose des solutions de déplacement en transport en commun comme le bus ou le tramway, en vélo, solo et écolo avec DiviaVélodi ou version électrique avec la navette DiviaCity et sur l'ensemble du réseau de « parckage » voitures. Gérer facilement vos abonnements grâce à cet espace d'accueil. Plus d'infos sur le site internet de DiviaMobilité. Côté voiture, près de 4 000 places disponibles 24h/24 et 7j/7 dans les 10 parkings-Relay, proposant même une gamme de services gratuits.Téléchargez l'appli pour avoir toutes les mobilités de Dijon Métropole à portée de main.

VÉLO

DIVIAVÉLODI

16, place Darcy
✆ 03 80 11 29 29
divia.fr/page/diviavelodi
Du lundi au samedi 9h30-19h. Abonnement pour 24 heures à 1 an : de 1,50 € à 30 €.

À l'heure de l'écomobilité, le vélo est devenu un moyen à la fois pratique, silencieux, bon pour la santé et pour la planète. Divia a mis en place un système de vélo en libre service pour tous. Avec Diviavelodi, les usagers pourront découvrir la ville autrement et profiter des 340 km de pistes cyclables de la métropole dijonnaise. Une offre utilisable aussi bien pour les résidents de la métropole que pour les visiteurs et les touristes. Grâce à son système d'abonnement de 24h à 1 an, tous pourront en profiter à leur guise. Pour se faire, rien de plus simple, rendez-vous dans l'une des stations que vous pouvez trouver sur le site divia.fr puis suivez le guide.

BUS - AUTOCARS

KEOLIS BOURGOGNE

17, rue du Bailly
✆ 08 80 74 12 12

Acteur mondial de la mobilité, le groupe Keolis est une compagnie de référence en Bourgogne-Franche-Comté depuis 1909. Engagée pour le développement durable, la société gère 18 lignes régulières du réseau Mobigo, 5 lignes, 2 Flexo, 2 Proxi, 12 Bus Class', ainsi que les navettes électriques de centre-ville du réseau Divia Mobilités, et assure les services de transport scolaire de Mirebeau, Brochon, Fenay, Rouvres et Gevrey-Chambertin. La société organise également des voyages touristiques en groupe, en France ou à l'étranger (devis gratuits sur le site Internet). Avec Stadigo, Keolis prend aussi en charge le convoi des supporters du DFCO lors des matchs à domicile.

BUS - AUTOCARS

MOBIGO

✆ 03 80 11 29 29
www.viamobigo.fr
Centrale d'appels ouvert du lundi au samedi 7h-20h

Mobigo est une plateforme téléphonique qui gère tous les transports dans l'ensemble de la région Bourgogne–Franche-Comté. Vous obtenez des informations sur les lignes de transport qui desservent l'ensemble du département (Transco), mais également les lignes de bus et de tram dans Dijon, tout comme vos déplacements en TER. Plateforme informative très complète pour se déplacer, trouver un horaire, connaître l'info trafic, recevoir des alertes et dénicher les bons plans pour partir à la découverte de la région. Les téléconseillers Mobigo vous renseignent sur vos déplacements, vos achats de titres de transport ou toute autre question relative aux TER Bourgogne-Franche-Comté.

TRAM

LE TRAM

16, place Darcy
✆ 0800 21 3000
www.divia.fr/bus-tram
En service de 5h à 0h15.

L'arrivée du tram dijonnais et ses deux lignes traversant l'agglomération a changé les habitudes, invitant à délaisser la voiture pour un moyen de transport écologique et rapide. C'est une grande réussite : les Dijonnais ont adopté les 33 rames couleur cassis qui enregistrent près de 100 000 voyages par jour. Depuis la rentrée 2019-2020, tous les étudiants boursiers de la Métropole bénéficient du dispositif « PASS 18-25 ans ». Les utilisateurs intermittents du tram ou les touristes peuvent désormais payer leur voyage en présentant leur carte bancaire devant le valideur, voire leur smartphone s'ils ont l'option paiement par carte. En cas de contrôle, présentez la carte et le tour est joué !

AUTO
BOURGOGNE-FRANCHE-COMTÉ MOBILITÉ ÉLECTRIQUE BFCME
65, rue de Longvic
✆ 03 80 28 09 86
www.bme.asso.fr

La vocation de l'association régionale Bourgogne-Franche-Comté Mobilité Électrique est de faire de la pédagogie auprès des acteurs institutionnels et économiques pour les accompagner dans la transition énergétique des transports rendue nécessaire par la lutte contre le réchauffement climatique. Ses missions sont de favoriser l'acquisition et l'utilisation de véhicules électriques, hybrides et à hydrogène et de fédérer la filière mobilité électrique en Bourgogne-Franche-Comté en organisant des conférences, des présentations de véhicules, des évènements sous le sigle BFC ME.

CONCESSIONNAIRE - AGENT - MANDATAIRE
CITROËN AUTOMOBILES DE BOURGOGNE DIJON
Place Saint-Exupéry ✆ 03 80 71 83 00
https://reseau.citroen.fr/dijon
Lundi-vendredi 7h30-12h30 et 13h30-18h30 ; samedi 8h30-12h. Service commercial lundi-samedi 8h30-12h30 et 14h-19h30.

C'est le groupe JMJ Automobiles, constitué de plus de 20 concessions et garages Citroën et Peugeot répartis en Bourgogne Franche-Comté, qui dirige les deux concessions Citroën dijonnaises ainsi que le DS Store. Sur le site de la place Saint-Exupéry, on identifie immédiatement les ambiances respectives à chaque marque. Côté Citroën, tout est agencé en open space. Le SUV C5 Aircross retient l'attention pour son style alors que les nouvelles C4 et C5 réinventent ceux de la berline compact et de la grande routière en affinant les derniers codes de la marque.

CONCESSIONNAIRE - AGENT - MANDATAIRE
CENTRE ALPINE DIJON
4, boulevard des Diables Bleus
✆ 03 80 51 51 44
alpine-dijon.fr
Ouvert du lundi au samedi de 8h30 à 12h et de 14h à 19h.

Le Centre Alpine Dijon est le rendez-vous des passionnés par cette marque mythique créée en 1955. L'Alpine A110 née en 2018 est dorénavant disponible en 3 niveaux de gamme dont les GT et S. Avec des puissances de 252 à 300 ch, une boite automatique 7 rapports ultra performante et la possibilité de personnalisation avec 8 teintes plus 22 teintes rétro « héritage » et de nombreux choix de jantes et accessoires vous pouvez créer l'Alpine de vos rêves. Réservez votre essai directement sur le site web du centre. Vous pouvez également vendre votre voiture ou prendre rendez-vous à l'atelier si besoin. Une boutique d'accessoires Alpine est également disponible en ligne.

LOCATION
CENTRE PORSCHE DIJON
7, rue Paul Langevin - **CHENÔVE**
✆ 03 80 52 80 53
Lundi à vendredi 8h-12h30, 13h45-17h. Location à la journée ou à la semaine. A partir de 410 €/jour.

Conduire une Porsche est dorénavant plutôt facile en choisissant les offres de location du Centre Porsche de Dijon, Porsche drive. Un service de location exclusif de la Porsche 718 Boxster T, la 992 Carrera, la Taycan 4S Electrique ou le Macan. Des modèles que vous pouvez louer une journée, un week-end et jusqu'à une semaine si le cœur vous en dit. Parmi les clauses, attardez-vous à celle des cautions. Elles sont importantes compte tenu de la valeur des voitures. Mais l'expérience est unique pour les admirateurs de la marque qui ont envie de connaitre cet art de rouler ! La formule carte cadeau vous permet d'offrir une expérience de rêve. Forfait de 250 km par jour.

CONCESSIONNAIRE - AGENT - MANDATAIRE
CENTRE PORSCHE DIJON
7, rue Paul Langevin - **CHENÔVE**
✆ 03 80 52 80 53
Ouvert du lundi au vendredi 9h-12h et 14h-19h ; le samedi 9h-12h et 14h-18h. Service de location Porsche Drive.

Le showroom du Centre Porsche dijonnais est 100% conforme aux standards de la marque. On y découvre les nouveautés toujours plus attirantes et abouties que jamais dont les Taycan et Cross Turismo. Accueil Vip, rencontre avec des vendeurs aussi passionnés que vous et possibilité de réaliser des essais pour avancer dans vos réflexions. Accès à une magnifique et plus accessible gamme de modèle d'occasion Porsche Approved. Le must : négocier la reprise de votre Porsche actuelle pour accéder à celle de vos rêves. Et il y a la boutique d'accessoires Porsche Driver's Selection ! Testez le configurateur, il est parfait pour personnaliser avec une réalité incroyable la Porsche idéale.

CONCESSIONNAIRE - AGENT - MANDATAIRE
DS STORE DIJON
Place Saint-Exupéry
✆ 03 80 71 83 00
Ouvert du lundi au vendredi de 8h30 à 12h30 et de 13h45 à 19h ; le samedi de 9h à 12h30 et de 13h45 à 19h.

L'arrivée des DS9 et DS4 affirme une nouvelle fois le caractère premium de cette jeune marque française aux automobiles bardées d'innovations technologiques et de codes stylistiques, démonstration de savoir-faire du traitement premium à la française alliant design, qualité et surtout confort. Quel plus bel écrin pour découvrir ces modèles que le DS Store : sol noir, parois sombres veloutées avec trame DS. Le salon de configuration « DS Virtual Vision » permet de matérialiser toutes les caractéristiques de votre future DS, un casque de réalité virtuelle permet de simuler les combinaisons de styles et finitions, intérieur et extérieur, confortablement installé dans un siège de DS.

RESTAURANT Les Jardins de la
GRAND
HOTEL
LA CLOCHE
taycan

CONCESSIONNAIRE - AGENT - MANDATAIRE

GROUPE SAVY

18, rue Antoine-Becquerel - **CHENÔVE** ✆ 03 80 54 07 07
groupesavy.fr

Ouvert du lundi au vendredi de 8h30 à 12h et de 13h30 à 19h ; le samedi de 9h à 12h et de 14h à 19h.

Le Groupe Savy distribue les marques BMW, Motorrad et Mini en Bourgogne-Franche-Comté, dans 9 villes différentes : Beaune, Belfort, Besançon, Chalon-sur-Saône, Chaumont, Dijon, Dole, Lons-le-Saunier et Pontarlier. Le Groupe rénove régulièrement ses showrooms. Avec plus de 40 modèles répartis sur une quinzaine de séries, la gamme BMW n'en finit plus de se renouveler. Chez Mini tous les modèles ont la cote, de la Hatch en 3 ou 5 portes jusqu'au Countryman en passant par le Cabriolet et le Clubman. Découvrez l'offre hybride et électrique, à la pointe en termes d'autonomie et de recharge. Chaque trimestre, Savy organise un événement qui permet aux futurs clients de participer à des essais.

CONCESSIONNAIRE - AGENT - MANDATAIRE

MG DIJON GROUPE GUYOT

4, boulevard des Diables-Bleus ✆ 03 80 51 51 42
www.groupe-guyot.fr/mg/

Ouvert du lundi au samedi de 8h à 12h et de 14h à 18h.

Le dernier showroom du Groupe Guyot à Dijon est celui de la marque MG passée sous pavillon chinois mais commercialisé par l'un des groupes les plus bourguignons. On y découvre une gamme attractive non seulement par ses prix mais aussi par son offre déjà riche. Le modèle EHS Hydride et les Marvel R, ZS EV et un futur break 100 % électrique constituent une gamme des plus actuelles à tous points de vue et esthétique particulièrement. Le côté SAV de MG repose sur les compétences du Groupe Guyot déjà expérimenté sur les véhicules électriques avec en plus un réseau de plus de 100 points de vente en France encore en expansion. Alors pourquoi pas MG ? L'essai pourrait être décisif !

CONCESSIONNAIRE - AGENT - MANDATAIRE

DIJON AUTOMOBILE - CONCESSIONNAIRE MITSUBISHI

4, boulevard des Diables-Bleus
✆ 03 80 51 51 40

Ouvert du lundi au samedi de 8h30 à 12h et de 14h à 19h.

Le showroom Mitsubishi a tout naturellement pris la place d'Infiniti, marque qui n'est plus commercialisée en France. Logique donc que le Groupe Guyot reprenne cette autre marque de l'alliance Renault-Nissan-Mitsubishi. Mitsubishi a aussi l'avantage de commercialiser des SUV et Pickup en version hybrides et 4x4, ce qui en fait une offre de niche. La Space Star, petite citadine essence se démarque pourtant de ce postulat. On bénéficie au passage de toute l'expérience de la structure d'entretien de véhicules du Groupe Guyot aussi implanté à Beaune.

AUTO

AUTO ÉCOLE NOTRE DAME DE LONGVIC - L'AMI MARIN

3, boulevard Eiffel - **LONGVIC** ✆ 03 80 30 88 74
www.amimarin.com

Certification Qualiopi. Permis bateau côtier, fluvial, hauturier, stage de récupération de points, permis pro.

Sur les 5 agences de l'auto-école Notre-Dame, celle de Longvic dispense les formations de conduite moto, bateau et poids lourd. Toutes les motos sont réunies sur un plateau privé aménagé avec 5 pistes sécurisées. C'est aussi le lieu idéal pour passer un permis mer ou de navigation fluviale. L'Ami Marin propose en effet une formation théorique de qualité avec mise en situation sur un Pacific Craft 560. L'auto-école Notre-Dame de Longvic assure 2 fois par mois des stages de sensibilisation aux règles de la route qui garantissent la récupération de 4 points sur 2 jours.

AUTO

AUTO ÉCOLE DES FACULTÉS

67, rue de Mirande ✆ 03 80 65 24 75 - Bus L3, arrêt Défense (proche du campus universitaire)
www.auto-ecole-facultes.fr

Ouvert du lundi au vendredi de 9h30 à 12h et de 14h à 18h30. Le samedi de 10h à 12h. 5 voitures, 4 motos et 1 scooter.

L'Auto-école des Facultés fait partie de ces lieux d'apprentissage de la conduite où professionnalisme, convivialité et bonne humeur font bon ménage. Elle est idéalement située pour les étudiants de l'université, du Lycée Eiffel grâce à la ligne 3 et des lycées Fontaine et Carnot. La conduite se fait à bord de 208 et, pour répondre à la nouvelle demande du permis BEA à boîte automatique, c'est à bord d'une C3 dernière génération que vous roulez. Toutes les formations deux-roues sont assurées, le permis A2 se prépare sur Honda CB500 et la passerelle au permis A sur une Honda MSX. Alors que les prix pratiqués sont dans la moyenne basse, le service global est plutôt au top.

CONCESSIONNAIRE - AGENT - MANDATAIRE

DIJON AUTOMOBILE - CONCESSIONNAIRE RENAULT

4, boulevard des Diables-Bleus
✆ 03 80 51 51 51

Ouvert du lundi au vendredi 8h-12h et 13h30-19h ; le samedi 9h-12h et 14h-18h. Atelier ouvert du lundi au vendredi.

Le Renault Store du Groupe Guyot dispose d'un showroom aux derniers standards de la marque. On y découvre les gammes hybrides et électriques qui se développent et se généralisent. Côté services, on retrouve l'ensemble des compétences de la concession avec un Renault Minute voisin de Dacia Minute et des services dédiés aux marques Mitusbishi et MG. Le parc de véhicules d'occasion propose plus d'une centaine de modèles dont une partie est dédiée aux véhicules électriques, et une autre aux véhicules premium. C'est aussi l'adresse du Centre Alpine Dijon.

AUTO

AUTO-ÉCOLE LIGNE DE CONDUITE CHARLES DUMONT

28, rue Charles-Dumont
✆ 03 80 31 69 47

École Conduite Qualité. 4 adresses à Dijon. Permis auto, boite auto, moto, conduite accompagnée, passerelles moto.

L'auto-école Ligne de Conduite compte 4 agences à Dijon. Les outils pédagogiques collent aux évolutions des réglementations avec 2 simulateurs de conduite vraiment utiles pour débuter son apprentissage. La flotte est constituée de près d'une douzaine de nouvelles C3, dont 3 Aircross en boîte automatique. Pour le permis moto, spécialité de Jean-Benoît, vous apprenez sur une Kawasaki Z650 parfaitement adaptée au permis A2. La passerelle pour le permis A après deux ans minimum s'effectue sur une ER6 débridée. Pour l'adresse, à vous de choisir la plus proche de chez vous.

AUTO

AUTO ÉCOLE NOTRE DAME DIJON

6, rue de la Préfecture ✆ 03 80 30 53 22
www.autoecole-notredame.fr

Permis B, A, A1 et A2. Préparation aux permis bateau côtier, fluvial et hauturier. Labellisée « École conduite qualité ».

L'Auto-école Notre-Dame, entreprise familiale née en 1932 dirigée par Stéphane Cretin, est la plus importante de Dijon avec une équipe qualifiée de 30 personnes et 5 agences dont le site XXL de Longvic dédié à la moto, la récupération de points et la formation professionnelles. Les 4 simulateurs de conduite, le parc de 22 Toyota Yaris dont 6 hybrides, les 7 Honda 500 CB et une 500 Rebel pour les petits gabarits, le Pacific Craft du permis bateau constituent un parc des plus attractifs pour apprendre les conduites. Du 100 % « Made in Dijon » tout en modernité et proximité.

VÉLO

MY CYCLE

14, rue de la Poste
✆ 09 54 02 31 29
www.my-cycle.fr
Ouvert du mardi au samedi de 10h à 12h30 et de 14h à 18h.

Proxy-Cycle change de nom et devient My Cycle. Le concept reste le même : promouvoir l'utilisation du vélo électrique comme moyen de transport et comme vecteur de plaisir et de loisir. Amateurs de vélos, ce bel endroit est fait pour vous ! Vous pourrez choisir parmi une large gamme de vélos et trottinettes électriques et faire un vrai essai qui ne se limitera pas à un rayon de 50 m du magasin. La gamme de vélos électriques Virage est largement représentée, mais vous pouvez aussi trouver des pièces détachées, des accessoires et profiter de très bons conseils grâce au service d'entretien/SAV. La boutique fait partie des réparateurs éligibles à la prime de « Coup de Pouce Vélo ».

VÉLO

LES 2 ROUES ÉLECTRIQUES

13, avenue Jean-Jaurès ✆ 03 80 46 12 36
Arrêt tram 1er Mai (ligne T2)
www.les-2-roues-electriques.fr
Mardi à vendredi, 10h-12h, 14h-19h. Le samedi à partir de 9h30 et jusqu'à 18h30. VAE à partir de 24 €/jour.

© LES 2 ROUES ÉLECTRIQUES

Les 2 Roues Électriques proposent la location de vélos classiques et électriques. Le parc est important avec des VTT, VTC, tandems, vélos enfants et remorques… Au total, 40 vélos classiques, dont des vélos de voyage ainsi que 15 VAE sont disponibles. Pour une balade occasionnelle ou un essai grandeur nature, on peut les louer à partir de la demi-journée jusqu'à des périodes de plusieurs mois. Les 2 Roues Électriques peuvent vous livrer sur votre lieu de séjour ou de départ, alors pourquoi se priver de faire du sport en étant assisté ! Les prix sont plus que convenables et, en plus, on vous prête antivol, kit de réparation, pompe, chambre à air, casque et gilet fluo.

VÉLO

BOURGOGNE BIKE

35, rue de Mirande
✆ 09 51 37 62 96
www.bourgognebike.com
Ouvert du mardi au samedi de 9h à 12h30 et de 14h à 19h. Vente, entretien, reprises et location.

© YOANN FASSIO

Bourgogne Bike bénéficie d'un emplacement de 1er choix sur la rue de Mirande. Bonne nouvelle, le magasin s'est agrandi, plus de modèles exposés, un petit atelier… tout pour vous satisfaire et optimiser le niveau des services. Le succès de la boutique réside dans le choix des marques choisies par Yoann Fassio, CUBE, une marque allemande ainsi que SUNN et EXS, 2 marques appartenant à la Manufacture Française du Cycle, MFC. Le choix est large et surtout dans un rapport qualité prix étonnant. Si l'expérience VTT électrique vous tente, louer en un à partir de 20 euros la journée. Une manière aussi d'essayer un CUBE Bike de la petite flotte en location qui comprend aussi un tandem.

VTT

CHRIS BIKE VELOLAND CITY DIJON

3, rue de Tivoli
✆ 03 80 66 61 75
www.chrisbike.com
Ouvert du lundi au samedi de 9h à 12h30 et de 14h30 à 19h.

Chris Bike Dijon est présent sur 2 adresses dijonnaises, celle rue de Tivoli se spécialise sur le vélo urbain, celle impasse de Réggio prend une dimension XXL, un passage obligé pour répondre au succès de CBD et à la tendance du marché. La nouvelle boutique s'étend sur 1 000 m². Vous disposez de pistes d'essai *indoor* et *outdoor*. Chris va jusqu'à proposer des séjours sportifs où tout est compris : demi-pension, prêt de matériel et d'équipement, transport, gîte… Vous profitez au moins de 3 à 4 jours de roulage en montagne avec des descentes dans des lieux magiques.

© JASON SCHIESTE

© JASON SCHIESTE

VÉLO

CHRIS BIKE

13, impasse de Reggio
✆ 09 86 36 82 16
www.chrisbike.com
Ouvert du lundi au samedi de 9h à 19h.

Chris Bike Dijon, spécialiste du vélo sportif et extrême, propose un parc de plus de 25 VTT, VAE de route, de descente ou même de piste en location. On repart avec un vélo dernière génération, réglé et bien équipé, avec éventuellement un système de portage lui aussi proposé à la location. Si vous cherchez à découvrir de nouveaux horizons, CBD organise une fois par mois un voyage en France ou à l'étranger pour des groupes de 25 personnes. Tout est compris dans des formules à partir de 500 € : prêt de matériel, transport, gîte, et au moins 3 jours de roulage + la garantie de pratiquer sur des spots exceptionnels. Des voyages sportifs qui fédèrent toute la communauté de passionnés du Club CBD.

© JASON SCHIESTE

© JASON SCHIESTE

© JASON SCHIESTE

VOYAGE

AUTHENTICA TOURS

✆ 06 87 01 43 78
www.authentica-tours.com

Cette agence de tourisme en ligne a fait de la Bourgogne une destination à visiter. À la journée, la demi-journée ou même sur plusieurs jours, l'agence propose des parcours privatisés ou en petits groupes pendant lesquels elle vous fera découvrir le meilleur de cette belle région. À bord d'un minibus haut de gamme (8 personnes maximum), un accompagnateur local vous fait visiter des villages typiques comme Flavigny-sur-Ozerain, le village où sont nés les fameux anis de Flavigny. Les transferts depuis les aéroports de Lyon, Paris, Dijon ou encore Genève sont assurés par des chauffeurs expérimentés et sa mise à disposition durant tout vote séjour est aussi possible.

CARAVANE - CAMPING-CAR

CLC DIJON - CAMPING-CARS & CARAVANES

14, rue Antoine-Becquerel - **CHENÔVE** ✆ 03 80 54 94 91
www.clc-loisirs.com
Ouvert du mardi au vendredi de 9h à 12h et de 14h à 19h ; le samedi de 9h à 12h et de 14h à 18h.

Depuis 2015, le spécialiste des camping-cars dijonnais est une concession du groupe CLC présent sur 16 agences et dont le siège est à Saint-Dizier. CLC est spécialiste de la vente de camping-cars neufs sur un panel de marques attractives, de modèles d'occasion et de caravanes. Outre le professionnalisme et l'accueil très chaleureux de cette équipe, vous avez un choix exceptionnel d'accessoires sous l'enseigne Narbonne Accessoires installée sur 400 m^2. Côté occasions, près d'une vingtaine de modèles sont visitables. Un service de location également est à votre disposition.

CARAVANE - CAMPING-CAR

L'AVENTURE CAMPING CAR

1, rue Gay Lussac ✆ 03 80 52 20 52
www.laventure-camping-car.fr
Ouvert du lundi au vendredi 8h 12h et 14h 18h et samedi matin. Vente, entretien, réparation, équipement du camping-car.

C'est bien parce que L'Aventure Camping-Car est aussi concessionnaire et garage Ivéco que l'adresse est remarquable. Car outre la représentation de marques très complètes et accessibles comme Benimar, on pourra faire appel aux compétences en mécanique et carrosserie pour prendre en charge tout type d'entretien. Votre spécialiste rayonne sur la Bourgogne et jusqu'en Haute-Marne et dans le Doubs. Les marques Dethleffs et Globecar complètent l'offre. De quoi trouver son bonheur du fourgon à l'intégral haut de gamme et parler moteurs nouvelle génération ou boîte de vitesse automatique, de préférence Fiat ! Le showroom permet de visualiser la qualité des modèles, y compris en occasion !

TOUR OPÉRATOR

SELECTOUR AFAT VOYAGES GIRARDOT

18, rue du Chapeau-Rouge
✆ 03 85 42 83 52
www.selectourafat-voyages-girardot.com
Ouvert du lundi au vendredi de 10h à 12h et de 14h à 19h.

L'agence Selectour Girardot est spécialisée dans les départs depuis la Bourgogne-Franche-Comté et met tout en œuvre pour simplifier vos vacances. Si vous devez partir depuis un aéroport parisien, les autocars Girardot vous y emmènent. Ici tout est prévu et les conseillers vous préparent un voyage entièrement personnalisé, organisé en partenariat avec les agences locales. Le plus de l'agence : celle-ci propose également un service de billetterie (avion, train ou bateau). Un voyage qui commence près de chez vous, clef en main, pour découvrir le monde en toute sérénité !

TAXI - VTC

BOURGOGNE DISCOVERY

3, rue des Jardins - **SAULON-LA-CHAPELLE** ✆ 06 78 59 42 55
www.bourgogne-discovery.com
Ouvert toute la semaine de 6h à 22h.

Bourgogne Discovery, gérée par Erick Gayet, est une société de transports d'exception à travers le terroir bourguignon, composée de deux chauffeurs expérimentés. A bord des véhicules de standing au service à bord haut de gamme, Erick propose aux clients exigeants de les accompagner en toute discrétion, tant pour de simples déplacements que dans le cadre d'escapades touristiques. En chauffeur VIP directement à l'aéroport de Dijon, pour les mariés désireux d'avoir un chauffeur privé, ou pour véhiculer des touristes, Bourgogne Discovery se positionne comme la société de transport haut de gamme de référence. Réactivité, ponctualité et discrétion sont des atouts majeurs de cette société.

TOURISME

WINE AND TOURS

10, rue Gaston Roupnel
COUCHEY
✆ 03 80 59 88 19
www.wine-and-tours.com

C'est entre la Bourgogne et la Franche-Comté que le cœur de Dimitri Bourgeois balance, deux entités fortes dans le tourisme œnologique. Ainsi c'est en passionné qu'il est de cette riche et vaste région, qu'il propose à ses clients de faire découvrir à travers des circuits sur mesure et haut de gamme. Dans le cadre de séminaires, pour des entreprises ou pour des particuliers, en fonction du budget et des envies de chacun il concoctera un séjour en dehors des sentiers balisés à la rencontre des acteurs de la région. Visites, dégustations, haltes gourmandes, activités ludiques, découvertes par les airs, transports, salle de travail... demandez, Dimitri s'occupe de tout !

JE PENSE FUTÉ

Pour toutes les petites questions du quotidien, le Petit Futé a recensé les adresses et interlocuteurs capables d'apporter une réponse pertinente. Dijonnais d'hier ou d'aujourd'hui, chacun pourra y trouver les informations qui lui faciliteront la vie. A côté des collectivités territoriales et des administrations, cette rubrique évoque tout autant les solutions de garde d'enfants et les activités périscolaires que les associations humanitaires ou le tri des déchets. Pour bien vivre à Dijon à tout âge, notre carnet d'adresses fourni énumère les acteurs capables de vous accompagner que vous soyez entrepreneurs, salariés ou retraités. Sans prétendre apporter une réponse à tout, le Petit Futé devient une mine d'adresses pour obtenir de précieux conseils et profiter pleinement de la ville jour après jour, que l'on soit de passage ou résident permanent.

SERVICES AUX ENTREPRISES

PUBLISTICK

8, rue Aristide-Berges - **SENNECEY-LÈS-DIJON**
✆ 03 80 79 06 01 - www.publistick.net
Ouvert du lundi au vendredi de 8h à 12h et de 14h à 18h. Devis gratuit.

Devenue une référence dans l'univers de la communication par le marquage, Publistick est une entreprise spécialisée dans la signalétique, l'impression numérique et le covering des véhicules. « La Com Qui Colle » surtout à vos attentes, car entre la créativité, la capacité de fabrication et le savoir-poser, vous avez le tiercé gagnant auquel il faut ajouter l'atout des prix, qui sont aussi bien placés. Proximité, expérience dans la créativité : Publistick permet à ses clients d'optimiser leur visibilité et sans aucun doute de se différencier par des réalisations originales sur tous les supports imaginables, du grand format (vitrines, bâches…) au plus petit (flyers, carte…).

SERVICES AUX ENTREPRISES

PLANÈTE COMMUNICATION DIJON

5, rue Ernest-Chaput ✆ 03 80 28 98 74
www.planetecommunication.fr
Ouvert du lundi au vendredi de 9h à 12h30 et de 14h30 à 18h30. Devis sur demande. Marquage, signalétique, goodies...

À la tête de Planète Communication, Salmata Meunier, épaulée par une équipe dynamique et professionnelle. La maison propose tous les équipements pro haute visibilité, le matériel de protection, la signalisation... Ainsi les associations et entreprises peuvent faire floquer les accessoires et maillots et réaliser des tee-shirts. Olivier Meunier de son côté s'occupe du développement de la franchise. Un concept qui fonctionne, puisque la franchise se développe avec l'ouverture d'une nouvelle structure à Paris Val d'Europe en 2020. Bravo à cette entreprise 100 % dijonnaise !

SERVICES AUX ENTREPRISES

IMAGE & ASSOCIÉS

14, rue de la Raffinerie
✆ 03 80 53 71 82
www.image-associes.com
Ouvert du lundi au vendredi de 8h à 18h. Devis sur demande.

C'est dans un espace de 600 m² que vous accueillent Béatrice Quenot et son équipe, dans ce studio spécialisé dans le culinaire : Image & Associés ! Leurs regards affûtés et leurs différents styles permettent de répondre à toutes vos attentes ! Cinq plateaux de prise de vue, un atelier culinaire, un espace de réflexion et de création sont mis en place dans le studio. Dès lors, tout est possible : photos d'ambiance, photos culinaires, reportages, portraits, stop-motion, etc., et ce quel que soit votre milieu professionnel. Et pour vos événements, vous pouvez également réserver le Photobooth qui permet, à vous et à vos invités, de réaliser des selfies qui s'impriment en quelques secondes !

SERVICES AUX ENTREPRISES

CONCEPT FORMATIONS

4, impasse des Artisans - **BRESSEY-SUR-TILLE**
✆ 03 80 47 31 75
www.concept-formations.fr
Sur devis et rdv - interventions inter entreprise ou en intra.

Concept Formations est la nouvelle structure de Victor Ribeiro dirigeant de Concept Terrassement VR. Lui qui depuis longtemps réalisait des actions de formations qualifiantes à la conduite d'engins de chantier pour intervenir à proximité des réseaux enterrés, il vient de structurer ses démarches en créant Concept Formations et en élargissant les sujets à la Santé et la Sécurité au Travail, aux gestes et postures, échafaudages, travaux en hauteur, habilitation électrique, incendie… Le site de Bressey-sur-Tille dispose de tous les outils pour pratiquer les formations quand elles ne sont pas dans les entreprises mêmes. Les formations sont assurées par des intervenants professionnels.

RECHERCHE D'EMPLOI

AGENCE TEMPORIS

88, avenue Jean Jaurès
✆ 03 80 51 14 52
Ouvert du lundi au vendredi de 8h à 12h et de 14h à 19h.

Implantée au sud de Dijon depuis novembre 2019, l'agence Temporis est dirigée par Loïc Bourgey. Une franchise qui allie la puissance d'un grand groupe à la qualité du service proposé et qui place ses clients au cœur de sa démarche, avec réactivité. Les salariés intérimaires peuvent postuler parmi une trentaine d'offres d'emplois disséminés dans les secteurs de la logistique, du BTP, de l'industrie et du tertiaire. Rendez-vous sur le site Internet de l'agence, via l'appli Temporis Emploi ou sur place pour les consulter et transmettre votre candidature. Une entreprise et un métier d'avenir vous souriront, c'est certain ! Elu meilleur cabinet de recrutement en 2020 par *Les Echos*.

EMPLOI - FORMATION

FORMAPI -CFA [EX] DU SPORT

19, avenue Albert-Camus
✆ 03 80 74 08 88
Du lundi au vendredi de 8h30 à 12h30 et de 14h à 17h.

Vous êtes sportif et voudriez en faire votre profession ? Formapi, anciennement CFA du Sport de BFC, est l'école qu'il vous faut. Son président Bernard Depierre et le directeur Olivier Fouquet veillent à ce que leurs petits protégés prennent le chemin de la réussite ! Depuis plus de 25 ans, le CFA mène les jeunes vers des formations dans le domaine du sport : BPJEPS d'éducateur, moniteur, natation… Le CFA prépare aux examens pour l'obtention d'un diplôme d'État et propose une formation en continu et en alternance comme alternative au contrat d'apprentissage.

DROIT

ADIL 21

4, rue Paul-Cabet ✆ 03 80 66 28 88
www.adil21.fr
Le lundi 13h30-18h ; du mardi au jeudi 9h-12h et 13h30-18h ; jusqu'à 17h le vendredi. Permanence téléphonique.

L'Adil 21 (Agence départementale pour l'information sur le logement) est un centre de ressources et d'informations indispensable pour qui cherche à construire, acheter, vendre, louer ou faire des travaux ! Les juristes de l'Adil sont là pour vous aider dans vos démarches : ils vous fourniront gratuitement des conseils neutres et de qualité, en matière juridique, fiscale et de financement. Que vous envisagiez d'acquérir un bien, que vous soyez locataire, propriétaire ou copropriétaire, l'objectif de l'association est de vous fournir toute l'information pour vous permettre de vous engager en parfaite connaissance de cause. Conseils personnalisés sur rendez-vous.

NOTAIRE

CHAMBRE DES NOTAIRES DE LA CÔTE-D'OR

2B, avenue de Marbotte ✆ 03 80 67 12 21
www.chambre-21.notaires.fr
Permanences-consultations gratuites, le mercredi de 14h à 16h sur rendez-vous exclusivement. Pas de consultation l'été.

La Chambre des Notaires de la Côte-d'Or, sous la présidence de Maître Denys Chevillon, développe l'efficacité des notaires par la formation et la communication avec le grand public. Le notaire a un rôle de conseil, gratuit la plupart du temps, grâce à son savoir technique fiscal et juridique. Le notaire garantit aussi la sécurité juridique de vos actes. La Chambre des notaires de la Côte-d'Or – 117 notaires dans 54 offices – affiche ses initiatives : portes ouvertes, universités locales, permanences. Le notaire peut vous recevoir gratuitement pour vous conseiller.

MAIRIE - COLLECTIVITÉ LOCALE

CONSEIL RÉGIONAL BOURGOGNE FRANCHE COMTÉ

17, boulevard de la Trémouille
✆ 03 80 44 33 00
www.bourgognefranchecomte.fr

Composée de huit départements, la région Bourgogne-Franche-Comté bénéficie d'une place privilégiée au milieu de l'Europe. Sa forte concentration de forêts, prairies et vignes, en font la région la plus verte de France et les actions du conseil régional, aussi grandes que la région est vaste, tendent à la préservation de ce patrimoine naturel. Le conseil régional est aussi autorité de gestion des fonds européens et est l'allié du développement économique régional. La Région a fait le choix d'intervenir dans d'autres domaines comme, la culture, le sport, la vie associative...

SENIORS

MON COURSIER DE QUARTIER

Place de la Libération ✆ 06 24 03 15 87
www.moncoursierdequartier.com
Vélotaxi de proximité : à partir de 2 € - livraison à partir de 5 € - visite touristique en vélotaxi : 30 €/heure.

Le vélotaxi, voilà un transport durable et un moyen de se déplacer des plus originaux ! C'est ce que propose Fabrice Quenot aux Dijonnais et aux touristes. Le concept : véhiculer les gens et effectuer des livraisons à domicile de façon originale, conviviale et surtout écologique, car sa monture n'est autre qu'un triporteur électrique. Voyageur, sportif, philanthrope et super sympa, Fabrice propose même des balades touristiques commentées. Parmi sa clientèle, beaucoup de seniors pour qui les moyens de transport en commun plus traditionnels deviennent parfois compliqués. Grâce à ce chauffeur dévoué, les déplacements sont à nouveau possibles, une façon de lutter un peu contre l'isolement.

BANQUE

CRÉDIT MUNICIPAL DE DIJON

1, place du 30 Octobre et de la Légion d'Honneur
✆ 03 80 77 54 50
www.creditmunicipal-dijon.fr
Ouvert du lundi au vendredi de 8h15 à 11h30 et de 13h15 à 17h.

Le Crédit Municipal, axé sur la solidarité et l'éthique, est un établissement public communal de crédit et d'aide sociale pour les particuliers au travers du prêt sur gage. Un besoin de trésorerie ? Un objet à estimer ? Bijoux, montres, bouteilles de vin, accessoires de mode : découvrez le prêt sur gage. Les bénéfices du Crédit Municipal sont reversés au Centre Communal d'Action Sociale de la Ville de Dijon avec lequel il propose un micro-crédit personnel pour les plus démunis. Plusieurs ventes aux enchères publiques sont aussi organisées tous les ans.

BANQUE - ASSURANCE - ARGENT

CRÉDIT MUTUEL BOURGOGNE CHAMPAGNE

26, avenue Albert-Camus
✆ 03 80 63 21 57
www.creditmutuel.fr
Ouvert du lundi au vendredi de 9h à 12h30 et de 13h45 à 17h30.

Le Crédit Mutuel, 2e banque de détail en France, combine la force d'une banque coopérative et authentiquement mutualiste à celle d'une grande banque commerciale. Le Crédit Mutuel vous aide à financer votre projet immobilier, vous pouvez aussi réaliser un audit complet de votre fiscalité et être guidé dans le choix d'un dispositif fiscal adapté à votre profil d'investisseur. Fort de l'expertise de sa filiale l'Agence Immobilière du Crédit Mutuel, votre banque est en mesure de vous proposer un large choix d'appartements neufs sur l'ensemble du territoire national.

COLLECTIVITÉ LOCALE

DÉPARTEMENT DE LA CÔTE-D'OR

53 bis, rue de la Préfecture ✆ 03 80 63 66 00
www.cotedor.fr

Retrouvez toute l'actualité du Département de la Côte-d'Or : événements, infos pratiques, aides, sur le site internet.

Le Conseil départemental œuvre pour l'amélioration du cadre de vie des quelque 530 000 habitants du département et de rendre la Côte-d'Or dynamique et attractive. Chaque année, il s'engage auprès des Côte-d'Oriens pour ne laisser personne au bord du chemin : protection de l'enfance, aide aux personnes âgées ou encore soutien financier des apprentis et des élèves en situation de handicap. Le Conseil départemental travaille également à la mise en valeur du patrimoine historique et culturel dans le but de faire de la Côte-d'Or la 1re destination nature et gastronomie !

ASSURANCE

MGEN DE CÔTE-D'OR

15, boulevard de Brosses
www.mgen.fr

Ouvert le lundi et du mercredi au vendredi de 9h à 13h et de 14h à 17h30 ; le mardi de 10h à 13h et de 14h à 17h30.

La MGEN de Côte-d'Or compte plus de 30 000 adhérents. L'équipe vous accueille, vous conseille et vous accompagne dans toutes les démarches liées à votre santé, vos investissements immobiliers, vos projets d'épargne ou votre assurance voyage. Ouverte aux étudiants, aux agents de la fonction publique, aux salariés du secteur privé, aux retraités et aux associations, un large choix d'offres santé et de services est proposé à des tarifs exclusifs. Faites votre devis en ligne sur le site Internet mgen.fr ou appelez le 3676. Avec la carte MGEN Avantages, les adhérents bénéficient de tarifs réduits sur les places d'opéra, au Théâtre des Feuillants, au Zénith et sur de nombreux autres produits.

MAIRIE - COLLECTIVITÉ LOCALE

DIJON METROPOLE

40, avenue du Drapeau ✆ 03 80 50 35 35
www.metropole-dijon.fr

Ouverture au public du lundi au vendredi de 8h30 à 12h et de 13h30 à 17h30.

Dijon est devenue depuis la fusion des régions la capitale de la Bourgogne-Franche-Comté. En 2017, le Grand Dijon devient Dijon Métropole : un bassin de vie de 260 000 habitants, un centre économique, commercial et culturel très attractif, que ce soit pour y vivre, y créer son entreprise, y étudier ou s'y divertir. Avec Strasbourg, elle est la seule agglomération du Grand Est à gagner des habitants. Depuis une quinzaine d'années, Dijon Métropole s'est engagée dans une véritable mutation urbaine. Le tramway a révolutionné l'espace urbain, redistribuant l'espace public, faisant la part belle aux circulations douces, aux terrasses de cafés et de restaurants, aux lieux de convivialité.

ASSURANCE

MMA ASSURANCES CHAMPION - FOURNIER

33/35, rue Devosge
✆ 03 80 49 87 49
www.mma.fr

Ouvert du lundi au vendredi de 9h à 12h et de 14h à 18h.

Dans la vie, on ne sait jamais de quoi demain sera fait et c'est pour se prémunir des mauvaises surprises que les assurances sont là. Sur Dijon et Chalon, l'agence MMA Champion-Fournier s'engage à être à vos côtés pour vous conseiller et assurer vos arrières en cas de besoins. Que ce soit pour la mutuelle, la prévoyance santé, l'assurance des biens ou l'épargne retraite, l'agence saura répondre aux attentes des souscripteurs, professionnels ou particuliers. On apprécie surtout la prise en charge immédiate, loin des plateformes aux attentes interminables. Sérieux !

PRÊT IMMOBILIER

EXPERT CRÉDITS

162, avenue Victor-Hugo ✆ 03 80 60 43 70
www.expertcredits.fr

Du lundi au vendredi 9h à 19h. Le samedi sur rdv. 1er rdv d'étude gratuit et sans engagement.

Implantée à Dijon depuis 2010, l'enseigne indépendante « Expert Crédits » est bien ancrée sur la région. Forte de son expérience, cette société 100 % locale négocie pour vous les meilleures conditions et vous aide en toute neutralité, à prendre la bonne décision en matière de prêt immobilier, regroupement de crédits et assurance de prêt. Afin de vous permettre de certifier votre solvabilité auprès des vendeurs, votre courtier vous délivre un certificat de faisabilité. L'analyse de votre situation ayant permis de garantir l'accès à votre enveloppe de financement. Et pour plus de proximité, Expert Crédits a ouvert une seconde agence dijonnaise avenue du Drapeau.

MAIRIE - COLLECTIVITÉ LOCALE

VILLE DE DIJON

✆ 03 80 74 51 51
www.dijon.fr

Bureau d'accueil (passage du Logis du Roy) ouvert lundi-vendredi 8h30-12h et 13h30-17h30, samedi 9h-12h et 13h30-17h30.

Dijon, ville dynamique et très appréciée pour sa qualité de vie, continue de se réinventer. Après de nombreux changements en matière de circulation douce, son musée des Beaux-Arts a été entièrement rénové en 2019, et 2022 voit encore venir de beaux projets. Au centre-ville, le plan lumière promet la mise en lumière et l'embellissement des façades de la rue de la Liberté. L'inauguration de la très attendue Cité Internationale de la Gastronomie et du Vin arrivera enfin le 6 mai. À venir encore : la modernisation de la base nautique du lac Kir et la métamorphose du centre Dauphine. Référence écologique, Dijon participe au dispositif « *Ici commence la mer* » et roulera bientôt à l'hydrogène.

INDEX

Balade dans les rues de Dijon.